Grundwortschatz
Koreanisch
Die 2000 wichtigsten Wörter - Mittelstufe

Grundwortschatz
Koreanisch
Die 2000 wichtigsten Wörter - **Mittelstufe**

Autoren Shin Hyeon-mi, Lee Hee-jung, Lee Sang-min
Übersetzerin Julia Buchholz
1. Ausgabe Februar 2021
1. Auflage Februar 2021

Herausgeber Chung Kyudo
Redaktion Lee Suk-hee, Park Inkyung, Han Ji-hee, Katrin Maurer
Designer (Titelseite) Kim Na-kyung
Designer Kim Na-kyung, Yoon Mi-jeong
Illustrator Song Young-hoon
Sprecher Jeong Ma-ri, Kim Ki-heung

DARAKWON

Darakwon Bldg., 211 Munbal-ro, Paju-si
Gyeonggi-do, 10881 Republik Korea
Tel: +82 (0)2-736-2031 Fax: +82 (0)2-732-2037
(Marketing Abt. ext.: 250~252 Redaktion ext.: 420~426)

Preis: 25.000 Won (mit Gratis MP3 Download)

ISBN: 978-89-277-3269-3 14710
        978-89-277-3268-6 (set)

http://www.darakwon.co.kr
http://koreanbooks.darakwon.co.kr

Besuchen Sie die Darakwon Verlagshomepage und erfahren Sie mehr über unsere
Publikationen und Angebote und laden Sie die Inhalte der CD im MP3 Format
herunter.

Grundwortschatz
Koreanisch
Die 2000 wichtigsten Wörter

Gratis MP3 Download

Mittelstufe

DARAKWON

머리말

어휘는 학습자의 외국어 능력 신장의 기초가 되며, 특히 중급 수준의 학습자에게 있어서 문법 못지않게 중요하다. 이 책은 '2000 Essential Korean Words'의 두 번째 시리즈로, 한국어를 제2 언어 또는 외국어로 공부하는 중급 학습자들과 그 학습자들을 가르치는 교사들을 위한 어휘집이다.

이 책에서 다룬 단어들은 약 2,000여 개로 다음과 같은 기준으로 선정하였다. 첫째, 국내 8개 대학 부속 한국어 교육 기관 한국어 중급(3~4급) 교재 어휘와 '제10~28회 한국어능력시험(TOPIK)'의 모든 영역에 출현한 어휘의 빈도 조사를 통해 공통으로 나타난 고빈도 어휘를 선정하였다. 둘째, 외국인 학습자들이 중급 수준에서 학습해야 하는 어휘를 선정하기 위해 '중급 단계의 한국어 교육용 어휘(국립국어원)'와 비교하여 중복되는 어휘들을 추출하였다. 추출된 단어는 14개의 주제로 분류하였고 수록된 예문은 주제와 관련하여 실생활에서 자주 사용되는 유용한 대화문을 제시하고자 하였다. 또한 반의어, 유의어, 피동, 사동, 관련어, 참고어 등 다양한 관련 어휘를 추가하여 학습자들의 어휘력 신장에 도움을 주고자 하였다.

많은 분들의 도움이 없었다면 이 책이 나오기 어려웠을 것이다. 애써 주신 다락원의 사장님과 한국어출판부 편집진께 진심으로 감사드린다. 독일어판 번역을 훌륭하게 해 주신 Julia Buchholz 선생님께도 감사를 표한다.

2년여간에 걸친 긴 집필 과정을 묵묵히 사랑으로 지켜봐 주고 응원해 준 가족들, 책의 집필 방향과 내용에 대해 조언을 해 주신 민진영 선생님, 한국어를 가르치는 입장에서 조언을 해 주고 교정을 봐 준 박소영 선생님과 독일어판 교정을 봐 주신 Katrin Maurer 선생님을 비롯해 곁에서 힘이 되어 준 동료들, 친구들에게 진심으로 고마움을 전한다.

저자 일동

Vorwort

Der Wortschatz ist die Grundlage für einen Fremdsprachenlernenden, um seine Sprachkenntnisse zu verbessern, und ist daher für Lernende in der Mittelstufe genauso wichtig wie Grammatik. Dieses Buch ist das zweite aus der Reihe „Grundwortschatz Koreanisch: Die 2000 wichtigsten Wörter" und ist ein Wörterbuch für Koreanischlernende der Mittelstufe und ihre Lehrenden.

Zuerst wählten wir die am häufigsten vorkommenden Wörter in koreanischen Lehrwerken der Mittelstufe (Stufe 3-4) aus, die von koreanischen Sprachinstituten an 8 Universitäten sowie in allen Abschnitten der 10. bis 28. TOPIK-Prüfung verwendet wurden. Zweitens verglichen wir Wortschatzlisten, die Lernende der Mittelstufe zu lernen haben, mit den vom National Institute of the Korean Language herausgegebenen Wortschatzlisten und wählten wiederkehrende Wörter aus. Diese wurden dann in 14 Themen unterteilt. Die bereitgestellten Beispielsätze beziehen sich auf jedes Thema und sind praktische Sätze, die im Alltag häufig verwendet werden. Wir haben auch Antonyme, Synonyme, Passivformen, Kausativformen und Bezugswörter und Referenzwörter bereitgestellt, um den Wortschatz der Lernenden zu erweitern.

Dieses Buch wäre ohne die Hilfe vieler Menschen nicht möglich gewesen. Wir danken dem Präsidenten von Darakwon und den Redakteuren der Koreanischredaktion aufrichtig. Wir möchten uns auch bei Julia Buchholz für die hervorragende Übersetzung der deutschen Ausgabe bedanken.

Weiter gilt unser herzlicher Dank unseren Familien, die uns bei diesem 2 Jahre andauernden Projekt bedingungslos unterstützt haben, sowie Frau Min Jin-young, die uns wertvolle Ratschläge zur Richtung und zum Inhalt dieses Buches gab. Wir danken Frau Park So-young, die uns als Lehrende für Koreanisch beriet sowie Katrin Maurer, die die deutsche Ausgabe Korrektur las. Außerdem danken wir von ganzem Herzen unseren Freunden und Kollegen, die uns stets unterstützt haben.

Shin Hyeon-mi, Lee Hee-jung and Lee Sang-min

이 책의 구성 및 활용

이 책은 외국어로서의 한국어를 배우는 학습자들과 한국어를 가르치고 있는 교사들을 위한 중급 어휘집이다. 이 어휘집에 수록된 단어의 수는 확장 어휘를 포함하여 2,000 단어가 조금 넘는다. 이는 중급 수준에서 학습해야 할 단어의 적정한 수준이다.

이 책의 어휘는 중급 수준에서 자주 접하게 되는 14개의 큰 주제로 분류하여 정리하였다. 큰 주제는 다시 여러 개의 작은 주제로 나누어 학습자들이 같은 주제의 관련된 단어들을 범주화하여 학습할 수 있도록 하였다. 이를 통해 학습자들은 좀 더 체계적이고 효과적으로 의미장을 형성함으로써 어휘 학습을 보다 효율적으로 할 수 있을 것이다.

8개 대학기관의 교재 공통 단어

제10~28회 한국어능력시험(TOPIK) 모든 영역 기출 단어

국립국어원 중급 단계의 한국어 교육용 어휘

작은 주제

작은 주제 관련 예문

독일어 번역

품사

(대) 대명사

(명) 명사

(동) 동사

(형) 형용사

(부) 부사

(감) 감탄사

(관) 관형사

(의명) 의존 명사

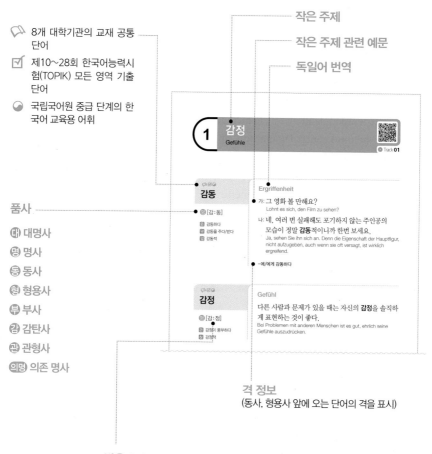

격 정보
(동사, 형용사 앞에 오는 단어의 격을 표시)

발음 (: 은 장음 표시)

땅

🔊 [땅]

🔵 땅에 묻다

Boden

가: 너 왜 계속 **땅**만 보고 걸어?
Warum siehst du die ganze Zeit nur auf den Boden?

나: 그냥 기분이 좀 안 좋아서 그래.
Ich habe einfach keine gute Laune.

뜨다 02

🔊 [뜨다]

📖 '으'불규칙

📎 Anhang S.514

🔵 지다 ⇨ S. 371

aufgehen

해는 동쪽에서 **떠서** 서쪽으로 진다.
Die Sonne geht im Osten auf und im Westen unter.

-이/가 뜨다

💡 „뜨다" benutzt man nur mit „해(Sonne)", „달(Mond)" und „별(Sterne)".

Sand

유 **유의어** 비슷한 뜻을 가진 단어

반 **반의어** 반대되는 뜻을 가진 단어

피 **피동사** 피동의 뜻을 가진 단어

사 **사동사** 사동의 뜻을 가진 단어

본 **본동사** 본동사, 피동사, 사동사의 본말

높 **높임말** 높여 말하는 단어

낮 **낮춤말** 낮춰 말하는 단어

준 **준말** 줄여서 말하는 단어

관 **관련어** 단어와 관련된 표현

참 **참고어** 단어의 파생어, 합성어, 관련된 단어

동 **동사** 형 **형용사** 명 **명사** 부 **부사**

불규칙 종류

유의어, 반의어 목록 쪽수

- 학습자들이 자주 틀리거나 혼동하는 사항에 대한 설명
- 유용한 추가 정보

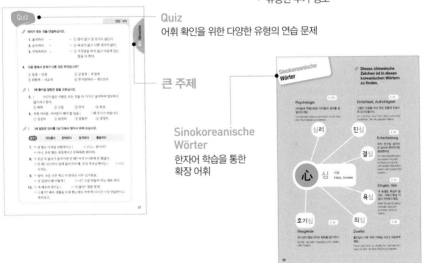

Quiz
어휘 확인을 위한 다양한 유형의 연습 문제

큰 주제

Sinokoreanische Wörter
한자어 학습을 통한 확장 어휘

부록

- **추가 어휘**   동물, 어패류, 곤충, 채소류, 신체 내부 기관, 얼굴, 손발, 병원, 집 구조, 가전제품, 욕실용품, 주방용품, 한국 풍물 지도, 단위 명사

- **피동사/사동사, 반의어/유의어, 접두사/접미사 목록**

- **정답**   Quiz 정답

- **색인**   한국어 가나다 순으로 정리

Arbeiten mit diesem Buch

Dieses Wörterbuch wurde sowohl für Lernende als auch Lehrende von Koreanisch als Fremdsprache (Mittelstufe) entwickelt. Inklusive der Einträge und verwandter Wörter sind mehr als 2000 wichtige Wörter angeführt, da ein solcher umfangreicher Wortschatz notwendig und angemessen für Lernende in der Mittelstufe ist.

Die Wörter in diesem Buch sind in fünfzehn Themen eingeteilt und in koreanischer alphabetischer Reihenfolge angeführt. Jedes Oberthema ist weiter in detaillierte Themen unterteilt, wodurch die Lernenden verwandte Wörter zu jedem Thema zuordnen können und so systematisch und effizient ihren Wortschatz erweitern.

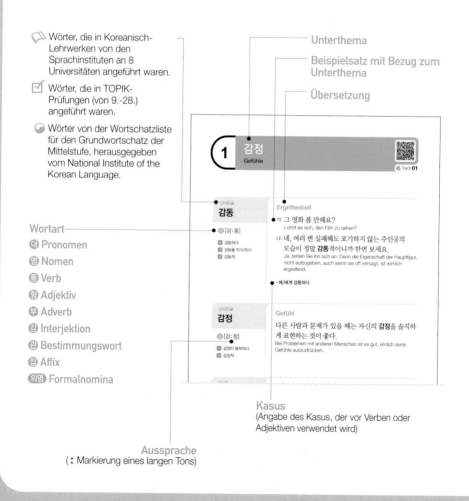

Wörter, die in Koreanisch-Lehrwerken von den Sprachinstituten an 8 Universitäten angeführt waren.

Wörter, die in TOPIK-Prüfungen (von 9.-28.) angeführt waren.

Wörter von der Wortschatzliste für den Grundwortschatz der Mittelstufe, herausgegeben vom National Institute of the Korean Language.

Unterthema

Beispielsatz mit Bezug zum Unterthema

Übersetzung

Wortart
- 🅟 Pronomen
- 🅝 Nomen
- 🅥 Verb
- 🅐 Adjektiv
- 🅐 Adverb
- 🅘 Interjektion
- 🅑 Bestimmungswort
- 🅐 Affix
- 🅞🅜 Formalnomina

1 감정
Gefühle

🔊 Track 01

감동

[감·동]

동 감동하다
동 감동을 주다/받다
형 감동적

Ergriffenheit

가: 그 영화 볼 만해요?
Lohnt es sich, den Film zu sehen?

나: 네, 여러 번 실패해도 포기하지 않는 주인공의 모습이 정말 **감동**적이니까 한번 보세요.
Ja, sehen Sie ihn sich an. Denn die Eigenschaft der Hauptfigur, nicht aufzugeben, auch wenn sie oft versagt, ist wirklich ergreifend.

-에/에게 감동하다

감정

[감·정]

동 감정이 풍부하다
형 감정적

Gefühl

다른 사람과 문제가 있을 때는 자신의 **감정**을 솔직하게 표현하는 것이 좋다.
Bei Problemen mit anderen Menschen ist es gut, ehrlich seine Gefühle auszudrücken.

Kasus
(Angabe des Kasus, der vor Verben oder Adjektiven verwendet wird)

Aussprache
(: Markierung eines langen Tons)

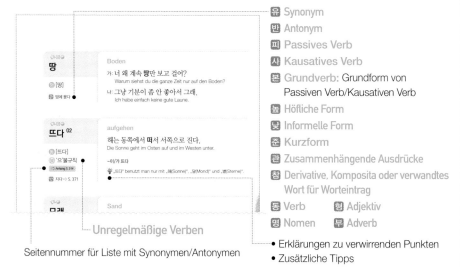

유 Synonym
반 Antonym
피 Passives Verb
사 Kausatives Verb
본 **Grundverb:** Grundform von Passiven Verb/Kausativen Verb
높 Höfliche Form
낮 Informelle Form
준 Kurzform
관 Zusammenhängende Ausdrücke
참 Derivative, Komposita oder verwandtes Wort für Worteintrag
동 Verb   형 Adjektiv
명 Nomen   부 Adverb

• Erklärungen zu verwirrenden Punkten
• Zusätzliche Tipps

Unregelmäßige Verben

Seitennummer für Liste mit Synonymen/Antonymen

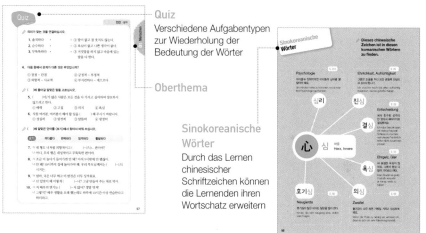

Quiz
Verschiedene Aufgabentypen zur Wiederholung der Bedeutung der Wörter

Oberthema

Sinokoreanische Wörter
Durch das Lernen chinesischer Schriftzeichen können die Lernenden ihren Wortschatz erweitern

---

Anhang

• **Zusätzlicher Wortschatz**
Tiere, Fisch und Meeresfrüchte, Insekten, Gemüse, Organe, Gesicht, Hände und Füße, Kliniken, Raumaufteilung, Haushaltsgeräte, Badezimmerartikel, Küchenutensilien & -geräte, Karte der koreanischen Landschaft und Gebäude, Zähleinheitswörter

• **Passive Verben/Kausative Verben, Antonyme/Synonyme, Präfixe/Suffixe**

• **Lösungen**   Lösungen für das *Quiz*

• **Verzeichnis**   Aufgelistet nach dem koreanischen Alphabet

차례 · Inhalt

01 인간
Menschen

감동

명 [감:동]

동 감동하다
관 감동을 주다/받다
참 감동적

Ergriffenheit

가: 그 영화 볼 만해요?
Lohnt es sich, den Film zu sehen?

나: 네, 여러 번 실패해도 포기하지 않는 주인공의 모습이 정말 **감동**적이니까 한번 보세요.
Ja, sehen Sie ihn sich an. Denn die Eigenschaft der Hauptfigur, nicht aufzugeben, auch wenn sie oft versagt, ist wirklich ergreifend.

–에/에게 감동하다

감정

명 [감:정]

관 감정이 풍부하다
참 감정적

Gefühl

다른 사람과 문제가 있을 때는 자신의 **감정**을 솔직하게 표현하는 것이 좋다.
Bei Problemen mit anderen Menschen ist es gut, ehrlich seine Gefühle auszudrücken.

곤란

명 [골:란]

형 곤란하다
관 곤란에 부딪치다, 곤란을 당하다

Schwierigkeit

가: 10만 원만 빌려줄 수 있어?
Kannst du mir 100.000 KRW leihen?

나: 나도 등록금을 내야 해서 지금은 빌려주기가 **곤란**해.
Weil ich auch Studiengebühren bezahlen muss, ist es gerade schwierig, dir Geld zu leihen.

–이/가 곤란하다 | –기가 곤란하다

괴롭다

- 형 [괴롭따/궤롭따]
- 불 'ㅂ'불규칙
- 동 괴로워하다

verzweifelt sein

가: 요즘 불면증 때문에 잠을 못 자서 너무 **괴로워**요.
Ich bin sehr verzweifelt, weil ich derzeit wegen Schlafstörungen nicht schlafen kann.

나: 스트레스 받는 일이 많은가 봐요.
Sie haben anscheinend viele Sachen, die Sie stressen.

–이/가 괴롭다 | –기가 괴롭다 | –을/를 괴로워하다

귀찮다

- 형 [귀찬타]

lästig sein

이 로봇 청소기를 사용해 보세요. 이 제품은 청소하기 **귀찮**아하는 사람들을 위해 개발된 것입니다.
Benutzen Sie mal diesen Saugroboter. Dieses Produkt wurde für Personen entwickelt, die es lästig finden zu putzen.

–이/가 귀찮다 | –기가 귀찮다

기뻐하다

- 동 [기뻐하다]
- ⇨ Anhang S. 514
- 반 슬퍼하다

glücklich sein, freuen

가: 진정한 친구란 뭐라고 생각하세요?
Was denken Sie, sind echte Freunde?

나: 저에게 좋은 일이 있을 때 같이 **기뻐해** 주는 친구가 아닐까요?
Sind echte Freunde nicht Freunde, die sich für mich freuen, wenn mir etwas Gutes passiert?

–을/를 기뻐하다

기쁨

- 명 [기쁨]
- ⇨ Anhang S. 511
- 형 기쁘다 반 슬픔
- 관 기쁨이 넘치다, 기쁨을 느끼다

Glück, Freude

가: 어떻게 10년 동안이나 기부를 해 오셨어요?
Wie konnten Sie 10 Jahre lang spenden?

나: 기부를 하면서 느끼는 **기쁨**이 컸기 때문이에요.
Weil Spenden mir sehr viel Freude bereitet hat.

–이/가 기쁘다

긴장

(명) [긴장]

(동) 긴장하다, 긴장되다
(관) 긴장을 풀다,
긴장을 해소하다
(참) 긴장감

Nervosität

가: 내일 면접 볼 때 실수할까 봐서 **긴장**돼.
Ich bin nervös, weil ich Angst habe, morgen im
Bewerbungsgespräch Fehler zu machen.

나: 잘 될 거야. 자신감을 가져.
Es wird schon klappen. Hab Selbstvertrauen.

−을/를 긴장하다 ｜ −이/가 긴장되다

낯설다

(형) [낟썰다]
(불) 'ㄹ'불규칙
⇨ Anhang S. 515

(반) 낯익다
(관) 낯선 사람, 낯선 곳

fremd sein, unbekannt sein

가: 오랜만에 고향에 오니까 좋지?
Ist es nicht schön, seit langer Zeit wieder nach Hause zu
kommen?

나: 응, 좋기는 하지만 3년 만에 오니까 좀 **낯설**다.
Ja, es ist gut nach 3 Jahren zurück zu kommen, aber auch ein
bisschen fremd.

−이/가 낯설다

놀랍다

(형) [놀:랍따]
(불) 'ㅂ'불규칙

(동) 놀라워하다
(관) 놀라운 소식

überraschend sein, erstaunlich sein

가: 저 아이는 이제 5살인데 한국어와 중국어, 영어,
프랑스어를 할 수 있대요.
Das Kind dort ist jetzt 5 Jahre alt und spricht Koreanisch,
Chinesisch, Englisch und Französisch.

나: 정말 **놀랍**네요!
Das ist wirklich erstaunlich.

−이/가 놀랍다 ｜ −에 놀라워하다 ｜ −을/를 놀라워하다

느낌

🗨☑☑🔊

명 [느낌]

통 느끼다
관 느낌이 있다/없다,
느낌이 들다,
느낌을 주다

Gefühl

가: 술을 처음 마셨을 때 **느낌**이 어땠어?
Wie hat es sich angefühlt, als du das erste Mal Alkohol getrunken hast?

나: 글쎄, 머리가 아프고 기분이 이상했어.
Mh, ich hatte Kopfschmerzen und ich habe mich komisch gefühlt.

–을/를 느끼다

당황

🗨☑☑🔊

명 [당황]

형 당황스럽다
통 당황하다

Verwirrung, Verlegenheit

가: 어, 지갑이 어디 갔지? 분명히 가방에 넣었는데!
Hey, wo ist mein Portemonnaie? Ich habe es auf jeden Fall in die Tasche getan!

나: **당황**하지 말고 잘 찾아봐.
Verliere nicht den Kopf und such gut danach.

–이/가 당황스럽다

두렵다

🗨☑

형 [두렵따]
불 'ㅂ'불규칙

유 무섭다

ängstlich sein

가: 요즘은 왜 차를 안 가지고 다녀?
Warum kommst du nicht mit dem Auto?

나: 사고가 한번 나니까 다시 운전하기가 **두려워**서요.
Ich habe Angst wieder zu fahren, weil ich einmal einen Unfall hatte.

–기가 두렵다 | –(으)ㄹ까 두렵다

💡 „무섭다" wird normalerweise bei sichtbaren Sachen verwendet und „두렵다" für unsichtbare.

이번 시험에 떨어질까 봐 두려워요. (O)
이번 시험에 떨어질까 봐 무서워요. (X)

벌레가 무서워요. (O)
벌레가 두려워요. (X)

만족

📢☑☑😊

명 [만족]
➡ Anhang S. 512

형 만족하다, 만족스럽다
동 만족하다
반 불만족

Zufriedenheit

가: 고객님, 저희 레스토랑의 서비스에 **만족**하셨나요?
Waren Sie mit dem Service unseres Restaurants zufrieden?

나: 네, 아주 **만족**스러웠어요.
Ja, ich war sehr zufrieden.

–에/에게 만족하다 ｜ –(으)로 만족하다 ｜ –이/가 만족스럽다

망설이다

📢☑

동 [망서리다]

zögern

가: 전부터 사고 싶었는데 비싸서 고민이야.
Ich will es schon lange kaufen, aber ich überlege noch, weil es teuer ist.

나: 살까 말까 **망설이**지 말고 그냥 사.
Zögere nicht, es zu kaufen, sondern kauf es einfach.

–기를 망설이다 ｜ –(으)ㄹ지를 망설이다 ｜ –(으)ㄹ까를 망설이다

💡 Bei „망설이다" ist „망설이에요" im geschriebenen falsch. Es muss „망설여요" geschrieben werden.

밉다

📢😊

형 [밉따]
불 'ㅂ'불규칙
➡ Anhang S. 517

유 싫다

abscheulich, ekelhaft sein

가: 아기가 밤에 계속 우는데 남편은 잠만 자는 거예요. 정말 **미워** 죽겠어요.
Mein Kind hat die ganze Nacht geweint und mein Mann hat nur geschlafen. Ich hasse ihn so sehr.

나: 우리 남편도 마찬가지예요.
Mein Mann ist genauso.

–이/가 밉다

💡 „밉다" wird nur bei Menschen verwendet.

반하다

동 [반ː하다]

sich verlieben

가: 두 분은 어떻게 결혼하시게 됐어요?
Wie kam es dazu, dass Sie beide geheiratet haben?

나: 제가 첫눈에 **반해**서 따라다녔어요.
Ich habe mich auf den ersten Blick verliebt und habe mich an ihn gehängt.

-에/에게 반하다

💡 Wenn man sich in jemanden auf den ersten Blick verliebt, sagt man „첫눈에 반하다".

보람

명 [보람]

관 보람이 있다/없다,
보람을 느끼다

Sinnhaftigkeit, Mühe, lohnend

가: 월급도 적은데 왜 이 일을 하세요?
Warum machen Sie diese Arbeit, obwohl ihr Gehalt so niedrig ist?

나: 다른 사람을 도와주면서 **보람**을 느낄 수 있거든요.
Weil sich die Mühe lohnt, anderen Menschen zu helfen.

부담

명 [부담]

동 부담되다
형 부담스럽다
관 부담이 있다/없다,
부담을 가지다,
부담을 주다

Belastung

가: 이 선물은 너무 비싸서 **부담**스러워요.
Dieses Geschenk ist zu teuer, das ist mir unangenehm.

나: 그렇게 비싸지 않으니까 **부담** 가지지 마세요.
Es ist nicht so teuer, also nehmen Sie es nicht als Belastung.

-이/가 부담되다 | -이/가 부담스럽다 | -기가 부담스럽다

불쌍하다

형 [불쌍하다]

erbärmlich sein, jämmerlich sein

가: 저 고양이 좀 봐! 어제도 저기에 있었는데! 집을 잃어버렸나 봐.
Sieh mal die Katze da. Sie war gestern auch dort. Ich glaube, sie hat ihr zuhause verloren.

나: **불쌍한**데 집에 데려갈까?
Sie tut mir so leid. Sollen wir sie nach Hause mitnehmen?

-이/가 불쌍하다

불행

명 [불행]
⇨ Anhang S. 512

형 불행하다
반 행복
관 불행을 느끼다,
   불행을 겪다

Unglück

꿈이 없는 사람들이 **불행**을 많이 느낀다고 한다.
Man sagt, Menschen ohne Träume fühlten sich oft unglücklich.

−이/가 불행하다

💡 Man sagt „불행 중 다행(Glück im Unglück)", wenn man bis zu einem gewissen Grad Glück hat, auch wenn ein Unglück passiert ist.

사랑스럽다

형 [사랑스럽따]
불 'ㅂ'불규칙

liebenswürdig, schön sein

아기가 작은 손을 움직일 때마다 얼마나 **사랑스러운** 지 몰라요!　Es ist jedes Mal so schön, wenn das Baby seine kleine Hand bewegt.

−이/가 사랑스럽다

서운하다

형 [서운하다]

traurig sein

가: 오늘이 어머니 생신인데 너무 바빠서 못 갈 것 같아.
　　Heute ist der Geburtstag meiner Mutter, und ich bin so beschäftigt, dass ich nicht zu ihr gehen kann.

나: 네가 못 가서 어머니께서 많이 **서운해**하시겠다.
　　Deine Mutter wird sehr traurig sein, weil du nicht gehen kannst.

−이/가 서운하다　|　−기가 서운하다

소중하다

형 [소:중하다]
관 소중히 여기다

wichtig sein, wertvoll sein

가: 피터 씨, 가장 **소중한** 물건이 뭐예요?
　　Peter, was ist ihr wertvollster Gegenstand?

나: 유학 올 때 아버지께서 주신 시계예요.
　　Die Uhr, die mein Vater mir gegeben hat, als ich zum Studium ins Ausland kam.

−이/가 소중하다

속상하다

🗨☑

형 [속:쌍하다]

betrübt sein, ärgerlich sein

가: 이번 시험에서 실수를 많이 해서 **속상해** 죽겠어.
Ich bin so sauer, weil ich in dieser Prüfung so viele Fehler gemacht habe.

나: **속상해**하지 마. 다음에도 기회가 있잖아.
Sei nicht sauer. Es wird eine weitere Chance geben.

-이/가 속상하다

실망

🗨☑

명 [실망]

형 실망스럽다
동 실망하다
관 실망이 크다

Enttäuschung

가: 그 영화 재미있다고 하더니 생각보다 별로였어.
Der Film soll lustig sein, aber er war nicht so lustig wie ich gedacht habe.

나: 그래? 기대가 크면 **실망**이 크다고 하잖아.
Ach ja? Wenn man große Erwartungen hat, erleidet man auch große Enttäuschungen.

-에/에게 실망하다 ｜ -이/가 실망스럽다

싫증

🗨☺

명 [실쯩]

관 싫증이 나다, 싫증을 내다

Überdruss

가: 시간이 없는데 우리 김밥 먹을래?
Wir haben keine Zeit. Wollen wir Kimbap essen?

나: 또 김밥이야? 넌 **싫증**도 안 나?
Wieder Kimbap? Hast du nicht genug davon?

아깝다

🗨☑

형 [아깝따]
불 'ㅂ'불규칙

동 아까워하다

schade sein, kostbar sein

가: 너무 오래된 것 같은데 이제 버리는 게 어때?
Ich denke, es ist sehr alt. Wie wäre es, wenn wir es wegwerfen?

나: 아직 쓸 수 있는데 버리기는 **아깝**잖아.
Man kann es noch benutzen. Es ist zu schade, zum wegwerfen.

-이/가 아깝다 ｜ -기가 아깝다 ｜ -을/를 아까워하다

아쉽다

bedauern

🗣☑

(형) [아쉽따]
(불) 'ㅂ'불규칙
(통) 아쉬워하다

가: 우리 팀이 져서 너무 **아쉬워**요.
Es ist bedauerlich, dass unsere Mannschaft verloren hat.

나: 그러게요. 2점만 더 있었으면 이길 수 있었는
데……. Ja. Wir hätten gewonnen, wenn wir nur 2 Punkte
mehr gehabt hätten.

−이/가 아쉽다 | −기가 아쉽다 | −을/를 아쉬워하다

안심

Erleichterung, Beruhigung

🗣☑

(형) [안심]
(통) 안심하다, 안심되다

가: 그 포도 씻지 않고 먹어도 돼요?
Kann ich die Trauben auch essen, ohne sie zu waschen?

나: 그럼요. 이미 씻어 놓은 거니까 **안심**하고 드세요.
Natürlich. Ich habe sie schon gewaschen. Essen Sie sie ruhig.

−을/를 안심하다 | −이/가 안심되다

안타깝다

bedauerlich sein, schade sein

☑😐

(형) [안타깝따]
(불) 'ㅂ'불규칙
(통) 안타까워하다

가: 축구 선수 이민호가 다리를 다쳐서 앞으로 축구를
할 수 없게 됐다고 해요.
Es wird gesagt, dass der Fußballspieler Minho Lee sein Bein
verletzt hat, so dass er nicht mehr Fußball spielen kann.

나: 저도 좋아하는 선수인데 너무 **안타깝**네요!
Es ist sehr schade. Er ist ein Fußballsieler, den ich auch sehr
mag.

−이/가 안타깝다 | −을/를 안타까워하다

어색하다

unangenehm sein, peinlich sein

🗣☑😐

(형) [어ː새카다]

가: 어제 소개팅 어땠어요? Wie war das Blind Date gestern?

나: 상대방이 너무 말이 없어서 **어색했**어요.
Es war unangenehm, weil mein Date nicht viel geredet hat.

−이/가 어색하다

24

자랑스럽다

ⓗ [자랑스럽따]
ⓑ 'ㅂ'불규칙

ⓜ 자랑

stolz sein

가: 우리 큰아들이 한국대학교에 1등으로 입학하게 됐어요.
Mein älterer Sohn hat sich als Bester bei einer koreanischen Universität eingeschrieben.

나: 그래요? 정말 **자랑스럽**겠어요!
Wirklich? Du bist sicher stolz!

−이/가 자랑스럽다

자유롭다

ⓗ [자유롭따]
ⓑ 'ㅂ'불규칙

ⓜ 자유

frei sein, entspannt sein

가: 알리 씨, 청바지를 입고 회사에 출근해도 돼요?
Ali, kann ich in Jeans zur Arbeit gehen?

나: 네, 회사 분위기가 **자유로우**면 좋은 아이디어가 많이 나온다고 해요. 그래서 직원들 모두 옷을 **자유롭**게 입어요.
Ja, man sagt, dass wenn die Atmosphäre entspannt ist, es viele gute Ideen gibt. Deshalb kleiden sich die Angestellten alle frei.

−이/가 자유롭다

정

ⓜ [정]

ⓖ 정이 들다, 정이 많다,
정이 없다, 정이 떨어지다

Zuneigung, Gefühl

엄마: 이 인형 오래된 것 같은데 이제 그만 버려.
Die Puppe ist so alt, hör auf mit ihr zu spielen und wirf sie weg.

딸 : **정**이 들어서 버리기 싫어요.
Ich will sie nicht wegwerfen, weil ich sie gern habe.

진심

🔊☑
명 [진심]

관 진심으로 축하하다,
진심을 숨기다

Ehrlichkeit, Aufrichtigkeit

가: 왕준 씨, 그동안 공부하느라 고생했어요. 졸업을
축하해요.
Wangjun, du hast dir mit dem Lernen so Mühe gegeben.
Herzlichen Glückwunsch zum Abschluss.

나: 선생님, **진심**으로 감사드립니다.
Herr Lehrer, recht herzlichen Dank.

짜증

🔊☑👤
명 [짜증]

형 짜증스럽다
관 짜증이 나다, 짜증을 내다,
짜증을 부리다

Ärger

아, 정말 **짜증** 난다. 공공장소에서 저렇게 큰 소리로
통화하는 건 너무하지 않아?
Oh, es ist so ärgerlich. Ist es nicht zu viel, so laut an öffentlichen
Orten zu sprechen?

−이/가 짜증스럽다 ┃ −기가 짜증스럽다

충격

🔊☑👤
명 [충격]

관 충격이 크다, 충격을 받다
참 충격적

Schock

갑자기 외할머니께서 돌아가셨다는 소식을 듣고
어머니께서 **충격**을 받고 쓰러지셨다.
Meine Mutter hat plötzlich erfahren, dass meine Großmutter
verstorben ist, da hat sie einen Schock erlitten und ist umgekippt.

친근하다

🔊☑
형 [친근하다]

참 친근감

bekannt sein, vertraut sein

오늘 처음 본 사람인데 동생이랑 닮아서 **친근하**게 느
껴졌다.
Ich habe die Person heute zum ersten Mal gesehen. Aber weil er
meinem Bruder so ähnelte fühlte er sich vertraut an.

−와/과 친근하다 ┃ −에/게 친근하다

편안

㊟ [펴난]

혱 편안하다
閏 편안히

Bequemlichkeit

가: 이 의자 정말 **편안**하다! 어디서 샀어?
Dieser Stuhl ist wirklich bequem. Wo hast du ihn gekauft?

나: 인터넷에서 샀어. Ich hab ihn im Internet gekauft.

-이/가 편안하다

후회

㊟ [후 : 회/후 : 훼]

혱 후회스럽다
동 후회하다, 후회되다
관 후회가 없다

Bereuen, Reue, Bedauern

가: 이 옷 할인할 때 샀는데 입어 보니까 별로야.
Diese Kleidung habe ich im Ausverkauf gekauft, aber nachdem
ich sie jetzt angezogen habe, ist sie nicht so toll.

나: 잘 생각해 보고 사지 그랬어? 지금 **후회**해도 소용
없잖아.
Hab ich dir nicht gesagt, du sollst es dir gut überlegen? Es
bringt nichts, wenn du es jetzt bereust.

-을/를 후회하다 | -이/가 후회되다 | -이/가 후회스럽다

흥미

㊟ [흥 : 미]

혱 흥미롭다
관 흥미가 있다/없다,
흥미를 느끼다,
흥미를 끌다,
흥미를 더하다

Interesse

관객들의 **흥미**를 끌려면 관객들이 좋아하는 주제로
작품을 만들어야 한다.
Um das Interesse der Zuschauer zu gewinnen, muss man ein
Stück zu einem Thema machen, das die Zuschauer mögen.

-이/가 흥미롭다

흥분

㊟ [흥분]

동 흥분하다, 흥분되다
관 흥분을 가라앉히다

Aufregung

가: 너 어떻게 30분이나 늦을 수가 있어?
Wie kannst du 30 Minuten zu spät kommen?

나: **흥분**하지 말고 우선 내 말부터 좀 들어 봐.
Reg dich nicht auf und hör mir zuerst zu.

-이/가 흥분하다 | -이/가 흥분되다

Quiz

1. 다음 _____에 공통으로 들어갈 말은 무엇입니까?

> 짜증이 _____.　　　　싫증이 _____.

　① 나다　　　　② 받다　　　　③ 나오다　　　　④ 느끼다

✎ 이 글을 쓴 사람의 기분으로 알맞은 것을 고르십시오.

> 　오늘 출근길에 지하철을 타려고 교통 카드를 찾았는데 아무리 찾
> 아도 보이지 않았다. 어제 쓰고 나서 가방에 넣어 두었는데 <u>어디로
> 갔는지 모르겠다</u>. 정말 이상하다.

2. ① 괴롭다　　② 낯설다　　③ 당황스럽다　　④ 사랑스럽다

> 　오늘 오후에 백화점에서 옷을 구경하고 있었다. 구경만 하고 싶었
> 는데 직원이 계속 "이 옷이 요즘 유행이에요.", "이 옷이 잘 어울릴 것
> 같아요.", "세일 중이니까 하나 사세요."라고 하면서 계속 따라다녔
> 다. 그래서 옷을 사야 할 것만 같아서 얼른 나왔다.

3. ① 반하다　　② 놀랍다　　③ 자랑스럽다　　④ 부담스럽다

✎ 다음 ㉠, ㉡에 들어갈 말로 알맞은 것을 고르십시오.

> 가 생일 선물로 받은 우산을 오늘 처음 썼는데 지하철에 놓고 내렸
> 　　어. 너무 ㉠_____.
> 나 정말 ㉡_____! 지하철 유실물 센터에 전화라도 한번 해 봐.

4. ① ㉠ 불쌍해 ㉡ 어색하겠다　　　② ㉠ 아까워 ㉡ 속상하겠다
　③ ㉠ 아까워 ㉡ 어색하겠다　　　④ ㉠ 불쌍해 ㉡ 속상하겠다

> 　누구든지 처음 일을 시작하면 "내가 그 일을 정말 잘할 수 있을
> 까?" 하는 ㉠_____ 마음이 생긴다. 그러나 실수를 해도 너무
> 속상해하지 말고 처음이니까 그럴 수도 있다고 생각하면 마음이
> ㉡_____ 것이다.

5. ① ㉠ 아쉬운 ㉡ 흥미로울　　　② ㉠ 아쉬운 ㉡ 편안해질
　③ ㉠ 두려운 ㉡ 편안해질　　　④ ㉠ 두려운 ㉡ 흥미로울

28

가능

☑ [가ː능]
⇨ Anhang S. 511

형 가능하다
참 가능성 반 불가능

Möglichkeit

가: 이거 환불 **가능**해요? Kann ich mein Geld zurückbekommen?

나: 죄송합니다. 교환은 되지만 환불은 **불가능**합니다.
Es tut mir leid. Ein Umtausch ist möglich, aber keine Geldrückgabe.

−이/가 가능하다

가치

명 [가치]

관 가치가 있다/없다,
가치가 높다,
가치가 떨어지다

Wert

가: 건강과 돈 중에 뭐가 더 **가치** 있다고 생각하세요?
Was denken Sie hat mehr Wert? Gesundheit oder Geld?

나: 당연히 건강이지요.
Natürlich Gesundheit.

객관적

관 명 [객꽌적]
⇨ Anhang S. 511

반 주관적

objektiv, Objektivität

신문 기사와 방송은 **객관적**이어야 한다.
Zeitungsartikel und Rundfunksendungen müssen objektiv sein.

결심

명 [결씸]

동 결심하다
관 결심이 서다,
결심이 흔들리다,
굳은 결심

Entschluss

가: 담배를 끊겠다더니 아직도 피워?
Du hast gesagt, du würdest mit dem Rauchen aufhören.

나: 올해는 꼭 끊겠다고 **결심**했는데 끊기가 어렵네.
Ich habe den Entschluss gefasst, dieses Jahr aufzuhören, aber es ist schwer.

−을/를 결심하다 ㅣ −기로 결심하다

결정

🔊☑️🔈

명 [결쩡]

⇨ Anhang S. 517

동 결정하다, 결정되다
유 정하다
관 결정이 나다,
결정을 내리다,
결정에 따르다
참 결정적

Entscheidung

가: 회식 장소 **결정**되었어요?
Wurde der Ort für das Firmenessen entschieden?

나: 아직 **결정** 못 했어요. 싸고 맛있는 데를 조금 더 찾아보려고요.
Nein, noch nicht. Ich möchte noch ein bisschen nach einem günstigen und leckeren Ort suchen.

-을/를 결정하다 | -기로 결정하다 | -이/가 -(으)로 결정되다 |
-이/가 -기로 결정되다

💡 „결정하다" bedeutet, dass man über etwas nachdenkt und entscheidet. Deshalb ist es möglich „약속을 정하다" zu sagen aber nicht „약속을 결정하다".

고려

🔊☑️🔈

명 [고려]

동 고려하다, 고려되다
관 고려해야 할 점

Überlegung, Erwägung, Berücksichtigung

가: 대학 전공을 선택할 때 뭘 **고려**해야 해요?
Was muss man berücksichtigen, wenn man ein Hauptfach an der Universität wählt?

나: 먼저 자기가 무엇을 좋아하는지 잘 생각해 보세요.
Denken sie zuerst darüber nach, was sie mögen.

-을/를 고려하다 | -이/가 고려되다

구별

🔊☑️

명 [구별]

동 구별하다, 구별되다
참 구분 ⇨ S. 31

Unterscheidung, Unterschied

가: 결혼하면 아이를 몇 명쯤 낳을 계획이세요?
Wie viele Kinder möchten Sie bekommen, wenn Sie heiraten?

나: 아들 딸 **구별**하지 않고 3명쯤 낳고 싶어요.
Mir ist es egal ob Sohn oder Tochter, aber ich möchte 3 Kinder bekommen.

-을/를 구별하다 | -이/가 -와/과 구별되다 | -이/가 -(으)로 구별되다

구분

📢☑

🅜 [구분]

🅥 구분하다, 구분되다
🅟 구별 ⇨ S. 30

Teilung, Einteilung, Aufteilung

가: 어? 이 병원은 남자 간호사도 있네요!
Oh? In diesem Krankenhaus gibt es auch männliche Krankenpfleger!

나: 요즘은 남자가 하는 일, 여자가 하는 일을 별로 **구분**하지 않잖아요.
Tätigkeiten werden heutzutage nicht mehr in solche für Männer und Frauen eingeteilt.

–을/를 –(으)로 구분하다 ｜ –이/가 –(으)로 구분되다

💡 „구별" kann für Eigenschaften oder Sorten verwendet werden und auf Grundlage eines Kriteriums das Ganze und Teile davon einteilen.

쌍둥이가 너무 닮아서 누가 누군지 구별할 수 없어요.
Die Zwillinge ähneln sich sehr und man kann nicht unterscheiden wer wer ist.

식당은 흡연석과 비흡연석으로 구분되어 있어요.
Das Restaurant ist in Tische für Raucher und Nichtraucher eingeteilt.

기대

📢☑👄

🅜 [기대]

🅥 기대하다, 기대되다

Erwartung

가: 여행 가는 게 그렇게 좋아요?
Gefällt es Ihnen so sehr, auf diese Reise zu gehen?

나: 네, 해외여행이 처음이라서 정말 **기대**가 돼요.
Ja, es ist meine erste Reise ins Ausland und ich bin sehr gespannt.

–을/를 기대하다 ｜ –기를 기대하다 ｜ –이/가 기대되다

낫다

📢☑👄

🅐 [낟ː따]
🅑 'ㅅ'불규칙

besser sein

가: 부산에 갈 때 뭘 타는 게 좋아요?
Welches Verkehrsmittel ist gut, um nach Busan zu fahren?

나: 비행기보다 KTX를 타는 게 더 **나아**요.
Der KTX ist besser als das Flugzeug.

–보다 –이/가 낫다

능력

㈱ [능녁]
⇨ Anhang S. 511

㉵ 능력이 있다/없다,
　　능력이 뛰어나다,
　　능력이 부족하다
㉰ 무능력
㉲ 한국어능력시험

Fähigkeit, Kompetenz

언어 **능력**은 남자아이보다 여자아이가 뛰어나다고 한다.

Bei der Sprachkompetenz sind Mädchen besser als Jungen.

단순하다

㈎ [단순하다]

einfach sein

너무 복잡하게 생각하지 말고 **단순하**게 생각해 봐.

Denk nicht zu kompliziert, sondern denk einfach.

-이/가 단순하다

당연하다

㈎ [당연하다]

selbstverständlich sein, natürlich sein

가: 일할 때 저만 자꾸 실수하는 것 같아서 다른 사람들에게 미안해요.
　　Es tut mir leid, dass nur ich bei der Arbeit immer wieder Fehler mache.

나: 한 번도 안 해 본 일이니까 실수하는 게 **당연하죠**.
　　Es ist natürlich, dass Sie Fehler machen, da Sie diese Arbeit noch nie gemacht haben.

-이/가 당연하다

떠오르다

㈜ [떠오르다]
㉱ '르'불규칙

einfallen, in den Sinn kommen

남편: 태어날 아기 이름을 무엇으로 지을까?
　　Wie sollen wir das Baby nennen?

아내: 아, 좋은 이름이 **떠올랐어**!
　　Ah, mir ist ein guter Name eingefallen.

-이/가 떠오르다

반성

명 [반ː성]

동 반성하다
관 깊이 반성하다

Selbstreflexion, Reue, Einkehr

아들: 엄마, 용서해 주세요. 거짓말한 거 **반성**하고 있어요.
　　Mama, bitte vergib mir. Ich bereue es, dass ich gelogen habe.

엄마: 정말이지? 다음부터는 그러면 안 돼.
　　Wirklich? Mach es nicht wieder.

-을/를 반성하다

분명

명 [분명]

형 분명하다
부 분명히

Sicherheit, Eindeutigkeit

직원: 손님, 죄송합니다. 예약하신 분의 성함이 없는데요. 언제 예약하셨습니까?
　　Entschuldigen Sie. Aber auf diesem Namen gibt es keine Reservierung. Wann haben Sie reserviert?

손님: 이름이 없어요? 제가 **분명**히 예약했는데요.
　　Mein Name ist nicht vorhanden? Ich bin mir sicher, dass ich reserviert habe.

-이/가 분명하다

비관

명 [비ː관]
⇨ Anhang S. 512

동 비관하다
반 낙관
참 비관적

Pessimismus, Melancholie

고등학교에서 한 학생이 자신의 성적을 **비관**해서 자살했다고 합니다.
In der Oberschule hat ein Schüler Selbstmord begangen, weil er wegen seiner Noten deprimiert war.

-을/를 비관하다

비판

🗨☑😊

몡 [비 : 판]

동 비판하다, 비판되다
관 비판을 받다
참 비판적

Kritik

가: 요즘 인터넷 소설이 내용이 없다고 **비판**을 받고 있어요.
Zur Zeit werden Online Romane kritisiert, keinen Inhalt zu haben.

나: 맞아요. 내용도 없고 감동도 없잖아요.
Das stimmt. Es gibt keinen Inhalt und auch keine Emotionen.

−을/를 비판하다 | −이/가 비판되다

비하다

🗨☑

동 [비 : 하다]

vergleichen

가: 피아노를 참 잘 치시네요!
Sie spielen wirklich sehr gut Klavier!

나: 아니에요. 동생에 **비하**면 저는 잘 못 쳐요.
Nein. Im Vergleich zu meiner Schwester spiele ich nicht gut.

−에 비하다

💡 Oft werden die Formen „-에 비하여", „-에 비해서", oder „-에 비하면" bei „비하다" verwendet.

상상

🗨☑😊

몡 [상 : 상]

동 상상하다, 상상되다
관 상상을 뛰어넘다
참 상상력

Fantasie

100년 후 우리의 생활은 어떻게 달라질까요?
한번 **상상**해 보세요.
Wie wird sich unser Leben in 100 Jahren verändern?
Stellen Sie es sich einmal vor.

−을/를 상상하다 | −이/가 상상되다

생각나다

einfallen, sich erinnern

[동] [생강나다]

[명] 생각

비밀번호가 뭐였지? 아, **생각났**다!
Was war das Passwort? Ah, ich erinnere mich.

－이/가 생각나다

소용없다

nutzlos sein

[형] [소ː용업따]

[부] 소용없이

가: 이 약을 하루에 꼭 세 번 먹어야 해요?
Muss ich dieses Medikament unbedingt 3 Mal am Tag nehmen?

나: 그럼요. 약을 먹다 안 먹다 하면 **소용없**어요.
Ja. Es bringt nichts, es zu nehmen und dann wieder nicht zu nehmen.

－에/에게 소용없다

쓸데없다

unnötig sein

[형] [쓸떼업따]

[부] 쓸데없이

[관] 쓸데없는 생각, 쓸데없는 소리

사람이 하루 동안 하는 걱정의 반 이상은 **쓸데없**는 걱정이라고 한다.
Mehr als die Hälfte der Sorgen, die sich Menschen den ganzen Tag machen, sind unnötige Sorgen.

－이/가 쓸데없다

안되다

nicht gut laufen, misslingen

[동] [안되다/안뒈다]
⇨ Anhang S. 514

[반] 잘되다 ⇨ S. 166

가: 이번에 맡은 일도 잘돼 가고 있어요?
Läuft dieses Mal die aufgetragene Arbeit auch gut?

나: 아니요, 이상하게 이번에는 잘 **안되**네요.
Nein, komischerweise läuft es dieses Mal nicht gut.

－이/가 안되다

여기다

동 [여기다]

betrachten, ansehen

가: 이번 달 용돈이 부족하네. 엄마한테 용돈 좀 더 달라고 해야겠다.
Diesen Monat reicht das Taschengeld nicht. Ich muss meine Mutter bitten, mir mehr Taschengeld zu geben.

나: 너 부모님에게 용돈 받는 것을 너무 당연하게 **여기**는 거 아니야?
Findest du nicht, dass du es als zu selbstverständlich betrachtest, von deinen Eltern Taschengeld zu bekommen?

−을/를 −(으)로 여기다 | −을/를 −게 여기다

예상

명 [예:상]

동 예상하다, 예상되다
관 예상이 빗나가다
참 예상 문제

Vorhersage, Antizipation

내일은 비가 많이 올 것으로 **예상**됩니다. 외출하실 때 우산을 준비하십시오.
Morgen soll es viel regnen. Nehmen Sie einen Regenschirm mit, wenn Sie raus gehen.

−을/를 −(으)로 예상하다 | −이/가 −(으)로 예상되다

인정

명 [인정]

동 인정하다, 인정되다
관 인정을 받다

Anerkennung

가: 앞으로 어떤 배우가 되고 싶습니까?
Was für ein Schauspieler möchten Sie in Zukunft werden?

나: 사람들에게 실력으로 **인정**받는 배우가 되고 싶습니다.
Ich möchte ein Schauspieler werden, den die Menschen wegen seiner Fähigkeiten anerkennen.

−을/를 인정하다 | −을/를 −(으)로 인정하다 | −이/가 −(으)로 인정되다
| −이/가 −다고/(느)ㄴ다고 인정되다

좌우

📢☑

🅟 [좌:우]

🅢 좌우하다, 좌우되다
🅚 미래를 좌우하다

① Einfluss

② links und rechts

음식 맛은 재료가 얼마나 좋으냐에 의해 **좌우**된다.
Der Geschmack von Essen wird beeinflusst, je nachdem wie gut
die Zutaten sind.

길을 건널 때는 **좌우**를 잘 보고 건너야 한다.
Beim Überqueren der Straße muss man gut nach links und rechts
sehen.

–을/를 좌우하다 ｜ –에/에게 좌우되다 ｜ –(으)로 좌우되다

지혜

📢☑

🅟 [지혜, 지헤]

🅗 지혜롭다

Weisheit

어려운 일이 생겼을 때는 **지혜**와 용기가 필요합니다.
Wenn Schwierigkeiten auftreten, braucht man Weisheit und Mut.

–이/가 지혜롭다

착각

📢☑

🅟 [착깍]

🅢 착각하다, 착각되다
🅚 착각이 들다,
　　착각에 빠지다

Missverständnis

가: 너 지금 어디니? 약속 시간이 지났는데 왜 아직도
안 와?
Wo bist du gerade? Es ist schon nach der verabredeten Zeit.
Warum bist du immer noch nicht da?

나: 어? 우리 약속 4시 아니었어? 내가 4시로 **착각**했
구나!
Äh? Waren wir nicht um 4 Uhr verabredet? Habe ich mich mit
4 Uhr geirrt?

–을/를 –(으)로 착각하다 ｜ –다고/(느)ㄴ다고 착각하다 ｜
–이/가 –(으)로 착각되다 ｜ –이/가 –다고/(느)ㄴ다고 착각되다

추측

명 [추측]

동 추측하다, 추측되다
관 추측이 맞다/틀리다,
추측이 어긋나다

Vermutung

가: 저기 앞에 가는 머리 긴 사람, 남자일까?
여자일까? **추측**해 봐.
Die dort vorne gehende Person mit langen Haaren, ist sie ein
Mann? Oder eine Frau? Rate mal.

나: 음, 글쎄! 옷을 보니까 남자 같은데!
Hm, gute Frage! Wegen der Kleidung denke ich, dass es ein
Mann ist.

–을/를 –(으)로 추측하다 ┃ –다고/(느)ㄴ다고 추측하다 ┃
–이/가 –(으)로 추측되다 ┃ –이/가 –다고/(느)ㄴ다고 추측되다

틀림없다

형 [틀리멉따]

부 틀림없이

sicher sein

가: 어? 왕위 씨가 올 때가 지났는데 왜 안 오지?
Hä? Wangui hätte schon kommen sollen, warum kommt er
nicht?

나: 아직까지 안 오는 걸 보면 무슨 일이 생긴 게
틀림없어. 내가 전화 한번 해 볼까?
Irgendetwas ist sicher passiert, wenn er immer noch nicht
gekommen ist. Soll ich ihn einmal anrufen?

–이/가 틀림없다

파악

명 [파악]

동 파악하다, 파악되다
관 파악이 어렵다
참 인원 파악, 분위기 파악

Verstehen

가: 조금 전에 한 말 농담이었어.
Das eben war ein Witz.

나: 너는 왜 분위기 **파악**도 못 하니? 이런 상황에서 농
담을 하면 어떻게 해?
Warum kannst du die Situation nicht verstehen? Wie kannst du
in solch einer Situation einen Witz machen?

–을/를 파악하다 ┃ –이/가 파악되다

판단

명 [판단]

동 판단하다, 판단되다
관 판단을 내리다
참 상황 판단, 판단 기준

Urteil, Entscheidung

가: 오늘 소개팅에서 만난 사람은 좀 무섭게 생겨서 별로였어.
Die Person, die ich heute beim Blind Date getroffen habe, sah etwas beängstigend aus.

나: 외모로만 **판단**하지 말고 몇 번 더 만나 봐.
Urteile nicht nur nach dem Aussehen, sondern treffe die Person mehrmals.

–을/를 판단하다 ㅣ –을/를 –(으)로 판단하다 ㅣ –이/가 –(으)로 판단되다
ㅣ –이/가 –다고/(느)ㄴ다고 판단되다

평가

명 [평:까]

동 평가하다, 평가되다
관 평가를 내리다,
   평가를 받다
참 평가 기준

Bewertung, Beurteilung

한국호텔은 서비스가 좋아서 좋은 **평가**를 받고 있다.
Weil der Service in koreanischen Hotels gut ist, bekommen sie gute Bewertungen.

–을/를 –(으)로 평가하다 ㅣ –이/가 –(으)로 평가되다

확실하다

형 [확씰하다]

부 확실히

sicher sein

가: 방금 설명한 거 이해했어요?
Haben Sie verstanden, was ich eben erklärt habe?

나: 네, 다시 들으니까 **확실히** 알겠어요.
Ja, da ich es nochmal gehört habe, habe ich es sicher verstanden.

–이/가 확실하다

Quiz

1. 다음 중 관계가 다른 것은 무엇입니까?

    ① 객관적 – 주관적   ② 가능 – 불가능

    ③ 비관 – 낙관   ④ 구별 – 구분

2. 다음 중 틀린 것을 고르십시오.

    ① 받다   – 인정을 받다, 비판을 받다

    ② 내리다   – 판단을 내리다, 결정을 내리다

    ③ 빠지다   – 가치에 빠지다, 고려에 빠지다

    ④ 흔들리다 – 결심이 흔들리다, 좌우로 흔들리다

✎ 다음 _____에 들어갈 알맞은 단어를 〈보기〉에서 찾아서 바꿔 쓰십시오.

> **보기**   예상   기대   착각   틀림없이

>   한 달 전부터 여자 친구가 요리 학원에 다닌다고 했다. 이번 달에 내 생일이 있으니까 **3.**_____ 나에게 요리를 해 주려고 다니는 것이라고 생각했다. 내 생일에 여자 친구가 직접 만든 음식을 먹을 수 있다고 생각하니까 매우 **4.**_____–됐다. 하지만 내 **5.**_____와/과 달리 여자 친구는 내 생일이 언제인지도 모르고 있었다. 그리고 요리 학원을 다니는 것이 아니라 요리 학원에서 아르바이트를 하는 것이라고 했다. 그러니까 여자 친구가 나를 위해 요리를 해 줄 거라고 생각한 것은 나만의 **6.**_____–이었다/였다.

✎ (   )에 알맞은 단어를 〈보기〉에서 찾아서 바꿔 쓰십시오.

> **보기**   비하다   생각나다   단순하다   낫다

7. 고향에 돌아오고 나니 한국에서 먹던 음식이 많이 (   )–아/어/해요.

8. 서울은 너무 추운데 부산은 서울에 (   )–(으)면 훨씬 따뜻하다.

9. 지난번에 살던 집보다 이번에 이사한 집이 크고 깨끗해서 훨씬 (   )
–(으)ㄴ 것 같다.

10. 이 휴대폰은 기능이 (   )–아/어/해서 연세가 많은 분들이 쓰시기에 편리합니다.

거절

⬜✅

圐 [거ː절]
⇨ Anhang S. 511

동 거절하다
반 승낙
관 거절을 당하다

Ablehnung, Absage

가: 혹시 이것 좀 도와줄 수 있어요?
  Können Sie mir vielleicht dabei helfen?

나: 부탁할 때마다 **거절**해서 미안한데 이번에도 좀
  어렵겠어요.
  Es tut mir leid, jedes Mal eine Bitte auszuschlagen, aber auch
  dieses Mal geht es leider nicht.

–을/를 거절하다

경고

⬜✅

圐 [경ː고]

동 경고하다
관 경고를 주다/받다

Warnung

> **– 경 고 –**
> Warnung
>
> 여기에 쓰레기를 버리지 마시오.
> Werfen Sie hier keinen Müll weg.

–에/에게 –을/를 경고하다 | –에/에게 –다고/(느)ㄴ다고 경고하다

권하다

⬜✅●

동 [권ː하다]

관 술을 권하다,
  음식을 권하다

empfehlen

가: 무슨 책이에요?
  Was ist das für ein Buch?

나: 소설책이에요. 친구가 읽어 보라고 **권해** 줘서 읽고
  있는데 재미있네요!
  Es ist ein Roman. Ein Freund hat ihn mir empfohlen, zu lesen,
  und er ist wirklich lustig.

–을/를 권하다 | –에게 –을/를 권하다 | –에게 –(으)라고 권하다

명령
☑☺

명 [명ː녕]

동 명령하다

Befehl

군인은 모든 명령을 따라야 한다.
Soldaten müssen allen Befehlen folgen.

−을/를 명령하다 | −에게 −을/를 명령하다 | −에게 −(으)라고 명령하다

설득
🗩☑

명 [설뜩]

동 설득하다, 설득되다
관 설득을 당하다

Überzeugung

가: **강아지를 키우고 싶은데 부모님께서 반대하실 것 같아요.**
Ich möchte einen Hund halten, aber ich glaube, meine Eltern sind dagegen.

나: **그럼 귀여운 강아지 사진을 보여 드리면서 설득해 보세요.**
Dann zeigen Sie ihnen Fotos eines süßen Hundes und versuchen Sie, sie zu überzeugen.

−을/를 설득하다 | −에게 −을/를 설득하다 | −에게 −(으)라고 설득하다
| −이/가 설득되다

수다
🗩☑

명 [수ː다]

형 수다스럽다
관 수다를 떨다
참 수다쟁이

Geplauder

가: **스트레스를 어떻게 풀어요?**
Wie bauen Sie Stress ab?

나: **저는 친구들과 수다를 떨면서 풀어요.**
Ich baue Stress ab, indem ich mit Freunden plaudere.

−이/가 수다스럽다

여쭈다

☑ ☺

동 [여ː쭈다]

낮 묻다
관 인사를 여쭈다,
안부를 여쭈다

fragen Honorativform

아들: 할아버지 생신 선물로 뭘 사면 좋을까요?
Was soll ich meinem Großvater zum Geburtstag schenken?

엄마: 할아버지께 뭐가 필요하신지 직접 **여쭤**봐.
Frag deinen Großvater direkt, was er braucht.

–을/를 여쭈다 ｜ –께 여쭈다

💡 „여쭈다" kann auch mit „여쭙다" ersetzt werden.

오해

☑

명 [오ː해]

동 오해하다
관 오해가 생기다,
오해가 풀리다,
오해를 받다, 오해를 풀다

Missverständnis

가: 지금 나한테 살을 빼라고 말한 거야?
Hast du mir gerade gesagt, dass ich abnehmen soll?

나: **오해**하지 마! 그 말은 건강을 생각하라는 말이었어.
Verstehe mich nicht falsch. Ich wollte, dass du an deine Gesundheit denkst.

–을/를 오해하다 ｜ –을/를 –(으)로 오해하다

💡 Man sagt nicht „작은 오해", sondern muss „사소한 오해" sagen.

요구

☑ ☺

명 [요구]

동 요구하다, 요구되다
참 요구 사항, 요구 조건

Forderung

내가 차를 세우자 경찰은 운전면허증을 보여 달라고 **요구**했다.
Als ich das Auto angehalten habe, hat der Polizist gefordert, dass ich den Führerschein zeigen soll.

–을/를 요구하다 ｜ –에게 –을/를 요구하다 ｜ –에게 –(으)라고 요구하다
｜ –이/가 요구되다

의견

명 [의:견]

관 의견을 듣다,
의견을 모으다
참 반대 의견

Meinung

가: 이번 여행은 부산으로 가려고 합니다. 반대 **의견**
있으십니까?
Ich möchte dieses mal nach Busan reisen. Ist jemand anderer
Meinung?

나: 없습니다.　Nein.

의사소통

명 [의:사소통]

동 의사소통하다
관 의사소통이 안 되다,
원활한 의사소통

Kommunikation

사람은 말과 글로 **의사소통**을 한다.
Menschen kommunizieren in Wort und Schrift.

-와/과 의사소통하다

잔소리

명 [잔소리]

동 잔소리하다
관 잔소리가 많다,
잔소리가 심하다,
잔소리를 듣다

Nörgelei

엄마: 넌 왜 매일 늦니? 일찍 일찍 좀 다녀!
Warum bist du jeden Tag zu spät? Komm früher heim!

아들: 알겠어요. 엄마, 제발 **잔소리** 좀 그만하세요.
Okay. Mama, aber hör bitte auf zu nörgeln.

-에게 -다고/(느)ㄴ다고 잔소리하다

조르다

동 [조르다]
불 '르'불규칙

drängen, bedrängen

가: 어, 가방 새로 샀네!
Oh, du hast eine neue Tasche gekauft!

나: 응, 며칠 동안 엄마를 **졸라**서 샀어.
Ja, ich habe meine Mutter ein paar Tage lang gedrängt und sie
hat sie gekauft.

-을/를 조르다　|　-에게 -을/를 -아/어 달라고 조르다

조언

명 [조:언]

동 조언하다
관 조언을 구하다,
   조언을 듣다,
   조언을 따르다

Rat, Ratschlag

의사의 **조언**을 듣고 술을 끊기로 했다.
Ich habe den Rat des Arztes gehört und mich entschieden, mit
dem Alkohol Trinken aufzuhören.

–을/를 조언하다 | –에게 –을/를 –(으)라고 조언하다

주장

명 [주장]

동 주장하다
관 주장이 강하다
참 자기 주장

Behauptung, Meinung

가: 왜 다들 그 선배와 이야기하는 걸 싫어해?
   Warum wollt ihr euch alle nicht mit dem älteren Kommilitonnen
   unterhalten?

나: 그 선배는 자기 **주장**이 강해서 다른 사람의 의견을
   잘 듣지 않거든.
   Er hat eine so starke Meinung, dass er der Meinung anderer
   nicht zuhört.

–을/를 주장하다 | –다고/(느)ㄴ다고 주장하다

추천

명 [추천]

동 추천하다, 추천되다
관 추천을 받다
참 추천서

Empfehlung

가: 지난번 그 일 잘 끝났어요?
   Haben Sie die Arbeit letztes Mal gut abgeschlossen?

나: 네, 덕분에 잘 끝났어요. 좋은 분을 **추천**해 주셔서
   고맙습니다.
   Ja, dank Ihnen habe ich sie gut abgeschlossen. Vielen Dank,
   dass sie eine gute Person empfohlen haben.

–을/를 추천하다 | –을/를 –에 추천하다 | –을/를 –(으)로 추천하다
| –이/가 추천되다

충고

명 [충고]

통 충고하다
관 충고를 듣다,
충고를 따르다,
충고를 받아들이다

Rat, Ratschlag

가: 친구가 하루 종일 게임만 해서 걱정이야.
Ich mache mir Sorgen, weil ein Freund den ganzen Tag nur
Spiele spielt.

나: 그러면 안 된다고 **충고** 좀 해. 넌 친구잖아.
Dann rat ihm davon ab. Du bist schließlich sein Freund.

−을/를 충고하다 | −에게 −을/를 −(으)라고 충고하다

💡 „충고" wird verwendet, wenn man über einen Mangel oder Fehler
spricht. „조언" wird verwendet, um zu helfen.

통하다

통 [통하다]

관 말이 통하다,
대화가 통하다,
바람이 통하다,
공기가 통하다

① kommunizieren   ② zirkulieren

가: 한국에 처음 왔을 때 뭐가 제일 힘들었어요?
Was war am anstrengendsten als Sie das erste Mal nach
Korea kamen?

나: 그때는 한국어를 잘 못했으니까 사람들과 말이 잘
안 **통해**서 힘들었어요.
Weil ich zu der Zeit kein Koreanisch sprechen konnte, war es
schwierig mit Leuten zu kommunizieren.

내 방은 바람이 잘 **통해**서 시원해요.
Mein Zimmer ist kühl, da die Luft gut zirkuliert.

−이/가 통하다

표현

명 [표현]

통 표현하다, 표현되다
관 표현이 서투르다
참 애정 표현

Ausdruck

가: 부모님께 사랑한다는 말을 하기 어려워요.
Mir fällt es schwer, meinen Eltern zu sagen, dass ich sie liebe.

나: 그럼 편지나 선물로 마음을 **표현**해 보세요.
Dann versuchen Sie, ihre Gefühle mit einem Brief oder einem
Geschenk auszudrücken.

−을/를 표현하다 | −이/가 표현되다

허락

명 [허락]

⇨ Anhang S. 516

동 허락하다, 허락되다
유 승낙
관 허락을 받다,
허락을 구하다

Erlaubnis

가: 아빠한테 여행 가는 거 **허락**받았어?
Hast du von Papa die Erlaubnis, zu reisen?

나: 응, 며칠 동안 졸라서 힘들게 **허락**받았어.
Ja, ich habe ihn ein paar Tage lang gedrängt, aber er hat mir schließlich die Erlaubnis gegeben.

−을/를 허락하다 ∣ −에게 −(으)라고 허락하다 ∣ −이/가 허락되다

화제

명 [화제]

관 화제가 되다,
화제를 바꾸다
참 화젯거리

Thema

우리 그 얘기는 이제 그만하고 **화제**를 좀 바꾸자.
Lass uns aufhören, darüber zu sprechen, und das Thema wechseln.

화해

명 [화해]

동 화해하다

Versöhnung

가: 내가 잘못했어. 우리 이제 **화해**하자.
Ich habe einen Fehler gemacht. Lass uns jetzt versöhnen.

나: 아니야. 나도 미안해.
Ach nein, mir tut es auch leid.

−와/과 화해하다

Quiz

1. 다음 ㉠, ㉡에 들어갈 말로 알맞은 것을 고르십시오.

> 가: 아빠, 저 유학 꼭 가고 싶어요. (㉠)해 주세요.
> 나: 난 보내 주고 싶지만 네 엄마가 반대하잖아. 엄마를 먼저 (㉡)
> 하도록 해.

① ㉠ 허락 ㉡ 설득　　　　② ㉠ 요구 ㉡ 주장
③ ㉠ 추천 ㉡ 거절　　　　④ ㉠ 오해 ㉡ 화해

✎ 의미가 맞는 것을 연결하십시오.

2. 조언　　•

3. 충고　　•

4. 의견　　•

　•① 이것은 어떤 일이나 상황에 대한 자신의 생각이다.

　•② 이것은 다른 사람에게 도움이 되기를 바라며 해 주는 말이다.

　•③ 이것은 다른 사람의 잘못을 보고 그렇게 하지 말라고 말해 주는 것이다.

✎ (　　)에 알맞은 단어를 〈보기〉에서 찾아서 바꿔 쓰십시오.

> 보기　　　통하다　　권하다　　조르다　　여쭈다

5. 가: 선생님께서는 학생들에게 보통 어떤 책을 (　　)-아/어/해 주시나요?
   나: 저는 역사 만화를 많이 보라고 합니다. 역사를 싫어하는 학생들도
   　역사 만화를 보면 역사에 관심을 가지더라고요.

6. 가: 너 이 문제 풀었어? 너무 어렵지 않아?
   나: 나도 못 풀었어. 우리 선생님께 한번 (　　)-아/어/해 볼까?

7. 가: 엄마, 저 로봇 사 주세요! 친구들도 다 가지고 있어요.
   나: 집에 로봇 많잖아. 너 계속 (　　)-(으)면 다음부터는 쇼핑할 때
   　안 데리고 올 거야.

8. 가: 누나랑 진짜 말하기 싫어. 정말 말이 안 (　　).
   나: 그건 내가 하고 싶은 말이거든. 넌 항상 내 말을 들으려고도 하지 않잖아.

고집

명 [고집]

형 고집스럽다
관 고집이 세다,
고집을 부리다

Sturheit

가: 요즘 우리 아이가 학교에 가기 싫다고 **고집**을 부려서 걱정이에요. Ich mache mir Sorgen, weil unser Kind stur ist und zur Zeit nicht zur Schule gehen will.

나: 그럼 아이에게 왜 학교에 가기 싫은지 한번 물어보세요. Dann fragen Sie Ihr Kind, warum es nicht zur Schule gehen will.

-이/가 고집스럽다

긍정적

관 명 [긍:정적]
⇨ Anhang S. 511
반 부정적 ⇨ S. 51
관 긍정적인 생각,
긍정적인 태도

positiv, Positivität

가: 뭐? 운전면허 시험에 떨어졌다고? 많이 속상하겠다.
Was? Du bist durch die Führerscheinprüfung gefallen?
Du bist bestimmt sehr traurig.

나: 괜찮아. 이번에 연습했으니까 다음에는 붙겠지.
Es ist Okay. Ich habe dieses Mal geübt und werde sie beim nächsten Mal bestehen.

가: 역시 넌 참 **긍정적**이구나! Du bist sehr positiv.

까다롭다

형 [까:다롭따]
불 'ㅂ'불규칙

관 성격이 까다롭다,
입이 까다롭다,
조건이 까다롭다

wählerisch sein, anspruchsvoll sein

종업원1: 왜 그래? 무슨 일 있었어?
Was ist los? Ist etwas passiert?

종업원2: 아니, 저 손님이 컵이 깨끗하지 않다고 네 번이나 바꿔 달라고 하잖아. 너무 **까다로운** 거 아니야?
Nein. Der Kunde dort hat mich vier Mal gebeten die Tasse zu wechseln, weil sie nicht sauber ist. Ist er nicht etwas zu pedantisch?

-이/가 까다롭다

꼼꼼하다

(형) [꼼꼼하다]

(관) 꼼꼼하게 살펴보다,
꼼꼼하게 확인하다,
꼼꼼하게 챙기다

sorgfältig sein, penibel sein

가: 카메라를 사려고 하는데 뭘 사야 할지 잘 모르겠
어요.
Ich möchte eine Kamera kaufen, aber ich weiß nicht welche.

나: 기능, 가격, 디자인 등을 **꼼꼼하**게 살펴보고 결정
하세요.
Entscheiden Sie, nachdem Sie sorgfältig Funktion, Preis,
Design etc. geprüft haben.

−이/가 꼼꼼하다

냉정하다

(형) [냉:정하다]

(관) 냉정하게 말하다,
냉정하게 거절하다

kalt sein, einen kühlen Kopf haben

사업가는 일을 할 때 **냉정하**게 생각해서 결정해야 한다.
Unternehmer müssen bei der Arbeit mit einem kühlen Kopf
Entscheidungen treffen.

−이/가 냉정하다

단점

(명) [단:쩜]

⇨ Anhang S. 511

(반) 장점 ⇨ S. 56

Schwäche

가: 리에 씨는 자신의 **단점**이 뭐라고 생각해요?
Rie, was denkst du, sind deine Schwächen?

나: 성격이 좀 급한 게 저의 **단점**이에요.
Meine Schwäche ist, dass ich ein bisschen ungeduldig bin.

매력

(명) [매력]

(관) 매력이 있다/없다,
매력을 느끼다

(참) 매력적

Charme

가: 그 배우는 멋있지는 않지만 참 **매력**적인 것 같아요.
Der Schauspieler sieht nicht gut aus, aber hat Charme.

나: 맞아요. 특히 웃을 때 **매력** 있지요?
Stimmt. Besonders wenn er lacht, oder?

무뚝뚝하다

 형 [무뚝뚜카다]

kurz angebunden sein

가: 아버지께서는 어떤 분이세요?
Was für eine Person ist dein Vater?

나: 좀 **무뚝뚝하**시지만 마음이 따뜻한 분이세요.
Er ist zwar ein bisschen kurz angebunden, aber eine
warmherzige Person.

−이/가 무뚝뚝하다

부정적

관 명 [부:정적]
⇨ Anhang S. 511

반 긍정적 ⇨ S. 49
관 부정적인 생각,
부정적인 태도

negativ, Negativität

가: 난 안 되겠지? 이번 시험에서도 또 떨어지겠지?
Ich schaffe es nicht oder? Auch diese Prüfung falle ich wieder
durch, oder?

나: 넌 항상 왜 그렇게 **부정적**이야? 좀 긍정적으로
생각해 봐. Warum bist du immer so negativ? Versuch
mal ein bisschen positiv zu denken.

부주의

 명 [부주의/부주이]

형 부주의하다
반 주의 ⇨ S. 94
관 부주의한 행동

Unachtsamkeit, Unaufmerksamkeit

요즘 운전자들의 **부주의**로 일어나는 사고가 많대요.
Zur Zeit gibt es viele Unfälle wegen Unaufmerksamkeit der
Autofahrer.

−이/가 부주의하다

부지런하다

형 [부지런하다]
⇨ Anhang S. 515

반 게으르다

fleißg sein

가: 리에 씨는 진짜 **부지런한** 것 같아요.
Ich finde, du (Rie) bist wirklich fleißig.

나: 아니에요. 저도 가끔 게으름을 피울 때가 있어요.
Nein. Ich bin auch manchmal faul.

−이/가 부지런하다

사교적

관 명 [사교적]

gesellig, kontaktfreudig

안나 씨는 성격이 밝고 **사교적**이니까 친구를 잘 사귀네요! 정말 부러워요.

Anna hat viele Freunde, weil sie fröhlich und kontaktfreudig ist. Ich beneide sie sehr.

성실

명 [성실]
⇨ Anhang S. 512
형 성실하다
반 불성실
부 성실히

Aufrichtigkeit, Ehrlichkeit

가: 요시코 씨는 고등학교 3년 동안 한 번도 결석이나 지각을 한 적이 없다고 해요.

Yoshiko sagt, dass sie in der High School drei Jahre lang nicht gefehlt hat oder zu spät war.

나: 정말 **성실**한 사람이네요! Sie ist eine sehr ehrliche Person.

−이/가 성실하다

소심하다

형 [소심하다]

schüchtern sein, ängstlich sein

가: 우리 아이가 너무 **소심**해서 다른 사람들 앞에서 말을 잘 못해요. Unser Kind ist sehr schüchtern, so dass es nicht vor anderen Personen sprechen kann.

나: 그럼 태권도를 가르쳐 보는 게 어때요?

Wie wäre es dann ihm Taekwondo beizubringen?

−이/가 소심하다

솔직하다

형 [솔찌카다]
부 솔직히
관 솔직히 말하다,
솔직히 대답하다

offen sein, ehrlich sein

가: 이 선글라스가 저한테 어울려요? **솔직하**게 말해 주세요. Steht mir diese Sonnenbrille? Bitte sagen sie es mir ehrlich.

나: 음, **솔직히** 말하면 좀 별로예요.

Mh, ehrlich gesagt, ist sie nicht so gut.

−이/가 솔직하다

순수

형 [순수]

형 순수하다

Reinheit, Echtheit

가: 그 사람이 왜 마음에 들어요?
Warum gefällt dir diese Person?

나: 아이 같은 **순수**한 모습이 좋아요.
Ich mag sein reines Erscheinungsbild, das einem Kind ähnelt.

-이/가 순수하다

씩씩하다

형 [씩씨카다]

mutig sein, tapfer sein

엄마: 우리 아들은 넘어졌는데도 울지도 않고 참 **씩씩
하구나!**
Mein Kind ist zwar hingefallen, aber es weint nicht und ist
sehr tapfer.

-이/가 씩씩하다

알뜰

명 [알뜰]

형 알뜰하다
부 알뜰히
참 알뜰 주부, 알뜰 시장

Sparsamkeit

가: **알뜰**하게 쇼핑하는 법 좀 알려 주세요.
Bitte sagen Sie mir, wie ich sparsam einkaufe.

나: 할인 쿠폰을 사용해 보세요.
Benutzen Sie Rabat Coupons.

-이/가 알뜰하다

얌전하다

형 [얌전하다]
부 얌전히

sich gut benehmen, artig sein

식당에서 돌아다니지도 않고 아이가 굉장히 **얌전하
네요!**
Das Kind läuft nicht im Restaurant herum und benimmt sich sehr
gut.

-이/가 얌전하다

엄격하다

☑

형 [엄껴카다]

관 엄격하게 가르치다,
엄격한 기준,
엄격한 규칙
부 엄격히

streng

가: 선배님, 보고서를 조금 늦게 내도 괜찮을까요?
Seonbae, ist es in Ordnung, wenn ich den Bericht etwas
später einreiche?

나: 그 교수님은 **엄격**하셔서 늦게 내면 안 돼.
Der Professor ist streng, daher kannst du ihn nicht später
einreichen.

-이/가 엄격하다

엉뚱하다

☑

형 [엉뚱하다]

ungewöhnlich, extravagant sein

아들: 아빠, 이름은 왜 있어요? 저는 왜 학교에 가야
해요?
Papa, warum gibt es Namen? Warum muss ich zur Schule?

아빠: 넌 애가 왜 이렇게 **엉뚱**하니? 계속 이상한 질문
만 하고.
Warum bist du so ungewöhnlich, mein Kind? Du stellst nur
komische Fragen.

-이/가 엉뚱하다

완벽

☑

명 [완벽]

형 완벽하다
부 완벽히
참 완벽주의자

Perfektion

가: 리에 씨가 왜 이런 실수를 했을까요? 한 번도 이런
적이 없었는데…….
Warum hat Rie so einen Fehler wohl gemacht? Sie hat ihn
noch nie gemacht.

나: 세상에 **완벽**한 사람은 없잖아요.
Es gibt keinen perfekten Menschen auf dieser Welt.

-이/가 완벽하다

외향적

관 명
[외:향적/웨:향적]
⇨ Anhang S. 512

반 내성적, 내향적

extrovertiert sein

요시코: 졸업 후에 어떤 일을 하면 좋을지 모르겠어요.
Ich weiß nicht, was ich nach meinem Abschluss machen soll.

피 터: 요시코 씨는 **외향적**이고 사교적이니까 관광 가이드를 해 보는 게 어때요?
Wie wäre es als Touristenführer, weil du (Yoshiko) extrovertiert und kontaktfreudig bist?

💡 Wenn man von introvertiert spricht, wird normalerweise „내성적" öfter verwendet als „내향적".

욕심

명 [욕씸]

관 욕심을 내다, 욕심을 부리다
참 욕심쟁이, 욕심꾸러기

Gier, Habgier

딸: 아빠, 이것도 사고 싶고 저것도 사고 싶어요.
Papa, ich möchte dies auch kaufen und das dort auch.

아빠: **욕심** 부리지 말고 하나만 골라.
Sei nicht gierig und wähle nur eins aus.

의지

명 [의:지]

관 의지가 강하다

Wille

병이 나으려면 환자의 강한 **의지**와 가족들의 도움이 필요합니다.
Um gesund zu werden, ist ein starker Wille des Patienten und die Hilfe der Familie notwendig.

이기적

관 명 [이:기적]
⇨ Anhnag S. 512

반 이타적

egoistisch sein

이기적인 사람은 주위에 친구가 많지 않다.
Egoistische Menschen haben nicht viele Freunde um sich herum.

장점

🗨☑🔊

몡 [장쩜]

⇨ Anhang S. 511

반 단점 ⇨ S. 50

Stärke

가: 안나 씨는 자신의 **장점**이 뭐라고 생각합니까?
　　Anna, was sind deine Stärken?

나: 저의 **장점**은 모든 일을 긍정적으로 생각하는 것입니다.　Meine Stärke ist, dass ich alles positiv sehe.

특이

🗨☑

몡 [특이]

혱 특이하다

sonderbar sein, seltsam sein

가: 저 사람과 이야기해 봤어? 성격이 좀 **특이**한 것 같아.　Hast du dich mit der Person dort unterhalten? Sie ist ein bisschen seltsam.

나: 응, 나도 이야기해 봤는데 생각하는 게 보통 사람과 다른 것 같더라.　Ja, ich hab mich mit ihr einmal unterhalten, und denke, sie ist ein bisschen anders als normale Personen.

-이/가 **특이하다**

호기심

🗨☑

몡 [호:기심]

괜 호기심이 많다

Neugierde

가: 아이가 **호기심**이 많아서 계속 질문을 하니까 귀찮아요.　Das Kind ist sehr neugierig und stellt immer Fragen. Das ist so lästig.

나: 성공한 사람들의 대부분은 어렸을 때 **호기심**이 많았대요. 좀 귀찮더라도 잘 들어 주세요.
Die meisten erfolgreichen Personen waren als Kind sehr neugierig. Auch wenn es lästig ist, hören Sie gut zu.

활발하다

🗨☑🔊

혱 [활발하다]

aktiv sein

요코: 왕위 씨는 굉장히 **활발한** 것 같아요.
　　Ich finde, du (Wangwei) bist sehr aktiv.

왕위: 유학 오기 전에는 이렇게 **활발하지** 않았는데 유학 생활을 하면서 많이 **활발해**졌어요.
Vor dem Studium im Ausland war ich nicht so aktiv, aber während ich im Ausland war, bin ich sehr aktiv geworden.

-이/가 **활발하다**

Quiz

 의미가 맞는 것을 연결하십시오.

1. 솔직하다 •   • ① 말이 없고 잘 웃지도 않는다.

2. 순수하다 •   • ② 욕심이 없고 나쁜 생각이 없다.

3. 무뚝뚝하다 •   • ③ 거짓말을 하지 않고 마음에 있는
                        말을 다 한다.

4. **다음 중에서 관계가 다른 것은 무엇입니까?**

   ① 장점 – 단점   ② 긍정적 – 부정적
   ③ 외향적 – 사교적   ④ 부지런하다 – 게으르다

 ( )에 들어갈 알맞은 말을 고르십시오.

5. ( )이/가 많은 사람은 모든 것을 다 가지고 싶어하며 양보하지
   않으려고 한다.
   ① 매력   ② 고집   ③ 의지   ④ 욕심

6. 직원 여러분, 여러분이 해야 할 일을 ( ) 해 주시기 바랍니다.
   ① 성실히   ② 얌전히   ③ 알뜰히   ④ 냉정히

✎ **( )에 알맞은 단어를 〈보기〉에서 찾아서 바꿔 쓰십시오.**

> **보기**   까다롭다   완벽하다   엄격하다   활발하다

7. 가: 네 형도 너처럼 외향적이고 ( )-(으)ㄴ 편이야?
   나: 아니, 우리 형은 내성적이고 무뚝뚝한 편이야.

8. 가: 조금 더 놀다가 들어가면 안 돼? 아직 9시밖에 안 됐잖아.
   나: 안 돼! 10시까지 집에 돌아가야 해. 우리 부모님께서는 ( )-(으)
       시거든.

9. 가: 엄마, 국은 너무 짜고 이 반찬은 너무 싱거워요.
   나: 넌 입맛이 왜 이렇게 ( )-니? 그냥 만들어 주는 대로 먹어.

10. 가: 저 배우의 연기는 ( )-지 않아? 정말 멋져!
    나: 그렇지? 배우 생활을 오래 했는데도 하루에 10시간 이상 연습한다고
        하더라고.

개성

📢☑
명 [개ː성]
관 개성이 있다/없다,
　 개성이 강하다

Individualität, Persönlichkeit

가: 요즘 젊은 사람들은 모두 유행하는 옷만 입는 것
　 같아요.
　 Heutzutage scheinen alle jungen Leute nur Kleidung zu tragen,
　 die in Mode ist.

나: 네, 그래서 **개성**이 없어 보여요.
　 Ja, deshalb scheint es, als hätten sie keine Persönlichkeit.

겉

📢☑◎
명 [걷]
⇨ Anhang S. 511
반 속
참 겉모습, 겉모양

das Äußere, die Oberfläche

가: 아까 그 말 듣고 어떻게 참았어? 기분 나쁘지 않았어?
　 Wie konntest du das eben hören und aushalten? Hast du
　 keine schlechte Laune?

나: **겉**으로는 괜찮은 척했지만 속으로는 기분 나빴어.
　 Nach außen hin habe ich so getan, als wäre es in Ordnung,
　 aber innerlich habe ich schlechte Laune.

🔅 Wenn sich das Äußere vom Inneren unterscheidet sagt man „겉 다르
　 고 속 다르다". Es wird in negativer Bedeutung verwendet.

곱다

📢☑◎
형 [곱ː따]
불 'ㅂ'불규칙
관 색깔이 곱다, 피부가 곱다

schön, hübsch, nett

엄마: 오랜만에 한복을 입어 봤는데 어떠니?
　　 Wie ist es nach langer Zeit einen Hanbok anzuziehen?

딸 : 어머, 정말 **고우세요**.
　　 Oh, es ist wirklich schön.

-이/가 곱다

🔅 „곱다" ist ein unregelmäßiges Verb und „ㅂ" wird bei der
　 Konverbalform mit „-아/어/해요" mit „오" ausgetauscht wie zum
　 Beispiel „고와요", „고와서", oder „고왔어요".

미인

명 [미:인]
⇨ Anhang S. 512, 516

유 미녀　반 미남
관 미인 대회

schöner Mensch, Schönheit

안나: 어머니께서 **미인**이시네요! 리에 씨가 어머니를
　　　많이 닮은 것 같아요.
　　　Deine Mutter ist eine Schönheit. Du (Rie) ähnelst sehr deiner
　　　Mutter.

리에: 감사합니다.　　Danke.

💡 Im Gesprochenen wird „미인" mehr als „미녀" verwendet.

아담하다

형 [아:담하다]

관 집이 아담하다, 아담한 키

hübsch sein, zierlich sein

가: 넌 어떤 여자가 좋아?　　Welchen Typ Frau magst du?

나: 난 내가 키가 커서 그런지 귀엽고 **아담한** 여자가
　　좋아.
　　Weil ich groß bin, mag ich süße und zierliche Frauen.

외모

명 [외:모/웨:모]
⇨ Anhang S. 515

유 겉모습
관 외모 지상주의

Aussehen

가: 나는 키는 160㎝, 눈이 크고 날씬한 여자와 결혼하
　　고 싶어.
　　Ich möchte eine Frau heiraten, die 1,60 m groß ist, große
　　Augen hat und schlank ist.

나: 너는 **외모**만 중요하니? 성격은 상관없어?
　　Ist dir Aussehen so wichtig? Ist dir die Persönlichkeit egal?

인상 01

명 [인상]

관 인상이 좋다/나쁘다
참 첫인상

Eindruck

피 터: 선생님, 제 **첫인상**이 어땠어요?
　　　Frau Lehrerin, was war Ihr erster Eindruck von mir?

선생님: 피터 씨는 처음에 별로 말이 없어서 좀 차가워
　　　　보였어요.
　　　　Mein erster Eindruck von Ihnen, Peter, war, dass sie sehr
　　　　kühl wirkten, weil sie nichts sagten.

통통하다

③ [통통하다]

pummelig sein

가: 아이가 살이 쪄서 걱정이에요.
Ich mache mir Sorgen, weil mein Kind zugenommen hat.

나: 왜요? **통통해서** 귀여운데요!
Warum? Es ist süß, weil es pummelig ist.

−이/가 **통통하다**

표정

③ [표정]

⑪ 표정을 짓다

Gesichtsausdruck

사람의 **표정**을 보면 그 사람의 기분을 알 수 있다.
Wenn man den Gesichtsausdruck einer Person sieht, kann man
ihre Gefühle ablesen.

겪다

등 [격따]

관 고통을 겪다,
어려움을 겪다,
불편을 겪다

① Schwierigkeiten erfahren

② kennenlernen

오늘 아침 지하철이 고장 나서 시민들이 불편을 **겪었다.**
Heute morgen ging die U-Bahn kaputt, so dass die Bürger
Unannehmlichkeiten erfuhren.

가: 새로 들어온 직원 어떤 것 같아요?
Wie finden Sie den neuen Mitarbeiter?

나: 아직 별로 **겪어** 보지 않았지만 좋은 사람 같더라고요.
Ich habe ihn noch nicht kennengelernt, aber ich glaube er ist
ein guter Mensch.

–을/를 겪다

💡 „겪다" im Sinne von (①) wird normalerweise verwendet, wenn
Schlechtes erfahren wird.

기혼

명 [기혼]
⇨ Anhang S. 511

반 미혼 ⇨ S. 62
참 기혼 남성, 기혼 여성

verheiratet sein

가: 이거 꼭 표시해야 해요?　Muss ich das unbedingt
　　　　　　　　　　　　　ausfüllen?

나: 안 하셔도 되지만 **기혼**인지 미혼인지 체크해 주시
면 결혼기념일에 선물을 보내 드립니다.
Sie müssen es nicht, aber wir fragen nach, ob sie verheiratet
oder unverheiratet sind, damit wir ihnen zum Hochzeitstag ein
Geschenk machen können.

노인

명 [노:인]
⇨ Anhang S. 513

참 젊은이 ⇨ S. 65

Senior*in, alte Person

가: 왜 저 자리에 아무도 앉지 않아요?
Warum sitzt keiner auf diesem Platz?

나: 저기는 **노인**분들을 위한 자리거든요.
Er ist für Senioren.

늙다

동 [늑따]

altern

손 자: 할머니 허리는 괜찮으세요?
Oma, wie geht es deiner Hüfte?

할머니: **늙**으면 원래 여기저기 아프니까 너무 걱정하지
마라. Wenn man altert, hat man hier und dort seine
Wehwehchen. Mach dir keine Sorgen.

독신

명 [독씬]

관 독신으로 살다
참 독신주의, 독신 남성,
독신 여성

Single sein

요즘 결혼하지 않고 혼자 사는 **독신** 남성과 여성이
많아지고 있다.
Heutzutage gibt es viele Singles, die nicht heiraten und alleine
leben.

미혼

명 [미ː혼]
⇨ Anhang S. 511

반 기혼 ⇨ S. 61
참 미혼 남성, 미혼 여성

unverheiratet sein, single sein

가: **미혼**이시라고 들었는데 결혼하지 않은 특별한
이유가 있으세요?
Ich habe gehört, dass Sie single sind. Gibt es einen
besonderen Grund, warum Sie nicht verheiratet sind?

나: 아직 좋은 사람을 못 만나서요.
Ich habe noch nicht den passenden Menschen getroffen.

사망

명 [사ː망]
⇨ Anhang S. 512

동 사망하다
반 출생

Tod

이번 교통사고로 30명이 **사망**했습니다.
Bei diesem Verkehrsunfall gab es 30 Tote.

–이/가 사망하다

💡 „죽다" und „돌아가시다" werden in der gesprochenen Sprache oft
verwendet, aber „사망하다" dagegen wird kaum verwendet.

삶

🔊☑

명 [삼ː]

관 삶의 지혜, 삶과 죽음

Leben

노력도 하지 않고 다른 사람의 **삶**을 부러워하는 것은 좋지 않다.
Es ist nicht gut, das Leben anderer Menschen zu beneiden und sich nicht selbst anzustrengen.

성숙

🔊☑

명 [성숙]

형 성숙하다

Reife

가: 나 처음으로 화장했는데 어때?
Ich habe mich zum ersten Mal geschminkt. Wie findest du es?

나: 화장을 하니까 **성숙**해 보이네!
Du siehst reifer aus, weil du geschminkt bist.

−이/가 성숙하다

성장

🔊☑

명 [성장]

동 성장하다
참 성장기, 성장 과정

Wachstum

가: 요즘 아이들은 **성장**이 굉장히 빠른 것 같아요.
Ich finde, dass die Kinder zur Zeit sehr schnell wachsen.

나: 예전보다 좋은 음식도 많고 잘 먹으니까요.
Das liegt daran, dass es im Vergleich zu früher mehr Essen gibt und sie viel essen.

세월

🔊☑

명 [세ː월]

관 세월이 흐르다, 세월이 빠르다

Zeit

가: **세월**이 많이 흘렀는데 넌 하나도 안 변했구나!
Es ist viel Zeit vergangen, aber du hast dich gar nicht verändert.

나: 무슨 소리야. 이 피부 좀 봐.
Wie meinst du das? Sieh dir mal diese Haut an.

신혼

⟨⟩☑●

명 [신혼]

참 신혼부부, 신혼여행

neu Verheirate*r

가: 결혼 축하해! **신혼**여행은 어디로 가?
Herzlichen Glückwunsch zur Hochzeit! Wohin machst du deine Flitterwochen?

나: 가까운 제주도로 가.
Ich reise zur Insel Jeju, die sehr nah ist.

아동

⟨⟩☑

명 [아동]

유 어린이

Kind

이번 미술 대회에는 8살부터 10살까지의 **아동**들만 참가할 수 있습니다.
Bei diesem Kunstwettbewerb können nur Kinder im Alter von 8 bis 10 Jahren teilnehmen.

연령

⟨⟩☑

명 [열령]

⇨ Anhang S. 516

유 나이
관 연령이 높다/낮다, 연령에 맞다
참 연령층, 연령 제한

Alter

연령에 따라 여가 시간에 하는 일이 다르다. 20대 때는 영화를 자주 보고, 30대 때는 여행을 가고, 40대 때는 운동을 많이 한다고 한다.
Je nach Alter unterscheiden sich die Freizeitaktivitäten. Man sagt, dass man in seinen 20ern viele Filme sieht, seinen 30ern reist und seinen 40ern viel Sport macht.

이별

⟨⟩☑

명 [이ː별]

⇨ Anhang S. 512

동 이별하다
반 만남

Abschied, Trennung

기자: 이 노래는 어떻게 만드셨어요?
Wie haben Sie dieses Lied gemacht?

가수: 첫사랑과의 만남, 사랑, **이별**을 생각하면서 만들었어요.
Ich habe es gemacht, während ich an das Treffen mit meiner ersten Liebe, die Liebe selbst und an die Trennung gedacht habe.

-와/과 이별하다

이혼

명 [이ː혼]
⇨ Anhang S. 512
동 이혼하다
반 결혼

Scheidung

가: 그 두 사람 왜 **이혼**했대요?
Warum haben sich die beiden Personen scheiden lassen?

나: 성격이 안 맞아서 자주 싸웠대요.
Sie haben sich oft gestritten, weil ihre Persönlichkeiten nicht passten.

–와/과 이혼하다

인생

명 [인생]

Leben

가: 아버지, 퇴직한 후에 뭐 하실 거예요?
Papa, was machst du, wenn du in Rente gehst?

나: 봉사를 하면서 제2의 **인생**을 살고 싶어.
Ich möchte in meinem zweiten Leben ehrenamtlich tätig sein.

자라다

동 [자라다]
관 키가 자라다,
머리가 자라다,
나무가 자라다

wachsen

가: 아이가 어떻게 **자랐**으면 좋겠어요?
Wie möchtest du, dass dein Kind aufwächst?

나: 건강하고 밝게 **자랐**으면 좋겠어요.
Ich möchte, dass es gesund und fröhlich aufwächst.

–이/가 자라다

젊은이

명 [절므니]
⇨ Anhang S. 513
반 노인 ⇨ S. 61

junge Person

가: 이 쇼핑몰이 왜 인기가 많지요?
Warum ist dieses Einkaufszentrum so beliebt?

나: 20대 **젊은이**들이 좋아하는 스타일(style)이 많거든요.
Weil es viel Kleidung gibt, die junge Leute in ihren 20ern mögen.

청년

명 [청년]

참 청년 – 중년 – 장년

junger Mann, Jüngling

사랑하는 **청년** 여러분, 꿈을 가지십시오.
Liebe junge Männer, träumen Sie.

청소년

명 [청소년]

Teenager

가: 고등학생인데 입장료가 얼마예요?
Ich bin Oberschulschüler. Wie viel kostet eine Eintrittskarte?

나: **청소년**은 7,000원입니다.
Teenager zahlen 7.000 Won.

축복

명 [축뽁]

동 축복하다

관 축복을 받다

Segen, Glückwunsch

결혼식에 오셔서 저희의 앞날을 **축복**해 주십시오.
Vielen Dank, dass Sie zu unserer Hochzeit erschienen sind und
uns für die Zukunft alles Gute wünschen.

–을/를 축복하다

평생

명 [평생]

관 평생 잊지 못하다,
평생을 같이 하다

Leben, Lebzeit

가: 할머니, 일본어도 공부하세요?
Großmutter, du lernst auch Japanisch?

나: 그럼, 공부는 **평생** 하는 거야.
Ja, denn man lernt sein Leben lang.

Quiz

 의미가 반대인 것을 연결하십시오.

1. 기혼 •　　　　　　　　　　　• ① 결혼

2. 이혼 •　　　　　　　　　　　• ② 만남

3. 이별 •　　　　　　　　　　　• ③ 미혼

4. (　　)에 들어갈 알맞은 말을 고르십시오.

> 가: 무슨 일 있어? (　　　　)이/가 별로 안 좋은데!
> 나: 아니야, 그냥 힘이 좀 없어서 그래.

　① 표정　　　　② 외모　　　　③ 인상　　　　④ 개성

 (　　)에 알맞은 단어를 〈보기〉에서 찾아서 바꿔 쓰십시오.

> **보기**　　　겪다　　　늙다　　　곱다　　　자라다　　　성숙하다

5. 가: 아침에 아버지의 흰머리를 보고 많이 (　　　　)-(으)셨다는 생각이
　　　들었어.
　　나: 나도 요즘에 많이 느껴! 그래서 부모님께 더 잘해 드려야겠다는 생각
　　　이 들더라고.

6. 가: 머리 자른 지 얼마 안 된 것 같은데 벌써 많이 길었네요!
　　나: 그렇죠? 제 머리가 좀 빨리 (　　　　)-(으)ㄴ/는 편이에요.

7. 가: 할머니, 사진을 보니까 젊으셨을 때도 참 (　　　　)-(으)셨네요!
　　나: 그렇지? 내가 젊었을 때는 인기가 참 많았는데…….

8. 가: 저 배우는 어릴 때 고생을 많이 했다면서?
　　나: 그렇대. TV를 보니까 성공하기까지 많은 어려움을 (　　　　)
　　　-았/었/했다고 하더라고.

9. 가: 미영이는 생각하는 것도, 말하는 것도 어른스럽더라고요.
　　나: 그렇지요? 나이에 비해 (　　　　)-(으)ㄴ 것 같아요.

격려

📢☑

명 [경녀]

동 격려하다
관 격려를 받다, 격려의 말씀

Ermutigung

가: 시험 못 봐서 우울해하더니 이제 괜찮아?
Du warst deprimiert, weil du durch die Prüfung gefallen bist.
Geht es jetzt besser?

나: 응, 아버지의 **격려** 덕분에 힘이 났어.
Ja, dank der Ermutigung meines Vaters ist es jetzt besser.

–을/를 격려하다

남

📢☑

명 [남]

Andere, andere Leute

가: 나는 간호사가 되고 싶은데 남자가 무슨 간호사냐고 사람들이 뭐라고 해.
Ich möchte Krankenpfleger werden, aber Leute fragen mich, welcher Mann Krankenpfleger wird.

나: **남**의 말에 너무 신경 쓰지 마.
Kümmere dich nicht allzu sehr um die Worte Anderer.

남매

📢◐

명 [남매]

참 자매, 형제 ⇨ S. 79

Geschwister, Bruder und Schwester

가: 형제가 어떻게 되세요?
Wie viele Geschwister haben Sie?

나: 삼 **남매**예요. 언니와 오빠가 있어요.
Wir sind zu dritt. Ich habe eine ältere Schwester und einen älteren Bruder.

남성

📢☑◐

명 [남성]
⇨ Anhang S. 511, 516

유 남자
반 여성 ⇨ S. 75

Mann

세계 **남성**의 45%가 담배를 피운다고 한다.
45% der Männer auf der Welt rauchen.

너희

圈 [너희]

ihr, euch

가: 엄마, 저희가 좀 도와드릴까요?
Mama, sollen wir dir helfen?

나: 괜찮아. 곧 끝나니까 **너희**들은 저쪽에 가서 놀고
있어. Nein, braucht ihr nicht. Ich bin fast fertig. Geht ihr
dort rüber und spielt.

다투다

圈 [다투다]
⇨ Anhang S. 517

圈 다툼
圈 싸우다
圈 말다툼

(sich) streiten

가: 기분이 별로 안 좋아 보이네!
Du siehst aus, als hättest du schlechte Laune.

나: 응, 아침에 동생이랑 좀 **다퉜**거든.
Ja, ich habe mich am Morgen mit meiner Schwester gestritten.

–와/과 다투다

💡 „다투다" wird verwendet, wenn man sich mit anderen Menschen
verbal streitet.

당신

圈 [당신]

圈 너, 여보 ⇨ S. 75

du

가: 여보, **당신**이 내 옆에 있어 줘서 정말 행복해.
Schatz, ich bin sehr glücklich, weil du an meiner Seite bist.

나: 나도 그래. Ich auch.

💡 „당신" wird im Koreanischen zwischen Ehepartnern verwendet. Es
kann zwar auch verwendet werden, um eine Person höheren Ranges
anzusprechen, aber das ist eher selten. Stattdessen benutzt man
eher „○○씨".

대접

圈 [대:접]

圈 대접하다
圈 식사를 대접하다

Bewirtung

가: 지난번에 도와주셔서 정말 고마웠습니다. 제가
식사 **대접** 한번 하고 싶은데요.
Vielen Dank, dass Sie mir beim letzten Mal geholfen haben. Ich
möchte Sie dafür zum Essen einladen.

나: 아닙니다. 그냥 할 일을 했을 뿐입니다.
Ach, nein. Ich habe nur getan, was getan werden musste.

–에게 –을/를 대접하다

69

돌보다 — aufpassen

🗣☑👂
돌보다

🅓 [돌 : 보다]
⇨ Anhang S. 517

🈁 보살피다 ⇨ S. 71
🄟 아기를 돌보다

가: 리에 씨가 출근하면 누가 아이를 **돌봐**요?
Wer passt auf dein Kind auf, wenn du (Rie) zur Arbeit gehst?

나: 시어머니께서 **돌봐** 주세요.
Meine Schwiegermutter passt auf.

–을/를 돌보다

며느리 — Schwiegertochter

🗣☑👂
며느리

🅜 [며느리]

🄟 며느리를 얻다
🄟 사위 ⇨ S. 72

가: 우리 **며느리**는 착하고 요리도 잘하고 얼마나 예쁜지 몰라요!
Meine Schwiegertochter ist gutmütig, kocht gut und ist sehr hübsch.

나: **며느리**를 정말 잘 얻었네요!
Sie haben wirklich Gück mit der Schwiegertochter.

무시 — ignorieren

🗣☑👂
무시

🅜 [무시]

🅓 무시하다, 무시되다
🄟 무시당하다

가: 지금 듣고 있어? 왜 자꾸 내 말을 **무시**해?
Hörst du mir zu? Warum ignorierst du mich immer wieder?

나: 미안해. **무시**하는 게 아니라 잠깐 다른 생각하다가 못 들었어.
Es tut mir leid. Ich habe dich nicht ignoriert, aber ich war in Gedanken und habe nicht zugehört.

–을/를 무시하다 | –이/가 무시되다

바보 — Dummkopf

🗣👂
바보

🅜 [바 : 보]

가: 누나, 이것 좀 가르쳐 줘.
Große Schwester, kannst du mir das bitte beibringen?

나: 이 **바보**야! 이것도 몰라?
Bist du doof? Weißt du das nicht?

배려

📢☑

⌧ [배ː려]

동 배려하다

Rücksicht, Sorge

아이들에게 어릴 때부터 다른 사람을 **배려**하도록 가르쳐야 한다.
Kinder sollten von klein an lernen, Rücksicht auf andere Menschen zu nehmen.

-을/를 배려하다

배우자

📢☑

⌧ [배ː우자]

참 남편, 아내

Ehepartner*in

나는 **배우자**를 선택할 때 성격이 제일 중요하다고 생각한다.
Ich denke, dass bei der Wahl des/der Ehepartners*in, die Persönlichkeit am wichtigsten ist.

보살피다

📢☑

동 [보살피다]
⇨ Anhang S. 517

명 보살핌
유 돌보다 ⇨ S. 70

pflegen, kümmern

가: 병원에 입원해 있는 동안 **보살펴** 줄 사람은 있어요?
Haben Sie jemanden, der sich um Sie kümmert, während sie im Krankenhaus sind?

나: 네, 어머니께서 와 계실 거예요.
Ja, meine Mutter.

-을/를 보살피다

본인

📢☑

⌧ [보닌]

Betreffende, man selbst, persönlich

가: 비자 신청은 **본인**만 가능한가요?
Kann man nur persönlich ein Visum beantragen?

나: 아닙니다. 다른 사람이 대신해 줄 수도 있습니다.
Nein. Es kann auch jemand anders stattdessen kommen.

부부

명 [부부]

Ehepaar

가: 저 **부부** 많이 닮은 것 같아요.
Ich denke, das Ehepaar ähnelt sich sehr.

나: 오래 같이 살면 외모도, 성격도 많이 닮는다고 하잖아요.
Wenn man lange zusammen lebt, ähnelt man sich sehr in Aussehen und Persönlichkeit.

사위

명 [사위]

참 며느리 ⇨ S. 70

Schwiegersohn

가: 마트에 다녀오세요? 많이 사셨네요!
Waren sie im Supermarkt? Sie haben viel gekauft.

나: 우리 딸이랑 **사위**가 온다고 해서 맛있는 음식 좀 해 주려고요.
Da sich meine Tochter und mein Schwiegersohn angesagt haben, zu kommen, möchte ich leckeres Essen kochen.

사이

명 [사이]

관 사이가 좋다/나쁘다
참 친구 사이, 선후배 사이

Beziehung

가: 지연 씨는 동생과 **사이**가 참 좋은 것 같아요.
Ich denke, dass Jiyeon und ihr Bruder eine sehr gute Beziehung haben.

나: 네, 어릴 때는 자주 싸웠는데 지금은 친구처럼 지내요.
Ja, Sie haben sich in der Kindheit viel gestritten, aber jetzt sind sie wie Freunde.

사촌

명 [사:촌]

Cousin*e

가: 저분이 언니예요? 동생만 있다고 했잖아요.
Ist das deine ältere Schwester? Hattest du nicht gesagt, dass du nur eine jüngere Schwester hast?

나: 친언니가 아니라 **사촌** 언니예요.
Es ist nicht meine ältere Schwester, sondern meine ältere Cousine.

상대방

명 [상대방]
⇨ Anhang S. 516

유 상대편

andere Person, Andere

가: 너 왜 내가 말하고 있는데 자꾸 다른 곳을 봐?
대화할 때는 **상대방**을 봐야지!
Warum siehst du immer woanders hin, wenn ich etwas sage?
Wir sehen immer den Gegenüber an, wenn wir uns unterhalten.

나: 미안해. 저쪽에 아는 사람이 있는 것 같아서…….
Entschuldigung. Ich glaube, ich kenne die Person dort
drüben...

서로

부 명 [서로]

einander, gegenseitig

가: 왕핑 씨와 자주 만나요?
Triffst du dich mit Wangping oft?

나: 아니요, 요즘 **서로** 바빠서 거의 만나지 못해요.
Nein, zur Zeit sind wir beide beschäftigt und können uns kaum
treffen.

성인

명 [성인]

Erwachsene*r

가: **성인**이 되면 뭘 제일 하고 싶어요?
Was möchstest du am liebsten machen, wenn du erwachsen
bist?

나: 운전면허를 따고 싶어요.
Ich möchte den Führerschein machen.

💡 In Korea ist man im Alter von 19 Jahren erwachsen.

손자

명 [손자]

참 손녀

Enkel*in

가: 할머니, 저 왔어요!
Großmutter, ich bin da!

나: 아이고, 우리 **손자** 왔구나!
Ach herrje, mein Enkel ist gekommen.

스스로

🔊☑️🔊

🔊 [스스로]
⇨ Anhang S. 518

🔊 혼자

persönlich, selbst

동생: 형, 나 숙제 좀 도와줘.
Großer Bruder, hilf mir bei den Hausaufgaben bitte.

형 : 숙제는 **스스로** 해야지.
Die Hausaufgaben musst du selbst machen.

💡 Da „스스로" die Bedeutung „selbst aus eigener Kraft" hat, kann man nicht „스스로 집에 있어요" sagen. In dem Fall sagt man „혼자 집에 있어요" mit der Bedeutung „Ich bin alleine zu Hause."

시어머니

🔊☑️🔊

🔊 [시어머니]

🔊 시아버지, 시부모, 장인, 장모

Schwiegermutter

가: 이 김치 맛있네요! 어디에서 산 거예요?
Das Kimchi schmeckt sehr gut. Wo haben Sie es gekauft?

나: **시어머니**께서 보내 주신 거예요.
Meine Schwiegermutter hat es geschickt.

안부

🔊☑️

🔊 [안부]

🔊 안부를 전하다, 안부를 묻다
🔊 안부 전화, 안부 편지

Grüße

가: 오늘 피터를 만나기로 했어.
Ich treffe mich heute mit Peter.

나: 그래? 피터는 요즘 잘 지내? 만나면 **안부** 좀 전해 줘.
Wirklich? Wie geht es Peter zur Zeit? Richte ihm Grüße aus, wenn ihr euch trefft.

애

🔊☑️🔊

🔊 [애:]

🔊 아이

Kind

가: 잠깐 나갔다 올 테니까 **애** 좀 보고 있어.
Ich muss kurz weg. Bitte pass auf das Kind auf.

나: 응, 걱정 말고 다녀와.
Ok, mach dir keine Sorgen und bis gleich.

💡 „애" ist die Kurzform von „아이" und „얘" ist die Kurzform von „이 아이".

양보

명 [양ː보]

동 양보하다
관 자리를 양보하다

Verzicht

엄마: 네가 언니니까 동생에게 **양보**하는 게 어때?
Wie wäre es, wenn du nachgibst, weil du die ältere Schwester bist.

딸 : 엄마는 왜 늘 저한테만 **양보**하라고 하세요?
Mama, warum sagst du immer nur mir, dass ich nachgeben soll?

−에게 −을/를 양보하다

어린아이

명 [어리나이]

준 어린애

Kleinkind

리에: 우리 아이 괜찮을까요? 큰 병인가요?
Wird es unserem Kind gut gehen? Ist es sehr krank?

의사: 아닙니다. 이 병은 **어린아이**들이 많이 걸리는 병이니까 너무 걱정하지 마세요.
Nein. Es ist eine Krankheit, die viele Kinder bekommen. Machen Sie sich daher keine Sorgen.

💡 Die Kurzform von „어린아이" ist „어린애".

여보

명 [여보]

참 당신 ⇨ S. 69

Schatz (Kosewort)

아내: **여보**, 오늘 일찍 와?
Schatz, kommst du heute früh (nach Hause)?

남편: 회의가 있어서 좀 늦을 것 같아.
Da ich ein Meeting habe, wird es glaube ich später.

💡 „여보" wird zwischen Eheleuten verwendet, die verheiratet sind und „당신" meint eine*n verheiratete*n Gesprächspartner*in.

여성

명 [여성]

⇨ Anhang S. 511, 516

유 여자 반 남성 ⇨ S. 68

Frau

여성은 남성보다 평균 수명이 길다.
Frauen haben durchschnittlich eine höhere Lebenserwartung als Männer.

영향

명 [영:향]

관 영향이 크다/적다,
영향을 주다/받다,
영향을 미치다
참 악영향, 영향력

Einfluss

가: 왜 화가가 되셨어요?
Warum sind Sie Maler geworden?

나: 아버지께서 화가셨는데 아버지의 **영향**을 받아서 그림을 좋아하게 되었어요.
Mein Vater war Maler und er hat mich beeinflusst, so dass ich anfing, die Malerei zu mögen.

용서

명 [용서]

동 용서하다, 용서되다
관 용서를 빌다, 용서를 받다

Vergebung

가: 너 또 장난칠 거야? 안 칠 거야?
Machst du wieder Unsinn? Oder lässt du es bleiben?

나: 다시는 안 할게요. 한 번만 **용서**해 주세요.
Ich mache es nicht wieder. Bitte vergib mir noch einmal.

–을/를 용서하다 ┃ –이/가 용서되다

우정

명 [우:정]

Freundschaft

가: 남녀 사이에 **우정**이 가능할까?
Ist Freundschaft zwischen Männern und Frauen möglich?

나: 글쎄, 난 어렵다고 생각해.
Mh,... ich denke, es ist schwierig.

윗사람

명 [위싸람/윋싸람]
➡ Anhang S. 512
반 아랫사람

älteres Familienmitglied, ältere Person, Vorgesetzte

가: 어제 선생님께 "수연 씨!"라고 했는데 선생님께서 웃으셨어.
Gestern habe ich die Lehrerin mit „수연 씨!" angesprochen und sie hat gelacht.

나: 정말? 선생님은 **윗사람**이니까 이름을 부르면 안 돼.
Wirklich? Da sie eine höher gestellte Person ist, darfst du sie nicht beim Namen ansprechen.

이상형

🗨️👂
명 [이ː상형]

Idealtyp

가: 네 **이상형**은 어떤 사람이야?
Was ist dein Idealtyp?

나: 난 착하고 재미있는 사람이 좋아.
Ich mag nette und lustige Menschen.

이성

🗨️☑️
명 [이성]
⇨ Anhang S. 512

반 동성 관 이성 친구

das andere Geschlecht

중학교 때에는 **이성**에 대한 관심이 많아진다.
Als ich in der Mittelschule war, begann ich mich mehr für das andere Geschlecht zu interessieren.

이웃

🗨️☑️👂
명 [이욷]

동 이웃하다
참 이웃집, 이웃 사람

Nachbar*in

가: 밤에 피아노를 치면 안 돼. **이웃**에게 피해를 주잖아.
Nachts darfst du kein Klavier spielen. Du störst die Nachbarn.

나: 네, 안 칠게요.
Ja, mache ich nicht.

–와/과 이웃하다

💡Wenn man eng mit seinen Nachbarn befreundet ist und fast schon eine familiäre Beziehung zu ihnen hat wie mit einem Cousin oder anderen Verwandten, spricht man von „이웃사촌".

자녀

🗨️☑️
명 [자녀]
⇨ Anhang S. 515

유 아들딸, 자식 ⇨ S. 78
높 자제

Kinder

가: **자녀**가 어떻게 되세요?
Wie viele Kinder haben Sie?

나: 1남 1녀예요.
Ich habe einen Sohn und eine Tochter.

자식

명 [자식]
⇨ Anhang S. 515

반 부모
유 자녀 ⇨ S. 77, 아들딸

Kinder

가: 요즘은 **자식**을 낳지 않는 젊은 부부가 많은가 봐요.
Heutzutage scheinen viele junge Paare keine Kinder zu bekommen.

나: 그런 것 같아요. 제 친구도 결혼했는데 아이를 낳고 싶지 않다고 했어요.
Das sehe ich auch so. Obwohl meine Freunde geheiratet haben, wollen sie keine Kinder bekommen.

💡 „자식" ist das Antonym von „부모" und „자녀" bezieht sich hauptsächlich auf die Kinder von anderen Personen. Daher kann man zwar „자녀분" sagen, aber „자식분" nicht.

자신

명 [자신]

selbst

다음 수업 때까지 이 책을 읽은 후에 **자신**의 생각을 써 오십시오.
Lesen Sie bis zum nächsten Unterricht das Buch und schreiben Sie ihre eigenen Gedanken dazu auf, nachdem Sie das Buch fertig gelesen haben.

💡 Man kann zwar „자기" wie in „자기 자신" oder „자기소개" verwenden, aber „자신" kann in diesen Fällen nicht verwendet werden. Normalerweise wird die Form „자신이" oder „자신을" verwendet.

장남

명 [장ː남]
⇨ Anhang S. 516

유 큰아들
참 장녀

ältester Sohn

가: 피터 씨는 막내지요?
Peter, du bist der Jüngste, oder?

나: 아니요, 제가 **장남**이에요.
Nein, ich bin der älteste Sohn.

형제

🔊 ☑ 🔈

📖 [형제]

참 자매, 남매 ⇨ S. 68

① Brüder nur von Männern verwendet

② Geschwister ohne Geschlechtsangabe

형, 나, 남동생 우리 삼 형제는 아버지를 닮아서 모두 키가 크다.
Wir drei Geschwister, mein älterer, jüngerer Bruder und ich, ähneln meinem Vater sehr und sind alle groß.

가: **형제가 어떻게 되세요?**
Wie viele Geschwister haben Sie?

나: **여동생이 1명 있어요.**
Ich habe eine jüngere Schwester.

후배

☑ 🔈

📖 [후:배]

⇨ Anhang S. 513

반 선배

jüngerer Schüler, Kommilitone, Kollege in der Schule, Universität oder bei der Arbeit

가: **점심에 약속 있어?**
Bist du zum Mittagessen verabredet?

나: **응, 후배에게 밥을 사 주기로 했어.**
Ja, ich lade einen jüngeren Kommilitonen zum Essen ein.

Quiz

1. 다음 중 반대말끼리 연결된 것이 아닌 것을 고르십시오.

① 선배 – 후배   ② 남성 – 여성   ③ 부모 – 자식   ④ 여보 – 당신

다음을 의미가 같은 것끼리 연결하십시오.

2. 손자 •　　　　　　　　　　　• ① 남편과 아내

3. 부부 •　　　　　　　　　　　• ② 딸의 남편

4. 사촌 •　　　　　　　　　　　• ③ 아들의 아들

5. 사위 •　　　　　　　　　　　• ④ 삼촌의 아들, 딸

6. (　　)에 들어갈 알맞은 말을 쓰십시오.

> 가. 저와 언니는 모두 키가 커요.　→ 우리 (㉠)은/는 모두 키가 커요.
> 나. 저와 누나는 성격이 많이 달라요. → 우리 (㉡)은/는 성격이 많이 달라요.
> 다. 저와 형은 운동을 좋아해요.　→ 우리 (㉢)은/는 운동을 좋아해요.

㉠ (　　　　)　　㉡ (　　　　)　　㉢ (　　　　)

(　　)에 알맞은 단어를 〈보기〉에서 찾아 쓰십시오.

> **보기**　　이웃　서로　스스로　상대방　사이

7. 아이가 5살이 되자 (　　) 세수를 하기 시작했다.

8. 그 여자는 처음 만났는데도 (　　)을/를 무시하고 혼자서만 이야기했다.

9. 시어머니와 며느리가 (　　)이/가 좋아서 주위 사람들이 부러워한다.

10. 두 사람은 (　　) 사랑해서 결혼했는데도 매일 싸운다.

11. 도시 사람들은 (　　)에 누가 사는지 관심이 없는 것 같다.

겨우

😮☑️👄 [겨우]
⇨ Anhang S. 518

😊 간신히 (①), 고작 (②)

① knapp, kaum

② nur

가: 어제 등산 잘 했어?
Warst du gestern gut Bergsteigen?

나: 응, 그런데 생각보다 산이 높아서 **겨우** 올라갔어.
Ja, aber der Berg war höher als gedacht, also bin ich kaum hinaufgegangen.

1시간 동안 한 일이 **겨우** 이거야?
Hast du nur das in einer Stunde gemacht?

괜히

😮☑️ [괜:히]

① sinnlos

② ohne Grund

가: 주말이라서 가는 곳마다 사람이 많네요!
Da es Wochenende ist, sind überall viele Menschen!

나: 그냥 집에 있을 걸 그랬어요. **괜히** 나왔네요!
Wir hätten einfach zu Hause bleiben sollen. Wir sind umsonst rausgekommen.

날씨가 더워서 그런지 **괜히** 짜증이 난다.
Da es so heiß ist, werde ich grundlos wütend.

규칙적

관 명 [규칙쩍]
⇨ Anhang S. 511

반 불규칙적

regulär, regelmäßig

건강하게 살기 위해서는 **규칙적**인 운동과 식사가 필요하다.
Für ein gesundes Leben ist regelmäßige Bewegung und Essen notwendig.

깜빡

ⓒⓧ☑ⓢ

⟨부⟩ [깜빡]

⟨동⟩ 깜빡하다
⟨관⟩ 깜빡 잊어버리다,
깜빡 졸다

unbewusst

가: 지난번에 내가 빌려준 책 가져왔어요?
Haben Sie das Buch mitgebracht, das ich Ihnen letztes Mal
geliehen habe?

나: 미안해요. **깜빡** 잊어버렸어요.
Es tut mir leid. Ich habe es vergessen.

–을/를 깜빡하다

꾸준히

ⓒⓧ☑ⓢ

⟨부⟩ [꾸준히]

⟨동⟩ 꾸준하다
⟨관⟩ 꾸준히 노력하다,
꾸준히 공부하다,
꾸준히 연습하다

ständig, konstant

가: 한국어 실력이 많이 늘었네요!
Ihr Koreanisch ist viel besser geworden.

나: 네, **꾸준히** 책도 읽고 영화도 보고 했거든요.
Ja, ich habe konstant Bücher gelesen und Filme gesehen.

대하다 ⁰¹

ⓒⓧ☑ⓢ

⟨동⟩ [대ː하다]

behandeln

가: 이 가게는 항상 손님이 많네!
In diesem Geschäft sind immer viele Kunden!

나: 직원들이 항상 손님들을 친절하게 **대하**잖아.
Die Mitarbeiter sind immer nett zu den Kunden.

–에/에게 –게 대하다 | –을/를 –게 대하다

도대체

💬☑

🔊 [도대체]

① in aller Welt drückt Überraschung, Sorge oder Neugier aus

② überhaupt

가: 어! 내 안경이 안 보여. **도대체** 어디에 뒀지?

Hä? Ich finde meine Brille nicht. Wo in aller Welt habe ich sie hingelegt.

나: 네가 지금 쓰고 있잖아.

Du hast sie gerade an.

왜 그렇게 화를 내? **도대체** 이해가 안 돼.

Warum bist du so wütend? Ich verstehe das überhaupt nicht.

💡 „도대체" mit Bedeutung ① muss zusammen mit „어디, 언제, 누구…" verwendet werden und mit Bedeutung ② mit „모르다", „-지 않다", oder „안 되다".

도저히

💬☑

🔊 [도저히]

auf keinen Fall, überhaupt nicht

가: 이제 알겠지?

Hast du es jetzt verstanden?

나: 아니, 아무리 들어도 **도저히** 모르겠어.

Nein, so sehr ich auch zuhöre, ich verstehe es überhaupt nicht.

💡 Nach „도저히" müssen „모르다", „-지 않다", „안 되다", oder „-(으)ㄹ 수 없다" zusammen folgen.

도전

💬☑

📓 [도전]

🔵 도전하다
🔲 도전 정신

Herausforderung

가: 그 할아버지는 정말 대단하신 것 같아요.

Der Großvater scheint wirklich großartig zu sein.

나: 맞아요. 연세가 많으신데도 매년 마라톤에 **도전**하시잖아요.

Stimmt, obwohl er alt ist, stellt er sich jedes Jahr der Herausforderung und läuft Marathon.

–에 도전하다

따르다 01

🗨☑😊

😊 [따르다]

erfüllen, einhalten

여기는 위험한 곳이니까 규칙을 잘 **따라** 주십시오.
Da es hier ein gefährlicher Ort ist, halten Sie die Regeln ein.

–에 따르다 │ –을/를 따르다

💡 Bei „따르다" sagt man „따라요" oder „따르니까".

뜻밖에

🗨☑

😊 [뜯빠께]

unvorhergesehen, unerwartet

가: 부모님께서 유학 가는 걸 찬성하셨어?
　　Haben Deine Eltern zugestimmt, dass du im Ausland studierst?

나: 응, 반대하실 줄 알았는데 **뜻밖에** 허락해 주셨어.
　　Ja, ich dachte sie seien dagegen, aber unerwarteterweise
　　haben sie es erlaubt.

몰래

🗨😊

😊 [몰:래]

heimlich

가: 부모님 **몰래** 여자 친구를 사귄 적이 있어요?
　　Haben Sie schon einmal heimlich vor den Eltern eine Freundin
　　gehabt?

나: 네, 중학교 때 한 번 사귄 적이 있어요.
　　Ja, als ich in der Mittelschule war, habe ich einmal eine
　　Freundin gehabt.

무조건

🗨☑😊

😊 😊 [무조껀]

참 무조건적

① **bedingungslos, unbedingt**
② **ohne Grund**

자식에 대한 부모님의 사랑은 **무조건**적이다.
Die Liebe der Eltern für ihre Kinder ist bedingungslos.

가: 너 오늘 또 학원에 안 갔지? 그렇게 할 거면 앞으
　　로 다니지 마!
　　Du bist heute wieder nicht zur Nachhilfe gegangen? Wenn du
　　so weiter machst, dann geh in Zukunft gar nicht mehr hin.

나: **무조건** 화만 내지 말고 제 얘기 좀 들어 보세요.
　　Schimpf nicht ohne Grund und hör mir bitte einmal zu.

바르다

형 [바르다]
불 '르'불규칙
관 예의가 바르다,
바른 자세, 바른 말

richtig, ordentlich sein

가: 왜 그렇게 앉아 있어? **바른** 자세로 앉아야지.
Warum sitzt du so? Setz dich ordentlich hin.

나: 의자가 불편해서 그래요.
Das ist, weil der Stuhl unbequem ist.

−이/가 바르다

반드시

부 [반드시]

bestimmt, unbedingt, sicher

가: 이 약은 **반드시** 식사를 하고 30분 후에 드세요.
Nehmen Sie diese Medizin unbedingt 30 Minuten nach dem Essen.

나: 네, 알겠습니다.
Ja, alles klar.

받아들이다

동 [바다드리다]

annehmen

외국에서 살려면 그 나라의 문화를 **받아들일** 줄 알아야 한다.
Wenn man im Ausland leben möchte, sollte man die Kultur des Landes annehmen können.

−을/를 받아들이다

버릇

명 [버른]
관 버릇이 있다/없다,
버릇을 고치다

① **Gewohnheit**
② **Höflichkeit gegenüber Älteren, Manieren (pl.)**

나는 말을 시작하기 전에 기침을 하는 **버릇**이 있다.
Ich habe die Gewohnheit, zu husten, bevor ich etwas sage.

선배에게 인사도 안 하네! 정말 **버릇** 없다!
Du grüßt deine älteren Kommilitonen nicht! Du hast wirklich keine Manieren!

In Korea gibt es das Sprichwort „세 살 버릇 여든까지 간다". Es bedeutet, dass eine einmal entwickelte Gewohnheit schwer ist zu ändern.

빌다

⍁⊙

🗣 [빌다]
🔵 'ㄹ'불규칙

🔲 소원을 빌다, 용서를 빌다

wünschen

생일 축하해요. 촛불을 끄기 전에 소원을 **비**세요.
Herzlichen Glückwunsch zum Geburtstag. Wünschen Sie sich
etwas vor dem Auspusten der Kerzen.

−을/를 빌다 | −기를 빌다 | −에/에게 −을/를 빌다

상관

⍁⊙

🗣 [상관]

🔵 상관하다, 상관되다
🔲 상관이 있다/없다

Korrelation, Beziehung

가: 저녁에 삼계탕을 먹을까? 설렁탕을 먹을까?
Wollen wir am Abend Samgyetang essen? Oder
Seolleongtang?

나: 난 **상관**없으니까 아무거나 먹자.
Mir ist es egal. Lass uns irgendetwas essen.

−을/를 상관하다 | −이/가 상관되다

선호

⍁☑

🗣 [선:호]

🔵 선호하다

Präferenz, Vorliebe

가: 조카 생일 선물로 책을 사 주려고 하는데 좋아할까?
Ich möchte meiner Nichte ein Buch als Geburtstagsgeschenk
kaufen, aber wird sie es mögen?

나: 글쎄, 신문에서 봤는데 요즘 초등학생들이 제일
선호하는 선물은 게임기래.
Naja, ich habe in der Zeitung gesehen, dass das beliebteste
Geschenk für Grundschüler heutzutage eine Spielkonsole ist.

−을/를 선호하다 | −기를 선호하다

설마

🔲☑

🔈 [설마]

---

sicher „doch wohl" wird bei Vermutungen negativer Art verwendet

가: 올 시간이 지났는데 앤디가 왜 이렇게 안 오지?
Warum kommt Andy nicht, obwohl es schon so spät ist?

나: **설마** 사고 난 거 아니겠지?
Er wird doch wohl keinen Unfall gehabt haben?

💡 Nach 설마 müssen Fragen wie „<Adjektiv> + -(으)ㄴ 거 아니겠지요?",
„<Verb> +-(으)ㄴ/는 거 아니겠지요?", oder „-(으)ㄹ까요?" zusammen
verwendet werden.

소원

🔲☑

🔈 [소ː원]

🔲 소원하다
🔲 소원이 이루어지다,
소원을 빌다,
소원을 이루다

Wunsch

가: 올해 **소원**이 뭐예요?
Was ist Ihr Wunsch für dieses Jahr?

나: 우리 가족이 모두 건강하게 지내는 거예요.
Ich wünsche mir für die ganze Familie Gesundheit.

–을/를 소원하다　｜　–기를 소원하다

아마

☑◐

🔈 [아마]

---

vielleicht, wahrscheinlich

가: 출발한 지 1시간쯤 됐으니까 지금쯤은 도착했겠지?
Es ist ungefähr eine Stunde vergangen, seit sie losgefahren
sind. Also sollten sie schon längst da sein, oder?

나: **아마** 그럴걸.
Wahrscheinlich ist es so.

💡 Nach 아마 muss eine Vermutung folgen, wie zum Beispiel mit „-(으)ㄹ
거예요" oder „-(으)ㄹ걸".

☑ ◎
어쩌면

🔵 [어쩌면]

vielleicht

가: 미술관 오늘 문 열었을까?
Hat das Kunstmuseum heute geöffnet?

나: 전화해 보고 가. 월요일이라서 **어쩌면** 문을 닫았을 지도 몰라.
Ruf mal an. Weil Montag ist, könnte es vielleicht geschlossen haben.

💡 Nach „어쩌면" folgen oft Vermutungen wie „-(으)ㄹ지도 모르다" oder „-(으)ㄹ 것 같다".

▢☑
어차피

🔵 [어차피]

sowieso, auf jeden Fall

가: 빨리 뛰어가자.
Lass uns schnell laufen.

나: **어차피** 늦었으니까 천천히 가자.
Lass uns langsam gehen, da wir sowieso zu spät sind.

▢☑
억지로

🔵 [억찌로]

auferzwungen/erzwungen, mit Zwang

가: 엄마, 저 이거 먹고 싶지 않아요.
Mama, ich möchte das nicht essen.

나: 그래? 먹기 싫으면 **억지로** 먹지 마.
Wirklich? Wenn du es nicht essen möchtest, iss es nicht gezwungenermaßen.

▢☑◎
역시

🔵 [역씨]

auch, erwarteterweise

가: 주말 저녁이라서 식당에 사람이 많네요!
Da es abends am Wochenende ist, gibt es viele Leute im Restaurant!

나: **역시** 예약하고 오기를 잘했지요?
War auch gut, dass ich reserviert habe, oder?

올바르다

형 [올바르다]
불 '르'불규칙

관 올바른 태도, 올바른 방법,
올바른 교육

richtig sein

가: 이 약이 오래돼서 버리고 싶은데 그냥 버려도 돼요?
Ich möchte diese Medizin wegwerfen, weil sie alt (und abgelaufen) ist. Ist es in Ordnung?

나: 그건 **올바른** 방법이 아니에요. 오래된 약은 약국에 가져다주세요.
Das ist nicht richtig. Abgelaufene Medizin musst du bei der Apotheke abgeben.

−이/가 올바르다

왠지

부 [왠지]

irgendwie

가: 너 오늘 **왠지** 더 예뻐 보인다.
Du siehst heute irgenwie noch schöner aus.

나: 그래? 나 오늘 머리했거든.
Wirklich? Ich habe heute meine Haare gemacht.

용감하다

형 [용:감하다]

관 용감하게 싸우다,
용감한 행동

mutig

가: 어른이 되면 뭐가 되고 싶어요?
Was möchtest du werden, wenn du erwachsen bist?

나: **용감한** 군인이 되고 싶어요.
Ich möchte eine mutige Soldatin werden.

−이/가 용감하다

용기

명 [용:기]

관 용기가 있다/없다,
용기가 나다, 용기를 내다

Mut

가: 폴에게 좋아한다고 말할까? 말까?
Soll ich Paul sagen, dass ich ihn mag? Oder nicht?

나: 고민하지 말고 **용기**를 내서 말해 봐.
Grübel nicht zu sehr darüber nach, nimm deinen Mut zusammen und sag es ihm.

원하다

☑☑☺

⑤ [원:하다]

wollen

가: 어떤 모자를 사 줄까요? **원하**는 것이 있어요?
Soll ich eine Mütze kaufen? Gibt es etwas, das du haben willst?

나: 특별히 **원하**는 건 없어요. 아무거나 괜찮아요.
Ich will nichts Bestimmtes. Was auch immer ist in Ordnung.

–을/를 원하다 ㅣ –기를 원하다

위하다

☑☺

⑤ [위하다]

für, teilnehmen

가: 전주에 처음 여행을 가는데 한국어를 못해서 걱정이에요.
Ich reise das erste Mal nach Jeonju, aber mache mir Sorgen, weil ich kein Koreanisch kann.

나: 외국인을 **위한** 관광 안내 센터가 있으니까 걱정하지 마세요.
Machen Sie sich keine Sorgen, denn für Ausländer gibt es eine Touristikinformation.

–을/를 위하다

💡 „위하다" wird oft in Form von „-을/를 위해서", „-을/를 위한", „-기 위해서", oder „-기 위한" verwendet.

의심

☑☑☺

⑲ [의심]

⑤ 의심하다, 의심되다
⑭ 의심이 많다,
   의심이 생기다,
   의심을 받다

Zweifel, Verdacht

가: 여기가 다른 곳보다 훨씬 싼 것 같아. 여기서 살까?
Ich glaube hier ist es viel billiger als woanders. Soll ich es hier kaufen?

나: 그런데 값이 너무 싸니까 가짜 같지 않아? 좀 **의심**되는데……
Aber ist es keine Fälschung, weil es so billig ist? Ich habe da meine Zweifel…

–을/를 의심하다 ㅣ –이/가 의심되다

의존

(명) [의존]
(동) 의존하다
(참) 의존적

Abhängigkeit

가: 커피를 아무리 마셔도 잠이 안 깨.
Egal wie viel Kaffee ich trinke, ich werde nicht wach.

나: 커피에만 너무 **의존**하지 말고 잠깐 낮잠 좀 자.
Mache es nicht so sehr vom Kaffee abhängig und mache kurz
einen Mittagsschlaf.

–에/에게 의존하다

일부러

(부) [일:부러]

absichtlich

가: 너 왜 아까 내가 인사했는데 그냥 지나갔어?
Warum bist du einfach vorbeigegangen, als ich dich gegrüßt
habe?

나: 미안해. 내가 **일부러** 그런 게 아니야. 안경을 집에
놓고 와서 잘 안 보였어.
Entschuldigung. Ich habe es nicht absichtlich gemacht. Ich
habe meine Brille zu Hause vergessen und dich nicht gesehen.

입장

(명) [입짱]
(관) 입장을 고려하다,
입장을 밝히다

Standpunkt

가: 나는 올가가 왜 그러는지 모르겠어. 정말 이해할
수 없어.
Ich weiß nicht warum Olga es gemacht hat. Ich kann es
wirklich nicht verstehen.

나: 올가도 이유가 있을 거야. **입장**을 바꿔서 생각해 봐.
Olga hat ihre Gründe. Sieh es mal von ihrem Standpunkt.

💡 Das Wort „입장" hat auch eine andere Bedeutung. Wenn man „입장권"
oder „입장료" sagt, bedeutet es „Eintritt".

적극적

판 명 [적끅쩍]
➡ Anhang S. 513

반 소극적
관 적극적인 태도,
적극적인 사고방식

positiv, Optimismus, Enthusiasmus

가: 어떤 직원을 뽑고 싶으십니까?
Was für einen Mitarbeiter möchten Sie auswählen?

나: 모든 일을 **적극적**으로 하는 사람이면 좋겠어요.
Einer, der alle Arbeiten mit Enthusiasmus macht, wäre gut.

절대로

부 [절때로]

nie, auf keinen Fall

가: 어제 뮤지컬 봤다면서? 재미있었어?
Ich habe gehört, du hast gestern ein Musical gesehen? War es interessant?

나: 재미없었어. **절대로** 보지 마!
Es war nicht interessant. Sieh es dir auf keinen Fall an.

💡 Nach „절대로" folgen oft „-지 않다", „없다", „-지 말다" oder „-(으)면 안 되다".

정성

명 [정성]

관 정성을 다하다,
정성을 모으다,
정성을 들이다
참 정성껏

Hingabe, Sorgfalt, mit Liebe

가: 역시 집에서 만든 음식이 맛있는 것 같아요.
Das hausgemachte Essen ist wie erwartet köstlich.

나: 당연하죠. 어머니의 **정성**이 들어 있잖아요.
Selbstverständlich. Denn da steckt die Liebe der Mutter drin.

정직

명 [정ː직]

형 정직하다
관 정직하게 살다

Ehrlichkeit, Aufrichtigkeit

가: 이번 한 번은 용서해 줄 테니까 앞으로는 다른 사람을 속이지 마세요.
Für dieses Mal vergebe ich dir, aber in Zukunft betrügst du niemanden mehr.

나: 네, 앞으로는 **정직**하게 살겠습니다.
Ja, in Zukunft werde ich ehrlich sein.

－이/가 정직하다

제발

부 [제ː발]

bitte

아빠, **제발** 한 번만 용서해 주세요. 다시는 안 그럴게요.
Papa, bitte vergib mir dieses mal. Ich mache es nicht wieder.

💡 „제발" wird zusammen mit „<Verb> + -아/어/해 주세요" verwendet.

조심스럽다

형 [조ː심스럽따]
불 'ㅂ'불규칙

명 조심

vorsichtig sein

할아버지께서는 매일 도자기를 **조심스럽게** 닦으신다.
Der Großvater putzt jeden Tag vorsichtig die Keramik.

－이/가 조심스럽다

존경

명 [존경]

동 존경하다
관 존경을 받다

Respekt

가: 한국 사람들이 가장 **존경**하는 사람이 누구예요?
Welche Person respektieren Koreaner am meisten?

나: 한글을 만드신 세종 대왕이에요.
Es ist König Sejong der Große, der die koreanische Schrift Hangeul erfunden hat.

－을/를 존경하다

주의 ⁰¹

🗨☑

Vorsicht, Aufmerksamkeit, Achtung

명 [주:의/주:이]

동 주의하다
반 부주의 ⇨ S. 51
관 주의할 점
참 주의 사항

> – 수영장 이용 시 **주의** 사항 –
> Vorsicht bei der Schwimmbadnutzung
>
> 1. 샤워를 한 후에 수영장을 이용해 주십시오.
>   Bitte benutzten Sie das Schwimmbad, nachdem Sie geduscht haben.
>
> 2. 수영 모자, 물안경을 꼭 써 주십시오.
>   Benutzen Sie unbedingt eine Badekappe und Schwimmbrille.

–을/를 주의하다 ㅣ –에/에게 주의하다

집중

🗨☑◉

Konzentration

명 [집쭝]

동 집중하다, 집중되다
관 집중이 잘 되다/안 되다
참 집중적, 집중력

가: 우리 커피숍에서 공부할까?
Sollen wir im Café lernen?

나: 커피숍은 시끄러워서 **집중**이 안 되니까 도서관에 가자.
Gehen wir in die Bibliothek, denn das Café ist zu laut, um sich konzentrieren zu können.

–을/를 집중하다 ㅣ –이/가 집중되다

찬성

🗨☑

Zustimmung, Befürwortung

명 [찬:성]

⇨ Anhang S. 513

동 찬성하다
반 반대
관 찬성을 얻다,
　　의견에 찬성하다,
　　제안에 찬성하다

가: 성형 수술에 **찬성**하세요? 반대하세요?
Befürworten Sie plastische Chirurgie? Oder lehnen Sie sie ab?

나: 저는 **찬성**합니다. 예뻐지면 자신감이 생기니까 좋은 것 같아요.
Ich befürworte sie. Ich finde es gut, weil man Selbstvertrauen gewinnt, wenn man schöner wird.

–에 찬성하다

최선

🔊☑😊

📖 [최ː선/췌ː선]

📘 최선을 다하다,
최선의 방법, 최선의 선택

das Beste

가: 그렇게 열심히 준비했는데 2등 해서 어떡해요?
　 Wie kann ich nur den zweiten Platz erreichen, nachdem ich
　 mich so gut vorbereitet hatte?

나: **최선**을 다했으니까 후회는 없어요.
　 Du hast dein Bestes gegeben, bereue es daher nicht.

−이/가 최선이다

취하다 ⁰¹

🔊☑

📖 [취ː하다]

📘 술에 취하다

betrunken sein

가: 한 잔 더 마셔.
　 Trink noch ein Glas.

나: 난 그만 마실래. 더 마시면 **취할** 것 같아.
　 Ich möchte nicht mehr. Wenn ich noch mehr trinke, werde ich
　 betrunken sein.

−에 취하다

침착

🔊☑

📖 [침착]

📗 침착하다
📘 침착하게 말하다,
침착하게 행동하다,
침착한 성격

Gelassenheit, Ruhe

폴 : 저기, 우리 집… 집에… 불… 불… 불이…….
　 Da unser Haus… in der Wohnung… Feu… Feuer…
　 Feuer…

소방관: 무슨 일이에요? **침착**하게 말해 보세요.
　 Was ist los? Sag es in aller Ruhe.

탓

☑☑

명 [탇]

동 탓하다
관 탓으로 돌리다, 탓만 하다

Fehler

가: 미안해. 이번 농구 경기는 나 때문에 진 것 같아.
　　Entschuldigung. Ich glaube, dieses Basketballspiel haben wir
　　wegen mir verloren.

나: 아니야. 네 **탓**이 아니라 내 **탓**이야.
　　Nein, es war nicht dein Fehler, sondern meiner.

−을/를 탓하다

태도

☑☑●

명 [태ː도]

관 태도가 좋다/나쁘다,
　　태도를 취하다

Einstellung, Haltung, Standpunkt

요시코 씨는 선생님의 설명을 잘 듣고 대답도 잘해
요. 수업 **태도**가 정말 좋은 것 같아요.
Yoshiko hört sich die Erklärungen der Lehrerin gut an und
antwortet fleißig. Ich denke, dass ihre Unterrichtseinstellung sehr
gut ist.

함부로

☑☑●

부 [함부로]

관 함부로 말하다,
　　함부로 행동하다,
　　함부로 대하다

gedankenlos, unbedacht, leichtfertig

가: 그 사람은 너무 말을 **함부로** 하는 것 같아.
　　Ich finde, die Person spricht sehr leichtfertig.

나: 그러니까 회사 안에 친한 사람이 별로 없잖아.
　　Deshalb hat sie in der Firma auch keinen Vertrauten.

희망

☑☑●

명 [히망]

동 희망하다
관 희망이 있다/없다,
　　희망이 보이다,
　　희망을 가지다
참 희망적, 희망사항,
　　장래 희망

Hoffnung

가: 면접을 10번이나 봤는데 또 떨어졌어요.
　　Ich habe mehr als 10 Bewerbungsgespräche geführt und bin
　　wieder durchgefallen.

나: 포기하지 않으면 언젠가 취직할 수 있을 거예요.
　　희망을 가지세요.
　　Wenn du nicht aufgibst, wirst du irgendwann eine Stelle finden.
　　Habe Hoffnung.

−을/를 희망하다　｜　−기를 희망하다

Quiz

1. 다음 중 바르게 연결된 것이 아닌 것을 고르십시오.

① 소원 – 빌다 ② 용기 – 내다 ③ 최선 – 바치다 ④ 버릇 – 고치다

✎ 밑줄 친 부분과 바꾸어 쓸 수 있는 알맞은 단어를 〈보기〉에서 찾아 쓰십시오.

> **보기** 반드시 괜히 겨우

2. 어제 배가 아파서 새벽에 아주 <u>힘들게</u> 잠이 들었다. (   )

3. 나는 그 일과 상관없으니까 <u>특별한 이유 없이</u> 나에게 화를 내지 마. (   )

4. 돈이 많다고 해서 <u>꼭</u> 행복한 것은 아니다. (   )

✎ (   )에 들어갈 알맞은 단어를 고르십시오.

> 아내: 여보, (㉠) 오늘이 무슨 날인지 잊어버린 거 아니지?
> 　　　 오늘이 우리 결혼기념일이잖아.
> 남편: 미안해. 너무 바빠서 (㉡)했네! 제발 용서해 줘.
> 아내: 작년에도 똑같은 말을 했잖아. 이번엔 (㉢) 용서할 수 없어.

5. (㉠)에 들어갈 알맞은 단어를 고르십시오.
① 어쩌면 ② 설마 ③ 아마 ④ 도대체

6. (㉡)에 들어갈 알맞은 단어를 고르십시오.
① 함부로 ② 몰래 ③ 억지로 ④ 깜빡

7. (㉢)에 들어갈 알맞은 단어를 고르십시오.
① 절대로 ② 일부러 ③ 뜻밖에 ④ 어차피

✎ (   )에 알맞은 단어를 〈보기〉에서 찾아서 바꿔 쓰십시오.

> **보기** 정직하다 원하다 집중하다

8. 수업 시간에 다른 생각하지 마세요. (   )–아/어/해서 공부하세요.

9. 아버지께서는 거짓말을 하지 말고 (   )–게 살라고 말씀하셨다.

10. 사람은 누구나 건강하고 행복하게 살기를 (   )–(스)ㅂ니다.

✐ **Dieses chinesische Zeichen ist in diesen koreanischen Wörtern zu finden.**

Psychologie
S. 351

아이들과 친해지려면 아이들의 심리를 잘 알아야 해요.

Um Kindern nahe zu kommen, muss man ihre Psychologie gut kennen.

Ehrlichkeit, Aufrichtigkeit
S. 25

그동안 도움을 주신 모든 분들께 진심으로 감사드립니다.

Ich möchte mich bei allen aufrichtig bedanken, die mir geholfen haben.

심리

진심

Entscheidung
S. 29

여자 친구랑 성격이 안 맞아서 헤어지기로 결심했어요.

Ich habe beschlossen, mit meiner Freundin Schluss zu machen, weil unsere Persönlichkeiten nicht zusammenpassen.

결심

心

심 마음
Herz, Innere

Ehrgeiz, Gier
S. 55

내 동생은 욕심이 많아요. 그래서 항상 더 많이 가지려고 해요.

Mein Bruder ist gierig. Deshalb versucht er immer, mehr zu haben.

욕심

호기심
S. 56

Neugierde

호기심이 많은 아이는 질문을 많이 한다.

Kinder, die sehr neugierig sind, stellen viele Fragen.

의심
S. 90

Zweifel

물건값이 너무 싸면 가짜일 거라고 의심하게 돼요.

Wenn der Preis zu niedrig ist, vermute ich, dass es sich um eine Fälschung handelt.

02 행동 Handlungen

1 손/발 관련 동작
Handlungen mit Händen/Füßen

가리키다

 [가리키다]

hinweisen, zeigen

가: 네가 **가리키**는 사람이 정확히 누구야?
Auf wen genau zeigst du?

나: 가장 오른쪽에 있는 남자야.
Auf den Mann ganz rechts.

–을/를 가리키다

가져다주다

등 [가져다주다]

bringen, mitbringen

아빠: 미나야, 아빠 책상 위에 있는 신문 좀 **가져다줄**래?
Mina, kannst du mir (Papa) bitte die Zeitung auf dem
Schreibtisch bringen?

미나: 네, 아빠! 잠깐만 기다리세요.
Ja, Papa! Bitte warte einen Moment.

–을/를 가져다주다 │ –을/를 –에게 가져다주다

💡 Normalerweise wird im Gesprochenen „갖다주다" öfter als „가져다주다"
verwendet.

감다 01

등 [감ː따]

사 감기다 ⇨ S. 144

Haare waschen

가: 파마를 했으니까 오늘은 머리를 **감**지 마세요.
Waschen Sie Ihr Haar heute nicht, da Sie die Dauerwelle
bekommen haben.

나: 네, 내일은 **감**아도 되지요?
Ja, aber morgen kann ich sie wieder waschen, oder?

–을/를 감다

💡 Man sagt nicht „머리를 씻어요.", sondern man muss „머리를 감아요."
sagen.

감추다

동 [감추다]
⇨ Anhang S. 517

유 숨기다

verstecken

가: 형, 장난 좀 치지 마. 내 신발 어디에 **감췄어**?
Großer Bruder, bitte mach keinen Quatsch. Wo hast du meine Schuhe versteckt?

나: 어디 **감췄**는지 찾아봐.
Finde raus, wo ich sie versteckt habe.

-을/를 감추다 ㅣ -을/를 -에 감추다 ㅣ -을/를 -(으)로 감추다

갖다

동 [갇따]

본 가지다
참 갖고 오다, 갖고 가다, 갖고 다니다

bringen

여러분, 내일 비가 올지 모르니까 우산을 **갖고** 오세요.
Liebe Alle, bitte bringen Sie morgen einen Schirm mit, weil es vielleicht regnen wird.

-을/를 갖다

💡 „갖다" ist die gekürzte Form von „가지다".

걸음

명 [거름]

참 걸음걸이

Schritt

가: 야! 같이 가. 왜 이렇게 **걸음**이 빨라?
Hey! Lass uns zusammen gehen. Warum gehst du so schnell?

나: 알았어. 빨리 와.
Alles klar. Komm schnell.

긁다

동 [극따]

kratchen

가: 너 왜 자꾸 **긁어**? **긁지** 마! **긁**으면 더 안 좋아져.
Warum kratzt du dich so? Kratz dich nicht. Es wird schlimmer, wenn du dich kratzt.

나: 모기한테 물린 데가 가려워서 그래.
Mich hat eine Mücke gestochen und es juckt.

-을/를 긁다

깔다

🔊☑

🔵 [깔다]
🔵 'ㄹ'불규칙

📋 이불을 깔다

ausbreiten

가: 침대가 없는데 어디에서 자요?
Es gibt kein Bett. Wo schlafe ich?

나: 바닥에 이불을 **깔고** 주무세요.
Breiten Sie die Decke auf dem Boden aus und schlafen Sie darauf.

–을/를 깔다

나누다

🔊☑🟢

🔵 [나누다]

📎 더하다 ⇨ S. 186,
빼다 ⇨ S. 187,
곱하다

① **verteilen**

② **dividieren (in Mathe)**

대리: 부장님, 회의 준비가 다 끝났습니다.
Herr Abteilungsleiter, die Vorbereitung des Meetings ist abgeschlossen.

부장: 그럼 회의가 시작되면 이 자료를 좀 **나눠** 주세요.
Dann verteilen Sie bitte die Unterlagen, wenn das Meeting anfängt.

6을 3으로 **나누**면 2다. (6÷3=2)
6 geteilt durch 3 sind 2. (6÷3=2)

–을/를 나누다 ｜ –을/를 –(으)로 나누다

내놓다

🔊☑🟢

🔵 [내ː노타]

📋 신분증을 내놓다,
돈을 내놓다,
의견을 내놓다

anbieten, hinstellen, hinlegen

그 회사는 집이 없는 사람들을 위해서 사회에 10억을 **내놓**았다.
Die Firma hat für Obdachlose 10 Mrd. Won angeboten.

–을/를 –에/에게 내놓다

💡 Man sagt bei „내놓다", „내놓아요", oder „내놓으니까".

내밀다

🗨☑😊 [내ː밀다]
🔵 'ㄹ'불규칙

ausstrecken

가: 어제 콘서트 어땠어?
Wie war das Konzert gestern?

나: 정말 좋았어. 내가 손을 **내밀**었는데 그 가수가 잡아 줬거든.
Sehr gut. Ich habe meine Hände ausgestreckt und der Sänger hat sie gehalten.

–을/를 내밀다

당기다

🗨😊 [당기다]
➡ Anhang S. 514

🔴 밀다(①) ➡ S. 106, 미루다(②) ➡ S. 325

① **ziehen**
② **etwas zeitlich bewegen/nach vorne bringen**

의자를 **당겨**서 좀 더 가까이 앉으세요.
Ziehen Sie Ihren Stuhl heran und setzen Sie sich näher.

가: 앤디 씨, 미안한데 오늘 저녁 약속 시간을 좀 **당겨**도 돼요? 저녁에 집에 좀 일찍 들어가야 해서요.
Es tut mir leid, Andy, aber können wir unseren Termin für heute Abend vorziehen? Ich muss abends etwas früher nach Hause.

나: 아, 그래요? 그럼 몇 시에 만날까요?
Ja, wirklich? Um wie viel Uhr sollen wir uns dann treffen?

–을/를 당기다

닿다

🗨☑😊 [다ː타]
🔵 손이 닿다

reichen, erreichen

이 약은 아이의 손이 **닿**지 않는 곳에 두십시오.
Bitte bewahren Sie die Medizin außer Reichweite von Kindern auf.

–이/가 닿다 | –에/에게 닿다

💡 Man sagt bei „닿다", „닿아요", oder „닿으니까".

던지다

동 [던지다]

werfen

가: 아저씨, 야구공 좀 이쪽으로 **던져** 주세요.
　　Hey Sie, bitte werfen Sie den Baseball hier her.

나: 그래. 잘 받아라.
　　Ja, fang ihn gut auf.

−을/를 던지다 ㅣ −에/에게 −을/를 던지다 ㅣ −(으)로 −을/를 던지다

돌려주다

동 [돌려주다]

참 돌려받다

zurückgeben

그 소설책 금방 읽고 **돌려줄** 테니까 좀 빌려줘.
Ich werde den Roman schnell lesen und zurückgeben, also leihe ihn mir bitte.

−을/를 돌려주다 ㅣ −에게 −을/를 돌려주다

두드리다

동 [두드리다]

klopfen

가: 안에 사람이 없나 봐요. 불이 꺼져 있어요.
　　Es scheint jemand da zu sein. Das Licht ist an.

나: 그래요? 문을 한번 **두드려** 보세요.
　　Wirklich? Klopfen Sie mal an der Tür.

−을/를 두드리다

따르다 02

동 [따르다]

eingießen, schütten

가: 물 마실 거야? **따라** 줄까?
　　Trinkst du Wasser? Soll ich es dir einschenken?

나: 응, 조금만 줘!
　　Ja, bitte gib mir nur ein bisschen.

−에 −을/를 따르다

💡 Man sagt bei „따르다", „따라요" oder „따르니까".

때리다

🔊☑
동 [때리다]

schlagen

준우: 엄마, 형이 나를 자꾸 **때려**.
Mama, der große Bruder schlägt mich oft.

엄마: 준석이 너 자꾸 동생 **때리**면 엄마한테 혼난다.
Junseok, wenn du deinen Bruder weiter schlägst, bekommst du Ärger mit mir, deiner Mutter.

–을/를 때리다

떨어뜨리다

🔊☑🔊
동 [떠러뜨리다]

fallen lassen, verlieren

가: 교통 카드가 어디 갔지? Wo ist meine Fahrkarte?

나: 어디에 **떨어뜨린** 거 아니에요? 잘 찾아보세요.
Haben Sie sie nicht irgendwo fallen lassen? Suchen Sie sorgfältig danach.

–을/를 떨어뜨리다 ︱ –을/를 –에 떨어뜨리다

💡 Die Bedeutung von „떨어뜨리다" und „떨어트리다" ist gleich.

떼다

🔊☑🔊
동 [떼다]
⇨ Anhang S. 514

반 붙이다

lösen, trennen, schneiden

이 메모지는 몇 번이나 붙였다가 **뗄 수
있습니다.** Diesen Notizzettel kann man
mehrmals ankleben und
–을/를 떼다 wieder ablösen.

막다

🔊☑🔊
동 [막따]

관 귀를 막다, 코를 막다,
입을 막다, 길을 막다

① bedecken ② blockieren

공포 영화를 볼 때 귀를 **막**고 보면 덜 무섭다.
Wenn ich mir die Ohren beim Sehen eines Horrorfilms zuhalte, ist er weniger beängstigend.

가: 왜 이렇게 늦었어? Warum bist du so spät?

나: 사고 난 자동차가 길을 **막**고 있어서 빨리 올 수
없었어. Ein Unfallwagen hat den Weg blockiert, so dass
ich nicht schnell kommen konnte.

묶다

동 [묵따]
⇨ Anhang S. 514
반 풀다

binden

가: 너무 덥다!
Es ist sehr heiß.

나: 머리를 **묶**으면 좀 시원해질 거야.
Wenn du dir die Haare zusammenbindest,
wird es etwas luftiger.

–을/를 묶다 ┃ –을/를 –(으)로 묶다 ┃ –을/를 –에 묶다

밀다

동 [밀 : 다]
불 'ㄹ'불규칙
⇨ Anhang S. 514
반 당기다 ⇨ S. 103

drücken

가: 이 문이 왜 안 열리지?
Warum öffnet sich die Tür nicht?

나: 당기지 말고 **미**세요.
Ziehen Sie nicht, sondern drücken Sie.

–을/를 밀다

밟다

동 [밥 : 따]

treten auf etwas, jemanden treten, betreten

앗! 나 어떡해? 껌 **밟**았어.
Ah! Was soll ich machen? Ich bin auf einen Kaugummi getreten.

–을/를 밟다

버리다

동 [버리다]
⇨ Anhang S. 514
반 줍다
참 버려지다

wegwerfen

가: 쓰레기는 어떻게 **버려**야 돼요?
Wie muss man den Müll wegwerfen?

나: 종류별로 나눠서 **버리**세요.
Man wirft ihn nach Sorte getrennt weg.

–을/를 버리다

비비다

동 [비비다]

① reiben   ② mischen

가: 눈이 너무 가려워.   Meine Augen jucken sehr.

나: 자꾸 **비비**지 말고 약을 넣어.
Reibe sie nicht so oft und trag Salbe auf.

가: 비빔밥은 왜 비빔밥이라고 불러요?
Warum heißt Bibimbap Bibimbap?

나: 밥과 여러 가지 채소를 **비벼**서 먹기 때문이에요.
Da man Reis mit verschiedenen Sorten von Gemüse vermischt isst.

–을/를 비비다

빗다

동 [빋따]

참 머리빗

kämmen, bürsten

가: 머리를 **빗**고 싶은데 빗이 어디에 있지요?
Ich möchte meine Haare bürsten, aber wo ist die Bürste?

나: 저기 거울 앞에 있어요.
Sie liegt dort vor dem Spiegel.

–을/를 빗다

💡 Man sagt „빗다", „빗어요", oder „빗으니까".

빠뜨리다

동 [빠 : 뜨리다]

① fallen lassen

② aus Unachtsamkeit etwas vergessen und/oder verlieren

수영을 하다가 안경을 **빠뜨렸**다.
Ich habe beim Schwimmen meine Brille verloren.

가: 자, 이제 출발하자.   So, lass uns jetzt losfahren.

나: 잠깐만. 뭐 **빠뜨린** 거 없는지 다시 한번 확인해 볼게.
Einen Moment. Lass uns noch einmal überprüfen, ob wir nichts vergessen haben.

–을/를 빠뜨리다 | –에 –을/를 빠뜨리다 | –에서 –을/를 빠뜨리다

💡 Die Bedeutung von „빠뜨리다" und „빠트리다" ist gleich.

빨다

🗨☑🔈

동 [빨다]
불 'ㄹ'불규칙

참 빨래

waschen

가: 세탁기에 속옷도 넣어도 돼요?
Kann ich meine Unterwäsche auch in die Waschmaschine tun?

나: 안 돼요. 속옷은 세탁기에 넣지 말고 손으로 **빠세요**.
Nein. Wasch die Unterwäsche nicht in der Waschmaschine, sondern von Hand.

–을/를 빨다

💡 Man sagt nicht „옷을 빨래해요", sondern man muss „옷을 빨아요" sagen.

빼앗다

🗨☑

동 [빼앋따]

준 뺏다

wegnehmen

어렸을 때 동생의 과자를 자주 **빼앗**아 먹었다.
Als Kind habe ich oft meiner Schwester ihre Kekse weggenommen.

가: 바쁘신데 시간을 **빼앗**아서 죄송합니다.
Es tut mir leid, dass ich Ihnen die Zeit nehme, obwohl sie so beschäftigt sind.

나: 별말씀을요. 당연히 도와드려야죠.
Nicht der rede wert. Natürlich helfe ich Ihnen.

–에서/에게서 –을/를 빼앗다 | –을/를 빼앗다

💡 Bei „빼앗다" sagt man „빼앗아요" oder „빼앗으니까".

뿌리다

🗨☑🔈

동 [뿌리다]

관 모기약을 뿌리다,
향수를 뿌리다

sprühen

가: 아, 바퀴벌레다! 어떡해?
Ah, Kakerlaken! Was soll ich machen?

나: 빨리 약을 **뿌려**.
Sprüh schnell das Spray.

–을/를 뿌리다

세다 ⁰¹

동 [세:다]

zählen

사과 몇 개 남았어? 한번 **세**어 봐.
Wie viele Äpfel sind übrig? Zähl sie mal.

-을/를 세다

손대다

동 [손대다]

berühren

위험하니까 **손대**지 마시오.
Bitte nicht berühren, da es gefährlich ist.

-에/에게 손을 대다

싣다

명 [실:따]
불 'ㄷ'불규칙

laden, beladen

가: 이걸 어디에 **실**을까요?   Wo soll ich das hin laden?

나: 차 뒷자리에 **실**어 주세요.
   Laden Sie es bitte auf die Rücksitze des Autos.

-에 -을/를 싣다

심다

동 [심:따]
관 나무를 심다, 꽃을 심다

pflanzen

한국에서 4월 5일은 나무를 **심**는 날입니다.
In Korea ist der 5. April der Tag, an dem Bäume gepflanzt werden.

-을/를 심다 | -에 -을/를 심다

싸다 ⁰¹

동 [싸다]
⇨ Anhang S. 517
유 포장하다

packen, einpacken

손님: 저기요, 이 만두 좀 **싸** 주세요.
   Entschuldigen Sie, können Sie diese Mandu (Teigtaschen)
   bitte einpacken?

점원: 네, 알겠습니다. 손님!   Ja, kein Problem.

-을/를 싸다 | -을/를 -에 싸다

쏟다

🗨☑😊

😊 [쏟따]

🔷 물을 쏟다

verschütten

가: 옷이 왜 그래? Warum sieht deine Kleidung so aus?

나: 아까 주스 마시다가 **쏟**았어.
Ich habe eben Saft getrunken und etwas verschüttet.

-을/를 쏟다 | -에/에게 -을/를 쏟다

💡 Bei „쏟다" sagt man „쏟아요" oder „쏟으니까".

악수

🗨😊

😊 [악쑤]

🔷 악수하다

Hände geben

처음 만난 두 사람은 반갑게 **악수**했다.
Die beiden Personen, die sich zum ersten Mal
trafen, gaben sich freudig die Hand.

-와/과 악수를 하다

올려놓다

☑😊

😊 [올려노타]
⇨ Anhang S. 514

🔷 내려놓다

aufsetzen, hochstellen

가: 이 꽃을 어디에 놓을까요?
Wohin soll ich diese Blume stellen?

나: 탁자 위에 **올려놓**으세요.
Stellen Sie sie auf den Tisch.

-을/를 올려놓다 | -을/를 -에 올려놓다

💡 Bei „올려놓다" sagt man „올려놓아요" oder „올려놓으니까".

접다

🗨☑

😊 [접ː따]

falten

어렸을 때 종이를 **접**어서 비행기와 배를 만들었다.
In meiner Kindheit habe ich Papier gefaltet und Flugzeuge und
Schiffe gemacht.

-을/를 접다

💡 Bei „접다" sagt man „접어요" oder „접으니까".

제시

명 [제시]

동 제시하다, 제시되다

Vorlage

공항 직원: 모자를 벗으시고 여권을 **제시**해 주십시오.
Bitte ziehen Sie die Mütze aus und legen Sie Ihren Pass vor.

-을/를 제시하다 ｜ -에/에게 -을/를 제시하다 ｜ -에/에게 제시되다

주고받다

동 [주고받따]

관 연락을 주고받다, 편지를 주고받다

geben und nehmen, Austausch

가: 졸업한 지 오래됐는데 아직도 그 친구랑 연락하고 있어?
Es ist schon lange her, dass wir den Abschluss gemacht haben und du hast immer noch Kontakt zu ihr?

나: 그럼! 가끔 메일로 연락을 **주고받**고 있어.
Natürlich! Manchmal schicken wir uns auch Emails hin und her.

-을/를 주고받다

💡 Bei „주고받다" sagt man „주고받아요" oder „주고받으니까".

차다 01

동 [차다]

schießen, kicken

형, 죄송한데 그 축구공 좀 이리로 **차** 주세요.
Großer Bruder, es tut mir leid, aber bitte schieß den Fußball hierher.

-을/를 차다 ｜ -을/를 발로 차다

흔들다

동 [흔들다]
불 'ㄹ'불규칙

관 손을 흔들다, 꼬리를 흔들다

schütteln, wedeln

나는 친구와 헤어지는 것이 아쉬워서 친구가 보이지 않을 때까지 손을 **흔들**었다.
Es war so schade, mich von meiner Freundin zu trennen. Also habe ich gewunken, bis ich sie nicht mehr sah.

-을/를 흔들다

02 Handlungen

✎ 다음 그림에 알맞은 동사를 〈보기〉에서 찾아 쓰십시오.

보기   감다   뿌리다   밟다

1. (   )   **2.** (   )   **3.** (   )

4. 다음 중에서 관계가 다른 것은 무엇입니까?

① 닫다 – 긁다   ② 묶다 – 풀다   ③ 당기다 – 밀다   ④ 버리다 – 줍다

✎ 다음 글을 읽고 질문에 답하십시오.

> 오늘은 이사를 하느라고 정말 힘들었다. 9시까지 오기로 한 이삿짐 센터 아저씨가 30분이나 늦게 온 데다가 트럭에 이삿짐을 ㉠옮기는 동안 많은 일이 있었기 때문이다. 책을 넣어 놓은 상자들은 찢어졌고 내가 아끼던 시계는 옮기다가 ㉡_____ –아/어/해서 깨졌다. 게다가 잠시 쉬면서 물을 마시는 중에 아저씨와 부딪혀 물을 ㉢_____ –는 바람에 옷이 다 젖고 말았다. 정말 운이 없는 하루였다.

5. ㉠과 바꿔 쓸 수 있는 것을 고르십시오.
①까는   ② 싣는   ③ 빗는   ④ 접는

6. ㉡과 ㉢에 들어갈 알맞은 것을 고르십시오.
① ㉡ 떨어뜨려서   ㉢ 쏟는   ② ㉡ 떨어뜨려서   ㉢ 비추는
③ ㉡ 빼앗아서   ㉢ 쏟는   ④ ㉡ 빼앗아서   ㉢ 비추는

감다 ⁰²

동 [감ː따]
➪ Anhang S. 514

반 뜨다 ➪ S. 114

seine Augen schließen

여자: 선물 줄 거 있는데 눈 좀 **감**아 봐.
Ich habe ein Geschenk für dich. Bitte schließ deine Augen.

남자: 그래? 무슨 선물인지 기대되는데?
Echt? Ich bin gespannt, was für ein Geschenk es ist.

–을/를 감다

돌아보다

동 [도라보다]

zurücksehen, umsehen

가: 왜 갑자기 뒤를 **돌아봐**?
Warum siehst du plötzlich zurück?

나: 방금 누가 나를 부르지 않았어?
Hat mich nicht gerade jemand gerufen?

–을/를 돌아보다

들여다보다

동 [드려다보다]

hineinsehen

가: 뭐 먹을 거야? 왜 그렇게 메뉴판만 **들여다보**고 있어?
Was isst du? Warum schaust du die Karte so an?

나: 먹고 싶은 게 별로 없어서.
Weil es nichts gibt, das ich essen möchte.

–을/를 들여다보다

뜨다 ⁰¹

⟲☑◔

(동) [뜨다]
(불) '으'불규칙
⇨ Anhang S. 514

(반) 감다 ⇨ S. 113

seine Augen öffnen

가: 아직도 안 일어났어? 빨리 일어나.
Bist du noch nicht aufgestanden? Steh schnell auf.

나: 너무 피곤해서 눈을 **뜰** 수가 없어.
Ich bin so müde, ich kann meine Augen nicht öffnen.

−을/를 뜨다

맡다 ⁰¹

☑

(동) [맏따]

riechen

가: 이 우유 냄새 좀 **맡아** 봐. 좀 이상해.
Riech bitte mal an der Milch. Sie riecht komisch.

나: 그렇네! 상한 것 같아.
Stimmt. Ich glaube, sie ist schlecht.

−을/를 맡다

물다

⟲◔

(동) [물ː다]
(불) 'ㄹ'불규칙

kauen, beißen

가: 아기가 자꾸 손가락을 **물어요**.
Das Baby beißt sich oft in die Finger.

나: 이가 나려나 봐요.
Da kommen bestimmt die Zähne.

−을/를 물다

미소

⟲☑◔

(명) [미소]

(관) 미소를 짓다

lächeln

승무원들은 항상 밝은 **미소**로 승객들을 대한다.
Flugbegleiter bedienen die Passagiere immer mit einem netten Lächeln.

−에/에게 미소를 짓다

바라보다

등 [바라보다]

관 멍하게 바라보다

anschauen, starren

나는 답답할 때 한강을 **바라보**고 있으면 마음이 편해진다.
Wenn ich bedrückt bin und den Hangang ansehe, geht es mir besser.

–을/를 바라보다

뱉다

등 [밷ː따]

관 껌을 뱉다, 침을 뱉다

spucken, ausspucken

맛없어? 맛없으면 억지로 먹지 말고 **뱉어**.
Es schmeckt nicht? Wenn es nicht schmeckt, zwing dich nicht es zu essen und spuck es aus.

–을/를 뱉다

벌리다

등 [벌리다]

관 입을 벌리다, 팔을 벌리다, 다리를 벌리다

seinen Mund öffnen, seine Beine/Arme ausstrecken

환자: 오른쪽 이가 아파요.
Meine Zähne rechts tun weh.

의사: 한번 볼게요. 입을 크게 **벌리**세요.
Ich sehe es mir mal an. Öffnen Sie bitte weit den Mund.

–을/를 벌리다

살펴보다

등 [살펴보다]

suchen, nachsehen

가: 지갑이 어디 있지?
Wo ist mein Portemonnaie?

나: 가방 안을 잘 **살펴봐**.
Sieh mal in der Tasche nach.

–을/를 살펴보다

씹다

⊕ [씹따]

kauen

가: 껌 하나 줄까?
Möchtest du einen Kaugummi?

나: 아니, 이제 곧 수업이 시작돼서 껌 **씹기**가 좀 그래.
Nein, ich habe gleich Unterricht und da ist es nicht so gut Kaugummi zu kauen.

-을/를 씹다

💡 Bei „씹다" sagt man „씹어요" oder „씹으니까".

울음

명 [우름]
⇨ Anhang S. 512

반 웃음 ⇨ S. 116
관 울음을 멈추다,
울음을 그치다,
울음을 터뜨리다

Weinen

아이들이 울 때 사탕을 주면 **울음**을 멈추게 할 수 있다.
Wenn Kinder weinen und man ihnen Süßigkeiten gibt, hören sie auf.

웃음

명 [우슴]
⇨ Anhang S. 512

반 울음 ⇨ S. 116
관 웃음이 나오다,
웃음을 멈추다,
웃음을 그치다

Lachen

가: 무슨 생각하는데 혼자 웃고 있어?
Woran denkst du gerade, dass du vor dich hinlachst?

나: 지난번 실수만 생각하면 자꾸 **웃음**이 나와.
Wenn ich nur an den Fehler letztens denke, muss ich lachen.

지르다

- 동 [지르다]
- 불 '르'불규칙
- 관 소리를 지르다

schreien, brüllen

가: 야, 괜찮아? 너 왜 자다가 소리를 **질러**?
Hey, alles in Ordnung? Warum schreist du im Schlaf?

나: 나쁜 꿈을 꿨어.
Ich hatte einen Alptraum.

-을/를 지르다

찾아보다

- 명 [차자보다]

nachsehen, nachschlagen

가: 시계가 어디 있지? 여러 번 찾았는데 안 보여.
Wo ist meine Uhr? Ich habe sie mehrmals gesucht, und finde sie nicht.

나: 내가 아까 컴퓨터 앞에 있는 걸 봤어. 잘 **찾아봐**.
Ich habe sie eben vor dem Computer gesehen. Sieh mal dort nach.

-을/를 찾아보다

하품

- 명 [하품]
- 동 하품하다
- 관 하품이 나오다,
  하품을 참다

Gähnen

가: 많이 피곤한가 봐. 계속 **하품**을 하네!
Du scheinst müde zu sein. Du gähnst die ganze Zeit!

나: 어젯밤에 잠을 거의 못 잤거든.
Ich habe letzte Nacht kaum geschlafen.

한숨 01

- 명 [한숨]
- 관 한숨을 쉬다
- 참 한숨 소리

Seufzer

가: 무슨 걱정 있어? 왜 **한숨**을 쉬어?
Was bedrückt dich? Warum seufzt du?

나: 할 일은 많은데 시간은 없고……. 정말 죽겠어.
Ich habe so viel zu tun, aber keine Zeit... Es ist so ätzend.

공격

명 [공ː격]

동 공격하다
관 공격을 당하다,
공격을 받다
참 공격적

Angriff

동물원에는 가끔 사람을 **공격**하는 동물도 있기 때문에 조심해야 한다.
Da es im Tierpark Tiere gibt, die manchmal Menschen angreifen, muss man vorsichtig sein.

–을/를 공격하다

기울이다

동 [기우리다]

관 관심을 기울이다,
정성을 기울이다

① neigen, beugen   ② sich widmen

몸을 앞으로 더 **기울여** 보세요.
Versuchen Sie, den Körper noch mehr nach vorne zu beugen.

여러분, 우리 모두 어려운 이웃에게 관심을 **기울입**시다.
Leute, schenken wir all unsere Aufmerksamkeit unseren ärmeren Nachbarn.

–을/를 기울이다 | –에/에게 –을/를 기울이다

끄덕이다

동 [끄더기다]

nicken

여러분, 알겠어요? 고개만 **끄덕이**지 말고 대답을 하세요.
Haben es alle verstanden? Bitte nicken Sie nicht nur mit dem Kopf, sondern antworten Sie.

–을/를 끄덕이다

💡 „끄덕이다" muss zusammen mit „고개" verwendet werden.

동작

🔊☑ [동:작]

관 동작이 느리다/빠르다

Bewegung

가: 이번에도 그 농구팀이 1등을 했대요.
Auch dieses Mal hat die Basketballmannschaft den ersten Platz gewonnen.

나: 그 팀에는 키가 크고 **동작**이 빠른 선수가 많잖아요.
In der Mannschaft sind so viele große und sich schnell bewegende Spieler.

부딪치다

🔊☑ [부딛치다]

zusammenstoßen

가: 아야! Aua!

나: 왜 그래? 또 **부딪쳤어**? 조심 좀 해.
Was ist los? Hast du dich wieder gestoßen? Sei vorsichtig.

-와/과 부딪치다 | -에/에게 부딪치다

숨다

☑ [숨:따]

verstecken

'숨바꼭질'은 한 아이가 **숨**어 있는 아이들을 찾는 놀이이다.
Beim „Verstecken spielen" sucht ein Kind andere Kinder, die sich verstecken.

-에 숨다 | -(으)로 숨다

싸다 02

🔊 [싸다]

관 오줌을 싸다, 똥을 싸다

urinieren oder defäkieren

여보, 애가 똥 **쌌**나 봐. 냄새 나는데…….
Schatz, ich glaube, das Kind hat sich in die Hose gemacht. Es riecht…

-을/를 싸다 | -을/를 -에 싸다

💡 Es gibt zwar die Ausdrücke „오줌을 싸다" für urinieren und „똥을 싸다" für defäkieren, aber wenn man es umschreiben möchte, sagt man „볼일을 보다".

안다

동 [안ː따]

관 아기를 안다

halten, umarmen

아내: 아이가 너무 울어서 힘들어.
Es ist so anstrengend, weil das Kind viel weint.

남편: 그럼 내가 **안**아서 재워 볼게.
Dann halte ich es und versuche es, zum Schlafen zu bringen.

−을/를 안다

움직이다

동 [움지기다]

sich bewegen

환자: 여기 누우면 돼요?
Darf ich mich hier hinlegen?

의사: 네, 지금부터 치료할 거니까 누워서 **움직이**지
마세요.
Ja, da ich Sie ab jetzt behandeln werde, legen Sie sich hin
und bewegen Sie sich nicht.

−이/가 움직이다 | −을/를 움직이다

피하다

동 [피ː하다]

관 비를 피하다,
책임을 피하다

vermeiden, meiden, ausweichen

야! 공 날아온다. **피해**!
Hey! Da kommt ein Ball. Weich ihm aus.

−을/를 피하다 | −(으)로 −을/를 피하다

행동

명 [행동]

동 행동하다

Handlung, Verhalten

지하철에서 큰 소리로 음악을 듣는 것은 남에게 피해
를 주는 **행동**이다.
Laut in der U-Bahn Musik zu hören, stört andere.

Quiz

✎ 다음 그림에 알맞은 동사를 〈보기〉에서 찾아 쓰십시오.

보기	안다	부딪치다	맡다

1. (　　　)　　　**2.** (　　　)　　　**3.** (　　　)

✎ 관계 있는 것끼리 연결하십시오.

4. 눈을　　•　　　　　　　　　•　① 끄덕이다

5. 고개를　•　　　　　　　　　•　② 뜨다

6. 미소를　•　　　　　　　　　•　③ 지르다

7. 소리를　•　　　　　　　　　•　④ 짓다

✎ (　　)에 알맞은 단어를 〈보기〉에서 찾아서 바꿔 쓰십시오.

보기	웃음	하품	씹다	찾아보다	바라보다

8. 음식을 천천히, 오래 (　　　)-아/어/해 먹어야 살이 찌지 않는다고 한다.

9. 오랜 시간 책을 본 후에 눈이 피곤할 때는 산이나 나무를 (　　　)-(으)면 좋다.

10. 친구의 이야기가 정말 웃겨서 (　　　)을/를 참을 수 없었다.

11. 영화가 너무 재미없어서 영화를 보는 동안 계속 (　　　)이/가 나왔다.

12. 발표 준비를 하기 위해 도서관에서 자료를 (　　　)-(으)려고 한다.

날아가다 ⁰¹

동 [나라가다]

반 날아오다

fliegen

'기러기'는 날씨가 추워지면 따뜻한
남쪽으로 **날아간다**.

Wildgänse fliegen in den Süden, wenn das
Wetter kälter wird.

-에/에게 날아가다 ㅣ -(으)로 날아가다

다가가다

동 [다가가다]

반 다가오다

sich nähern, näher kommen

고양이에게 우유를 주려고 **다가갔**는데 도망가 버렸다.

Ich wollte der Katze Milch geben und habe mich ihr genähert, aber
sie ist weggelaufen.

-에/에게 다가가다 ㅣ -(으)로 다가가다

다녀가다

동 [다녀가다]

반 다녀오다

vorbeikommen, besuchen

가: 언니, 제 친구 준이치 여기 왔었어요?

　　Onni, ist mein Freund Junichi hier vorbeigekommen?

나: 응, 아까 **다녀갔**는데…….

　　Ja, er ist eben vorbeigekommen.

-에 다녀가다 ㅣ -을/를 다녀가다

데려가다

🔊 [데려가다]

🔄 데려오다

mitnehmen, nehmen

가: 어린이날(5월 5일)에 뭐 할 거야?
Was machst du am Kindertag, den 5. Mai?

나: 아빠가 놀이공원에 **데려가** 준다고 하셨어.
Mein Vater hat gesagt, dass er mich zum Vergnügungspark mitnimmt.

−을/를 −에/에게 데려가다 | −을/를 −(으)로 데려가다

돌아다니다

🔊 [도라다니다]

herumgehen, herumlaufen

가: 피곤해 보여요. Sie sehen müde aus.

나: 네, 여기저기 구경하느라고 **돌아다녔**더니 좀 피곤
하네요. Ja, ich bin ein bisschen müde, weil ich herumgelaufen bin und mir dies und das angesehen habe.

−을/를 돌아다니다 | −(으)로 돌아다니다

들르다

🔊 [들르다]
🔆 '르'불규칙

vorbeischauen, vorbeikommen, vorbeigehen

가: 이 빵집에 자주 와요? Gehen Sie oft zu der Bäckerei?

나: 네, 좋아하는 곳이라서 퇴근 길에 자주 **들러요**.
Ja, es ist mein Lieblingsort, deshalb schaue ich auf dem Heimweg von der Arbeit oft vorbei.

−에 들르다 | −을/를 들르다

따라가다

🔊 [따라가다]

🔄 따라오다

jdm. begleiten, mitkommen

가: 주말에 친구들이랑 설악산에 갈 건데 같이 갈래요?
Ich fahre mit Freunden am Wochenende zum Seoraksan. Möchten Sie mitkommen?

나: 정말? 내가 **따라가도** 돼? Wirklich? Darf ich mitkommen?

−을/를 따라가다

마중

명 [마중]
⇨ Anhang S. 511

동 마중하다
관 마중을 나가다,
　마중을 나오다
반 배웅

jdn. abholen

가: 공항에서 친구 집까지 혼자 갈 수 있어요?
Können Sie alleine vom Flughafen zur Wohnung ihrer Freundin fahren?

나: 친구가 공항으로 **마중** 나오기로 했어요.
Meine Freundin kommt mich vom Flughafen abholen.

–을/를 마중하다 ｜ –(으)로 마중을 나가다

비키다

동 [비키다]

ausweichen, zur Seite gehen

죄송하지만, 길 좀 **비켜** 주시겠어요?
Entschuldigung, aber können Sie bitte zur Seite gehen?

–(으)로 비키다 ｜ –을/를 비키다

이동

명 [이:동]

동 이동하다, 이동되다
참 장소 이동

sich bewegen, sich irgendwohin begeben

관광 가이드: 경복궁 구경은 즐거우셨습니까? 다음은
식당으로 **이동**해서 점심 식사를 하겠습니다.
Hat Ihnen der Besuch beim Gyeongbokkung gefallen? Als nächstes begeben wir uns zum Restaurant und essen zu Mittag.

–을/를 –(으)로 이동하다 ｜ –으로 이동되다

쫓다

동 [쫃따]
피 쫓기다 ⇨ S. 142

folgen, verfolgen, jagen

경찰이 한 달 넘게 그 범인을 **쫓**았지만 잡지 못했다.
Die Polizei hat den Verbrecher über einen Monat lang verfolgt, aber konnte ihn nicht fassen.

–을/를 쫓다

찾아가다

🔊 [차자가다]

📌 반 찾아오다

① besuchen

② zurückholen

가: 선생님하고 이야기했어요?
Hast du mit der Lehrerin gesprochen?

나: 사무실에 **찾아갔**는데 안 계셔서 그냥 왔어요.
Ich war in ihrem Büro, aber sie war nicht da, also bin ich einfach gekommen.

지하철에서 잃어버린 물건을 **찾아가**지 않는 사람들이 많다.
Es gibt viele Leute, die verlorene Gegenstände in der U-Bahn nicht wieder abholen.

−에 찾아가다 ∣ −(으)로 찾아가다 ∣ −을/를 찾아가다 ∣ −에서/에게서 −을/를 찾아가다

향하다

🔊 [향ː하다]

ansteuern, Kurs auf etwas nehmen

아이들은 바다를 보자마자 바다를 **향해** 뛰어갔다.
Sobald die Kinder das Meer sehen, rennen sie in Richtung Meer.

−을/를 향하다 ∣ −에게 향하다 ∣ −(으)로 향하다

💡 „향하다" wird oft in Form von „-을/를 향해" oder „-을/를 향한" verwendet.

헤매다

🔊 [헤매다]

📌 관 길을 헤매다, 거리를 헤매다

umherwandern, herumirren, herumschweifen

가: 왜 이렇게 늦게 왔어?
Warum bist du so spät gekommen?

나: 여기까지 오는 길을 잘 몰라서 **헤맸**어.
Ich bin herumgeirrt, weil ich nicht wusste, wie ich hierher komme.

−에서 헤매다 ∣ −을/를 헤매다

갖추다

📢☑

동 [갇추다]

관 서류를 갖추다,
자격을 갖추다

bereit haben, über etwas verfügen

가: 대학교 입학 서류 준비는 잘 하고 있어요?
Hast du die Unterlagen für die Immatrikulation vorbereitet?

나: 네, 그런데 **갖춰**야 하는 서류가 너무 많아요.
Ja, aber es gibt viele Dokumente, die man bereit haben muss.

–을/를 갖추다

결과

📢☑🔊

명 [결과]

관 결과가 나오다,
결과가 나타나다
참 결과적, 조사 결과

Ergebnis

가: 연구 **결과**가 언제 나와요?
Wann kommen die Forschungsergebnisse raus?

나: 다음 주쯤 나올 거예요.
Sie kommen ungefähr nächste Woche raus.

극복

📢☑

명 [극뽁]

동 극복하다, 극복되다
관 어려움을 극복하다,
장애를 극복하다,
위기를 극복하다

überwinden, überstehen

회사의 어려움을 **극복**하기 위해 직원들 모두 힘을
모았다.
Alle Mitarbeiter haben sich zusammengetan, um die Schwierigkeiten
des Unternehmens zu überwinden.

–을/를 극복하다 | –이/가 극복되다

126

단계

명 [단계/단계]

참 시작 단계, 마지막 단계, 다음 단계

Stufe, Phase

요리 강사: 여러분, 재료를 다 씻었습니까? 그럼 다음 **단계**로 넘어가겠습니다.
Hey Leute, ist all das Gemüse sauber? Dann fangen wir mit dem nächsten Schritt an.

마련

명 [마련]

⇨ Anhang S. 517

동 마련하다, 마련되다
유 준비하다
관 돈을 마련하다, 집을 마련하다, 일자리를 마련하다

Vorbereitung, Bereitstellung, Beschaffung

가: 방학 동안 뭐 했어요?
Was machst du in den Ferien?

나: 학비를 **마련**하기 위해 아르바이트를 했어요.
Ich arbeite, um Geld für die Studiengebühren zu verdienen.

−을/를 마련하다 | −이/가 −에 마련되다

💡 „마련하다" kann im Sinne von „einen Gegenstand bereitstellen" verwendet werden und dann mit 준비하다 ausgetauscht werden. Aber beim Vorbereiten von Ereignissen wie in „시험 준비" oder „결혼식 준비" kann 마련하다 nicht verwendet werden.

생일 선물을 마련하다. (O)
생일 선물을 준비하다. (O)

결혼식을 준비하고 있어요. (O)
결혼식을 마련하고 있어요. (X)

망치다

동 [망치다]

관 시험을 망치다, 공연을 망치다

ruinieren, versauen, verpatzen

가: 시험 잘 봤어?
Ist die Prüfung gut gelaufen?

나: 아니, 열심히 준비했는데 **망친** 것 같아.
Nein, ich habe mich gut vorbereitet, aber ich glaube, ich habe sie verhauen.

−을/를 망치다

성공

명 [성공]
⇨ Anhang S. 512

동 성공하다
반 실패 ⇨ S. 128
관 성공을 빌다
참 성공적

Erfolg

실패는 **성공**의 어머니다.
Misserfolg ist die Mutter des Erfolgs.

−에 성공하다

실천

명 [실천]

동 실천하다, 실천되다
관 실천에 옮기다

Praxis, Tat

가: 다음 주부터 진짜 운동을 시작해야겠어.
Ab nächster Woche muss ich wirklich mit Sport anfangen.

나: 너 지난달부터 그렇게 이야기했잖아. 말만 하지
말고 **실천** 좀 해.
Das sagst du schon seit letztem Monat. Rede nicht nur,
sondern mach es.

−을/를 실천하다 ∣ −이/가 실천되다

실패

명 [실 : 패]
⇨ Anhang S. 512

동 실패하다
반 성공 ⇨ S. 128

Misserfolg

가: 어제 내가 가르쳐 준 방법으로 떡볶이 만들어
봤어?
Hast du gestern Tteokbokki gemacht wie ich es dir gezeigt
habe?

나: 응, 네가 가르쳐 준 대로 했는데 **실패**했어.
Ja, ich habe es gemacht, wie du es mir gezeigt hast, aber es
hat nicht geklappt.

−이/가 실패하다 ∣ −에 실패하다

완성

⬛ [완성]

⬛ 완성하다, 완성되다

Vollendung, Vervollständigung

가: 새 야구장은 언제쯤 **완성**돼요?
Wann wird das neue Baseballstadion fertig gestellt?

나: 올해 말쯤 **완성**된다고 해요.
Es wird gesagt, dass es Ende des Jahres fertig wird.

–을/를 완성하다 ｜ –이/가 완성되다

이끌다

⬛ [이끌다]
⬛ 'ㄹ'불규칙

führen, leiten

그 축구 팀에는 선수들을 **이끌** 감독이 필요하다.
Dieses Fußballteam braucht einen Trainer, der die Spieler führt.

–을/를 이끌다

이루다

⬛ [이루다]

⬛ 꿈을 이루다,
소원을 이루다,
사랑을 이루다

erreichen, schaffen

가: 왜 갑자기 회사를 그만뒀어요?
Warum haben Sie plötzlich gekündigt?

나: 요리사가 되고 싶은 꿈을 **이루**기 위해 유학을 가기
로 했거든요. Ich habe mich entschieden, im Ausland zu
studieren, um meinen Traum als Koch wahr
zu machen.

–을/를 이루다

이르다 01

⬛ [이르다]
⬛ '러'불규칙
⮕ Anhang S. 517

⬛ 도착하다(①),
미치다(②) ⮕ S. 217
⬛ 100명에 이르다,
10%에 이르다

① **näher kommen**　② **erreichen**

운전 기사는 버스 정류장에 **이르**자 버스를 세우고
문을 열었다.
Als der Busfahrer an der Haltestelle ankam, hielt er den Bus an
und öffnete die Tür.

한국의 인구가 5천만 명에 **이르**렀어요.
Die Bevölkerung Koreas hat 50 Millionen Einwohner erreicht.

–에 이르다

129

잘못하다

동 [잘모타다]

관 일을 잘못하다,
생각을 잘못하다,
계산을 잘못하다

einen Fehler machen

죄송합니다. 제가 말을 **잘못한** 것 같아요.

Es tut mir leid. Ich glaube ich habe mich geirrt.

-을/를 잘못하다

💡 Auch wenn Schlechtes passiert, wird „잘못하면" und „잘못하다가는"
verwenden.

가: 왜 산에서 담배를 피우면 안 돼요?
Warum darf man in den Bergen nicht Zigaretten rauchen?

나: 잘못하면 불이 날 수도 있잖아요.
Da ein Feuer ausbrechen kann.

진행

명 [진ː행]

동 진행하다, 진행되다

Verlauf, Prozess

가: 프로젝트(project)는 잘 **진행**되고 있습니까?

Läuft das Projekt gut?

나: 네, 계획대로 잘 **진행**되고 있습니다.

Ja, es läuft nach Plan.

-을/를 진행하다 ∣ -이/가 진행되다

챙기다

동 [챙기다]

관 짐을 챙기다,
세면도구를 챙기다,
생일을 챙기다

① (ein)packen, einstecken

② teilnehmen

가: 여권과 비행기표 **챙겼**니?

Hast du den Reisepass und das Flugticket eingepackt?

나: 네, 빠짐없이 다 **챙겼**어요.

Ja, ich habe alles eingepackt.

어머니께서는 가족들의 생일을 **챙겨** 생일날 아침에 미역국을 끓여 주신다.

Die Mutter kocht am Geburtstagsmorgen jedes Familienmitglieds
eine Seetangsuppe.

-을/를 챙기다

치르다

📖☑

🗣 [치르다]
📣 '르'불규칙

📋 돌잔치를 치르다,
결혼식을 치르다,
장례식을 치르다

machen, ausführen to

가: 저희 아이 돌잔치에 와 주셔서 감사합니다.
Vielen Dank für Ihr Kommen zur 1. Geburtstagsfeier unseres Kindes.

나: 아니에요. 돌잔치 **치르**느라고 고생이 많으셨습니다.
Gern geschehen. Sie haben sich große Mühe bei der Ausrichtung des Festes gegeben.

-을/를 치르다

포기

📖☑☺

🗣 [포기]
📣 포기하다, 포기되다

aufgeben

가: 이번 시합은 이기기 어려울 것 같아.
지난번에 1등 한 팀과 싸워야 하잖아.
Ich glaube, es wird schwierig dieses Spiel zu gewinnen. Beim letzten Mal mussten wir gegen die Gewinnermannschaft kämpfen.

나: 그래도 **포기**하지 말고 한번 열심히 해 보자.
Lass uns trotzdem nicht aufgeben und unser Bestes geben.

-을/를 포기하다 | -이/가 포기되다

Quiz

✎ 다음 글을 읽고 질문에 답하십시오.

> 나는 시간이 날 때마다 펜과 종이를 ㉠준비해서 집 근처 공원에 가
> 서 그림을 그린다. 오늘도 날씨가 좋아서 공원에서 그림을 그리고 있
> 었는데 갑자기 소나기가 오기 시작했다. 멋진 그림을 ㉡_____ 싶었
> 으나 비 때문에 그림을 다 ㉢_____되었다. 다시 그림을 그리기 위해
> 서 비가 멈추기를 기다렸지만 시간이 지날수록 더 많이 와서 결국 포
> 기하고 집으로 돌아왔다.

1. ㉠과 바꿔 쓸 수 있는 것을 고르십시오.

① 챙겨서   ② 갖춰서   ③ 이끌어서   ④ 이르러서

2. ㉡과 ㉢에 들어갈 알맞은 것을 고르십시오.

① ㉡ 실천하고 ㉢ 망치게   ② ㉡ 완성하고 ㉢ 진행하게
③ ㉡ 실천하고 ㉢ 진행하게   ④ ㉡ 완성하고 ㉢ 망치게

✎ ( )에 알맞은 단어를 〈보기〉에서 찾아서 바꿔 쓰십시오.

 보기   들르다   헤매다   이루다   마련하다

3. 그 영화에서 남녀 주인공은 사랑을 ( )-기 위해서 모든 것을
버렸다.

4. 처음에 한국에 왔을 때는 길을 잘 몰라서 자주 ( )-았/었/했다.

5. 참석해 주신 여러분, 감사합니다. 오늘 이 자리는 여러분을 위해
( )-았/었/했으니 즐거운 시간 보내시기 바랍니다.

6. 내가 동생에게 집에 오는 길에 마트에 ( )-아/어/해서 우유를
사 오라고 했다.

걸리다 ⁰¹

hängen

동 [걸리다]

저기 **걸려** 있는 옷 좀 보여 주세요.
Zeigen sie mir bitte die Kleidung, die dort hängt.

본 걸다

-이/가 -에 걸리다

꺼지다

ausgehen, erlöschen

동 [꺼지다]

⇨ Anhang S. 514

가: 오빠, 화장실 불이 갑자기 **꺼졌어**!
　　Bruder, das Licht im Badezimmer ist plötzlich ausgegangen.

반 켜지다
관 불이 꺼지다,
　　휴대폰이 꺼지다
본 끄다

나: 그래? 잠깐만. 내가 한번 볼게.
　　Echt? Ein Moment. Ich schaue es mir mal an.

-이/가 꺼지다

끊기다

getrennt werden, unterbrochen werden

동 [끈키다]

가: 폴 씨 요즘 어떻게 지내는지 알아?
　　Weißt du, was Paul zur Zeit macht?

관 전화가 끊기다,
　　연락이 끊기다
본 끊다

나: 글쎄, 폴이 영국에 돌아간 후에 연락이 **끊겼어**.
　　Mh…, seitdem er zurück nach England ist, habe ich den
　　Kontakt verloren.

-이/가 끊기다

133

끊어지다

동 [끄너지다]

관 전화가 끊어지다,
연락이 끊어지다
본 끊다

getrennt werden, unterbrochen werden

가: 너 왜 갑자기 전화를 끊어?
Warum hast du plötzlich das Telefon aufgelegt.

나: 미안해. 끊은 게 아니고 **끊어진** 거야.
Tschuldigung. Ich habe es nicht aufgelegt, es wurde unterbrochen.

–이/가 끊어지다

💡 Die Bedeutung von „끊어지다" und „끊기다" ist gleich.

끌리다

동 [끌:리다]

본 끌다

angezogen sein von

가: 잘생긴 남자를 별로 안 좋아하나 봐요.
Sie scheinen keine gut aussehenden Männer zur mögen.

나: 네, 저는 잘생긴 남자보다는 마음이 따뜻한 남자
한테 더 **끌려요**.
Stimmt. Ich fühle mich eher warmherzigen als gut aussehenden Männern hingezogen.

–이/가 –에/에게 끌리다

나뉘다

동 [나뉘다]

본 나누다

(ein)geteilt sein in

서울은 한강을 중심으로 강북과 강남으로 **나뉜다**.
Seoul ist durch den Hangang in der Mitte in den Norden, Gangbuk, und in den Süden, Gangnam, geteilt.

강북
강남

–이/가 나뉘다 | –이/가 –(으)로 나뉘다

닫히다

동 [다치다]
⇨ Anhang S. 514

본 닫다
반 열리다 ⇨ S. 140
관 문이 닫히다

geschlossen sein

가: 소포를 왜 다시 들고 와?
Warum kommst du mit dem Paket zurück?

나: 우체국 문이 **닫혀**서 그냥 왔어.
Weil die Post geschlossen ist.

–이/가 닫히다

담기다

🔊✓
동 [담기다]
본 담다

gefüllt sein

가: 엄마, 이 그릇에 **담겨** 있는 거 먹어도 돼요?
Mama, darf ich essen, was in der Schüssel ist?

나: 그래. 가져가서 동생이랑 같이 먹어.
Ja, nimm es mit und iss mit deiner Schwester.

−이/가 담기다 ｜ −이/가 −에 담기다

덮이다

🔊☑
동 [더피다]
본 덮다

bedeckt sein

가: 한라산 어땠어요? Wie war der Hallasan?

나: 눈 **덮인** 경치가 정말 아름다웠어요.
Die mit Schnee bedeckte Landschaft war total schön.

−이/가 덮이다 ｜ −이/가 −(으)로 덮이다

들리다

🔊☑
동 [들리다]
본 듣다

gehört werden

가: 조금 전에 이상한 소리가 **들리**지 않았어?
Hast du das komische Geräusch eben nicht gehört?

나: 아니, 난 못 들었는데…….
Nein, ich habe nichts gehört.

−이/가 들리다

떨리다

🔊☑
동 [떨리다]
본 떨다
관 몸이 떨리다,
가슴이 떨리다,
목소리가 떨리다

zittern

가: 열심히 준비했는데 왜 이렇게 **떨리**지?
Ich habe mich gut vorbereitet, aber warum zittere ich so?

나: 면접이니까 당연하지.
Es ist normal, weil es ein Bewerbungsgespräch ist.

−이/가 떨리다

막히다

동 [마키다]

본 막다

verstopft sein

가: 왜 이렇게 늦었어? 1시간이나 기다렸잖아!
Warum bist du so spät? Ich habe über eine Stunde gewartet.

나: 미안해. 퇴근 시간이라 길이 **막혔어.**
Es tut mir leid. Wegen des Feierabendverkehrs gab es Stau.

−이/가 막히다

묶이다

동 [무끼다]

본 묶다

(zusammen)gebunden sein

달리기를 하기 전에는 운동화 끈이 잘 **묶여** 있는지 확인해야 한다.
Vor dem Laufen muss man überprüfen, ob die Turnschuhe gut gebunden sind.

−이/가 묶이다 ㅣ −이/가 −에 묶이다 ㅣ −이/가 −(으)로 묶이다

물리다

동 [물리다]

본 물다

gebissen werden, gestochen werden

가: 모기한테 **물려**서 너무 가려워.
Ich bin von einer Mücke gestochen worden und es juckt sehr.

나: 그럼 이 약을 발라 봐.
Dann trage Creme auf.

−이/가 −에/에게 −을 물리다

밀리다

🔊☑

동 [밀리다]

본 밀다

gestoßen werden, geschoben werden

가: 밀지 마세요. 앞에 사람이 있잖아요.
Nicht schieben. Vorne sind Leute.

나: 제가 민 게 아니라 저도 **밀린
거예요.** Ich schiebe nicht, ich
werde selbst geschoben.

-이/가 -에/에게 밀리다

밟히다

🔊☑

동 [발피다]

본 밟다

getreten werden

사람이 많은 지하철 안에서 발을
밟힌 적이 있다.
Ich bin in einer vollen U-Bahn auf den Fuß
getreten worden.

-이/가 -에/에게 -을/를 밟히다

부딪히다

🔊☑

동 [부디치다]

본 부딪다

zusammen stoßen

가: 팔을 다쳤어요? Haben Sie sich am Arm verletzt?

나: 네, 오늘 자전거를 타고 학교에
오다가 오토바이와 **부딪혔어요.**
Ja, ich bin heute Fahrrad gefahren und
bei der Universität mit einem Roller
zusammengestoßen.

-이/가 -에/에게 부딪히다 | -이/가 -와/과 부딪히다

불리다

🔊☑⊙

동 [불리다]

본 부르다

gerufen werden

가: 어렸을 때 별명이 뭐야?
Was war dein Spitzname als Kind?

나: 과자를 너무 좋아해서 '과자 공주'라고 **불렸어.**
Weil ich Kekse gerne gegessen habe, wurde ich „과자 공주
(Keksprinzessin)" gerufen.

-이/가 -에게 -(이)라고 불리다 | -이/가 -에게 -(으)로 불리다

붙잡히다

🔊☑

동 [붇짜피다]

유 잡히다
본 붙잡다

gefangen werden, verhaftet werden

가: 야, 너 어디야? 왜 안 와?
Hey, wo bist du? Warum kommst du nicht?

나: 미안해. 나가다가 엄마한테 **붙잡혔**어. 너희들끼리 놀아.
Es tut mir leid. Als ich rausging, wurde ich von meiner Mutter erwischt. Spielt ohne mich.

−이/가 −에/에게 붙잡히다

빼앗기다

🔊☑

동 [빼앋끼다]

본 빼앗다 ⇨ S. 108
준 뺏기다

beraubt werden, bestohlen werden

가: 왜 그래? 무슨 일 있었어?
Was ist los? Was ist passiert?

나: 집에 오다가 나쁜 사람에게 돈을 **빼앗겼**어요.
Auf dem Weg nach Hause bin ich von jemandem bestohlen worden.

−이/가 −에/에게 −을/를 빼앗기다

뽑히다

🔊☑

동 [뽀피다]

본 뽑다

gewählt werden

가: 앤디 씨가 태권도를 잘한다고 들었어요.
Ich habe gehört, dass Andy gut in Taekwondo ist.

나: 네, 그래서 이번에 우리 학교 대표로 **뽑혀**서 대회에 나가게 됐어요.
Ja, deshalb haben wir ihn als Repräsentanten unserer Schule gewählt und er hat am Wettbewerb teilgenommen.

−이/가 뽑히다 ┃ −이/가 −(으)로 뽑히다

섞이다

☑◐

동 [서끼다]

본 섞다

gemischt werden

이 아이스크림에는 딸기 맛과 초코 맛이 **섞여** 있어요.
In diesem Eis sind Erdbeer- und Schokoladengeschmack gemischt.

−에 −이/가 섞이다

쏟아지다

동 [쏘다지다]

본 쏟다 ⇨ S. 110

verschüttet werden

가: 아이구! 미안해. 나 때문에 주스가 다 **쏟아졌**네!
　　Oh nein! Es tut mir leid. Wegen mir ist Saft verschüttet worden.

나: 아니야, 괜찮아. 닦으면 돼.
　　Nein, es ist okay. Wir wischen es weg.

−이/가 −에/에게 쏟아지다

쓰이다 01

동 [쓰이다]

본 쓰다

geschrieben sein

공공장소에는 여러 사람이 지켜야 하는 규칙이 **쓰여** 있다.
In der Öffentlichkeit gibt es Regeln, die von allen eingehalten werden müssen.

−이/가 쓰이다 ｜ −이/가 −에 쓰이다

쓰이다 02

동 [쓰이다]

본 쓰다

verwendet werden

요즘은 계산할 때 현금보다 카드가 더 많이 **쓰인**다.
Beim Bezahlen werden heutzutage öfter Geldkarten als Bargeld verwendet.

−이/가 쓰이다 ｜ −이/가 −에 쓰이다

안기다

동 [안기다]

본 안다

gehalten werden

가: 아기가 이제 안 울어요?
　　Weint das Baby jetzt nicht mehr?

나: 네, 아까는 울었는데 엄마에게 **안기**더니 잘 자고 있어요.
　　Ja, es hat eben geweint, aber als es von der Mutter gehalten wurde, schlief es ein.

−이/가 −에게 안기다

알려지다

동 [알ː려지다]

본 알다

bekannt machen

가: 우리 이번 휴가에 부산 해운대에 갈까?
　　Wollen wir in diesem Urlaub nach Haeundae in Busan?

나: 해운대는 많이 **알려진** 곳이라서 사람이 많으니까 복잡할 거야. 다른 곳에 가자.
　　Da Haeundae sehr bekannt ist, sind dort viele Menschen und es ist voll. Lass uns woanders hin.

–이/가 –에/에게 알려지다　｜　–이/가 –에/에게 –(으)로 알려지다　｜
–이/가 –에/에게 –다고/(느)ㄴ다고 알려지다

없어지다

동 [업ː써지다]
⇨ Anhang S. 514

반 생기다
본 없다

verschwinden, verloren gehen, abhanden kommen

가: 어? 볼펜이 어디 갔지? 조금 전까지 여기 있었는데 **없어졌어!**
　　Oh! Wo ist mein Kugelschreiber? Bis gerade war er noch hier und jetzt ist er verschwunden.

나: 지금 손에 들고 있는 건 뭐야?
　　Was hälst du denn gerade in deinen Händen?

–이/가 없어지다

열리다

동 [열리다]
⇨ Anhang S. 514

본 열다
반 닫히다 ⇨ S. 134

① **sich öffnen**　　② **stattfinden**

자동문이니까 버튼을 누르지 않아도 문이 저절로 **열려요.**
Da es eine Automatiktür ist, öffnet sie sich automatisch und man braucht keinen Knopf zu drücken.

가: 주말에 뭐 하지?　Was machst du am Wochenende?

나: 시청 앞에서 **열리는** 음악회에 같이 갈래?
　　Kommst du mit zum Konzert, das vor dem Rathaus stattfindet?

–이/가 열리다

이루어지다

🔊 [이루어지다]

본 이루다
관 꿈이 이루어지다.
　소원이 이루어지다

① bestehen, entstehen
② zu Stande kommen, erfolgen

일본은 몇 개의 섬으로 **이루어져** 있나요?
Aus wie vielen Inseln besteht Japan?

가: 저는 한국을 대표하는 세계적인 골프 선수가 되고
싶어요.
Ich möchte ein internationaler Golfspieler werden, der Korea
repräsentiert.

나: 최선을 다하면 꿈이 **이루어질** 날이 올 거예요.
Wenn Sie ihr Bestes geben, wird der Traum in Erfüllung gehen.

-이/가 이루어지다

이어지다

🔊 [이어지다]

본 잇다 ➡ S. 242

überliefern, weitergeben

한국의 판소리는 입에서 입으로 **이어져** 온 한국의
전통 노래이다.
Das koreanische Pansori ist traditioneller Gesang, der von Mund
zu Mund überliefert wurde.

-이/가 이어지다　|　-이/가 -(으)로 이어지다

읽히다 01

🔊 [일키다]

본 읽다

gelesen werden

세계에서 가장 많이 **읽히**는 책이 뭐예요?
Welches ist das meist gelesene Buch weltweit?

-이/가 -에게 읽히다

💡 „읽히다" gibt es in der Kausativ- und der Passivform. ➡ S. 151

잡히다

⟨⟩☑☺

동 [자피다]

변 잡다

gefangen werden

가: 주말에 낚시 가서 고기 많이 잡았어요?
Sind sie am Wochenende angeln gegangen und haben viel Fisch gefangen?

나: 아니요, 잘 안 **잡혀**서 일찍 돌아왔어요.
Nein, ich habe nicht viel gefangen und bin früh zurückgekommen.

–이/가 잡히다

쫓기다 01

⟨⟩☑☺

동 [쫃끼다]

verfolgt werden

경찰에게 **쫓기**던 도둑이 일주일 만에 결국 잡혔다.
Der von der Polizei verfolgte Dieb wurde schließlich innerhalb einer Woche gefangen.

–이/가 –에게 쫓기다

Quiz

다음 그림에 알맞은 동사를 〈보기〉에서 찾아 쓰십시오.

| 보기 | 닫히다 | 떨리다 | 밀리다 |

1. ( )   **2.** ( )   **3.** ( )

( )에 알맞은 단어를 〈보기〉에서 찾아서 바꿔 쓰십시오.

| 보기 | 밟히다 | 물리다 | 나뉘다 |

4. 한국의 계절은 봄, 여름, 가을, 겨울로 ( )-아/어/해 있어요.

5. 버스에 사람이 많아서 버스를 탈 때마다 발을 ( )-(느)ㄴ다.

6. 모기한테 ( )-(으)ㄴ 곳이 가렵다.

( )에 알맞은 단어를 〈보기〉에서 찾아서 바꿔 쓰십시오.

| 보기 | 열리다 | 쓰이다 | 들리다 |

7. 가: 여보세요? 여보세요? 내 말 잘 ( )-아/어/해?
나: 아니, 잘 안 ( )-아/어/해. 내가 다시 전화할게.

8. 가: 최근 서울시립미술관에서 ( )-고 있는 전시회가 인기가 많대.
나: 그래? 그럼 주말에 보러 갈까?

9. 가: 학생, 여기 ( )-아/어/해 있는 전화번호 좀 읽어 줄 수 있어?
나: 네, 알겠습니다. 010-1324-8765예요.

사동
Kausative Verben

감기다

동 [감기다]

본 감다 ⇨ S. 100

jdm. die Haare waschen

가: 팔을 다쳐서 불편하겠다! 머리는 어떻게 감아?
Es muss ungemütlich sein, da du dich am Arm verletzt hast!
Wie wäschst du deine Haare?

나: 어머니께서 **감겨** 주세요.
Meine Mama wäscht mir meine Haare.

-을/를 감기다

깨우다

동 [깨우다]

본 깨다 ⇨ S. 158

wecken, aufwecken, wach machen

가: 내일 몇 시에 **깨워** 줄까?
Wann soll ich dich morgen wecken?

나: 7시쯤 **깨워** 주세요.
Bitte weck mich ungefähr um 7 Uhr.

-을/를 깨우다

날리다 ⁰¹

동 [날리다]

본 날다
관 비행기를 날리다,
연을 날리다

fliegen

어렸을 때 친구들과 종이로 비행기를 만들어서 **날린**
적이 있다.
Als Kind habe ich mit meinen Freunden
Flugzeuge aus Papier gemacht und sie
fliegen lassen.

-을/를 -에/에게 날리다　|　-을/를 -(으)로 날리다

낮추다

동 [낟추다]

⇨ Anhang S. 514, 517

본 낮다
유 줄이다 ⇨ S. 152
반 높이다 ⇨ S. 145, 올리다
관 10%로 낮추다,
23℃로 낮추다,
소리를 낮추다,
비용을 낮추다

reduzieren, senken, niederlassen

좀 더운데요. 에어컨 온도 좀 **낮춰** 주세요.
Es ist etwas heiß. Können Sie die Temperatur der Klimaanlage
bitte etwas niedriger einstellen?

−을/를 낮추다

넓히다

동 [널피다]

⇨ Anhang S. 509

본 넓다
반 좁히다

erweitern

가: 이쪽 길로 가면 안 돼요?
Können wir diesen Weg gehen?

나: 안 됩니다. 지금 길을 **넓히기** 위해서 공사 중입니다.
Nein. Dort ist gerade eine Baustelle, um den Weg zu erweitern.

−을/를 넓히다

높이다

동 [노피다]

⇨ Anhang S. 509

본 높다
반 낮추다 ⇨ S. 145
관 10%를 높이다,
5℃를 높이다,
소리를 높이다

erhöhen, steigern

가: 잘 안 들리는데 소리 좀 **높여** 줘.
Ich höre nichts. Bitte mach etwas lauter.

나: 알았어. 잠깐만 기다려 봐.
In Ordnung. Warte bitte einen Moment.

−을/를 높이다

늘리다

[늘리다]
⇨ Anhang S. 509

图 늘다 ⇨ S. 185
맨 줄이다 ⇨ S. 152
팬 인원을 늘리다,
  시간을 늘리다

zunehmen, vermehren, erweitern

건강을 위해서 휴식 시간을 **늘리**는 게 좋아요.
Es wäre gut, die Ruhezeit für Ihre Gesundheit zu verlängern.

늦추다

[늗추다]
⇨ Anhang S. 510, 514

图 늦다
맨 앞당기다
팬 시간을 늦추다,
  기한을 늦추다,
  속력을 늦추다

verschieben, verspäten

가: 내일 갑자기 회의가 생겼는데 약속 시간 좀 **늦춰**도 돼?
Ich habe morgen plötzlich ein Meeting. Können wir uns etwas später treffen?

나: 그래. 서점에서 책 보고 있을 테니까 끝나면 연락해.
Klar. Ich gehe morgen in die Buchhandlung. Melde dich, wenn du fertig bist.

-을/를 -(으)로 늦추다

돌리다

[돌리다]

图 돌다

drehen, laufen lassen

가: 내일 입어야 하는 옷인데 지금 빨아도 될까?
Das ist Kleidung, die ich morgen anziehen muss. Darf ich sie jetzt waschen?

나: 지금 세탁기를 **돌리**면 가능할 거야.
Wenn du die Waschmaschine jetzt laufen lässt, geht es.

-을/를 돌리다

맡기다

동 [맏끼다]

① prüfen lassen, abgeben, anvertrauen
② jdm. beauftragen etwas zu tun, jdm. etwas übertragen

가: 이 가방을 좀 **맡기**고 싶은데요.
Ich möchte die Tasche hier abgeben.

나: 1층 프런트 데스크(front desk)로 가 보세요.
Gehen Sie bitte zur Rezeption im Erdgeschoss.

가: 노트북을 빌려 달라고? 네 건 어떡하고?
Du möchtest ein Notebook leihen? Was ist mit deinem?

나: 고장 나서 수리 센터에 **맡겼**거든.
Es ist bei der Reparatur, weil es kaputt ist.

–에/에게 –을/를 맡기다

먹이다

동 [머기다]
본 먹다

füttern

가: 강아지에게 초콜릿 줘도 돼요?
Darf ich einem Hund Schokolade geben?

나: 아니요, **먹이**면 안 돼요.
Nein, damit darfst du ihn nicht füttern.

–에/에게 –을/를 먹이다

벗기다

동 [벋끼다]
본 벗다

① (sich) ausziehen   ② schälen

여보, 아기 목욕시켜야 하니까 옷 좀 **벗겨** 줘요.
Schatz, kannst du das Kind bitte ausziehen, weil ich es baden muss.

가: 요리하는 거야? 뭐 도와줄까?
Kochst du? Kann ich dir etwas helfen?

나: 그럼 저기 양파 껍질 좀 **벗겨** 줘.
Dann schäl bitte die Zwiebeln dort.

–을/를 벗기다

147

살리다

동 [살리다]
⇨ Anhang S. 509, 514

본 살다
반 죽이다 ⇨ S. 152

retten, leben lassen

살려 주세요! **살려** 주세요!
Hilfe! Retten Sie mich!

–을/를 살리다

숙이다

동 [수기다]

sich bücken, beugen

가: 한국에서는 처음 만났을 때 어떻게 인사해요?
Wie begrüßt man sich in Korea, wenn man sich zum ersten Mal trifft?

나: 허리를 **숙여**서 인사하면 돼요.
Man verbeugt sich.

–을/를 숙이다

💡 „머리/고개/몸/허리를 숙이다" wird oft verwendet.

식히다

동 [시키다]

관 물을 식히다,
머리를 식히다
본 식다

(ab)kühlen, kalt werden lassen

국이 너무 뜨거우니까 **식혀**서 드세요.
Da die Suppe sehr heiß ist, lassen Sie sie etwas abkühlen und essen Sie sie dann.

–을/를 식히다

씌우다

동 [씨우다]

본 쓰다

aufsetzen, bedecken

밖이 추우니까 아이에게 모자 좀 **씌워** 줘.
Zieh dem Kind eine Mütze an, weil es draußen kalt ist.

–에/에게 –을/를 씌우다

씻기다

🔊 [씯끼다]

본 씻다

waschen

가: 여보, 아이가 집에 오면 밥부터 먹이면 되지?
Schatz, gibst du dem Kind etwas zu Essen, wenn es nach Hause kommt?

나: 응, 손부터 **씻기**고 밥을 먹여.
Ja, zuerst wasche ich meine Hände und dann kriegt es etwas zu essen.

–을/를 씻기다

앉히다

🔊 [안치다]

본 앉다

jdn. setzen, jdn. einen Platz anweisen

손님: 여기요, 아이를 **앉힐** 수 있는 의자 있나요?
Hallo, haben Sie einen Stuhl, auf den ich das Kind setzen kann?

직원: 네, 있습니다. 갖다드리겠습니다.
Ja, haben wir. Ich bringe ihn Ihnen.

–을/를 –에 앉히다

얼리다

🔊 [얼리다]
⇨ Anhang S. 509, 514

본 얼다 ⇨ S. 163
반 녹이다

(ein)frieren, gefrieren lassen

가: 아이스커피를 마시고 싶은데 **얼려** 놓은 얼음 있어?
Ich möchte Iced Coffee trinken. Gibt es Eis?

나: 냉장고에 있을 거야. 찾아봐.
Im Gefrierschrank. Schau mal nach.

–을/를 얼리다

올리다

☑ 동 [올리다]

⇨ Anhang S. 509, 514

본 오르다 반 내리다

관 값을 올리다,
요금을 올리다,
온도를 올리다

erhöhen, steigern

가: 방이 좀 추운 것 같아요. 히터 온도 좀 **올려**도 될까요?
Ich finde das Zimmer etwas kalt. Darf ich die Temperatur der Heizung etwas höher stellen?

나: 그렇게 하세요.
Ja, machen Sie das.

–을/를 올리다

옮기다

동 [옴기다]

본 옮다

umziehen, verlegen

가: 회사 잘 다니고 있어?　Wie läuft es bei der Arbeit?

나: 주말에도 회사에 나가야 해서 다른 회사로 **옮기**려고 해요.　Ich möchte die Firma wechseln, weil ich auch am Wochenende arbeiten muss.

–을/를 –(으)로 옮기다

울리다 ⁰¹

동 [울리다]

⇨ Anhang S. 509, 514

본 울다
반 웃기다 ⇨ S. 150

zum Weinen bringen

5,000명을 **울린** 이 영화, 놓치지 마십시오! 안 보면 후회합니다!
Verpassen Sie nicht den Film, der 5.000 Menschen zum Weinen bringt! Sie werden es bereuen, wenn Sie ihn nicht sehen!

–을/를 울리다

웃기다

동 [욷ː끼다]

⇨ Anhang S. 509, 514

본 웃다
반 울리다 ⇨ S. 150

zum Lachen bringen

개그맨은 사람을 **웃기**는 직업이다.
Komiker bringen Menschen zum Lachen.

–을/를 웃기다

익히다

🔊 [이키다]

본 익다
관 음식을 익히다

garen, kochen

여름철에는 물은 끓여서, 음식은 **익혀**서 드세요.
Im Sommer sollten Sie das Wasser abkochen und das Essen kochen, bevor Sie es essen.

−을/를 익히다

읽히다 02

🔊 [일키다]

본 읽다

gelesen werden, lesen lassen

가: 아이가 참 똑똑하네요! 어떻게 가르치셨어요?
Das Kind ist sehr klug. Wie haben sie es unterrichtet?

나: 어렸을 때부터 책을 많이 **읽혔**어요.
Ich habe es in der Kindheit viele Bücher lesen lassen.

−에게 −을/를 읽히다

💡 „읽히다" hat sowohl eine Bedeutung im Kausativ als auch im Passiv.
⇨ S. 141

입히다

🔊 [이피다]

본 입다

anziehen

남편: 여보, 저 치마 우리 소연이에게 **입히**면 예쁘겠지?
Schatz, wenn ich unserer Soyeon den Rock dort anziehe, sieht es schön aus, oder?

아내: 그렇기는 한데 소연이는 치마 입는 것을 싫어하
잖아. Ja, aber Soyeon mag keine Röcke tragen.

−에/에게 −을/를 입히다

재우다

🔊 [재우다]

본 자다

ins Bett bringen, zum Schlafen bringen

가: 아이가 밤에 잘 안 자서 힘들어요.
Es ist so anstrengend, weil das Kind in der Nacht nicht schläft.

나: 그럼 노래를 불러 주면서 **재워** 보세요.
Dann versuchen Sie es mal mit Singen zum Schlafen zu bringen.

−을/를 재우다

죽이다

동 [주기다]
⇨ Anhang S. 509, 514

본 죽다
반 살리다 ⇨ S. 148

töten

가: 으악! 벌레다! 빨리 **죽여**!
Ah...! Ein Insekt! Töte es schnell!

나: 무서워서 못 **죽이**겠어!
Ich kann es nicht töten, weil ich Angst habe.

−을/를 죽이다

줄이다

명 [주리다]
⇨ Anhang S. 509, 517

본 줄다
유 낮추다 ⇨ S. 145
반 늘리다 ⇨ S. 146
관 소리를 줄이다,
옷을 줄이다,
피해를 줄이다

verringern, reduzieren, senken

가: 저 통화해야 하는데 텔레비전 소리 좀 **줄여** 주세요.
Ich muss mal telefonieren. Bitte mach den Fernseher etwas leiser.

나: 미안해요. 그럴게요.
Entschuldigung. Ich mache es.

−을/를 줄이다

키우다

동 [키우다]
⇨ Anhang S. 509

본 크다
유 기르다
관 자식을 키우다,
꽃을 키우다,
개를 키우다

groß ziehen, erziehen, fördern

가: 개가 아주 크네요! 몇 년 동안 **키우**셨어요?
Der Hund ist sehr groß. Wie lange halten sie ihn schon?

나: 5년 정도 **키웠**어요.
Ich halte ihn seit ungefähr 5 Jahren.

−을/를 키우다

태우다 ⁰¹

⟨⟩☑◔

⊜ [태우다]

🔲 타다 ⇨ S. 167

brennen

가: 아, 어떡해? 고기가 탔어.
　　Oh, was soll ich machen? Das Fleisch ist angebrannt.

나: 비싼 고기를 **태우**면 어떻게 해?
　　Was lässt du das teure Fleisch anbrennen?

── -을/를 태우다

태우다 ⁰²

⟨⟩☑◔

⊜ [태우다]

🔲 타다

mitnehmen, fahren

가: 오빠, 나 지하철역까지 좀 **태워** 줘.
　　Obba, fahr mich bitte bis zur U-Bahnhaltestelle.

나: 그래, 타.
　　Klar, steig ein.

── -을/를 -에 태우다

✎ 다음 그림에 알맞은 단어를 〈보기〉에서 찾아 쓰십시오.

> 보기   태우다   입히다   씻기다

    1. (   )   2. (   )   3. (   )

4. 다음 중에서 관계가 다른 것은 무엇입니까?

  ① 낮추다 – 줄이다   ② 넓히다 – 좁히다
  ③ 죽이다 – 살리다   ④ 올리다 – 내리다

✎ (   )에 알맞은 단어를 〈보기〉에서 찾아서 바꿔 쓰십시오.

> 보기   앉히다   울리다   재우다

5. 어렸을 때 여동생을 자주 (   )–아/어/해서 어머니께 혼났다.

6. 저기요, 아이를 (   )–(으)ㄹ 수 있는 의자 좀 주세요.

7. 보통 엄마들은 아이를 (   )–(으)ㄹ 때 책을 읽어 준다.

✎ (   )에 알맞은 단어를 〈보기〉에서 찾아서 바꿔 쓰십시오.

> 보기   태우다   식히다   맡기다

8. 가: 이게 무슨 냄새지? 뭐 타는 냄새 안 나?
    나: 아, 어떡해! 친구랑 통화하다가 깜빡했어. 생선을 다 (   )–아/어/해
       버렸네!

9. 가: 나 세탁소 가려고 하는데 뭐 (   )–(으)ㄹ 것 없어?
    나: 그럼 이 코트 좀 부탁해.

10. 가: 약 먹으려고 하는데 따뜻한 물 한 잔만 주세요.
     나: 여기요, 좀 뜨거우니까 (   )–아/어/해서 드세요.

✎ **Dieses chinesische Zeichen ist in diesen koreanischen Wörtern zu finden.**

S. 357

Leben

구급차가 빨리 도착해서 그 사람의 생명을 구할 수 있었다.

Der Krankenwagen war schnell da, so dass das Leben des Menschen gerettet werden konnte.

S. 417

Produktion

이 물건은 어디에서 생산하는 거예요?

Wo werden diese Sachen produziert?

생명

생산

S. 276

Hygiene

여름에는 병에 걸리기 쉬우니까 위생에 신경을 써야 해요.

Da man im Sommer leicht krank werden kann, muss man sich um Hygiene kümmern.

위생

生 생 나다 Leben

S. 393

Entstehung, Ausbruch, Vorkommen

그 지역은 태풍이 자주 발생하는 곳이다.

In dieser Gegend gibt es oft Taifune.

발생

사생활

S. 395

Privatleben

연예인도 사생활을 보호받아야 한다.

Auch das Privatleben von Prominenten muss geschützt werden.

인생

S. 65

Leben

내 인생의 목표는 국가 대표 선수가 되는 것이다.

Das Ziel meines Lebens ist Nationalspieler zu werden.

03

성질/양

Qualität/Quantität

가난

명 [가난]
⇨ Anhang S. 511

반 부유하다
관 가난에서 벗어나다

Armut

그는 집이 너무 **가난**해서 학교를 졸업하지 못했다.
Seine Familie war sehr arm, so dass er die Schule nicht
abschließen konnte.

-이/가 가난하다

가만히

부 [가만히]

관 가만히 있다,
가만히 앉아 있다,
가만히 생각하다

ruhig, still, leise

가: **가만히** 좀 있어 봐. 무슨 소리가 들리는 것 같아.
Sei mal leise. Ich glaube, ich habe etwas gehört.

나: 그래? 나는 아무 소리도 안 들리는데…….
Echt? Ich habe nichts gehört.

그대로

부 [그대로]

관 그대로 있다, 그대로 두다,
그대로 간직하다

so, so wie es ist, immer so

가: 책상이 엉망이다. 내가 정리 좀 할까?
Der Schreibtisch ist ein Chaos. Soll ich ihn aufräumen?

나: 아니야. **그대로** 둬. 아직 일이 안 끝났어.
Nein. Lass ihn so. Ich bin noch nicht mit der Arbeit fertig.

깨다 01

동 [깨 : 다]
⇨ Anhang S. 514

반 자다
관 잠이 깨다, 술이 깨다

aufwachen

옆집에서 음악을 크게 틀어서 자다가 **깼다**.
In der Wohnung nebenan wurde so laut Musik gehört, dass ich
aus dem Schlaf gerissen wurde.

-이/가 깨다 ㅣ -에서 깨다

나빠지다

🔊 ☑ 😊

⑧ [나빠지다]

sich verschlechtern, sich verschlimmern

가: 요즘 멀리 있는 게 잘 안 보여요.
Zur Zeit kann ich keine Objekte sehen, die weit entfernt sind.

나: 컴퓨터를 많이 해서 눈이 **나빠진** 거 아니에요?
Ihre Augen sind aber nicht schlechter geworden, weil Sie viel vor dem Computer sitzen?

−이/가 나빠지다

나아지다

🔊 ☑ 😊

⑧ [나아지다]

⑪ 성적이 나아지다,
얼굴이 나아지다,
형편이 나아지다

sich verbessern

가: 처음에는 걷지도 못했는데 이제는 천천히 걸을 수 있어요.
Zuerst konnte ich gar nicht gehen, aber jetzt kann ich langsam gehen.

나: 많이 **나아져**서 다행이에요.
Zum Glück hat es sich sehr verbessert.

−이/가 나아지다

낡다

🔊 ☑ 😊

⑧ [낙따]

alt sein

가: 중고 자전거라고 들었는데 별로 **낡**지 않았네요!
Ich habe gehört, dass es ein gebrauchtes Fahrrad ist, aber es ist überhaupt nicht alt.

나: 네, 몇 번 안 탔거든요.
Ja, ich bin es nur wenige Male gefahren.

−이/가 낡다

💡 „낡아요" wir nicht so oft verwendet. Stattdessen wird es oft vor Nomen benutzt, wie zum Beispiel „낡은 책상" oder „낡은 집".

녹다

🔊 ☑

⑧ [녹따]
⇨ Anhang S. 514

⑪ 얼다 ⇨ S. 163
⑪ 얼음이 녹다, 눈이 녹다

schmelzen

가: 아이스크림 사 왔는데 같이 먹자.
Ich habe Eis gekauft. Essen wir es zusammen.

나: 정말? 그런데 아이스크림이 다 **녹아** 버렸어.
Wirklich? Aber es ist geschmolzen.

−이/가 녹다

다양

(명) [다양]

(형) 다양하다
(참) 다양성. 다양화

Vielfalt

가: 신발을 하나 살까 하는데 어디가 좋아요?
Ich überlege, ein paar Schuhe zu kaufen. Aber wo gibt es gute?

나: 새로 생긴 신발 가게에 한번 가 보세요. 값도 싸고 디자인도 **다양**해요.
Gehen Sie einmal zu dem neuen Schuhgeschäft. Die Preise sind günstig und es gibt eine vielfalt an Designs.

-이/가 다양하다

둥글다

(형) [둥글다]
(불) 'ㄹ'불규칙

rund sein

지구는 **둥글**다.
Die Erde ist rund.

-이/가 둥글다

미치다 01

(동) [미치다]

① **verrückt sein**　　② **verrückt werden**

그 여자는 아이가 없어졌다는 사실을 알자 **미친** 사람처럼 찾기 시작했다.
Sobald ich erfahren habe, dass das Mädchen verschwunden ist, habe ich wie eine Verrückte angefangen, es zu suchen.

내가 방금 무슨 말을 하려고 했지? 생각이 안 나.
아, 답답해서 **미치**겠네.
Was wollte ich eben noch sagen? Ich erinnere mich nicht.
Ah... Es ist so frustrierend, dass ich verrückt werde.

💡 „미치다" wird oft in Form von „-아/어/해서 미치겠다/미칠 것 같다" verwendet. Zum Beispiel sagt man „답답해서 미치겠다" für „너무 답답해요", wenn man es stärker ausdrücken möchte.

변함없다

(형) [변:하업따]

(부) 변함없이

gleichbleiben, unverändert sein

고객 여러분, 저희 백화점을 **변함없**이 사랑해 주셔서 감사합니다.
Liebe Kunden, vielen Dank, dass Sie unser Kaufhaus unverändert lieben.

빠지다 ⁰¹

ⓐⓓ

동 [빠ː지다]
⇨ Anhang S. 514

반 찌다(④) ⇨ S. 346

① fallen   ② verschwunden sein
③ abwesend sein   ④ abnehmen

요즘 머리카락이 자꾸 **빠져**서 걱정이다.
Ich mache mir Sorgen, weil ich so viele Haare zur Zeit verliere.

가: 가방에 **빠진** 거 없이 다 챙겼니?
Vergisst du nichts und hast alles in die Tasche gepackt?

나: 네, 세 번이나 확인했어요.
Ja, ich habe es mehr als dreimal überprüft.

동창 모임에 자꾸 **빠져**서 죄송합니다.
Es tut mir leid, dass ich am Jahrgangstreffen oft fehle.

매일 꾸준히 운동을 했더니 살이 5kg이나 **빠졌**어요.
Ich habe täglich Sport gemacht und mehr als 5 kg abgenommen.

–이/가 빠지다 | –에/에서 빠지다

사라지다

ⓐⓥ

동 [사라지다]

verschwinden

가: 내 열쇠 못 봤어?
Hast du meinen Schlüssel gesehen?

나: 조금 전까지 책상 위에 있었는데 어디로 **사라졌**지?
Er war bis eben noch auf dem Schreibtisch. Aber wo ist er hin?

–이/가 사라지다 | –에서 사라지다 | –(으)로 사라지다

상태

ⓥⓐ

명 [상태]

관 상태가 좋다/나쁘다
참 건강 상태, 몸 상태,
정신 상태

Zustand, Verfassung

가: 왜 그래? 어디 아파?
Was ist los? Wo tut es weh?

나: 오늘 몸 **상태**가 별로 안 좋아.
Heute ist meine körperliche Verfassung nicht sehr gut.

새롭다

형 [새롭따]
불 'ㅂ'불규칙

neu sein

손님: 이 가게에서는 뭐가 제일 맛있어요? 추천해
주세요.
Was schmeckt hier am besten? Bitte empfehlen Sie mir
etwas.

직원: 이번에 개발한 **새로운** 메뉴인데 이건 어떠세요?
Dies ist eine neu entwickelte Karte. Wie wäre es damit?

−이/가 새롭다

서투르다

형 [서:투르다]
불 '르'불규칙

준 서툴다

ungeübt, arm sein

제가 한국말이 **서투른**데 다시 한번 말씀해 주시겠어요?
Ich bin etwas ungeübt in Koreanisch. Könnten Sie es noch einmal
wiederholen?

−이/가 서투르다 | −에 서투르다

신선하다

형 [신선하다]

관 신선한 과일, 신선한 채소,
신선한 공기

frisch sein

가: 회가 참 맛있네요! Der rohe Fisch ist sehr lecker.

나: 바다 근처라서 **신선한** 것 같아요.
Ich denke, er ist frisch, weil wir in der Nähe vom Meer sind.

−이/가 신선하다

썩다

동 [썩따]

faulen, verderben

자기 전에 이를 닦지 않으면 이가 **썩으니까** 꼭 이를
닦아.
Du bekommst Karies, wenn du nicht die Zähne vor dem Schlafen
putzt. Also putze sie.

−이/가 썩다

앞두다

흥 [압뚜다]

vor sich haben, bevorstehen

한국에서는 시험을 **앞두**고 미역국을 먹지 않는 사람이 많다. In Korea gibt es viele Leute, die vor einer Prüfung keine Seetangsuppe essen.

–을/를 앞두다

💡: „앞두다" wird oft in Form von „-을/를 앞두고" verwendet.

얼다

흥 [얼:다]
불 'ㄹ'불규칙
⇨ Anhang S. 514

반 녹다 ⇨ S. 159
사 얼리다 ⇨ S. 149

frieren, zufriere

가: 지금도 눈이 와요? Schneit es jetzt auch?

나: 아니요, 눈은 안 오는데 길이 **얼**어서 미끄러우니까 조심하세요.
Nein, es schneit nicht, aber die Wege sind gefroren. Sei daher vorsichtig, weil es glatt ist.

–이/가 얼다

엉망

명 [엉망]

관 집이 엉망이다,
글씨가 엉망이다,
점수가 엉망이다

Durcheinander, Chaos

가: 김 대리, 보고서가 이게 뭐야! **엉망**이잖아!
Herr Kim, was ist das für ein Bericht? Das ist ein Durcheinander!

나: 죄송합니다. 다시 해 오겠습니다.
Es tut mir leid. Ich schreibe ihn neu.

–이/가 엉망이다

여유

명 [여유]

형 여유롭다
관 여유가 있다/없다,
여유를 갖다

Muße, Zeit, Entspannung

가: 요즘 왜 이렇게 짜증을 자주 내?
Warum bist du zur Zeit so schnell verärgert?

나: 미안해. 시험 때문에 마음의 **여유**가 없어서 그래.
Es tut mir leid. Wegen der Prüfung bin ich so angespannt.

–이/가 여유롭다

여전히

📢☑

₩ [여전히]

noch, wie eh und je

가: 승호 씨, 중국어를 참 잘하네요!
Seungho, Sie sprechen sehr gut Chinesisch!

나: 아니에요. 중국어를 배운 지 10년이 넘었는데 **여전히** 말하기는 어려워요.
Nein. Ich habe vor 10 Jahren Chinesisch gelernt und Sprechen ist immer noch schwer.

오래되다

📢☑😊

형 [오래되다/오래뒈다]

lange Zeit sein, eine ganze Weile sein

가: 한국에 온 지 **오래됐**어요? Sind Sie schon lange in Korea?

나: 아니요, 1년밖에 안 됐어요. Nein, erst ein Jahr.

-이/가 오래되다

유지

📢☑

명 [유지]

통 유지하다, 유지되다

Erhaltung, Bewahrung, Aufrechterhaltung

가: 앞 차하고 부딪히겠다. 앞 차와 적당한 거리를 **유지**해야 사고가 안 나지.
Du wirst mit dem vorderen Auto zusammenstoßen. Du musst genügend Abstand zum vorderen Auto halten, damit es keinen Unfall gibt.

나: 나도 알아. 그런데 앞 차가 너무 천천히 가서 답답해.
Das weiß ich auch. Aber das Auto vor mir fuhr so extrem langsam.

-을/를 유지하다 ㅣ -이/가 유지되다

이르다 02

☑😊

형 [이르다]
불 '르'불규칙
⇨ Anhang S. 515

반 늦다

früh sein

가: 내일 아침 6시에 만날까요?
Wollen wir uns morgen früh um 6 Uhr treffen?

나: 너무 **일러**요. 7시쯤 만나요. Das ist sehr früh. Treffen wir uns um 7 Uhr.

-보다 이르다 ㅣ -기에 이르다

💡 „이르다" kann zwar im Zusammenhang mit Zeit verwendet werden, aber nicht mit Geschwindigkeit.

빠르게 걷는다. (O) 이르게 걷는다. (X)

일정 ⁰¹

명 [일쩡]

형 일정하다

참 일정 기준, 일정 기간,
일정 금액

Regelmäßigkeit, Genauigkeit

가: 선생님, 된장찌개에 넣을 두부는 어떻게 잘라야
해요?
Chef wie soll ich den Tofu schneiden, der in den
Sojabohneneintopf kommt?

나: 1cm로 **일정**하게 자르세요.
Schneiden Sie ihn in regelmäßige, 1cm große Stücke.

−이/가 일정하다

자연스럽다

형 [자연스럽따]
불 'ㅂ'불규칙
⇨ Anhang S. 515
반 부자연스럽다

natürlich sein

가: 어떻게 하면 한국 사람처럼 **자연스럽**게 말할 수
있어요?
Wie kann man so natürlich wie ein Koreaner sprechen?

나: 드라마를 많이 보고 한국 사람과 많이 이야기하세요.
Schauen Sie viele Serien und sprechen Sie viel mit Koreanern.

−이/가 자연스럽다

잘나다

형 [잘라다]
⇨ Anhang S. 515
반 못나다

intelligent sein

동생: 형, 나 이번 시험에서 또 100점을 받았어.
난 진짜 천재인 것 같아.
Großer Bruder, bei dieser Prüfung habe ich auch wieder 100
Punkte bekommen. Ich glaube ich bin wirklich ein Genie.

형 : **잘난** 척 좀 하지 마!
Tu nicht so, als ob du so intelligent bist.

−이/가 잘나다

165

잘되다

동 [잘되다/잘뒈다]
⇨ Anhang S. 514

반 안되다 ⇨ S. 35

gut werden

가: 행사 준비 **잘돼** 가요?
Laufen die Vorbereitungen für die Veranstaltung gut?

나: 네, 거의 다 끝나 가요. Ja, wir sind fast fertig.

−이/가 잘되다

잘못되다

동 [잘몯뙤다/잘몯뛔다]

falsch sein

가: 여기요, 계산이 **잘못된** 것 같아요.
Hallo, ich glaube die Rechnung ist falsch.

나: 그래요? 영수증 좀 보여 주세요.
Wirklich? Zeigen Sie mir bitte die Quittung.

−이/가 잘못되다

잠들다

동 [잠들다]
불 'ㄹ'불규칙

einschlafen

가: 왜 숙제를 집에서 안 하고 학교에서 해?
Warum machst du die Hausaufgaben nicht zu Hause, sondern in der Schule?

나: 어젯밤에 숙제를 하다가 **잠들어** 버렸거든.
Ich bin gestern Abend beim Hausaufgaben machen eingeschlafen.

−이/가 잠들다

지저분하다

형 [지저분하다]
⇨ Anhang S. 517

유 더럽다

schmutzig sein

가: 방이 왜 이렇게 **지저분해**? 청소 좀 해.
Warum ist das Zimmer so schmutzig? Mach es mal sauber.

나: 안 그래도 지금 하려고 해.
Das hatte ich eh gerade vor.

−이/가 지저분하다

차다 ⁰²

⬛ [차다]
⇨ Anhang S. 514

🔲 비다

voll sein

가: 엄마, 생선 구우셨어요? 생선 냄새가 집 안에 가득 **찼**어요. Mama, hast du Fisch gebraten? Es riecht in der ganzen Wohnung nach Fisch.

나: 그래? 창문 좀 열까?
Wirklich? Kannst du bitte das Fenster aufmachen?

–에 –이/가 차다 ┃ –이/가 –(으)로 차다

최악

⬛ [최:악/췌:악]

🔲 최악의 상황, 최악의 상태

schlimm, schlimmst-

가: 어제 소개팅한 여자 어땠어?
Wie war die Frau beim Blind Date gestern?

나: 물어보지 마! **최악**이었어.
Frag nicht. Sie war super schlimm.

–이/가 최악이다

타다

⬛ [타다]

🔲 태우다 ⇨ S. 153

brennen

가: 고기는 제가 구울게요. Ich grille das Fleisch.

나: 고기가 **타**지 않게 잘 구우세요.
Grillen Sie es so, dass es nicht anbrennt.

–이/가 타다

터지다

⬛ [터:지다]

platzen

그만 불어. 풍선이 **터지**겠다.
Hör auf zu pusten. Der Luftballon wird platzen.

가: 더 먹어. Iss noch mehr.

나: 너무 많이 먹어서 배가 **터질** 것 같아.
Ich habe so viel gegessen, dass ich glaube, mein Bauch platzt.

–이/가 터지다

167

편리

🗨️☑️🔊
[펼리]
➡️ Anhang S. 513

형 편리하다
반 불편

Bequemlichkeit, Nutzen

가: 왜 이쪽으로 이사하셨어요?
Warum sind Sie hierher gezogen?

나: 교통도 **편리**하고 집 근처에 마트도 있거든요.
Weil sowohl die Verkehrsanbindung bequem ist, als auch ein Supermarkt in der Nähe der Wohnung ist.

−에/에게 편리하다　｜　−기에 편리하다

평범하다

🗨️☑️🔊
형 [평범하다]

gewöhnlich sein

가: 그 연예인 직접 보니까 어땠어?
Wie war es, die Schauspielerin direkt zu sehen?

나: 너무 **평범하**게 생겨서 나는 연예인이 아닌 줄 알았어.
Sie sah sehr normal aus und ich wusste nicht, dass es eine berühmte Person war.

−이/가 평범하다

푸르다

☑️🔊
형 [푸르다]
불 '러'불규칙

관 푸른 하늘

blau sein

가: **푸른** 바다를 보니까 좋지?
Schön das blaue Meer zu sehen, oder?

나: 응, 빨리 수영하고 싶다.
Ja, ich möchte schnell schwimmen.

−이/가 푸르다

풍부하다

🗨️☑️
형 [풍부하다]

voll sein, reich(lich) sein

가: 계란을 매일 먹어요?　Essen Sie jeden Tag Eier?

나: 네, 값도 싸고 영양도 **풍부하**잖아요.
Ja, sie sind günstig und voller Nährstoffe.

−이/가 풍부하다

흐르다

동 [흐르다]
불 '르'불규칙

① fließen　　② tropfen, tröpfeln, rieseln
③ vergehen

우리 집 앞에는 청계천이 흐른다.
Vor meiner Wohnung fließt der Cheonggyecheon.

음악을 듣다가 나도 모르게 눈물이 흘렀다.
Als ich die Musik hörte, kamen mir die Tränen, ohne dass ich es wusste.

가: 네 딸이 벌써 고등학생이니?
Deine Tochter ist schon Grundschülerin?

나: 응, 세월이 정말 빠르게 **흐르**지?
Ja, die Zeit vergeht wirklich schnell, oder?

-이/가 흐르다

흔하다

형 [흔하다]
⇨ Anhang S. 515

부 흔히
반 드물다

gewöhnlich, alltäglich, häufig vorkommend

가: 이 티셔츠 어때?
Wie findest du dieses T-Shirt?

나: 오늘도 그 옷 입은 사람을 몇 명이나 봤어.
그 디자인은 너무 **흔하**니까 사지 마.
Auch heute habe ich schon ein paar Leute gesehen, die dieses T-Shirt trugen. Das Design ist zu gewöhnlich, kauf es nicht.

-이/가 흔하다

흘리다

동 [흘리다]

관 땀을 흘리다,
눈물을 흘리다,
콧물을 흘리다

tropfen, tröpfeln, rinnen

가: 왜 이렇게 땀을 **흘려**?
Warum schwitzt du so?

나: 뛰어왔거든.
Weil ich hergelaufen bin.

-을/를 흘리다

Quiz

✎ 반대말을 알맞게 연결하십시오.

1. 얼다 •

2. 차다 •

3. 이르다 •

• ① 비다

• ② 늦다

• ③ 녹다

✎ ( )에 들어갈 알맞은 말을 고르십시오.

4. 사람은 감정 ( )에 따라 먹고 싶은 음식도 달라진다고 한다.
   ① 모양   ② 최악   ③ 상태   ④ 여유

5. 다이어트를 한 후에 줄어든 몸무게를 그대로 ( )하는 것은 매우 힘든 일이다.
   ① 풍부   ② 중복   ③ 편리   ④ 유지

✎ 다음 글을 읽고 질문에 답하십시오.

> 나는 ㉠한 달 후에 한국으로 유학을 가려고 한다. 한국어를 조금 할 수 있지만 아직 많이 ㉡_____ 한국에 가면 적응을 잘 할 수 있을지 걱정이 된다. 친구들은 유학을 가면 어차피 한국어를 배울 거니까 가기 전부터 걱정할 필요가 없다고 했지만 그래도 ㉢_____ 있을 수 없어서 일주일에 두 번씩 한국어를 공부하고 있다. 빨리 한국에 가서 한국어도 배우고 많은 사람들을 만나면서 ㉣_____ 한국 문화를 경험해 보고 싶다.

6. ㉠과 바꿔 쓸 수 있는 것을 고르십시오.
   ① 한국 유학을 앞두고 있다.
   ② 한국 유학 생활이 엉망이다.
   ③ 한국의 유학 생활은 평범하지 않다.
   ④ 한국에 유학을 가는 경우는 흔하다.

7. ㉡과 ㉢에 들어갈 알맞은 것을 고르십시오.
   ① ㉡ 서툴러서 ㉢ 여전히   ② ㉡ 오래돼서 ㉢ 가만히
   ③ ㉡ 오래돼서 ㉢ 여전히   ④ ㉡ 서툴러서 ㉢ 가만히

8. ㉣에 들어갈 알맞은 것을 고르십시오.
   ① 명확한   ② 일정한   ③ 다양한   ④ 동일한

📢 ☑ 🔊
가까이

🔢 명 [가까이]

동 가까이하다
반 멀리
관 가까이 오다,
가까이 다가가다,
가까이 지내다

nahe bei, in der Nähe

뭐라고? 안 들려. **가까이** 와서 말해.
Was sagst du? Ich kann dich nicht hören. Komm näher und sag
es mir.

–와/과 가까이하다 │ –을/를 가까이하다

📢 ☑ 🔊
가늘다

형 [가늘다]
불 'ㄹ'불규칙
⇨ Anhang S. 515

반 굵다 ⇨ S. 172

dünn sein, schmal sein

가: 이 원피스는 벨트가 있어서 허리가 **가늘**어 보여요.
Weil es einen Gürtel zu diesem Kleid gibt, wirkt die Taille
schmal.

나: 그래요? 그럼 한번 입어 볼게요.
Wirklich? Dann probiere ich es einmal an.

–이/가 가늘다

📢 ☑ 🔊
가득

🔢 [가득]

형 가득하다
관 가득 넣다, 가득 차다,
가득 따르다, 가득 담기다

voll

아들: 엄마, 이 옷도 세탁기에 넣어도 돼요?
Mama, kann ich diese Kleidung auch in die Waschmaschine
tun?

엄마: 세탁기에 빨래를 **가득** 넣으면 안 좋아. 그건 다음
에 빨자.
Es ist nicht gut, wenn man die Waschmaschine voll macht.
Waschen wir sie das nächste Mal.

–에 –이/가 가득하다 │ –이/가 –(으)로 가득하다

거칠다

형 [거칠다]
불 'ㄹ'불규칙

rau sein, grob sein, barsch sein

가: 요즘 피부가 **거칠**어져서 고민이야.
　　Ich mache mir Sorgen, weil meine Haut zur Zeit so rau ist.

나: 심하면 피부과에 한번 가 봐.
　　Geh mal zum Hautarzt, wenn es schlimm ist.

–이/가 거칠다

굵다

형 [국ː따]
⇨ Anhang S. 515

반 가늘다 ⇨ S. 171
관 손가락이 굵다,
　　목소리가 굵다

dick sein, korpulent sein

가: 이 반지를 한번 껴 봐. 어울릴 것 같아!
　　Zieh mal diesen Ring an. Ich glaube, er steht dir.

나: 손가락이 **굵**어서 안 맞을 것 같은데!
　　Ich glaube er passt mir nicht. Denn ich habe so dicke Finger.

–이/가 굵다

귀하다

형 [귀ː하다]

관 귀하게 자라다, 귀한 손님

edel sein, vornehm sein, wertvoll sein

가: 외국에서 **귀한** 손님이 오시는데 어떤 식당에 가면
　　좋을까요?　In welches Restaurant wäre es gut zu gehen, wenn
　　ein besonderer Gast aus dem Ausland kommt?

나: 인사동에 가면 좋은 한정식 집이 많아요.
　　In Insadong gibt es viele gute Restaurants mit traditionellem
　　koreanischen Essen.

–이/가 귀하다

💡 „귀하다" wird oft in Form von „귀하게" oder „귀한" verwendet.

그다지

부 [그다지]
⇨ Anhang S. 518

유 별로, 그리 ⇨ S. 173

nicht sehr, nicht so

가: 여기에서 그 박물관까지 멀어?
　　Ist es weit von hier bis zu dem Museum?

나: **그다지** 멀지 않아.　Es ist nicht so weit.

💡 „그다지" muss mit einer Negation wie „-지 않다" oder „-지 못하다"
　　zusammen verwendet werden.

그리

🗨☑〇

[그리]
⇨ Anhang S. 518

유 그다지 ⇨ S. 172, 별로

nicht so, nicht das

가: 시험이 어려웠어요?
War die Prüfung schwer?

나: **그리** 어렵지 않았어요.
Nein, nicht so sehr.

💡 „그리" muss mit einer Negation wie „-지 않다" oder „-지 못하다"
zusammen verwendet werden.

끊임없다

🗨☑

형 [끄니멉따]

부 끊임없이
관 끊임없이 노력하다

endlos, pausenlos, ununterbrochen

가: 좀 쉬면서 해요. 너무 일만 하는 거 아니에요?
Machen Sie doch mal eine Pause. Arbeiten Sie nicht zu viel?

나: 저도 쉬고 싶은데 **끊임없**이 할 일이 생기네요.
Ich möchte auch Pausen machen, aber ununterbrochen
kommen neue Sachen auf.

너무나

🗨☑〇

부 [너무나]

allzu sehr, extrem, sehr

어제 날씨가 **너무나** 더워서 잠을 제대로 잘 수가 없었어.
Gestern war es sehr heiß, so dass ich nicht richtig schlafen
konnte.

널리

🗨☑

부 [널리]

관 널리 쓰이다,
널리 알려지다,
널리 알리다

breit, weit, weithin

그 가수의 뮤직비디오가 유튜브를 통해 **널리** 알려졌다.
Das Musikvideo dieses Sängers wurde durch Youtube sehr
bekannt.

넘치다

동 [넘ː치다]

관 술이 넘치다,
사랑이 넘치다,
자신감이 넘치다

überfließen, überschwappen

가: 저 스케이트 선수는 항상 자신감이 **넘쳐** 보여요.
Der Eisläufer da scheint immer so vor Selbstbewusstsein zu strotzen.

나: 늘 연습을 많이 하잖아요. Er trainiert immer viel.

–이/가 넘치다 | –에 –이/가 넘치다

대단하다

형 [대ː단하다]

관 인기가 대단하다,
실력이 대단하다,
대단한 일

großartig sein, herausragend sein

가: 저 아이는 피아노를 배운 적이 없는데 음악을 들으면 똑같이 칠 수 있다고 해요.
Man sagt, das Kind dort hat kein Klavier spielen gelernt, aber es kann nach Gehör Musik spielen.

나: 정말 **대단하**네요! Das ist wirklich herausragend.

–이/가 대단하다

대충

부 [대충]

halbherzig, grob, ungefähr, oberflächlich

가: 여보, 설거지를 이렇게 **대충** 하면 어떻게 해? 다시 해야 되잖아.
Schatz, was machst du, warum spülst du das Geschirr nur so halbherzig? Das muss nochmal gespült werden.

나: 미안해. 내가 다시 할게.
Es tut mir leid. Ich mache es noch mal.

더욱

부 [더욱]

mehr

요시코 씨, 새해 복 많이 받으세요. 앞으로 **더욱** 건강하고 행복하세요.
Ein frohes neues Jahr, Yoshiko. Ich wünsche Dir mehr Gesundheit und Glück für die Zukunft.

되게

🔊 [되:게/뒈:게]

sehr

가: 와! 이 고기 정말 맛있다! 너도 빨리 먹어.
Wow, dieses Fleisch schmeckt wirklich sehr gut. Du musst es auch schnell probieren.

나: 너 고기 **되게** 좋아하는구나! 이렇게 좋아하는 줄 몰랐어.
Du magst Fleisch wirklich sehr! Ich wusste nicht, dass du es so gern magst.

💡 „되게" wird eher in Gesprächen als in Texten verwendet.

뛰어나다

형 [뛰어나다]

관 솜씨가 뛰어나다,
성능이 뛰어나다,
실력이 뛰어나다

herausragend sein, hervorragend sein, sich auszeichnen

그 가수는 처음에는 관심을 못 받았지만 **뛰어난** 노래 실력으로 점점 인기를 얻게 되었다.
Die Sängerin bekam zuerst keine Aufmerksamkeit, aber mit ihrem herausragenden Gesang wurde sie immer beliebter.

–이/가 뛰어나다 | –에 뛰어나다

막 01

🔊 [막]

uneingeschränkt, vorbehaltlos

가: 어디 아파?   Wo tut es weh?

나: 배가 너무 고파서 **막** 먹었는데 소화가 잘 안되는 것 같아.   Ich war so hungrig, so dass ich schnell gegessen habe, und jetzt habe ich Verdauungsprobleme.

별 01

관 [별]

nicht wichtig sein, nicht relevant sein, wenig Sinn haben

가: 리에랑 사귀는 거예요?   Bist du mit Rie zusammen?

나: 아니요, 우리는 그냥 친구예요. **별** 사이 아니에요.
Nein, wir sind nur Freunde. Es ist nichts besonderes.

부드럽다

ⓐ [부드럽따]
ⓑ 'ㅂ'불규칙

ⓒ 부드러운 목소리,
부드러운 음식

weich sein

이 샴푸를 한번 써 보세요. 머리카락이 **부드러워**져요.
Benutzen Sie einmal dieses Shampoo. Das wird ihre Haare weich machen.

–이/가 부드럽다

비교적

ⓓ ⓒ ⓔ [비ː교적]

relativ, vergleichsweise

내일은 오늘보다 **비교적** 따뜻하겠습니다.
Im Vergleich zu heute soll es morgen wärmer werden.

사소하다

ⓐ [사소하다]

ⓒ 사소한 문제, 사소한 일,
사소한 실수

gering sein, klein sein, unbedeutend sein

나이가 들면 **사소한** 것을 자주 잊어버린다.
Wenn man älter wird, vergisst man Unbedeutendes öfter.

–이/가 사소하다

세다 02

ⓐ [세ː다]
⇨ Anhang S. 515

ⓒ 힘이 세다, 고집이 세다,
술이 세다, 경쟁률이 세다
ⓕ 약하다

stark sein

가: 이에서 피가 나요.
　　Ich blute an den Zähnen.

나: 이를 닦을 때 너무 **세게** 닦으면 안 돼요.
　　Sie dürfen beim Zähne putzen nicht zu stark putzen.

–이/가 세다

💡 Man sagt wenn Leute Alkohol gut vertragen „술이 세다" und wenn man Alkohol nicht gut verträgt „술이 약하다".

실컷

🗨☑

📢 [실컫]

⇨ Anhang S. 518

유 마음껏
관 실컷 놀다, 실컷 먹다,
　 실컷 자다

je nach Herzenslust, so viel wie es einem gefällt

가: 시험 끝나면 뭐 하고 싶어요?
　 Was möchtest du machen, wenn die Prüfung vorbei ist?

나: **실컷** 놀고 싶어요.
　 Ich möchte mich nach Herzenslust vergnügen.

심각하다

🗨☑●

형 [심ː가카다]

관 문제가 심각하다,
　 피해가 심각하다,
　 심각하게 고민하다

ernst sein

가: 그 사람 많이 다쳤대요?
　 Hat sich die Person sehr verletzt?

나: 생각보다 **심각하**대요. 수술해야 한다고 해요.
　 Es ist schlimmer als gedacht. Sie sagen, sie muss operiert
　 werden.

–이/가 심각하다

약간

☑●

부 명 [약깐]

⇨ Anhang S. 518

유 조금

leicht

가: 비빔밥 맵지 않아?
　 Ist Bibimbap nicht scharf?

나: **약간** 매운데 맛있어.
　 Es ist ein bisschen scharf, aber lecker.

얇다

🗨☑●

형 [얄ː따]

⇨ Anhang S. 515

반 두껍다
관 옷이 얇다, 책이 얇다

dünn sein

가: 밖에 바람이 많이 부는데 너무 **얇게** 입은 거 아니야?
　 Draußen ist es sehr windig. Hast du dich nicht zu dünn
　 angezogen?

나: 그럼 점퍼(jumper)를 가지고 나가야겠다.
　 Dann nehme ich eine Jacke mit.

–이/가 얇다

얕다

☑ 🔊

⬡ [얕따]
⇨ Anhang S. 515

反 깊다

flach sein, seicht sein

가: 이 수영장은 아이들도 놀 수 있어요?
Können auch Kinder in diesem Schwimmbecken spielen?

나: **얕**으니까 걱정하실 필요 없습니다.
Es ist flach, so dass Sie sich keine Sorgen machen brauchen.

-이/가 얕다

연하다

🗩 ☑

⬡ [연ː하다]
⇨ Anhang S. 515

反 질기다(①),
진하다(②) ⇨ S. 181
慣 고기가 연하다,
커피가 연하다, 연한 색

① **zart, weich in Textur**

② **mild, hell in Farbe**

가: 이 집 고기 맛있지요?
Ist das Fleisch hier lecker?

나: 네, 고기가 **연하**고 기름이 적어서 맛있네요!
Ja, es schmeckt gut, weil das Fleisch zart ist und wenig Fett hat.

가: 어떤 색으로 염색해 드릴까요?
In welcher Farbe soll ich denn die Haare färben?

나: **연한** 갈색으로 해 주세요.
In ein helles Braun bitte.

영원

🗩 🔊

名 [영ː원]

⬡ 영원하다
副 영원히

Ewigkeit

가: 잘 다녀와. 도착하면 연락해.
Komm gut an. Melde dich, wenn du angekommen bist.

나: **영원**히 이별하는 것도 아닌데 그만 울어.
Es ist kein Abschied für ewig, also hör auf zu weinen.

-이/가 영원하다

온통

부 명 [온통]
⇨ Anhang S. 518

유 전부, 모두

alle, alles, überall

너무 배가 고파서 머릿속이 **온통** 음식 생각뿐이다.
Ich war so hungrig, dass ich nur an Essen denken konnte.

완전히

부 [완전히]

ganz, total, völlig

가: 지난번에 다친 어깨는 다 나았어요?
Geht es Ihrer Schulter, die Sie sich beim letzten Mal verletzt haben, wieder gut?

나: 아니요, 아직 **완전히** 낫지 않았어요. 치료받는 중
이에요. Nein, sie ist noch nicht ganz in Ordnung. Ich bin noch in Behandlung.

자꾸

부 [자꾸]

sehr häufig, wiederholt

요즘 **자꾸** 약속을 잊어버려서 걱정이야.
Ich mache mir Sorgen, weil ich zur Zeit sehr häufig Verabredungen vergesse.

저렴하다

형 [저ː렴하다]
⇨ Anhang S. 517

유 싸다

günstig sein

지금 주문하시면 더 **저렴한** 가격으로 사실 수 있습니다.
Wenn sie es jetzt bestellen, können sie es zu einem günstigen Preis kaufen.

적당하다

형 [적땅하다]

angemessen sein, geeignet sein, passend sein

요가는 실내에서 하기에 **적당한** 운동이다.
Yoga ist ein geeigneter Sport für drinnen.

−이/가 적당하다 | −에/에게 적당하다 | −기에 적당하다

전부

부 명 [전부]
⇨ Anhang S. 516

유 모두

alle, alles

가: 사과 5개, 복숭아 5개에 얼마예요?
Was kosten 5 Äpfel, 5 Pfirisiche?

나: **전부** 8,000원입니다.
Das macht zusammen 8.000 KRW.

점차

부 명 [점차]
⇨ Anhang S. 516

참 점차적
유 점점

allmählich

비가 오다가 오후에 **점차** 맑아지겠습니다.
Es regnet und am Nachmittag klart es allmählich auf.

💡 „점차" wird zusammen mit „<Adjektiv> + -아/어/해지다" oder „<Verb> + -게 되다" verwendet oder mit den Verben „늘어나다" oder „줄어들다".

제법

부 명 [제법]

ziemlich, recht

가: 스키를 **제법** 잘 타네요!
Sie fahren ziemlich gut Ski!

나: 어렸을 때부터 배웠거든요.
Ich habe es seit meiner Kindheit gelernt.

－이/가 제법이다

좀처럼

부 [좀ː처럼]

selten, nicht häufig, kaum

가: 아직도 감기가 안 나았네요!
Die Erkältung ist immer noch nicht weg.

나: 네, 약을 먹는데도 **좀처럼** 잘 낫지 않네요!
Ja, obwohl ich Medizin genommen habe, ist es kaum besser geworden.

💡 „좀처럼" muss mit einer Negation wie „-지 않다" oder „-지 못하다" verwendet werden.

지나치다

형 [지나치다]

관 욕심이 지나치다

übertreiben

가: 어제도 네 시간이나 운동을 했어.
Auch gestern habe ich 4 Stunden lang Sport gemacht.

나: 네 시간이나? 운동도 너무 **지나치**게 하면 안 좋아. 적당히 해.
4 Stunden? Es ist nicht gut, wenn man Sport übertreibt. Immer mit der Ruhe.

–이/가 지나치다

진하다

형 [진하다]

⇨ Anhang S. 515, 517

반 연하다 ⇨ S. 178
관 화장이 진하다,
색깔이 진하다,
진한 감동

stark sein; schwer sein, dick sein

가: 무슨 커피 마실래?
Welchen Kaffee trinkst du?

나: 난 에스프레소! 난 **진한** 커피가 좋아.
Ich nehme einen Espresso. Ich mag gerne starken Kaffee.

–이/가 진하다

짙다

형 [짙따]

⇨ Anhang S. 515, 517

유 진하다
반 연하다 ⇨ S. 178, 옅다
관 안개가 짙다, 짙은 색,
짙은 향기

dunkel sein

가: 파란색과 하늘색 중 뭐가 더 어울릴까?
Welche Farbe passt besser? Dunkelblau oder himmelblau?

나: 그 바지에는 **짙은** 색이 더 잘 어울려!
Zu dieser Hose passen dunkle Farben besser.

–이/가 짙다

☀ „짙다" hat zwar die gleiche Bedeutung wie „진하다", aber bei Nebel verwendet man nur „짙다".

캄캄하다

💬☑
형 [캄캄하다]
⇨ Anhang S. 517

유 어둡다

stockdunkel sein, stockfinster sein

캄캄해서 아무것도 안 보여. 불 좀 켜 봐.
Es ist stockdunkel. Ich sehe nichts. Bitte mach das Licht an.

텅

💬☑
부 [텅]

관 텅 비어 있다

ein beschreibendes Adverb bei Leere

가: 냉장고가 **텅** 비어 있네!   Der Kühlschrank war total leer.

나: 바빠서 마트에 못 가서 그래.
Ich war sehr beschäftigt, so dass ich nicht zum Supermarkt gehen konnte.

통 01

💬☑
부 [통]
⇨ Anhang S. 518

유 전혀
관 통 관심이 없다,
통 연락이 없다,
통 말이 없다,
통 입맛이 없다,
통 모르겠다,
통 보이지 않다

gar, überhaupt, vollkommen

가: 왕핑 씨가 요즘 **통** 안 보이네요!
Zur Zeit sehe ich Wangping überhaupt nicht.

나: 출장 중이에요.
Er ist auf Geschäftsreise.

💡 „통" muss mit Verben wie „-지 않다", „-지 못하다", „없다" oder „모르다" zusammen verwendet werden.

한꺼번에

💬☑😊
부 [한꺼버네]

auf einmal

가: 어제 잠을 못 잤어? 눈이 빨개.
Konntest du gestern nicht schlafen? Du hast rote Augen.

나: 응, 얼마 전에 끝난 드라마를 1회부터 20회까지 **한꺼번에** 다 봤거든.
Ja, ich habe eine Serie, die vor kurzem endete, von Folge 1 bis 20 auf einmal gesehen.

헌

Qualität/Quantität

03

관 [헌ː]

관 헌 옷, 헌 책
반 새

alt, gebraucht

새 자전거를 사서 **헌** 자전거를 버렸다.
Ich habe ein neues Fahrrad gekauft und das alte weggeworfen.

훌륭하다

형 [훌륭하다]

herausragen sein, hervorragend sein

가: 왜 그 대학교에 가려고 해요?
Warum möchten Sie zu dieser Universität gehen?

나: 학교는 유명하지 않지만 **훌륭한** 교수님들이 많다
고 들었거든요.
Die Universität ist zwar nicht berühmt, aber ich habe gehört,
dass es viele hervorragende Professoren gibt.

−이/가 **훌륭하다**

흔히

부 [흔히]

häufig

가: 요즘은 남자들도 액세서리를 많이 하는 것 같아요.
Ich finde, dass auch Männer heutzutage viele Accessoires
tragen.

나: 맞아요. 목걸이를 한 남자를 **흔히** 볼 수 있어요.
Stimmt. Männer mit Halsketten kann man häufig sehen.

Quiz

1. 다음 중 반대말끼리 연결된 것이 아닌 것을 고르십시오.

① 굵다 – 가늘다   ② 어둡다 – 캄캄하다

③ 가깝이 – 멀리   ④ 세다 – 약하다

✎ ( )에 들어갈 수 없는 말을 고르십시오.

> 그 사람이 ( )-아/어/해서 좋아하는 것은 아니다. 그냥 좋다.

2. ① 뛰어나다   ② 훌륭하다   ③ 대단하다   ④ 영원하다

> 너는 피부가 하얘서 ( )-(으)ㄴ 색이 잘 어울려.

3. ① 연하다   ② 옅다   ③ 얇다   ④ 진하다

✎ 다음 대화를 읽고 질문에 답하십시오.

> 가: 오늘 저녁 회식 메뉴가 삼겹살이라고 했지? 배가 고프니까 일은
>   안 되고 (㉠) 삼겹살 생각만 나네!
> 나: 그래? 사실은 나도 머릿속이 온통 그 생각뿐이야. 우리 오늘 저녁
>   에 가서 (㉡) 먹자.

4. (㉠)에 들어갈 알맞은 것을 고르십시오.
　　① 자꾸   ② 제법   ③ 점차   ④ 대충

5. (㉡)에 들어갈 알맞은 것을 고르십시오.
　　① 널리   ② 완전히   ③ 한꺼번에   ④ 실컷

✎ ( )에 알맞은 단어를 〈보기〉에서 찾아 쓰십시오.

보기	사소하다	넘치다	적당하다

6. 아무리 좋은 음식도 ( )-게 먹는 게 좋아. 지나치게 먹으면 건강
    에 해로워.

7. ( )-(으)ㄴ 문제라고 생각해서 신경 쓰지 않으면 심각한 문제가
    될 수 있어.

8. 어머니께서는 사랑이 ( )-는 얼굴로 나를 바라보셨다.

감소

명 [감ː소]
⇨ Anhang S. 511, 517

동 감소하다, 감소되다
유 줄다 ⇨ S. 188
반 증가 ⇨ S. 189

Abnahme, Rückgang

인구 **감소**로 여러 가지 사회 문제가 생기고 있다.
Mit einem Bevölkerungsrückgang entstehen viele gesellschaftliche Probleme.

−을/를 감소하다 ｜ −이/가 감소되다

늘다

동 [늘다]
불 'ㄹ'불규칙
⇨ Anhang S. 514, 517

유 증가하다 ⇨ S. 189
반 줄다 ⇨ S. 188
사 늘리다 ⇨ S. 146
관 실력이 늘다, 시간이 늘다,
몸무게가 늘다

wachsen, zunehmen

가: 한국어 실력이 정말 많이 **늘**었네요!
Ihr Koreanisch ist wirklich viel besser geworden!

나: 한국 친구랑 말하기 연습을 많이 해서 그런 것 같
아요.
Ich glaube das liegt daran, dass ich viel mit koreanischen Freunden Sprechen übe.

−이/가 늘다

늘어나다

동 [느러나다]
⇨ Anhang S. 514

반 줄어들다 ⇨ S. 189
관 시간이 늘어나다,
인구가 늘어나다,
재산이 늘어나다

zunehmen

봄이 되면서 등산을 하는 사람들이 **늘어나**고 있다.
Weil es Frühling geworden ist, gibt es immer mehr Wanderer.

−이/가 늘어나다

더하다

☑● [더하다]

통 [더하다]

참 빼다 ⇨ S. 187, 곱하다,
나누다 ⇨ S. 102

ergänzen, addieren

삼에 사를 **더하면** 칠이다. (3+4=7)
Vier plus drei sind sieben.

–에/에게 –을/를 더하다

💡 Beim Lesen von mathematischer Zeichen sagt man „+(더하기)“, „-(빼기)“, „×(곱하기)“, und „÷(나누기)“. Und „3+4=7“ liest man „삼 더하기 사는 칠“.

모으다

☑●
통 [모으다]
불 '으'불규칙

sammeln

가: 여기 있는 종이 버려도 돼요?
Darf ich das Papier hier wegwerfen?

나: 아니요, 안 돼요. 다시 쓰려고 **모아** 둔 거예요.
Nein. Ich sammele es, um es noch einmal zu benutzen.

–을/를 모으다 ｜ –을/를 –에 모으다 ｜ –을/를 –(으)로 모으다

빠지다 02

통 [빠지다]

① hineinfallen
② besessen sein

저기 호수에 사람이 **빠졌**어요. 좀 도와주세요.
Jemand ist in den See gefallen. Bitte helfen Sie mir.

내 동생은 가수에게 **빠져**서 콘서트장만 쫓아다닌다.
Meine Schwester ist so verrückt nach einem Sänger, und geht zu jedem Konzert.

–이/가 –에 빠지다 ｜ –이/가 N에/에게 빠지다

빼다

🔊 [빼ː다]

관 얼룩을 빼다, 살을 빼다
참 더하다 ⇨ S. 186, 곱하다,
나누다 ⇨ S. 102

① abziehen, subtrahieren   ② entfernen

가: 손님, 뭘 드릴까요?   Hallo, was kann ich ihnen bringen?

나: 여기 비빔밥 한 그릇이요. 저는 고기는 안 먹으니까 고기 **빼고** 주세요.
Ich hätte gern eine Portion Bibimbap. Bitte lassen Sie das Fleisch weg, da ich kein Fleisch esse.

가: 뭐부터 할까요?   Womit sollen wir anfangen?

나: 먼저 책장에서 책부터 **빼** 주세요.
Bitte entfernen sie zuerst die Bücher vom Schreibtisch.

–에서 –을/를 빼다

얻다

🔊 [얻ː따]

관 인기를 얻다, 공짜로 얻다

bekommen

가: 요즘에 세계 여러 나라에서 한국의 김치를 수입한다고 들었어요.
Ich habe gehört, dass viele Länder auf der ganzen Welt heutzutage koreanisches Kimchi importieren.

나: 요즘 김치가 건강에 좋은 음식으로 인기를 **얻고** 있거든요.   In letzter Zeit hat Kimchi als gesundes Essen an Beliebtheit gewonnen.

–을/를 얻다 | –에서/에게서 –을/를 얻다

💡 Bei „얻다" sagt man „얻어요" oder „얻으니까".

없애다

🔊 [업ː쌔다]

관 냄새를 없애다,
범죄를 없애다,
남녀차별을 없애다

beseitigen, vernichten, entfernen

가: 요즘 방에 모기가 너무 많아서 잠을 잘 못 자요.
Zur Zeit gibt es so viele Mücken im Zimmer, dass ich nicht schlafen kann.

나: 모기를 **없애**려면 이 약을 뿌려 보세요.
Sprühen Sie dieses Spray, wenn Sie Mücken beseitigen wollen.

–을/를 없애다

제거

📣☑

📗 [제거]

📘 제거하다, 제거되다
📙 냄새 제거, 얼룩 제거

entfernen, beseitigen, eliminieren

가: 냉장고에서 냄새가 너무 많이 나요.
Im Kühlschrank stinkt es.

나: 식빵을 사용해 보세요. 냉장고 냄새 **제거**에 식빵이 좋대요.
Benutzen Sie Brot. Brot soll beim Beseitigen von Gerüchen im Kühlschrank gut sein.

−을/를 제거하다 │ −이/가 제거되다

제외

📣☑

📗 [제외/제웨]

📘 제외하다, 제외되다

Ausnahme

가: 한국의 산을 모두 가 봤어요?
Haben Sie alle koreanischen Berge besucht?

나: 한라산을 **제외**하고 모두 가 봤어요.
Außer dem Hallasan habe ich alle besucht.

−을/를 제외하다 │ −에서 −이/가 제외되다

줄다

📣☑◔

📘 [줄다]
🔵 'ㄹ'불규칙
⇨ Anhang S. 514, 517

📕 감소하다 ⇨ S. 185
📘 늘다 ⇨ S. 185

abnehmen, weniger werden

가: 아빠, 무슨 일 있으세요? 얼굴이 안 좋아 보이세요.
Obba, was ist los? Du siehst nicht gut aus.

나: 요즘 가게에 손님이 **줄어**서 큰일이구나!
Ich habe ein großes Problem, weil weniger Kunden ins Geschäft kommen.

−이/가 줄다

💡 „줄다/줄어들다/감소하다" unterscheiden sich wie folgt:

	수/양/시간 (학생 수, 수업)	길이 (스웨터)	힘/능력 (한국어 실력)
줄다	○	○	○
줄어들다	○	○	×
감소하다	○	×	×

줄어들다

☑ **줄어들다**

동 [주러들다]
불 'ㄹ'불규칙
⇨ Anhang S. 514

반 늘어나다 ⇨ S. 185

abnehmen, schrumpfen

가: 엄마, 이게 뭐예요? 옷이 **줄어들어서** 입을 수가 없잖아요.
　Mama, was ist das? Die Kleidung ist eingelaufen, so dass ich sie nicht anziehen kann.

나: 아이고, 어떡하니? 내가 세탁 방법을 잘못 봤네!
　Oh, was machen wir da? Ich habe sie falsch gewaschen.

−이/가 줄어들다

증가

☑ **증가**

명 [증가]
⇨ Anhang S. 511, 517

동 증가하다, 증가되다
유 늘다 ⇨ S. 185
반 감소 ⇨ S. 185

Zunahme

최근 일하는 엄마들을 위해 저녁 9시까지 아이를 돌봐 주는 어린이집이 **증가**하고 있다.
In der letzten Zeit gibt es mehr Kindertagesstätten, die Kinder von arbeitenden Müttern bis 21:00 Uhr am Abend betreuen.

−을/를 증가하다 ｜ −이/가 증가되다

💡 „늘다/늘어나다/증가하다" unterscheiden sich wie folgt:

	수/양/시간 (학생 수, 수업)	길이 (스웨터)	힘/능력 (한국어 실력)
늘다	○	×	○
늘어나다	○	○	×
증가하다	○	×	×

추가

☑ **추가**

명 [추가]

동 추가하다, 추가되다
관 추가로
참 추가적, 추가 비용, 추가 모집

Zusatz, Ergänzung

가: 여기요, 삼겹살 2인분 **추가**요.
　Hallo, bitte noch 2 Portionen Schweinebauch.

나: 네, 잠깐만 기다리세요. 손님.
　Ja, warten Sie einen Moment bitte.

−에 −을/를 추가하다 ｜ −에 −이/가 추가되다

퍼지다

⬤[퍼:지다]

관 소문이 퍼지다,
냄새가 퍼지다,
전염병이 퍼지다

sich verbreiten, sich ausdehnen

저 빵집은 빵이 맛있다는 소문이 **퍼진** 후에 손님이 많아졌어요.

Seitdem sich das Gerücht verbreitet hat, dass das Brot von dieser Bäckerei lecker ist, ist die Anzahl der Kunden gestiegen.

–이/가 퍼지다 ㅣ –에 퍼지다 ㅣ –(으)로 퍼지다

확대

⬤[확때]

⇨ Anhang S. 513

동 확대하다, 확대되다
반 축소
참 확대 복사

Vergrößerung, Ausdehnung

가: 아저씨, 이것 좀 **확대**해서 복사해 주세요.

Bitte vergrößern sie dies etwas und kopieren Sie es.

나: 얼마나 **확대**해 드릴까요?

Wie sehr soll ich es vergrößern?

–을/를 확대하다 ㅣ –이/가 확대되다

1. 다음 중 반대말끼리 연결된 것이 아닌 것을 고르십시오.

① 늘다 – 줄다   ② 확대하다 – 축소하다
③ 증가하다 – 감소하다   ④ 퍼지다 – 빠지다

 다음 글을 읽고 질문에 답하십시오.

> 나의 꿈은 세계 여행을 하는 것이다. 이 꿈을 위해서 지금은 일을 하면서 돈을 (㉠) 있다. 월급은 ㉡적어지고 생활비는 ㉢많아져서 내 꿈을 이룰 수 있을지 걱정이 된다. 그렇지만 포기하지 않고 노력한 다면 언젠가는 여행 비용을 마련할 수 있을 것이다.

2. (㉠)에 들어갈 알맞은 단어를 고르십시오.

① 더하고   ② 빠지고   ③ 모으고   ④ 없애고

3. ㉡과 ㉢에 바꾸어 쓸 수 있는 단어를 쓰십시오.

㉡ (   )   ㉢ (   )

( )에 알맞은 단어를 〈보기〉에서 찾아서 바꿔 쓰십시오.

보기   얻다   빼다   없애다   추가하다   제외하다

4. 인터넷의 발달로 많은 사람들이 인터넷을 통해 정보를 (   )–고 있다.

5. 저희가 말씀 드린 서류를 (   )–아/어/해서 다시 보내 주세요.

6. 살을 (   )–(으)려면 음식 조절과 운동을 함께 해야 한다.

7. 이 약은 여드름을 (   )–는 데에 효과적이다.

8. 제주도를 (   )–(으)ㄴ 모든 지역은 이틀 안에 물건을 받으실 수 있습니다.

가지

💬☑️🔊

의명 [가지]

참 여러 가지, 몇 가지

Art, Sorte

가: 이 티셔츠는 하얀색밖에 없어요?
Gibt es dieses T-Shirt nur in weiß?

나: 아니에요. 저쪽에 여러 **가지** 색깔이 있어요.
Nein. Dort gibt es mehrere Farben.

각각

💬☑️🔊

부 명 [각깍]

관 각각 다르다

jeder, jede, jedes, einzeln

가: 미술관 입장료는 모두 같나요?
Sind die Eintrittspreise ins Museum gleich hoch?

나: 어른은 10,000원, 아이는 5,000원 **각각** 다릅니다.
Sie sind jeweils anders, Erwachsene zahlen 10.000 KRW und
Kinder 5.000 KRW.

각자

💬☑️🔊

부 명 [각짜]

관 각자 준비하다, 각자 맡다

jeder separat, jeder getrennt

가: 도시락을 준비해야 되나요?
Soll ich ein Lunchpaket vorbereiten?

나: 아니요, 점심에 도시락을 나눠 드립니다. 그런데
음료수는 **각자** 준비해야 합니다.
Nein, wir teilen uns das Lunchpaket zum Mittagessen. Aber
Getränke muss jeder getrennt vorbereiten.

간

💬☑️🔊

의명 [간]

① **Abstand zwischen Sachen**

② **Beziehung, zwischen**

> 서울–도쿄 **간** 편도 370,000원
> Seoul –Tokio Einfache Reise 370.000 KRW
>
> 왕복 560,000원
> Hin- und Rückreise 560.000 KRW

자매 **간**의 사이가 참 좋네요!
Die Beziehung zwischen den Schwestern ist sehr gut.

곁

(명) [곁]

(관) 곁에 있다, 곁을 지키다,
곁에서 도와주다

Seite

가: 엄마, 주사 맞기 싫어!
Mama, ich möchte keine Spritze.

나: 엄마가 **곁**에 있을 테니까 걱정하지 마.
Mama ist bei dir, also mach dir keine Sorgen.

고급

(명) [고급]

(형) 고급스럽다
(참) 초급-중급-고급

ein hohes Niveau, Oberstufe

가: 이번 달에도 수영 신청했어?
Hast du dich auch diesen Monat zum Schwimmen
angemeldet?

나: 응, 이번 달에는 **고급**반을 신청했어.
Ja, auch diesen Monat habe ich mich für den
Fortgeschrittenenkurs angemeldet.

-이/가 고급스럽다

공동

(명) [공동]

(참) 공동체, 공동주택,
공동 시설

Gemeinschaft, Gruppe

가: 티셔츠 참 예쁘네요! 어디에서 샀어요?
Das T-Shirt ist sehr schön. Wo haben Sie es gekauft?

나: 친구들이랑 인터넷에서 **공동** 구매한 거예요.
Ich habe es mit Freunden zusammen im Internet gekauft.

군데

(의명) [군데]

(참) 한 군데, 여러 군데,
몇 군데

Ort

가: 오늘 몇 군데 구경했어?
Wie viele Orte haben Sie heute besichtigt?

나: 오늘 간 곳이 너무 넓어서 한 **군데**밖에 못 봤어.
Ich habe heute nur einen Ort besichtigt, weil er sehr weitläufig
war.

규모

☑[규모]

관 규모가 크다/작다
참 대규모, 소규모

Größe

가: 직원이 100명 정도 되는데 다 들어갈 수 있을까요?
Es gibt ungefähr 100 Mitarbeiter. Passen sie alle da rein?

나: 회의장 **규모**가 크니까 걱정하지 마세요.
Sorgen Sie sich nicht, denn der Konferenzraum ist sehr groß.

기준

명[기준]

관 기준을 세우다,
　 기준에 따라
참 평가 기준

Kriterium, Maßstab, Norm

시대에 따라 미인의 **기준**이 다르다.
Der Standard der Schönheit variiert mit der Zeit.

기타

명[기타]

참 기타 등등

Sonstige, Weitere, Übrige

기타 궁금한 것이 있으시면 저희 사무실로 직접 전화
하시기 바랍니다.
Wenn Sie weitere Fragen haben, wenden Sie sich bitte direkt an
unser Büro.

길이

명[기리]

관 길이가 길다/짧다,
　 길이를 늘리다/줄이다,
　 길이를 재다

Länge

가: 아저씨, 이 바지 **길이** 좀 줄여 주세요.
Bitte kürzen Sie die Länge dieser Hose.

나: 얼마나 줄여 드릴까요?
Wie viel soll ich kürzen?

깊이

명 [기피]

관 깊이가 깊다/얕다,
깊이를 재다

Tiefe

가: 이 호수의 **깊이**는 얼마나 돼요?
Wie tief ist dieser See?

나: 2m예요.
2 Meter.

내부

명 [내:부]

➡ Anhang S. 511

반 외부
관 내부를 들여다보다
참 내부 수리

das Innere, Interieur

우리 가게는 지금 **내부** 수리 중입니다. 1월 3일부터
다시 문을 열 예정입니다.
Das Innere unseres Geschäfts wird derzeit renoviert. Ab dem 3.
Januar haben wir wieder geöffnet.

내외

명 [내:외]

➡ Anhang S. 516

유 안팎
참 국내외

① Annäherung ② Drinnen und Draußen

학생: 교수님, 이번 보고서는 몇 장 정도 써야 합니까?
Herr Professor, wie viele Seiten ungefähr soll ich für diesen
Bericht schreiben?

교수: A4 10장 **내외**로 써 오세요.
Schreiben Sie ungefähr 10 Seiten in A4.

유명한 가수의 콘서트 때는 늘 공연장 **내외**에 사람이
많다. Bei Konzerten berühmter Sänger gibt es immer viele
Menschen in- und außerhalb des Konzertsaals.

높이

명 [노피]

관 높이를 재다

Höhe

한라산의 **높이**는 약 1,950m로 한국에서 제일 높다.
Der Berg Halla ist etwa 1.950 Meter hoch, somit der höchste Berg
Koreas.

다수

명 [다수]
⇨ Anhang S. 511

반 소수
관 다수의 생각, 다수의 의견

Mehrheit

가: 다들 이번 주에는 시간이 없어서 못 간다고 해.

Alle sagen, dass sie diese Woche keine Zeit haben und nicht können.

나: 그래? **다수**의 생각이 그러면 이번 주 말고 다음 주에 가자.

Achso? Wenn die Mehrheit so denkt, dann lass uns nicht diese Woche, sondern nächste Woche gehen.

대부분

부 명 [대부분]

die meisten, das meiste

가: 그 친구의 말을 믿어도 될까?

Darf ich dem Gerede der Freundin glauben?

나: 믿지 마. 그 친구가 하는 말의 **대부분**은 거짓말이야.

Glaube es nicht. Das meiste, das sie sagt, ist gelogen.

💡 Am meisten wird die Form „대부분의 <Nomen>" oder „<Nomen>의 대부분" verwendet.

대형

명 [대ː형]
⇨ Anhang S. 511

반 소형
참 대형 마트, 대형 할인 매장, 대형 – 중형 – 소형

große Größe

가: 집 근처에 **대형** 할인 마트가 생겼어.

In der Nähe der Wohnung hat ein großer Discount Markt aufgemacht.

나: 앞으로 쇼핑하기 편리하겠다.

Dann wird das Einkaufen in Zukunft bequem.

딴

관 [딴]

유 다른
관 딴 생각, 딴 일, 딴 곳, 딴 사람

anderer, andere, anderes

내 얘기 듣고 있어? **딴** 생각하지 말고 잘 들어.

Hörst du mir zu? Denk nicht an etwas anderes und höre gut zu.

196

만

명 [만]

voll, ganz + Alter

가: 나이가 어떻게 되세요? Wie alt sind Sie?

나: **만**으로 29살이에요. Ich bin ganze 29 Jahre alt.

💡 In Korea gibt es die Denkweise, dass man bei Geburt schon ein Jahr alt ist. Deshalb wird bei Altersangaben normalerweise ein Jahr hinzuaddiert und „만" wird vor der Altersangabe verwendet.

몇몇

관 수 [면면]

einige, ein paar

가: 아직도 가게 문 안 닫았어요?
Das Geschäft hat noch nicht geschlossen?

나: 네, **몇몇** 손님들이 남아 있어서 정리 중이에요.
Ja, es gab noch ein paar Kunden und ich schließe jetzt zu.

미터

명 [미터]

참 킬로미터(km) – 미터(m) – 센티미터(cm)

Meter

가: 100**미터**(m)를 몇 초에 달려요?
Wie schnell laufen Sie auf 100 Meter?

나: 13초에 달려요.
In 13 Sekunden.

번째

의명 [번째]

참 첫 번째, 두 번째, 몇 번째

(Zahl) Mal

오늘은 우리 지우의 첫 **번째** 생일입니다. 돌잔치에 와 주셔서 감사합니다.
Heute ist der erste Geburtstag von Jiwoo. Vielen Dank für's Kommen zur 1. Geburtstagsfeier.

범위

명 [버 : 뮈]

참 시험 범위

Umfang

가: 시험 **범위**가 어디까지예요?
Wie umfangreich ist die Prüfung?

나: 15과까지예요.
Bis zu Lektion 15.

선착순

🗨☑

명 [선착쑨]

관 선착순으로 나눠 주다
참 선착순 7명

der Reihenfolge nach; Wer zuerst kommt, mahlt zuerst.

오늘 저희 가게에서 화장품을 사시면 **선착순** 10분께 선물을 드립니다.

Die ersten 10 Personen, die heute in unserem Geschäft Kosmetikartikel kaufen, erhalten ein Geschenk.

아무것

🗨☑☺

명 [아:무걷]

관 아무것도 아니다,
아무거나(아무것이나)
괜찮다

nichts (bei Verneinung); etwas, irgendetwas

가: 어제 면접 잘 봤어요?

Hast du das Bewerbungsgespräch gestern gut gemacht?

나: 아니요, **아무것**도 생각이 안 나서 대답을 잘 못했어요. 아무래도 떨어질 것 같아요.

Nein, mir ist nichts eingefallen, und ich habe nicht gut geantwortet. Ich denke, dass ich höchstwahrscheinlich durchfalle.

약

🗨☑☺

관 [약]

ungefähr

하루에 **약** 700만 명이 서울의 지하철을 이용하고 있다.

Täglich nutzen ungefähr 7 Millionen Menschen die U-Bahn in Seoul.

양

🗨☑☺

명 [양]

⇨ Anhang S. 512

반 질 ⇨ S. 418
관 양이 많다/적다
참 양적

Menge, Quantität

가: 이 식당 정말 괜찮지요?

Ist dieses Restaurant wirklich in Ordnung?

나: 네, **양**도 많고 맛있어서 또 오고 싶어요.

Ja, es gibt viel und schmeckt lecker, so dass ich wieder kommen möchte.

양쪽

명 [양ː쪽]

참 한쪽 ⇨ S. 204

beide Seiten

가: 이쪽만 아프세요?
Tut es nur hier weh?

나: 아니요, **양쪽** 어깨 모두 아파요.
Nein, die Schultern schmerzen auf beiden Seiten.

억

명 [억]

참 만 – 십만 – 백만 – 천만 –
억 – 조

hundert Millionen

가: 이 집은 얼마예요?
Wie teuer ist diese Wohnung?

나: **3억** 정도 합니다.
Sie kostet ungefähr dreihundert Millionen (Won).

여럿

명 [여럳]

viele Leute

가: 뭐 먹을까요?   Was sollen wir essen?

나: **여럿**이 나눠 먹을 수 있는 피자를 시킬까요?
Sollen wir Pizza bestellen, die wir zu mehreren teilen können?

외

의명 [외ː/웨ː]

관 그 외에

außerhalb, außer

가: 이사하는 데에 돈이 많이 들지?
Umziehen ist teuer, oder?

나: 응, 예상 **외**로 돈이 많이 들더라고.
Ja, es war teurer als ich gedacht hatte.

위

의명 [위]

관 1위를 하다,
3위를 차지하다

Rang, Stelle, Platz

2012년 런던 올림픽에서 한국은 **5위**를 했다.
Bei den Olympischen Spielen in London 2012 hat Korea den 5. Platz gemacht.

이것저것

(명) [이걷쩌걷]

(관) 이것저것 입어 보다,
이것저것 물어보다

dies und das

가: 뭘 많이 사 왔네요!
Sie haben aber viel gekauft!

나: 네, 이사를 했더니 **이것저것** 필요한 게 많아서요.
Ja, ich bin umgezogen und brauche viele Sachen.

이내

(명) [이:내]
⇨ Anhang S. 515

(유) 안

innerhalb von, binnen

가: 준이치 씨, 내가 부탁한 일 어떻게 됐어요?
Junichi, was ist aus meiner Sache geworden, um die ich Sie gebeten habe?

나: 지금 하고 있습니다. 2시간 **이내**에 끝내겠습니다.
Ich bin gerade dabei. Innerhalb von 2 Stunden ist sie fertig.

이상

(명) [이:상]
⇨ Anhang S. 512

(반) 이하 ⇨ S. 201
(관) 5년 이상, 3회 이상

mehr als

3만 원 **이상** 주문하시면 배송료가 무료입니다.
Wenn Sie im Wert von mehr als 30.000 KRW bestellen, sind die Versandkosten kostenlos.

이외

(명) [이:외/이웨]

außer, mit Ausnahme; außerdem

가: 한국어 **이외**에도 할 수 있는 외국어가 있어요?
Können Sie auch eine andere Fremdsprache außer Koreanisch?

나: 네, 일본어를 조금 해요.
Ja, ich kann ein bisschen Japanisch.

💡 Hauptsächlich wird viel die Form „이외에" verwendet.

이하

☑ ⊘

명 [이하]
⇨ Anhang S. 512

반 이상 ⇨ S. 200

unter, unterhalb

이 놀이기구는 120cm **이하** 어린이는 탈 수 없습니다.
Dieses Fahrgeschäft dürfen Kinder unter 120cm nicht fahren.

일부

☑ ⊘

명 [일부]

ein Teil

가: 요즘에는 고등학생들도 화장을 한대요.
　　Heutzutage schminken sich auch Oberschüler.

나: **일부** 학생만 그런 거예요. 다 그런 것은 아니에요.
　　Nur ein Teil der Schüler macht es. Nicht alle.

전원

🗩 ☑

명 [저눤]

alle, alle Beteiligten

가: 이번 소풍에 못 가는 사람 있어요?
　　Gibt es jemanden, der nicht am Ausflug teilnehmen kann?

나: 아니요, 우리 반은 **전원** 다 갑니다.
　　Nein, in unserer Klasse gehen alle mit.

전체

🗩 ☑ ⊘

명 [전체]

참 마을 전체, 국가 전체

das Ganze, ganz

마을 **전체**가 홍수로 피해를 입었다.
Das ganze Dorf wurde von der Überschwemmung beschädigt.

절반

🗩 ☑ ⊘

명 [절반]

die Hälfte, halb

경제가 안 좋아서 20대의 **절반**이 취직을 못 하고 있다.
Da die Wirtschaft schlecht ist, kann die Hälfte der 20jährigen keine
Arbeit finden.

주요 ☑●

명 [주요]

참 주요 사건, 주요 원인,
주요 고객, 주요 뉴스

das Wichtigste

가: 오늘부터 서울 시내 **주요** 백화점에서 세일을 시작
한대.
Ab heute beginnt der Schlussverkauf in den großen
Kaufhäusern von Seoul.

나: 그래? 그럼 오랜만에 쇼핑하러 갈까?
Wirklich? Sollen wir dann nach langer Zeit wieder einkaufen
gehen?

첫째 ☞☑

관 수 [첟째]

참 첫째 – 둘째 – 셋째

erster, erste, erstes

저희 약국은 매달 **첫째**, 셋째 일요일은 쉽니다.
Meine Apotheke ist jeden ersten und dritten Sonntag im Monat
geschlossen.

최고 ☞☑●

명 [최ː고/췌ː고]
⇨ Anhang S. 513

반 최저, 최악 ⇨ S. 167
참 최고 높이, 최고 점수

der Beste, die Beste, das Beste

가: 수진아, 아빠가 인형 사 왔다.
Sujin, Papa hat eine Puppe gekauft.

나: 우와, 우리 아빠 **최고**!
Wow, Papa ist der Beste.

💡 Bei Noten, Temperaturen etc. wird von „최고" gesprochen. Das
Gegenteil ist „최저". Das Gegenteil von „최고" bei bestimmten
Zuständen oder Situationen ist „최악".

최대 ☞☑

명 [최ː대/췌ː대]
⇨ Anhang S. 513

반 최소 ⇨ S. 203

größt, höchst, maximal

가: 이 카드를 사용하면 얼마나 할인돼요?
Wie viel Rabatt bekomme ich, wenn ich diese Karte benutze?

나: **최대** 60%까지 할인받을 수 있습니다.
Sie können maximal bis zu 60% Rabatt bekommen.

최소

명 [최:소/췌:소]
⇨ Anhang S. 513

반 최대 ⇨ S. 202

kleinst, minimal

기자: 어제 지진으로 **최소** 30명이 다치거나 죽었다고
합니다.

Gestern gab es aufgrund des Erdbebens mindestens 30
Verletzte oder Tote.

최소한

명 [최:소한/췌:소한]
⇨ Anhang S. 513

반 최대한

Minimum

저녁을 먹은 후에 **최소한** 2시간 후에 자는 것이 좋다.

Es ist gut, erst mindestens 2 Stunden nach dem Abendessen zu
schlafen.

편

의명 [편]

Zählwort für Filme und Literatur

가: 한 달에 보통 영화 몇 **편**쯤 보세요?

Wie viele Filme schauen Sie normalerweise in einem Monat?

나: 영화를 좋아해서 3~4**편**쯤 봐요.

Ich mag Filme, daher schaue ich ungefähr 3 bis 4 Filme.

한계

명 [한:계/한:게]

관 한계가 있다/없다,
한계를 극복하다

Grenze, Limit

가: 나는 더 이상 못 걷겠어. 여기까지가 내 **한계**야.

Ich kann nicht mehr weitergehen. Bis hier ist meine Grenze.

나: 다 왔어. 5분만 더 가면 돼.

Wir sind fast da. Wir müssen nur noch 5 Minuten gehen.

💡 Wenn man etwas nicht länger aushalten kann, sagt man „참는 데에도
한계가 있다" im Sinne von „Alles hat seine Grenze."

한두

⊙⟳

관 [한두]

참 한두 – 두세 – 서너 –
네다섯

ein- oder zweimal

가: 노래방에 자주 가요?
Gehen Sie oft ins Noraebang?

나: 일 년에 **한두** 번 가요.
Ich gehe ein oder zweimal pro Jahr.

한쪽

☑⊙

명 [한쪽]

참 양쪽 ⇨ S. 199

eine Seite

가: 계속 **한쪽** 머리가 아프네!
Mein Kopf tut die ganze Zeit auf einer Seite weh.

나: 참지 말고 약 먹어.
Halt es nicht aus und nimm Medizin.

회

⟳☑

의명 [회]

관 여러 회, 10회

① Zählwort für eine Zählung von Veranstaltungen
② Zählwort für Zahlen

제17**회** FIFA월드컵(World Cup)은 한국과 일본이
함께 개최했다.
Die 17. FIFA Weltmeisterschaft wurde zusammen von Korea und
Japan ausgerichtet.

이 카드는 비밀번호를 5**회** 이상 잘못 누르신 경우,
사용이 불가능합니다.
Diese Karte kann nicht verwendet werden, wenn Sie den PIN
Code mehr als 5 Mal falsch eingeben.

횟수

⟳☑

명 [회쑤/휃쑤]

관 횟수가 줄다/늘다,
횟수가 많다/적다

Häufigkeit, Angabe von Zahlen

서울시티투어버스 표를 사면 하루 동안 **횟수**에 관계
없이 이용하실 수 있습니다.
Wenn man ein Ticket für den Seoul City Tour Bus kauft, kann man
den Bus mehrmals an einem Tag benutzen.

Quiz

✏️ 다음 그림에 알맞은 단어를 〈보기〉에서 찾아 쓰십시오.

> 보기　　　　높이　　　　길이　　　　깊이

1. (　　　)　　　　2. (　　　)　　　　3. (　　　)

4. 다음 중에서 관계가 다른 것은 무엇입니까?

　① 최대 – 최소　　② 이상 – 이하　　③ 외부 – 내부　　④ 다수 – 일부

✏️ (　　)에 들어갈 알맞은 말을 고르십시오.

5. 요즘 대학생들의 직업 선택 (　　)은/는 월급이나 적성이라고 한다.
　① 기준　　　　② 횟수　　　　③ 한계　　　　④ 범위

6. 옷가게에서 (　　) 많이 입어 봤지만 마음에 드는 옷이 없었다.
　① 최소한　　　② 대규모　　　③ 이것저것　　④ 아무거나

✏️ (　) 에 알맞은 단어를 〈보기〉에서 찾아 쓰십시오.

> 보기　　　　가지　　　　번째　　　　군데

7. 오늘 어머니 생신 선물을 사려고 여러 (　　)을/를 돌아다녔지만 결국 사지 못했다.

8. 이번이 몇 (　　) 교통사고인지 모르겠다. 왜 운전만 하면 자꾸 교통사고를 낼까?

9. 라면을 맛있게 끓이는 방법에는 여러 (　　)이/가 있는데 어떤 방법부터 가르쳐 줄까?

✏ **Dieses chinesische Zeichen ist in diesen koreanischen Wörtern zu finden.**

S. 417

Auftritt

이 자동차는 엔진의 성능이 뛰어나서 많이 팔린다.

Da dieses Auto einen sehr guten Motor hat, verkauft es sich gut.

성능

S. 58

Individualität

유행하는 옷보다는 자신의 개성을 살릴 수 있는 옷을 입도록 하세요.

Tragen sie Kleidung, die ihrer Individualität entspricht, statt der Mode.

개성

S. 68

Mann, männliches Geschlecht

우리 쇼핑몰에서는 남성 의류와 여성 의류를 모두 판매합니다.

In unserem Einkaufszentrum wird Kleidung für Männer und Frauen verkauft.

남성

性 성 성품
Charakter, Wesen

S. 77

das andere Geschlecht

요즘은 초등학생들도 이성 친구를 사귄다고 한다.

Derzeit befreunden sich auch Grund-schüler mit dem jeweils anderen Geschlecht.

이성

특성

S. 419

Merkmal, Eigenschaft

고양이는 옆으로 누워서 잠을 자는 특성이 있다.

Ein Merkmal von Katzen ist, dass sie auf der Seite liegen und schlafen.

적성

S. 232

Eignung, Begabung, Talent

자신의 적성을 고려해서 직업을 선택하는 것이 중요하다.

Es ist gut, den Beruf entsprechend seinen Talenten auszuwählen.

04

지식/교육
Wissen/Bildung

과학

몡 [과학]

참 과학적, 과학자, 과학 기술

Wissenschaft

과학의 발전은 우리의 생활을 편리하게 만들어 주었다.
Die Entwicklung der Wissenschaften hat unser Leben angenehmer gemacht.

교양

몡 [교ː양]

관 교양이 있다/없다,
교양이 높다, 교양을 쌓다

참 교양적, 교양 프로그램

allgemein, Allgemeinbildung, gebildet

가: 한국어를 언제 배웠어요?
Wann haben Sie Koreanisch gelernt?

나: 대학교 때 **교양** 수업으로 배웠어요.
Ich habe es an der Universität in einem Wahlpflichtfach gelernt.

공공장소에서 큰 소리로 떠드는 것은 **교양** 없는 행동
이다.
In der Öffentlichkeit laut zu sprechen ist unhöfliches Verhalten.

국어

몡 [구거]

Landessprache

가: 우리 아이가 4살인데 영어 학원에 보내고 싶어요.
Mein Kind ist 4 Jahre alt, aber ich möchte es zum Englischunterricht schicken.

나: 아직 어린데 **국어**부터 가르쳐야 하지 않아요?
Ist es nicht noch zu jung und sollte zuerst die Landessprache lernen?

논문

명 [논문]

관 논문을 쓰다
참 논문 심사, 학위 논문, 소논문

Artikel, Aufsatz, Hausarbeit, Abhandlung

가: 졸업 **논문** 쓰기 시작했어요?
Hast du angefangen, die Abschlussarbeit zu schreiben?

나: 아니요, 아직 무엇에 대해서 쓸지 결정하지 못했어요.
Nein, ich konnte mich noch nicht entscheiden, worüber ich schreiben soll.

문자

명 [문짜]

참 문자 메시지

Buchstabe, Schrift

'한글'은 한국 사람들이 사용하는 **문자**이다.
Hangeul ist die Schrift, die Koreaner benutzen.

문학

명 [문학]

참 문학적, 문학 작품

Literatur

가: 한국 소설가의 이름은 어떻게 알아요?
Weshalb kennen Sie die Namen von koreanischen Literaten?

나: 제가 대학교에서 한국 **문학**을 전공했거든요.
Weil ich an der Universität im Hauptfach koreanische Literatur studiert habe.

박사

명 [박싸]

관 학위를 받다, 학위를 따다
참 학사 – 석사 – 박사

Doktortitel, PhD

오늘은 황 **박사**님을 모시고 '한국의 교육 문제'에 대해 들어 보겠습니다.
Wir haben heute Dr. Hwang eingeladen und werden etwas über „Probleme der koreanischen Bildung" hören.

04 Wissen/Bildung

발견

명 [발견]

동 발견하다, 발견되다
참 발명

Entdeckung

그 의사는 암을 일으키는 DNA를 **발견**했다.
Dieser Arzt hat die DNA entdeckt, die auf Krebs hinweist.

-을/를 발견하다 | -이/가 발견되다

분야

명 [부냐]

Feld, Fachgebiet

가: 이번에 새로 생긴 도서관에 가 봤어?
　　Bist du dieses Mal zu der neu gebauten Bibliothek gegangen?

나: 응, 다양한 **분야**의 책이 많아서 좋더라.
　　Ja, sie ist gut, weil es Bücher aus verschiedenen
　　Fachrichtungen gibt.

상대적

관 명 [상대적]
⇨ Anhang S. 512

반 절대적

vergleichsweise, relativ, bedingt, bezüglich

여성은 남성에 비해 **상대적**으로 키가 작다.
Frauen sind im Vergleich zu Männern relativ klein.

상식

명 [상식]

관 상식이 풍부하다/부족하다
참 상식적

gesunder Menschenverstand

그 사람은 책을 많이 읽어서 **상식**이 풍부하다.
Da sie viele Bücher gelesen hat, hat sie einen gesunden
Menschenverstand.

수학

☑ ⊙

명 [수학]

Mathematik

가: 초등학교 때 공부 잘했어요?
Hast du in der Grundschule gut gelernt?

나: 국어는 잘했는데 **수학**은 잘 못했어요.
Ich war gut in Koreanisch, aber nicht gut in Mathe.

언어

💬 ☑

명 [어너]

참 언어적, 언어 감각

Sprache

나라마다 **언어**가 다르다.
Je nach Land ist die Sprache anders.

역사

💬 ☑ ⊙

명 [역싸]

관 역사를 기록하다,
역사를 쓰다

참 역사적, 역사 소설,
역사적 사건, 역사적 인물

Geschichte

가: 왜 **역사** 드라마를 좋아해요?
Warum mögen Sie historische Serien?

나: 한국어도 배우고 한국 **역사**도 배울 수 있거든요.
Weil ich sowohl Koreanisch lerne als auch über koreanische Geschichte.

의학

💬 ☑

명 [의학]

참 의학적, 한의학

Medizin

가: 대학에서 뭘 전공하고 싶어요?
Was möchtest du an der Universität im Hauptfach studieren?

나: **의학**을 전공하고 싶어요.
Ich möchte Medizin studieren.

일반적

관 명 [일반적]

allgemein, gewöhnlich, üblich

일반적으로 한국 사람들은 다른 사람 집에 갈 때 빈손으로 가면 안 된다고 생각한다.

Im Allgemeinen denken Koreaner, dass es nicht in Ordnung ist, bei einem Besuch bei anderen Leuten mit leeren Händen zu kommen.

전망

명 [전:망]

동 전망하다, 전망되다
관 전망이 좋다/나쁘다

① **zukünftige Perspektive**

② **Aussicht (einer Landschaft)**

가: 교수님, 앞으로 어떤 전공이 인기가 많아질 것 같습니까?
Professor, welches Hauptfach wird in Zukunft beliebter werden?

나: 앞으로는 디자인 전공이 인기를 끌 것으로 **전망**됩니다.
In Zukunft wird Design an Beliebtheit gewinnen.

이 방은 바다가 보여서 **전망**이 좋네요!
Dieses Zimmer hat eine sehr gute Aussicht auf das Meer.

–을/를 전망하다 │ –을/를 –(으)로 전망하다 │ –이/가 –(으)로 전망되다

점

명 [점]

관 좋은 점, 나쁜 점, 배울 점

Punkt

김치는 좋은 **점**이 아주 많습니다. 첫째, 김치는 칼로리가 낮아서 다이어트에 좋습니다.
Kimchi hat viele Vorteile. Der Erste ist, dass Kimchi wenig Kalorien hat und gut für die Diät ist.

💡 „점" wird in Form von „<Adjektiv> + -(으)ㄴ 점" oder „<Verb> + -(으)ㄴ/는/(으)ㄹ 점" verwendet.

주제

☑️😊

명 [주제]

관 주제를 정하다,
주제로 하다

참 논문 주제, 대화 주제

Thema

가: 이번 강연회의 **주제**가 뭐래?
Was ist das Thema dieser Vortragsreihe?

나: 한국 전통 노래인 '아리랑의 의미'에 대해서 이야기한대.
Es geht um „die Bedeutung von Arirang", das ein koreanisches traditionelles Lied ist.

–을/를 주제로 하다

필수

💬☑️

명 [필쑤]

참 필수적, 필수 조건,
필수 과목

Notwendigkeit

가: 이 수업도 꼭 들어야 하는 거였어?
Muss ich an diesem Unterricht unbedingt teilnehmen?

나: 그럼, 우리 과 학생들은 **필수**로 들어야 해.
Mmh... ja, für Studierende unserer Abteilung ist er Pflicht.

학과

💬☑️

명 [학꽈]

Abteilung, Fachbereich

안녕하세요. 저는 경영**학과** 2학년 준이치입니다.
Hallo. Ich bin Junichi und bin Studierender im 2 Studienjahr der Volkswirtschaftslehre.

학자

💬☑️

명 [학짜]

Wissenschaftler

가: 저는 언어**학자**가 되고 싶어요.
Ich möchte Linguistin werden.

나: 왕위 씨는 언어에 관심이 많으니까 잘 어울릴 것 같아요.
Wangwi, das passt zu dir, da du dich für Sprachen interessierst.

결론

명 [결론]
⇨ Anhang S. 515

유 마무리
관 결론을 맺다
참 결론적

Schlussfolgerung, Schluss, Fazit

가: 보고서 다 썼어요?
Haben Sie den Bericht fertig geschrieben?

나: 서론이랑 본론은 다 썼어요. 이제 **결론**만 쓰면 돼요.
Ich habe die Einleitung und den Hauptteil fertig geschrieben.
Jetzt muss ich nur den Schluss schreiben.

💡 Beim Schreiben eines Berichts oder eines Aufsatzes ist der Text in
„서론(Einleitung)", „본론(Hauptteil)" und „결론(Schluss)".

공통

명 [공ː통]

동 공통되다
참 공통적, 공통점

Gemeinsamkeit

두 언어의 **공통**점과 차이점에 대해 조사해 오십시오.
Untersuchen Sie bitte die Gemeinsamkeiten und Unterschiede der
beiden Sprachen.

-이/가 공통되다

💡 „공통" wird oft in Form von „공통된" oder „공통의" verwendet.

관계

명 [관계/관게]
⇨ Anhang S. 515

동 관계하다, 관계되다
유 관련 ⇨ S. 215
관 관계가 있다/없다,
   관계가 깊다,
   관계를 끊다/맺다
참 대인 관계

Beziehung, Zusammenhang

가: 날씨와 기분이 **관계**가 있을까요?
Gibt es einen Zusammenhang zwischen dem Wetter und der
Gemütsverfassung?

나: 그럼요. 비가 오면 우울해지잖아요.
Natürlich. Wenn es regnet, ist man eher schwermütig.

그 사람은 성격이 좋아서 대인 **관계**가 좋아요.
Diese Person hat einen guten Charakter, so dass sie gute
Beziehungen zu anderen Menschen hat.

-에 관계하다 | -이/가 관계되다 | -이/가 -와/과 관계되다

관련

명 [괄련]
⇨ Anhang S. 515

동 관련하다, 관련되다
유 관계 ⇨ S. 214
관 관련이 있다/없다
참 관련성, 관련 도서

Zusammenhang, Beziehung, Bezug

우주 과학과 **관련된** 책은 어디에 있어요?
Wo ist das Buch über die Weltraumwissenschaften?

-와/과 관련하다 ｜ -이/가 관련되다 ｜ -이/가 -와/과 관련되다

관찰

명 [관찰]

동 관찰하다, 관찰되다
참 관찰 결과

Beobachtung

오늘 토마토를 심었으니까 일주일 동안 어떻게 자라는지 **관찰**해 보자.
Da wir die Tomaten heute gepflanzt haben, lass uns eine Woche lang beobachten, wie sie wachsen.

-을/를 관찰하다 ｜ -에 대하여 관찰하다 ｜ -이/가 관찰되다

관하다

동 [관:하다]
⇨ Anhang S. 517

유 대하다 ⇨ S. 217

über sein

가: 무엇에 **관한** 책을 쓰고 계십니까?
Worüber schreiben Sie?

나: '언어와 문화'에 **관한** 책을 쓰고 있습니다.
Ich schreibe ein Buch über „Sprache und Kultur".

💡 „관하다" wird oft in Form von „-에 관한", „-에 관하여" oder „-에 관해서" verwendet.

구체적

관 명 [구체적]

관 구체적으로 예를 들다,
구체적인 계획,
구체적인 내용

konkret, sachlich, eindeutig

된장이 건강에 좋다는 말을 많이 들었는데요. 어떻게 좋은지 **구체적**으로 알고 싶어요.
Ich habe oft gehört, dass Sojabohnenpaste gut für die Gesundheit ist. Ich möchte gerne konkret wissen, wie gut es ist.

근거

📋☑

명 [근거]

동 근거하다
관 근거가 있다/없다,
사실에 근거하다

Grund, Begründung

가: 커피는 몸에 안 좋대요. 마시지 마세요.
Man sagt, dass Kaffee nicht gut für den Körper ist. Trinken Sie
ihn nicht.

나: 제 생각은 다른데 그렇게 말하는 **근거**가 있어요?
Ich bin anderer Meinung, aber gibt es einen Grund, warum sie
das sagen?

–에 근거하다

달하다

📋☑

동 [달하다]

관 10%에 달하다,
100명에 달하다

betragen, belaufen

이번 조사에서는 결혼을 하지 않고 혼자 사는 사람이
25%에 **달한** 것으로 나타났다.
Die Studie zeigt, dass unverheiratete und allein lebende Personen
25% ausmachen.

–에 달하다

대상

📋☑

명 [대:상]

참 조사 대상, 참가 대상,
연구 대상

Gegenstand, Objekt, Zielgruppe

직장인 500명을 **대상**으로 여름 휴가 계획을 조사하
려고 하는데 참여 부탁드립니다.
Ich möchte gerne eine Umfrage mit 500 Angestellten bezüglich
ihrer Pläne für den Sommerurlaub machen und bitte Sie daran
teilzunehmen.

💡 „대상" wird oft in Form von „-을/를 대상으로" verwendet.

216

대하다 02

동 [대ː하다]
⇨ Anahng S. 517

유 관하다 ⇨ S. 215

über sein

여러분, 다음 시간까지 '한국의 떡'에 **대해**서 조사해 오십시오.

Meine Damen und Herren, bitte forschen Sie bis zur nächsten Stunde über koreanische Reiskuchen.

💡 „대하다" wird oft in Form von „-에 대한", „-에 대하여" oder „-에 대해서" verwendet.

목적

명 [목쩍]

관 목적을 이루다
참 연구 목적

Ziel, Zweck

이 연구의 **목적**은 외국인들이 한국 생활에서 겪는 어려움이 무엇인지를 알아보는 데 있다.

Das Ziel dieser Studie ist herauszufinden, welche Schwierigkeiten Ausländer in Korea haben.

미치다 02

동 [미치다]

관 영향을 미치다

reichen, erreichen, ausüben

부모의 말과 행동은 아이에게 영향을 **미친**다.

Die Sprache und das Verhalten von Eltern beeinflussen ein Kind.

-에/에게 -을/를 미치다

바탕

명 [바탕]

관 바탕으로 만들다,
바탕을 두다,
사실을 바탕으로

Grundlage

그동안 모아 온 자료를 **바탕**으로 연구 계획서를 썼다.

Auf Grundlage der gesammelten Daten haben wir einen Forschungsplan geschrieben.

-에 바탕을 두다

반면

명 [반ː면]

auf der anderen Seite, während, wohingegen

조사 결과, 결혼할 사람을 선택할 때 남성은 외모를 가장 중요하게 생각하는 **반면**에 여성은 경제적 능력을 중요하게 생각하는 것으로 나타났다.

Die Untersuchung ergab, dass Männer bei der Auswahl der Person, die sie heiraten, das Aussehen am wichtigsten finden, auf der anderen Seite finden Frauen die wirtschaftliche Fähigkeit am wichtigsten.

💡 „반면" wird oft in Form von „<Adjektiv> + -(으)ㄴ 반면에' oder „<Verb> + -(으)ㄴ/는 반면에" verwendet.

발명

명 [발명]

동 발명하다, 발명되다
참 발명품, 발명가

Erfindung

가: 세탁기, 청소기는 누가 처음 만든 거예요?
Wer hat als erster die Waschmaschine und den Staubsauger gemacht?

나: 에디슨이 아내를 위해서 **발명**했다고 들었어요.
Ich habe gehört, dass Edison sie für seine Frau erfunden hat.

-을/를 발명하다 | -이/가 발명되다

보고서

명 [보ː고서]

관 보고서를 쓰다,
보고서를 내다,
보고서를 제출하다

Bericht

가: 교수님, 이번 **보고서**는 언제까지 제출해야 합니까?
Professor, bis wann muss ich diesen Bericht einreichen?

나: 다음 주 월요일까지 제출하도록 하십시오.
Bitte reichen Sie ihn bis nächste Woche Montag ein.

분석

명 [분석]

동 분석하다, 분석되다
참 분석적, 원인 분석,
내용 분석, 문제점 분석

Analyse

신제품의 문제점을 **분석**해서 다음 주까지 내세요.
Analysieren Sie die Probleme neuer Produkte und reichen Sie diese bis nächste Woche ein.

-을/를 분석하다 | -을/를 -(으)로 분석하다 | -이/가 -(으)로 분석되다

비교

명 [비교]

동 비교하다, 비교되다
관 비교 대상, 비교 분석
참 비교적

Vergleich

두 그림을 **비교**해서 다른 점을 찾아보십시오.
Vergleichen Sie die beiden Bilder und suchen Sie die Unterschiede.

-을/를 -와/과 비교하다 ㅣ -을/를 -에게 비교하다 ㅣ
-이/가 -와/과 비교되다 ㅣ -이/가 -에/에게 비교되다

설문

명 [설문]

동 설문하다
관 설문에 응답하다
참 설문 조사

Befragung, Umfrage

가: 보고서를 쓰려면 사람들의 생각을 알아야 하는데
어떻게 하지?
Beim Schreiben eines Berichts muss man wissen, was die
Leute denken. Wie machen wir das?

나: 그럼 먼저 **설문** 조사부터 할까?
Wollen wir dann zuerst eine Umfrage machen?

-에/에게 -을/를 설문하다

시도

명 [시:도]

동 시도하다

Versuch

가: 실험 결과 잘 나왔어?
Gab es gute Ergebnisse bei den Experimenten?

나: 아니, 이번에도 실패해서 다시 **시도**해 보려고 해.
Nein, ich bin auch dieses Mal gescheitert und versuche es
wieder.

-을/를 시도하다

실험

명 [실험]

동 실험하다
참 실험적

Experiment

가: 너는 왜 이 회사 화장품만 써?
Warum benutzt du nur die Kosmetika dieser Firma?

나: 이 회사에서는 동물 **실험**을 하지 않거든. 그래서 마음에 들어.
Diese Firma macht keine Tierexperimente. Deshalb gefällt sie mir.

−을/를 실험하다

연구

명 [연ː구]

동 연구하다, 연구되다
참 연구원, 연구자, 연구 대상

Forschung

가: 대학원에 가면 뭘 공부하고 싶어요?
Was möchtest du im Master studieren?

나: 자동차 디자인에 대해서 **연구**해 보고 싶어요.
Ich möchte zum Design von Autos forschen.

−을/를 연구하다 | −이/가 연구되다

예

명 [예ː]

관 예를 들다, 예를 보이다, 예를 들어 설명하다

Beispiel

장미는 색깔에 따라 의미가 다르다. **예**를 들면 빨간 장미는 '사랑'을 의미하고 노란 장미는 '이별'을 의미한다.
Rosen haben je nach Farbe eine andere Bedeutung. Zum Beispiel bedeuten rote Rosen „Liebe" und gelbe Rosen „Abschied".

💡 „예" wird oft in Form von „예를 들면" oder „예를 들어" verwendet.

예측

🗨☑

📝 [예:측]

🔵 예측하다, 예측되다
🔲 예측이 맞다/틀리다,
   결과를 예측하다

Prognose

가: 인터넷 뉴스를 봤는데 지구가 100년 후에 없어질
   거래.
   Ich habe Nachrichten im Internet gelesen und es wird gesagt,
   dass die Erde in 100 Jahren verschwinden wird.

나: 말도 안 돼. 미래를 **예측**할 수 있는 사람은 아무도
   없어.
   Nie im Leben. Keiner kann die Zukunft vorhersagen.

-을/를 예측하다 ㅣ -을/를 -(으)로 예측하다 ㅣ -이/가 예측되다 ㅣ
-이/가 -(으)로 예측되다

응답

🗨☑

📝 [응:답]

🔵 응답하다
🔴 질의
🟢 응답자

Antwort

출퇴근 시간에 뭘 하느냐는 질문에 **응답**자 중 50%
이상이 휴대폰을 사용한다고 답했다.
Auf die Frage, was sie in der Zeit auf dem Weg zur Arbeit und
nach Hause machten, antworteten mehr als 50% der Befragten,
dass sie ihr Handy benutzen.

-에 -다고/-(느)ㄴ다고 응답하다

의하다

☑◐

🔵 [의하다]
⤷ Anhang S. 517

🟢 따르다

beruhen auf, stammen von; nach, gemäß, laut

이 책에 **의하**면 낮에만 활동하는 동물들은 보통 밤에
잘 보지 못한다고 한다.
Laut diesem Buch sieht man am Tag aktive Tiere normalerweise
nicht in der Nacht.

💡 „의하다" wird normalerweise in Form von „-에 의한", „-에 의하면" oder
„-에 의해" verwendet.

자극

Reiz, Anreiz

명 [자ː극]

동 자극하다, 자극되다
관 자극이 없다,
　자극을 주다/받다
참 자극적

가: 음악을 좋아하시나 봐요. 매일 들으시네요!
Sie scheinen Musik sehr zu mögen. Sie hören sie jeden Tag.

나: 음악을 꾸준히 들으면 뇌를 계속 **자극**해서 기억력
이 좋아진대요.
Wenn man regelmäßig Musik hört, wird das Gehirn angeregt,
so dass das Erinnerungsvermögen besser wird.

−을/를 자극하다　|　−이/가 자극되다

조사

Forschung, Untersuchung

명 [조사]

동 조사하다, 조사되다
관 원인을 조사하다
참 조사 결과

가: 외국인들이 제일 좋아하는 한국 음식이 뭐예요?
Welches Essen mögen Ausländer am liebsten?

나: 설문 **조사** 결과에 따르면 외국인들이 제일 좋아하
는 한국 음식은 '불고기'래요.
Der Umfrage nach, ist Bulgogi (mariniertes Rindfleisch) das
beliebteste koreanische Gericht von Ausländern.

−을/를 조사하다　|　−이/가 조사되다

차이

Unterschied

명 [차이]

관 차이가 있다/없다,
　차이가 나다,
　별 차이가 없다
참 차이점, 세대 차이,
　문화 차이, 성격 차이

요즘 아침과 저녁의 온도 **차이**로 인해 감기에 걸리는
사람들이 증가하고 있다.
Aufgrund des Temperaturunterschieds am Morgen und am Abend
nimmt zur Zeit die Zahl der Personen mit Erkältung zu.

차지

🗨☑

명 [차지]

동 차지하다
관 1위를 차지하다,
10%를 차지하다,
절반 이상을 차지하다
참 독차지

Besitz, Anteil; ausmachen, betragen

주말에 운동이나 취미 활동을 하는 직장인이 전체 조사 대상자의 13%를 **차지**했다.

Angestellte, die am Wochenende Sport machen oder anderen Hobbies nachgehen machen 13% der Befragten aus.

-을/를 **차지하다**

현상

🗨☑

명 [현ː상]

관 현상이 나타나다,
현상을 유지하다,
현상을 극복하다

Phänomen

가: 환경 오염 때문에 세계 여러 나라에서 이상 기후 **현상**이 나타나고 있대요.

Aufgrund der Umweltverschmutzung kommt es in vielen Ländern der Welt zu anormalen Wetterbedingungen.

나: 맞아요. 아직 5월인데도 30℃가 넘는 날이 많잖아요.

Das stimmt. Es ist erst März und es gibt viele Tage über 30℃.

확률

🗨☑

명 [황뉼]

관 확률이 높다/낮다,
확률이 크다/적다
참 확률적

Wahrscheinlichkeit, Chance

당첨될 **확률**이 거의 없는데도 많은 사람들이 복권을 산다.

Viele Menschen kaufen Lotterielose, obwohl sie nur geringe Gewinnchancen haben.

Quiz

1. 다음 〈보기〉와 관련 있는 단어를 고르십시오.

> **보기**　　　　과학　　　학자　　　논문　　　실험

① 연구　　　　② 상식　　　　③ 교양　　　　④ 능력

✐ 다음을 어울리는 것끼리 연결하십시오.

2. 보고서를　•　　　　　•　① 미치다

3. 결과가　•　　　　　•　② 들다

4. 예를　•　　　　　•　③ 내다

5. 영향을　•　　　　　•　④ 나오다

✐ (　　) 안에 알맞은 단어를 〈보기〉에서 찾아 바꿔 쓰십시오.

> **보기**　　발견하다　　　조사하다　　　달하다　　　대하다

6.
> 　정미래 교수는 한국 대학생 1,000명의 학습 습관을 (　㉠　)
> -(으)ㄴ 결과, 성적이 우수한 학생들에게서 한 가지의 공통점을
> (　㉡　)-았/었/했다. 그것은 '매일, 같은 시간에, 같은 장소에서,
> 계획한 학습량을 꾸준히 실천하는 것'이다.

　　　　㉠ (　　　　　)　　　　㉡ (　　　　　)

7.
> 　'청소년연구소'가 한국, 미국, 일본, 중국 등 4개국 고교생을 대
> 상으로 해외 유학에 (　㉠　)-(으)ㄴ 설문 조사를 했다. 그 결과
> 해외 유학을 희망하는 한국 학생이 82%에 (　㉡　)-아/어/해 가
> 장 높은 것으로 나타났다. 중국의 경우, 해외 유학을 원하는 고교
> 생은 58%였고, 미국은 53%, 일본은 46%로 조사됐다.

　　　　㉠ (　　　　　)　　　　㉡ (　　　　　)

☑●
고교생

명 [고교생]

유 고등학생

Oberschüler*in

한국 **고교생**의 수업 시간은 평균 9시간 정도이다.
Die Unterrichtszeit von koreanischen Oberschülern beträgt durchschnittlich 9 Stunden.

💬☑
꾸중

명 [꾸중]

동 꾸중하다
관 꾸중을 듣다

Tadel, Verweis

가: 기분이 안 좋아 보이네! 무슨 일 있어?
　　Du siehst aus, als hättest du schlechte Laune. Was ist los?

나: 아까 친구랑 싸워서 선생님께 **꾸중**을 들었거든.
　　Ich habe mich eben mit Freunden gestritten und der Lehrer hat mit mir geschimpft.

–을/를 꾸중하다　|　–에게 –다고/(느)ㄴ다고 꾸중하다

💬☑
낙서

명 [낙써]

동 낙서하다
관 벽에 낙서하다
참 낙서 금지

Kritzelei, Gekritzel; Schmiererei

가: 책에 **낙서**하지 마. 도서관에서 빌린 책이야.
　　Kritzel nicht ins Buch. Es ist ein Buch aus der Bibliothek.

나: 안 그래도 지금 지우려고 했어.
　　Ich wollte es eh gerade wegmachen.

–에 낙서하다

다하다

🗣☑😊

동 [다ː하다]

관 최선을 다하다,
정성을 다하다

ausführen, sich anstrengen

가: 이번 대회에서도 열심히 하세요.
Strengen Sie sich auch bei diesem Wettbewerb fleißig an.

나: 네, 최선을 **다하**겠습니다.
Ja, ich werde mein Bestes geben.

-을/를 다하다

대

🗣☑

의명 [대ː]

참 1:1(일 대 일),
A팀 대 B팀

gegen

가: 어제 축구 누가 이겼어?
Wer hat gestern beim Fußball gewonnen?

나: 삼 **대** 이(3:2)로 우리 팀이 이겼어.
Unsere Mannschaft hat mit drei zu zwei gewonnen.

동기

🗣😊

명 [동ː기]

Motivation, Beweggrund

교사: 한국어를 배우게 된 **동기**가 무엇입니까?
Was ist Ihre Motivation, Koreanisch zu lernen?

학생: 제가 좋아하는 가수가 하는 말을 알아듣고 싶었
기 때문이에요.
Ich wollte verstehen, was mein Lieblingssänger sagt.

동아리

🗣☑😊

명 [동아리]

관 동아리에 가입하다
참 동아리 모임

Studentengruppe, Studentenclub

가: 댄스 **동아리**에 들어가려면 춤을 잘 춰야 해요?
Muss ich gut tanzen, wenn ich in die Studentengruppe für
Tanz möchte?

나: 아니에요. 들어간 후에 배우면 돼요.
Nein, du kannst es lernen, nachdem du Mitglied geworden
bist.

목표

명 [목표]

관 목표를 세우다,
목표를 정하다

Ziel

가: 시험공부 열심히 하고 있어?
Lernst du fleißig für die Prüfung?

나: 그럼, 이번에도 1등을 **목표**로 공부하고 있어.
Ja, ich lerne mit dem Ziel, auch dieses Mal die beste Prüfung
abzulegen.

문구

명 [문구]

참 문구류, 문구점

Schreibwaren, Büroartikel

가위, 칼, 풀, 테이프 등을
문구류라고 한다.
Schere, Messer, Kleber etc. werden als
Schreibwaren bezeichnet.

미팅

명 [미팅]

동 미팅하다
관 미팅에서 만나다
참 소개팅

Blind Date einer Gruppe

가: 선생님, 대학생 때 **미팅**을 해 본 적이 있어요?
Frau Lehrerin, haben Sie in Ihrer Studienzeit an einem
Gruppen Blind Date teilgenommen?

나: 그럼요, 당연하지요.
Ja, natürlich.

💡 Bei einem „미팅" treffen sich anders als beim „소개팅", bei dem sich
nur ein Mann und eine Frau treffen, mehrere Personen und wählen
am Ende jemanden, den sie mögen.

반납

명 [반ː납]

동 반납하다, 반납되다
관 책을 반납하다,
열쇠를 반납하다

Rückgabe

가: 도서관에서 빌린 책 **반납**했어?
Hast du das Buch zurückgegeben, das du in der Bibliothek
ausgeliehen hast?

나: 아, 또 깜빡했네!
Ah, ich habe es wieder vergessen!

-을/를 반납하다 | -에/에게 -을/를 반납하다 | -이/가 반납되다

반장

명 [반장]

관 반장을 뽑다

Klassensprecher

선생님: 지금부터 한 학기 동안 우리 반 학생들을 도와 줄 **반장**을 뽑겠습니다.

Wir wählen den Klassensprecher, der von nun an ein Schuljahr lang den Schülern unserer Klasse hilft.

밤새우다

동 [밤새우다]

관 밤새워 공부하다, 밤새워 놀다

die ganze Nacht aufbleiben, die Nacht durchmachen

가: 시험공부를 많이 못해서 **밤새워**야 할 것 같아.

Ich glaube ich muss die Nacht aufbleiben, weil ich nicht viel für die Prüfung lernen konnte.

나: 또 벼락치기 하려고?

Du willst schon wieder kurz vor knapp lernen?

💡 Vor dem Ablegen einer Prüfung spricht man von „벼락치기", wenn man kurzfristig lernt.

별명

명 [별명]

관 별명을 부르다, 별명을 짓다, 별명을 붙이다

Spitzname

가: 어렸을 때 **별명**이 뭐였어요?

Was war Ihr Spitzname in der Kindheit?

나: 키가 커서 친구들이 '기린'이라고 불렀어요.

Meine Freunde haben mich „Giraffe" genannt, weil ich groß war.

사례

명 [사ː례]

관 사례를 들다

Beispiel

지금부터 우리 대학교 선배들의 취업 성공 **사례**를 들어 보도록 하겠습니다.

Hören wir nun Beispiele von erfolgreichen Berufseinstiegen der älteren Kommilitonen unserer Universität.

상

명 [상]

관 상을 주다/받다, 상을 타다
참 개근상, 우등상

Preis

축하해요. 미술 대회에서 1등을 해서 **상**을 받았다면서요?

Herzlichen Glückwunsch. Ich habe gehört, Sie haben bei dem Kunstwettbewerb den 1. Platz gemacht und einen Preis bekommen.

상담

명 [상담]

동 상담하다
관 상담을 받다
참 상담 센터, 진학 상담, 고민 상담

Beratung

가: 열심히 공부하고 있는데 계속 성적이 오르지 않아.
Ich lerne fleißig, aber meine Noten werden nicht besser.

나: 그럼 선생님과 한번 **상담**해 봐.
Dann solltest du mal einen Lehrer zu Rate ziehen.

-을/를 상담하다 | -와/과 -을/를 상담하다 | -와/과 -에 대해 상담하다

소문

명 [소:문]

관 소문이 나다,
소문이 퍼지다,
소문을 내다, 소문을 듣다

Gerücht

학생1: 너 그 **소문** 들었어? 국어 선생님께서 결혼하신대.
Hast du das Gerücht gehört? Der Koreanischlehrer heiratet.

학생2: 어머, 그래? 언제 하신대?
Oh, wirklich? Wann wird er heiraten?

순서

명 [순:서]

관 순서를 기다리다,
순서를 지키다

Reihenfolge

지금부터 한 사람씩 **순서**대로 나와서 발표해 주십시오.
Bitte kommen Sie nun der Reihenfolge nach jeder nach vorne und halten Sie ihren Vortrag.

시합

명 [시합]

동 시합하다
관 시합에서 이기다/지다,
시합에서 비기다

Wettkampf

가: 우리 점심 먹고 농구 **시합**할래?
Wollen wir zu Mittagessen und dann Basketball spielen?

나: 그래, 좋아! **시합**에서 지는 사람이 아이스크림
사기로 하자.
Ja, gut! Die Verlierer im Spiel kaufen Eis.

–와/과 시합하다

야단

명 [야단]

관 야단을 치다/맞다

Zurechtweisung, Schelte, Schimpferei

수업 시간에 옆 친구와 떠들다가 선생님께 **야단**을
맞았다.
Ich habe im Unterricht mit meinem Sitznachbarn gequatscht und
bin vom Lehrer zurechtgewiesen worden.

💡 Man sagt nicht „야단을 하다" oder „야단을 듣다", sondern „야단을 치다"
oder „야단을 맞다".

예정

명 [예:정]

동 예정하다

Plan, Programm

가: 선생님, 내일 몇 시에 출발해요?
Frau Lehrerin, wann fahren wir morgen ab?

나: 9시에 출발할 **예정**이에요.
Wir fahren um 9 Uhr ab.

–을/를 –(으)로 예정하다 ｜ –기로 예정하다 ｜ –이/가 –(으)로 예정되다
｜ –이/가 –기로 예정되다

💡 „예정" wird oft in Form von „ –(으)ㄹ 예정이다" verwendet.

우승

🔲☑️🔳

명 [우승]

동 우승하다
관 우승으로 이끌다,
　 우승을 차지하다
참 우승 후보

Sieg

가: 지난주에 대학생 축구 대회가 있었지요? 어떻게
　 됐어요?
　 Letzte Woche gab es einen Fußballwettbewerb für
　 Studierende, oder? Wie ist es gelaufen?

나: 우리 학교가 **우승**했어요.
　 Unsere Universität hat gewonnen.

-에서 우승하다 ┃ -에서 -이/가 우승하다

유치원

🔲☑️🔳

명 [유치원]

Kindergarten

가: 아이가 **유치원**에 안 가려고 해서 걱정이에요.
　 Ich mache mir Sorgen, weil das Kind nicht zum Kindergarten
　 gehen möchte.

나: 처음이라서 그럴 거예요. 너무 걱정하지 마세요.
　 Es kann gut sein, weil es das erste Mal ist. Sorgen Sie sich
　 nicht allzu sehr.

인원

🔲☑️🔳

명 [이눤]

관 인원이 부족하다,
　 인원을 파악하다

Anzahl der Personen; Personal

회의에 몇 명 왔어요? 참석 **인원** 좀 확인해 주세요.
Wie viele Personen sind zu der Sitzung gekommen? Bitte
überprüfen Sie die Anzahl der Teilnehmer.

장난

🔲☑️

명 [장난]

동 장난하다
관 장난을 치다,
　 장난이 심하다
참 장난감, 장난 전화

Spielerei, Unsinn

준이치: 야! 너희 둘 **장난** 좀 치지 마. 공부를 할 수 없잖아.
　 Hey, hört ihr beiden auf, Unsinn zu machen? Man kann
　 nicht lernen.

앤디, 폴: 미안해. 조용히 할게.
　 Entschuldigung. Wir sind leise.

-와/과 장난하다

장래

명 [장내]

관 장래가 밝다
참 장래 희망

Zukunft

가: **장래** 희망이 뭐예요?
Was wünschen Sie sich für die Zukunft?

나: 저는 로봇을 만드는 과학자가 되고 싶어요.
Ich möchte eine Wissenschaftlerin werden, die Roboter baut.

장학금

명 [장:학끔]

참 장학금, 장학생

Stipendium

가: 이번 학기에 누가 **장학금**을 받게 되었어요?
Wer hat dieses Semester ein Stipendium bekommen?

나: 리에 씨예요.
Rie.

재학

명 [재:학]

동 재학하다
참 재학생, 휴학, 복학, 퇴학

Immatrikulation, Eingeschriebensein in einer Schule oder Hochschule

저는 한국대학교 4학년에 **재학** 중입니다.
Ich bin im 4 Studienjahr einer koreanischen Unveristät immatrikuliert.

−에 재학하다

적성

명 [적썽]

관 적성에 맞다/안 맞다

Begabung, Talent, Eignung

가: 지금 하고 있는 일은 **적성**에 잘 맞아요?
Passt die Arbeit, die Sie gerade machen, zu ihren Talenten?

나: 네, 재미있어서 시간 가는 줄 모를 정도예요.
Ja, es macht so viel Spaß, dass die Zeit wie im Flug vergeht.

적응

☑☑

명 [저긍]

동 적응하다, 적응되다
참 적응력

Anpassung, Gewöhnung

가: 한국 생활에 **적응**했어요?
Haben Sie sich an das Leben in Korea gewöhnt?

나: 네, 한국 친구가 도와줘서 많이 익숙해졌어요.
Ja, ich habe mich sehr daran gewöhnt, da mir koreanische Freunde geholfen haben.

–에 적응하다 │ –이/가 –에 적응되다

중고생

☑

명 [중고생]

참 중고등학교, 중고등학생

Schüler von Mittel- und Oberschulen

이번 방학에 **중고생**들이 꼭 읽어야 하는 책 100권을 읽기로 했다.
Ich habe entschieden, in diesen Ferien 100 Bücher zu lesen, die Schüler der Mittel- und Oberschule lesen müssen.

증명

☑☑

명 [증명]

동 증명하다, 증명되다
관 증명서를 떼다
참 증명사진, 졸업 증명서, 성적 증명서

Beweis

가: 대학원에 지원하고 싶은데요. 어떤 서류를 준비해야 하나요?
Ich möchte mich für einen weiterführenden Studiengang bewerben. Welche Unterlagen muss ich vorbereiten?

나: 자기소개서와 졸업 **증명**서, 성적 **증명**서를 준비하세요.
Bereiten Sie ein Motivationsschreiben, Nachweise über den Studienabschluss und Notenzeugnis vor.

–을/를 증명하다 │ –이/가 증명되다

04 Wissen/ Bildung

233

지다 ⁰¹

동 [지다]

반 이기다
관 경기에/에서 지다,
싸움에/에서 지다,
전쟁에/에서 지다

verlieren

가: 가위바위보를 해서 **진** 사람이 청소를 하는 게 어때?
Wie wäre es, wenn die Person, die bei Schere, Stein, Papier verliert, putzt?

나: 좋아. 가위바위보!
Gut. Schere, Stein, Papier!

−에/에게 지다 | −에서 지다

지원 ⁰¹

명 [지원]

동 지원하다
참 지원자, 지원율

Bewerbung

이번에 우리 과에 **지원**한 사람이 몇 명쯤 돼요?
Wie viele Leute haben sich dieses Mal bei unserer Abteilung beworben?

−에 지원하다 | −을/를 지원하다

진학

명 [진:학]

동 진학하다
관 대학에 진학하다
참 진학 상담

Weiterbildung, eine Schule wechseln

가: 졸업한 후에 취직할 거예요?
Wirst du nach dem Abschluss anfangen zu arbeiten?

나: 아니요, 대학원에 **진학**하려고 해요.
Nein, ich möchte in einem weiterführenden Studiengang studieren.

−에 진학하다

체험

명 [체험]

동 체험하다
참 문화 체험, 체험 프로그램

Erfahrung

가: '한국의 집'에서 어떤 문화 **체험**을 할 수 있어요?
Welche kulturelle Erfahrungen kann man im Koreahaus machen?

나: 한복도 입어 볼 수 있고 전통차도 마실 수 있어요.
Man kann einen Hanbok anprobieren und traditionellen Tee trinken.

−을/를 체험하다

칭찬

명 [칭찬]

동 칭찬하다
관 칭찬을 듣다, 칭찬을 받다

Kompliment, Lob

엄마: 오늘 발표를 잘했어?
Hast du den Vortrag heute gehalten?

딸 : 네, 선생님께서 잘했다고 **칭찬**해 주셨어요.
Ja, die Lehrerin hat mich gelobt und gesagt, dass ich ihn gut gemacht hätte.

−을/를 칭찬하다 | −다고/(느)ㄴ다고 칭찬하다

학부모

명 [학뿌모]

Eltern von Schülern

가: **학부모** 회의가 언제 있어요?
Wann ist der Elternabend?

나: 다음 주 수요일에 있어요.
Er ist nächste Woche Mittwoch.

Quiz

 의미가 맞는 것을 연결하십시오.

1. 밤새우다 •   • ① 종이에 장난으로 글씨나 그림을 그린다.

2. 낙서하다 •   • ② 어떤 생활이나 환경에 익숙해진다.

3. 적응하다 •   • ③ 일하거나 공부하면서 밤에 잠을 자지 않는다.

4. 다음 중 연결된 것이 틀린 것을 고르십시오.

① 야단을 – 치다   ② 미팅을 – 놀다

③ 꾸중을 – 듣다   ④ 장난을 – 치다

 ( )에 알맞은 단어를 〈보기〉에서 찾아서 바꿔 쓰십시오.

> **보기**   상담하다   체험하다   칭찬하다

5. 오늘 회사에서 처음으로 발표를 했는데 다들 ( )–아/어/해 주셔서
기분이 좋았다.

6. 오늘 김치 박물관에 가서 김치 만들기를 ( )–았/었/했는데 아주
재미있었다.

7. 나는 내일 선생님께 대학교 진학 문제에 대해서 ( )–기로 했다.

 다음 글을 읽고 질문에 답하십시오.

> 오늘은 회사에서 농구 대회가 있는 날이었다. 우리 팀은 열심히
> 뛰어 결승전까지 가게 되었다. 그러나 결승전은 다른 경기에 비해
> 공을 넣기가 쉽지 않았다. 상대편에 키가 큰 선수들이 많았기 때
> 문이다. 우리 팀 선수 중에 한 명이 다쳐서 힘들게 경기를 했고 결
> 국 90:97로 져서 (㉠)을/를 놓쳤다. 우리 팀이 지기는 했지만
> 모두 최선을 (㉡) 때문에 아쉽지 않았다.

8. (㉠)에 들어갈 알맞은 것을 고르십시오.

① 기회   ② 시합   ③ 우승   ④ 장래

9. (㉡)에 들어갈 알맞은 것을 고르십시오.

① 했기   ② 다했기   ③ 들었기   ④ 만들었기

☑
감상문

명 [감ː상문]

참 독서 감상문

Rezension

이 **소설책**을 읽고 **감상문**을 써 오세요.
Lesen Sie diesen Roman und schreiben Sie eine Rezension.

💬☑
강사

명 [강ː사]

관 강사로 일하다
참 학원 강사

Dozent*in, Lektor*in, Lehrbeauftragte*r

가: 피터 씨, 한국에서 무슨 일을 하고 있어요?
　　Peter, als was arbeitest du in Korea?

나: 대학교에서 영어 **강사**로 일하고 있어요.
　　Ich arbeite als Englischdozent an einer Universität.

💬☑
강연

명 [강ː연]

동 강연하다
관 강연이 열리다,
　 강연을 듣다
참 강연회

Lehrveranstaltung, Vorlesung

다음 주에 도서관에서 유명한 소설가의 **강연**이
있는데 같이 갈래?
Nächste Woche gibt es in der Bibliothek eine Lesung eines
berühmten Schriftstellers. Willst du mitkommen?

–에게 –을/를 강연하다　|　–에게 –에 대해 강연하다

237

강의

⟨⟩ ☑

몡 [강ː의/강ː이]

툉 강의하다
뫈 강의를 듣다,
　 강의를 신청하다
챰 강의실, 강의 내용,
　 인터넷 강의

Vorlesung, Seminar

가: 오늘 **강의** 어땠어?
Wie war die Vorlesung heute?

나: 내용이 어렵지 않고 재미있어서 좋았어.
Sie war gut, weil der Inhalt nicht schwer war und interessant.

－을/를 강의하다 ㅣ －에게 －을/를 강의하다

강조

⟨⟩ ☑ ◑

몡 [강조]

툉 강조하다, 강조되다

Betonung, Hervorhebung

가: 시험공부 어떻게 하고 있어?
Wie lernst du für die Prüfung?

나: 선생님께서 중요하다고 **강조**하신 것부터 공부
하고 있어.
Ich lerne zuerst das, was der Lehrer als wichtig betont hat.

－을/를 강조하다 ㅣ －다고/(느)ㄴ다고 강조하다 ㅣ －이/가 강조되다

과제

☑ ◑

몡 [과제]
⇨ Anhang S. 515

윾 숙제
챰 학교 과제

Aufabe, Hausaufgabe

가: 오늘 **과제**는 뭐야?
Was ist die Aufgabe heute?

나: 교과서 연습 문제를 풀어 오는 거야.
Ich muss die Übungsaufgaben im Lehrbuch lösen.

교사

명 [교:사]

Lehrer*in

가: 왕위 씨의 형은 무슨 일을 해요?
Als was arbeitet der große Bruder von Wangwei?

나: 고등학교 **교사**예요.
Er ist Lehrer an einer Oberschule.

💡 Personen, die an einer Hochschule unterrichten, werden „교수
(Professor)" genannt.

교육

명 [교:육]

동 교육하다
관 교육을 받다
참 교육적

Bildung

모든 학생은 컴퓨터 **교육**을 10시간 이상 받아야
합니다.
Alle Schüler müssen mehr als 10 Stunden Computerunterricht
bekommen.

−을/를 교육하다

교재

명 [교:재]

참 교재비

Lehrbuch, Textbuch

가: 교수님, **교재**는 어디에서 사야 될까요?
Frau Professor, wo müssen wir das Lehrbuch kaufen?

나: 학교 안에 있는 서점에 가 보세요.
Gehen Sie zur Buchhandlung auf dem Unigelände.

그룹

명 [그룹]

Gruppe

이번에는 A **그룹**, B **그룹**으로 나누어서 토론을 해
보겠습니다.
Dieses Mal teilen wir uns in Gruppe A und B auf und versuchen zu
diskutieren.

기초

명 [기초]

동 기초하다
관 기초가 부족하다
참 기초적, 기초 실력,
기초 조사

Basis, Grundlage

나는 한국어를 혼자 공부해서 **기초**가 부족하다.
Mir fehlen die Grundlagen, weil ich Koreanisch alleine lerne.

−에 기초하다

마무리

명 [마무리]
⇨ Anhang S. 515

동 마무리하다
참 마무리 단계

Abschluss, Beendigung, Fertigstellung

여러분, 5분 남았습니다. 쓰고 있는 글을 **마무리**하세요.
An alle, Sie haben noch 5 Minuten. Beenden Sie den Text, an dem
Sie schreiben.

−을/를 마무리하다

맞추다

동 [맏추다]

herausfinden, vergleichen

가: 너 시험 잘 봤어? 1번 정답이 몇 번이야?
Is die Prüfung gut gelaufen? Was war die richtige Antwort für
Nummer 1?

나: 3번 아니야? 우리 뭐 틀렸는지 같이 답을 **맞춰** 보자.
Ist es nicht Nummer 3? Lass uns zusammen herausfinden,
was falsch ist.

−을/를 맞추다 | −을/를 −에/에게 맞추다 | −을/를 −와/과 맞추다

문법

명 [문뻡]

참 문법적

Grammatik

가: 한국어를 배우기가 어때요?
Wie ist es, Koreanisch zu lernen?

나: 우리 나라 말과 **문법**이 달라서 어려워요.
Es ist schwierig, weil die Grammatik sich von der unserer
Sprache unterscheidet.

반복

✎ ☑ 🔊

🅝 [반ː복]

🅓 반복하다, 반복되다

Wiederholung

가: 어떻게 하면 외국어를 잘할 수 있어요?
Wie kann ich eine Fremdspache gut sprechen?

나: 배운 것을 **반복**해서 연습해 보세요.
Üben Sie immer wieder, was Sie gelernt haben.

–을/를 반복하다 ㅣ –이/가 반복되다

붙다

✎ ☑ 🔊

🅓 [붇따]

🅟 종이가 붙어 있다,
메모가 붙어 있다

① kleben　　② bestehen

가: 너 시험에 **붙**었어?
Hast du die Prüfung bestanden?

나: 아니, 아직 모르겠는데.
Nein, ich weiß es noch nicht.

가: 사무실 앞에 합격한 사람 이름이 **붙**어 있으니까
가서 확인해 봐.
Die Namen derer, die die Prüfung bestanden haben, hängen
vor dem Büro, also gehen und schauen Sie nach.

–에 붙다

💡 „시험에 붙다" bedeutet ebenso wie „합격하다(eine Prüfung bestehen)".
Der Gegensatz wird mit „시험에/에서 떨어지다" ausgedrückt.

성적

✎ ☑ 🔊

🅝 [성적]

🅟 성적이 좋다/나쁘다,
성적이 오르다/떨어지다

Note

이번 시험은 열심히 공부했는데 **성적**이 오르지 않아
서 속상하다.
Ich bin traurig, weil ich dieses Mal fleißig für die Prüfung gelernt
habe, aber meine Note nicht besser geworden ist.

일등

🗨☑🙂

명 [일뜽]
⇨ Anhang S. 513

반 꼴등
관 일등을 하다,
　일등을 차지하다

erster Platz

가: 엄마, 이번 시험에서 **일등**을 하면 정말 게임기
　사 주실 거지요?
　Mama, wenn ich bei dieser Prüfung den ersten Platz mache,
　kaufst du mir wirklich die Spielkonsole, oder?

나: 그럼 약속을 했으니까 사 줘야지!
　Ja, ich kaufe sie dir, weil ich es versprochen habe.

잇다

🗨☑

동 [읻ː따]
불 'ㅅ'불규칙

① **verbinden, kombinieren**

② **fortfahren, weiter machen**

앞 문장과 뒤 문장을 **이**어서 한 문장으로 만드십시오.
Bitte bilden Sie einen Satz, indem sie den vorderen mit dem
hinteren Satz verbinden.

가: 이 빵집 50년이 넘었지요?
　Diese Bäckerei ist über 50 Jahre alt?

나: 네, 할아버지의 뒤를 **이**어서 지금은 아버지께서 하
　고 계세요.
　Ja, nach meinem Großvater führt sie jetzt mein Vater weiter.

–을/를 잇다　|　–을/를 –와/과 잇다

정답

☑🙂

명 [정ː답]

관 정답을 맞히다

richtige Antwort

가: 2번 문제 **정답**이 뭐야? 3번이야?
　Was ist die richtige Antwort bei Aufgabe 2? Ist es Nummer 3?

나: 아니, 1번이야.
　Nein, es ist Nummer 1.

제출

⬛ [제출]

🔵 제출하다, 제출되다
🟦 보고서 제출, 제출 서류

Vorlage, Einreichen

가: 서류를 꼭 직접 가서 **제출**해야 합니까?
Muss ich die Dokumente selbst einreichen?

나: 아닙니다. 이메일로 보내셔도 됩니다.
Nein. Sie können sie per Email schicken.

−을/를 −에/에게 제출하다 ┃ −이/가 −에/에게 제출되다

참고

⬛ [참고]

🔵 참고하다, 참고되다
🟦 참고서, 참고 자료

Referenz, Hinweis, Bezug, Empfehlung

가: 무슨 책이에요?
Was ist das für ein Buch?

나: 선생님께서 한국어를 공부할 때 **참고**하라고 주신 책이에요.
Es ist ein Buch, das der Lehrer mir zum Koreanischlernen empfohlen hat.

−을/를 참고하다 ┃ −에 −을/를 참고하다 ┃ −이/가 −에/에게 참고되다

출석

⬛ [출썩]
⇨ Anhang S. 513

🔵 출석하다
🟥 결석
🟩 출석을 부르다
🟦 출석부, 출석 인원

Teilnahme, Anwesenheit

선생님: **출석**을 부르겠습니다. 안나 씨, 왕핑 씨……
Ich prüfe jetzt die Anwesenheit. Anna, Wangping, …

−에 출석하다

평균

🗨☑

📗 [평균]

참 평균적

Durchschnitt

가: 이번 중간시험 **평균**이 몇 점이에요?
Wie hoch ist der Durchschnitt dieser Zwischenprüfung?

나: 92점이에요.
92 Punkte.

필기

🗨☑

📗 [필기]

동 필기하다
참 필기구

Notizen machen, Mitschrift

가: 미안하지만 수업 시간에 **필기**한 것 좀 보여 줄 수 있어?
Es tut mir leid, aber kannst du mir mal deine Mitschrift vom Unterricht zeigen?

나: 그럼. 여기 있어.
Ja, hier.

–을/를 필기하다 | –을/를 –에 필기하다

학습

🗨☑◐

📗 [학씁]

동 학습하다
참 학습자, 학습 능력, 학습 태도, 외국어 학습

Lernen

요즘은 동영상을 이용해서 외국어를 **학습**하는 사람들이 많다.
Heutzutage gibt es viele Menschen, die eine Fremdsprache mit Hilfe von Videos lernen.

–을/를 학습하다

한자

🗨☑

📗 [한:짜]

Hanja koreanische Bezeichnung für chinesische Schriftzeichen

왕위 씨의 이름은 **한자**로 어떻게 써요?
Wie schreibt man Wangwei's Namen in Hanja?

합격

명 [합격]
⇨ Anhang S. 513

동 합격하다, 합격되다
반 불합격

Bestehen

가: 아버지, 저 토픽 4급에 **합격**했어요.
　　Papa, ich habe den TOPIK Level 4 bestanden.

나: 그래. 그동안 공부하느라 고생했어.
　　Ja, du hast dich sehr angestrengt.

–에 합격하다　|　–이/가 –에 합격되다

향상

명 [향상]

동 향상하다, 향상되다
관 실력이 향상되다,
　 수준이 향상되다,
　 기술이 향상되다

Verbesserung, Fortschritt

가: 지난번보다 듣기 실력이 많이 **향상**됐네요!
　　Ihr Hörverständnis war viel besser als das letzte Mal.

나: 감사합니다. 드라마를 보면서 열심히 공부했거든요.
　　Danke. Ich habe beim Schauen von Serien viel gelernt.

–을/를 향상하다　|　–이/가 향상되다

Quiz

✎ 의미가 맞는 것을 연결하십시오.

1. 제출하다 •　　　　　• ① 어떤 일을 하면서 책이나 필요한 자료를 본다.

2. 향상되다 •　　　　　• ② 숙제나 보고서를 낸다.

3. 참고하다 •　　　　　• ③ 실력이나 능력, 수준 등이 더 높아진다.

✎ ㉠, ㉡에 알맞은 단어를 〈보기〉에서 찾아 쓰십시오.

> **보기**　　　과제　　　필기구　　　일등　　　제출　　　교재　　　평균

4.

> 　강연을 들으러 오실 때는 연필이나 볼펜과 같은 (㉠)을/를 준비해 가지고 오십시오. 강연을 들으실 때 필요한 (㉡)은/는 저희가 드립니다.

　　　　　㉠ (　　　　　)　　　　　　　　㉡ (　　　　　)

5.

> 　이번 주 (㉠)은/는 자기가 가장 재미있게 읽은 책에 대한 감상을 써 오는 것입니다. 월요일까지 (㉡)하면 됩니다.

　　　　　㉠ (　　　　　)　　　　　　　　㉡ (　　　　　)

6.

> 　오늘 지난주에 본 중간 시험 결과가 나왔다. 나는 (㉠) 90점으로 우리 반에서 (㉡)을/를 했다. 기분이 좋아서 수업이 끝난 후에 부모님께 전화를 드렸다.

　　　　　㉠ (　　　　　)　　　　　　　　㉡ (　　　　　)

✎ (　　) 안에 알맞은 단어를 〈보기〉에서 찾아서 바꿔 쓰십시오.

> **보기**　　　　강조하다　　　　합격하다　　　　교육하다

7. 저는 새로 들어온 직원을 (　　　　)-는 일을 하고 있습니다.

8. 발표문에서 (　　　　)-고 싶은 내용은 밑줄을 그으십시오.

9. 며칠 전에 면접을 본 회사에 (　　　　)-아/어/해서 다음 달부터 출근하게 됐다.

Sinokoreanische Wörter

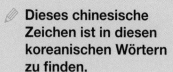

Dieses chinesische Zeichen ist in diesen koreanischen Wörtern zu finden.

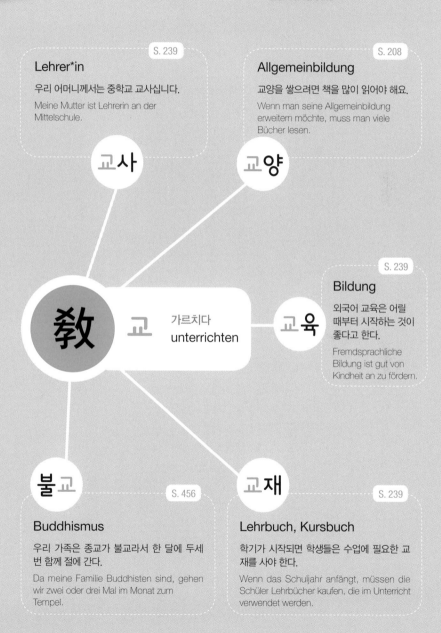

Lehrer*in
S. 239

우리 어머니께서는 중학교 교사십니다.

Meine Mutter ist Lehrerin an der Mittelschule.

교사

Allgemeinbildung
S. 208

교양을 쌓으려면 책을 많이 읽어야 해요.

Wenn man seine Allgemeinbildung erweitern möchte, muss man viele Bücher lesen.

교양

教 교 가르치다 unterrichten

Bildung
S. 239

외국어 교육은 어릴 때부터 시작하는 것이 좋다고 한다.

Fremdsprachliche Bildung ist gut von Kindheit an zu fördern.

교육

불교

Buddhismus
S. 456

우리 가족은 종교가 불교라서 한 달에 두세 번 함께 절에 간다.

Da meine Familie Buddhisten sind, gehen wir zwei oder drei Mal im Monat zum Tempel.

교재

Lehrbuch, Kursbuch
S. 239

학기가 시작되면 학생들은 수업에 필요한 교재를 사야 한다.

Wenn das Schuljahr anfängt, müssen die Schüler Lehrbücher kaufen, die im Unterricht verwendet werden.

05
의식주
Kleidung, Essen, Wohnen

🗨️☑️🔊
검다

형 [검ː따]

⇨ Anhang S. 517

관 색깔이 검다, 검은 머리
유 까맣다
참 검은색

schwarz sein

가: 왕핑 씨가 누구예요?
Wer ist Wangping?

나: **검**은 양복을 입고 있는 남자예요.
Er ist der Mann in dem schwarzen Anzug.

–이/가 검다

🗨️☑️🔊
금

명 [금]

참 금색, 금메달, 금반지,
은 ⇨ S. 253

Gold

가: 조카 돌잔치 선물로 **금**반지를 사려고 해요.
Ich möchte meiner Nichte zum 1. Geburtstag einen Goldring
kaufen.

나: 요즘 **금**값이 올라서 **금**반지는 많이 비쌀 거예요.
Da der Goldpreis zur Zeit gestiegen ist, wird ein Goldring sehr
teuer sein.

🗨️☑️🔊
맞다 01

동 [맏따]

관 몸에 맞다, 입에 맞다,
딱 맞다

passen

가: 입어 보니까 어떠세요? 잘 **맞**으세요?
Wie findest du es? Steht es mir?

나: 허리가 좀 큰 것 같아요. 작은 걸로 다시 입어 볼게요.
Die Taille ist ein bisschen weit. Probiere es mal eine Nummer
kleiner.

–이/가 –에/에게 맞다

묻다

동 [묻따]

mit Flecken versehen sein; fleckig sein, schmutzig sein

가: 너 옷에 뭐 **묻었어**.
Du hast einen Flecken auf deiner Kleidung.

나: 어? 그렇네. 아까 점심 먹다가 **묻은** 것 같아.
Oh? Ja. Ich glaube ich habe mich eben beim Mittagessen schmutzig gemacht.

-이/가 -에 묻다

💡 Bei „묻다" sagt man „묻어요" und „묻으니까".

Kleidung, Essen, Wohnen

05

소매

명 [소매]

참 긴소매, 민소매

Ärmel

가: 아까 그 옷 마음에 든다고 했잖아. 안 사려고?
Du hast eben gesagt, dass dir die Kleidung gefällt. Warum möchtest du sie nicht kaufen?

나: 응, 입어 보니까 **소매**가 짧아.
Ja, nachdem ich sie anprobiert habe, sind mir die Ärmel zu kurz.

💡 Es gibt auch Leute die statt „민소매" auch „나시" für „ärmellos" benutzen.

수선

명 [수선]
⟹ Anhang S. 517

동 수선하다, 수선되다
유 고치다, 수리하다
참 옷 수선, 신발 수선

Reparatur

가: 이 바지 **수선**하고 싶은데 얼마나 걸려요?
Wie lange dauert es, diese Hose umzunähen?

나: 이틀 정도 걸립니다.
Es dauert ungefähr zwei Tage.

-을/를 수선하다 ∣ -이/가 수선되다

💡 „수선" wird verwendet, wenn Kleidung oder Schuhe repariert werden. „수리" wird verwendet, wenn Gegenstände kaputt gegangen sind und repariert werden.

스타일

명 [스타일]

Stil, Machart, Mode

가: 이번 겨울에는 어떤 **스타일**이 유행할까요?
Welcher Stil wird diesen Winter Mode werden?

나: 긴 코트가 유행할 거라고 해요.
Man sagt, lange Mäntel werden „in" sein.

💡 Wenn man Kleidung, Schuhe und Accessoires gut aufeinander
abgestimmt trägt, wird von „스타일이 좋다" gesprochen.

액세서리

명 [액쎄서리]

관 액세서리를 착용하다

Accessoire

가: 학교 앞에 **액세서리** 가게가 새로 생겼어.
Vor der Schule hat ein Geschäft für Accessoires aufgemacht.

나: 그래? 그럼 수업 후에 구경 가자.
Echt? Dann lass uns uns nach dem
Unterricht dort mal umschauen.

💡 Bei Accessoires gibt es „목걸이(Halskette)",
„반지(Ring)", „팔찌(Armreif)", „귀걸이(Ohrringe)"
etc. aber es gibt auch Personen, die „악세사
리" sagen.

얼룩

명 [얼룩]

관 얼룩이 생기다,
얼룩을 빼다

Fleck

가: 어? 옷에 이게 뭐예요?
Äh? Was ist das auf der Kleidung?

나: 커피인 것 같아요. **얼룩**이 생기기 전에 빨리 빨고
올게요. Ich glaube, es ist Kaffee. Wasche ihn schnell aus,
bevor ein Fleck entsteht.

–에 얼룩이 생기다

옷차림

명 [옫차림]

Kleidung

옷차림은 때와 장소에 맞아야 한다.
Kleidung muss zur Zeit und zum Ort passen.

은

명 [은]

참 은색, 은메달,
금 ⇨ S. 250

Silber

가: 무슨 색 목걸이가 좋을까?
Welche Farbe wäre gut für eine Halskette?

나: 여름이니까 **은**색이 좋지 않을까? 시원해 보이잖아.
Es ist Sommer. Wäre da nicht eine silberne gut? Sie sieht kühl aus.

의류

명 [의류]

참 의류 상가

Kleidung

가: 동대문 **의류** 상가에 가 본 적이 있어요?
Waren Sie schon mal im Geschäftsviertel für Kleidung beim Dongdaemun.

나: 네, 한 번 가 봤는데 옷도 많고 가격도 싸서 좋더라고요.
Ja, ich war ein Mal dort und es war gut, weil es viel Kleidung gab und die Preise günstig waren.

줄무늬

명 [줄무늬]

참 세로 줄무늬, 가로 줄무늬

Streifen(muster)

가: 날씬해 보이고 싶은데 어떤 티셔츠가 좋을까요?
Ich möchte schlank aussehen, aber welches T-Shirt wäre gut?

나: 이 세로 **줄무늬** 티셔츠는 어떠세요?
Wie wäre es mit einem längsgestreiften T-Shirt?

세로 줄무늬　　가로 줄무늬

패션

명 [패션]

참 패션쇼, 패션 모델,
패션 디자이너, 패션 잡지

Fashion, Mode

나는 **패션** 디자이너가 되고 싶어서 졸업 후에 프랑스로 유학을 갈 예정이다.
Ich möchte Modedesignerin werden und nach dem Abschluss zum Studium nach Frankreich.

홈쇼핑

☐☑

명 [홈쇼핑]

Teleshopping, Homeshopping

가: 보통 어디에서 옷을 사?
Wo kaufst du normalerweise Kleidung?

나: 쇼핑하러 갈 시간이 없어서 **홈쇼핑**이나 인터넷 쇼핑을 자주 이용하는 편이야.
Wenn ich keine Zeit zum Shoppen habe, nutze ich viel Homeshopping oder kaufe im Internet ein.

흡수

☐☑

명 [흡쑤]

동 흡수하다, 흡수되다

Aufsaugen, Absorption

손님: 등산복 좀 보여 주세요.
Zeigen Sie mir mal bitte Ihre Wanderkleidung.

점원: 이거 어떠세요? 이 옷은 디자인도 예쁘고 땀 **흡수**도 잘 되거든요.
Wie wäre diese? Der Schnitt ist schön und Schweiß wird auch gut absorbiert.

−을/를 흡수하다 ㅣ −이/가 −에 흡수되다 ㅣ −이/가 −(으)로 흡수되다

희다

☐☑◑

형 [히다]
⇨ Anhang S. 517

유 하얗다
관 흰옷, 흰머리

weiß sein

흰색과 검은색 옷은 아무 옷에나 다 잘 어울린다.
Schwarze und weiße Kleidung passt zu jeder Kleidung gut.

💡 Beim Hochzeitskleid und bei Zähnen wird nicht von „흰 웨딩드레스" oder „흰 이" gesprochen, sondern von „하얀 웨딩드레스" oder „하얀 이".

✎ ( )에 알맞은 단어를 〈보기〉에서 찾아서 바꿔 쓰십시오.

> **보기**   금   검다   희다   은

1. ( )–(으)ㄴ 눈이 내리는 겨울을 좋아하세요?

2. ( )–(으)ㄴ 색 원피스를 입으면 날씬해 보인다고 한다.

3. 올림픽에서 1등을 하면 ( )메달, 2등을 하면 ( )메달, 3등을 하면 동메달을 받는다.

✎ 다음 대화를 읽고 ( )에 알맞은 단어를 〈보기〉에서 찾아서 쓰십시오.

> 직원: 어서 오세요. 뭘 찾으세요?
> 손님: 코트 좀 보여 주세요.
> 직원: 이건 어떠세요? 키가 크셔서 이런 (㉠)이/가 잘 어울릴 것 같아요.
> 손님: 디자인이 (㉡)–아/어/해서 마음에 드네요! 그런데 소매가 좀 긴 것 같아요.
> 직원: 그럼 소매를 (㉢)–아/어/해 드릴까요?
> 손님: 네, 그렇게 해 주세요.

> **보기**   독특하다   스타일   수선하다

4. (㉠)에 들어갈 알맞은 것을 쓰십시오. ( )

5. (㉡)에 들어갈 알맞은 것을 쓰십시오. ( )

6. (㉢)에 들어갈 알맞은 것을 쓰십시오. ( )

✎ ( )에 알맞은 단어를 〈보기〉에서 찾아서 바꿔 쓰십시오.

> **보기**   액세서리   패션   묻다   맞다

7. 원피스에 기름이 ( )–았/었/했는데 어떻게 해야 해요?

8. 리에 씨는 ( ) 모델처럼 키가 커서 아무 옷이나 잘 어울린다.

9. 이 사이즈는 안 ( )–는 것 같아요. 좀 더 작은 거 없나요?

가리다

⑤ [가리다]

auswählen, wählerisch sein

우리 아이는 피부병이 있어서 음식을 **가려서** 먹어야
해요. Da unser Kind eine Hautkrankheit hat, muss ich das Essen
gut auswählen, bevor es isst.

–을/를 가리다

고소하다

⑱ [고소하다]

aromatisch, würzig, wohlschmeckend

가: 이 과자 **고소하고** 맛있네요!
Dieses Gebäck ist aromatisch und lecker.

나: 땅콩이 많이 들어가서 그런 것 같아요.
Ich denke, es liegt daran, dass viele Erdnüsse drin sind.

–이/가 고소하다

골고루

⑨ [골고루]

㉪ 골고루 먹다,
골고루 나눠 주다

ausgewogen

가: 엄마, 이거 먹기 싫어요.
Mama, ich möchte das nicht essen.

나: 그러면 키가 안 커. **골고루** 먹어야 해.
Dann wirst du nicht wachsen. Du musst dich ausgewogen
ernähren.

과식

⑲ [과:식]

⑤ 과식하다

übermäßiges Essen; sich überessen

가: 맛있는데 왜 안 먹어요?
Es ist lecker, aber warum essen Sie nicht?

나: 점심에 **과식**을 했더니 속이 좀 안 좋아요.
Ich habe zu Mittag zu viel gegessen und jetzt geht es mir nicht
so gut.

굶다

동 [굼ː따]

관 밥을 굶다. 굶어 죽다

eine Mahlzeit auslassen, hungern, fasten, nichts essen

가: 너무 바빠서 점심을 먹을 시간이 없어요.
Ich bin so beschäftgit, dass ich keine Zeit habe, zu Mittag zu essen.

나: **굶**지 말고 빵이라도 드세요.
Lassen Sie das Essen nicht aus und essen Sie etwas wie Brot oder so.

-을/를 굶다

05 Kleidung, Essen, Wohnen

단맛

명 [단맏]

참 신맛 ⇨ S. 258, 짠맛, 쓴맛

Süße, Süßigkeit

설탕의 **단맛**은 기분을 좋게 만든다.
Die Süße von Zucker macht gute Laune.

단백질

명 [단ː백찔]

관 단백질이 풍부하다/부족하다

Protein, Eiweiß

콩, 고기, 두부, 계란에는 **단백질**이 많이 들어 있다.
In Bohnen, Fleisch, Tofu und Eiern gibt es viel Eiweiß.

비타민

명 [비타민]

관 비타민이 풍부하다/부족하다

Vitamin

가: 요즘 잠을 많이 자지만 계속 피곤해요.
Zur Zeit schlafe ich zwar viel, aber ich bin ständig müde.

나: **비타민** C나 D가 부족하면 그럴 수 있대요.
Das kann an einem Mangel von Vitamin C oder D liegen.

상하다

ⓒ [상하다]

관 기분이 상하다,
속이 상하다, 상한 음식

① schlecht werden, verderben

② verärgert sein

가: 어? 이 우유에서 이상한 냄새가 나.
Äh? Diese Milch riecht komisch.

나: **상한** 것 같은데……. 마시지 마.
Ich glaube sie ist schlecht… Trink sie nicht.

가: 혹시 아까 내가 한 말 때문에 기분이 **상했어?**
Hast du vielleicht wegen dem von mir vorhin Gesagten
schlechte Laune?

나: 아니, 전혀.
Nein, überhaupt nicht.

−이/가 상하다

섭취

명 [섭취]

동 섭취하다
관 골고루 섭취하다,
음식물을 섭취하다
참 단백질 섭취, 비타민 섭취

Konsum, Aufnahme

가: 저는 커피를 하루에 7잔 정도 마셔요.
Ich trinke täglich 7 Tassen Kaffee.

나: 그렇게 많이 마셔요? 카페인(caffeine)을 많이
섭취하면 건강에 좋지 않아요.
So viel? Wenn man viel Koffein zu sich nimmt, ist es nicht gut
für die Gesundheit.

−을/를 섭취하다

시다

형 [시다]

참 신맛, 달다, 맵다,
쓰다, 짜다, 싱겁다,
고소하다 ⇨ S. 256

sauer sein

가: 할아버지, 귤 좀 드세요.
Großvater, iss etwas von den Mandarinen.

나: 나는 **신** 과일은 별로야.
Ich mag kein saures Obst.

−이/가 시다

안주

명 [안주]

Snack beim Trinken alkoholischer Getränke

가: **안주** 뭐 시킬까?
Was sollen wir für Snacks zum Trinken bestellen?

나: 맥주 **안주**로는 치킨이 최고야. 치킨 먹자.
Zum Bier ist Hähnchen am besten. Lass uns Hähnchen essen.

Bei „안주" sagt man auch „술안주".

영양

명 [영양]

관 영양이 풍부하다/
부족하다,
영양을 보충하다
참 영양소

Ernährung, Nahrung

가: 아이에게 어떤 간식을 만들어 주면 좋을까요?
Welche Zwischenmahlzeit soll ich für das Kind machen?

나: 감자와 계란을 넣은 샌드위치가 어때요? **영양**이
풍부하거든요.
Wie wäre ein Sandwich mit Kartoffeln und Ei? Es ist reich an
Nährstoffen.

육식

명 [육씩]

동 육식하다
참 육식주의자, 채식

Fleischkost

가: 우리 남편은 고기가 없으면 밥을 안 먹어요.
Mein Mann isst nicht, wenn es kein Fleisch gibt.

나: **육식**을 많이 하면 건강에 안 좋다고 하던데…….
Ich habe gehört, dass viel Fleisch nicht gut für die Gesundheit
ist.

이롭다

형 [이ː롭따]
불 'ㅂ'불규칙
⇨ Anhang S. 515

반 해롭다 ⇨ S. 261

vorteilhaft sein, nützlich sein

토마토는 몸에 **이로운** 영양소가 많다.
Tomaten haben viele gute Nährstoffe für den Körper.

-에/에게 이롭다

인분

명 [인분]

Portion

가: 떡볶이 몇 **인분** 시킬까?
Wie viele Portionen Tteokbokki soll ich bestellen?

나: 4명이니까 4**인분** 시키자.
Bestelle 4 Portionen, da wir 4 Personen sind.

입맛

명 [임맏]
⇨ Anhang S. 515

유 밥맛, 식욕
관 입맛이 없다,
입맛이 까다롭다,
입맛을 잃다

Appetit

가: 밥 먹어. 얼른.
Iss jetzt. Los.

나: 방금 일어나서 **입맛**이 없어요. 이따가 먹을게요.
Ich bin eben aufgestanden und habe keinen Appetit. Ich esse
später.

조리

명 [조리]

동 조리하다, 조리되다
참 조리법, 조리 과정

Kochen

이 요리의 재료와 **조리**법을 자세하게 알려 주십시오.
Bitte lassen sie mich die genauen Zutaten und Zubereitungsweise
dieses Gerichts wissen.

−을/를 조리하다 | −이/가 조리되다

조식

명 [조:식]
⇨ Anhang S. 516

유 아침밥, 아침 식사
참 조식 – 중식 – 석식

Frühstück

우리 호텔은 **조식** 포함해서 1박에 250,000원입니다.
Unser Hotel kostet 250.000 KRW pro Übernachtung inklusive
Frühstück.

종류

🗨☑

📖 [종ː뉴]

🔗 종류가 같다/다르다,
종류가 다양하다

Sorte

가: 김치김밥, 치즈김밥, 불고기김밥, 참치김밥 등이
있는데 뭘 먹고 싶어요?
Es gibt Kimchi Kimbap, Käse Kimbap, Bulgogi Kimbap,
Thunfisch Kimbap etc. Welches Kimbap möchten Sie?

나: 김밥의 **종류**가 정말 많네요! 뭐가 제일 맛있어요?
Es gibt echt viele Sorten von Kimbap. Welche schmeckt am
besten?

즉석

🗨☑

📖 [즉썩]

🔗 즉석 식품, 즉석 떡볶이,
즉석 사진

auf der Stelle, rasch, sofort

편의점에서 파는 음식은 **즉석**에서 먹을 수 있으니까
시간이 없을 때 먹기 좋다.
Das Essen, das beim Kiosk verkauft wird, kann man sofort essen,
weshalb es gut ist, wenn man keine Zeit hat.

채식

🗨☑

📖 [채ː식]

🔗 채식하다
🔗 채식주의자, 육식

vegetarische Kost

가: 우리 아이가 고기는 안 먹고 채소만 먹어요.
Mein Kind isst kein Fleisch und nur Gemüse.

나: 아이들이 **채식**만 하면 키가 안 클 텐데⋯⋯.
Wenn Kinder nur vegetarisch essen, werden sie nicht groß.

해롭다

🗨☑

📖 [해ː롭따]
📖 'ㅂ'불규칙

🔗 이롭다 ➡ S. 259

schaden, schädigen

가: 어제도 늦게까지 술을 마셔서 머리가 아파요.
Ich habe Kopfschmerzen, weil ich auch gestern wieder bis
spät Alkohol getrunken habe.

나: 그렇게 매일 술을 마시면 몸에 **해로워**요.
Wenn Sie täglich so Alkohol trinken schaden Sie ihrem Körper.

–에/에게 해롭다

261

향

명 [향]
⇨ Anhang S. 516

유 향기
참 딸기 향, 포도 향

Duft, Aroma

가: 이 와인(wine) 어때요?
Wie wäre dieser Wein?

나: 맛과 **향**, 모두 좋네요!
Geschmack und Geruch sind beide gut!

Quiz

✎ 다음 그림에 알맞은 단어를 〈보기〉에서 찾아 쓰십시오.

보기	단맛	쓴맛	고소한 맛

1. (　　　)　　　**2.** (　　　)　　　**3.** (　　　)

✎ ㉠, ㉡에 알맞은 단어를 〈보기〉에서 찾아 쓰십시오.

보기	채식	종류	단백질	골고루

4.
> 엄마: 반찬이 많은데 왜 계속 같은 것만 먹니? (　㉠　) 먹어.
> 아이: (　㉡　)이/가 많으면 뭐 해요? 제가 좋아하는 게 없잖아요.

㉠ (　　　　)　　　　㉡ (　　　　)

5.
> (　㉠　)을/를 하는 사람들은 고기를 먹지 않으니까 (　㉡　)이/가 부족한 경우가 많다고 한다. 그래서 고기 대신 두부와 달걀, 우유 등으로 부족한 영양을 보충한다고 한다.

㉠ (　　　　)　　　　㉡ (　　　　)

✎ (　　)에 알맞은 단어를 〈보기〉에서 찾아서 바꿔 쓰십시오.

보기	해롭다	상하다	섭취하다

6. 여름에는 음식이 잘 (　　　)-기 때문에 먹고 남은 음식은 냉장고에 넣어둬야 한다.

7. 감기에 걸렸을 때는 삼겹살처럼 기름이 많은 음식은 (　　　)-(으)니까 먹지 마십시오.

8. 남성은 하루에 2,500칼로리(kcal)를 (　　　)-아/어/해야 한다고 한다.

🗣☑👂
가루

🅜 [가루]

🔗 고춧가루, 밀가루, 후춧가루

Pulver

가: 김치는 모두 매워요?
Sind alle Sorten von Kimchi scharf?

나: 아니요, 고춧**가루**가 안 들어간 김치는 안 매워요.
Nein, Kimchi ohne Chilipulver ist nicht scharf.

🗣👂
국수

🅜 [국쑤]

🔗 국수를 삶다

Nudeln

가: 점심에 뭐 먹을까?   Was sollen wir zu Mittag essen?

나: 입맛이 없으니까 매운 걸 먹고 싶다. 비빔**국수** 먹을까?   Da ich meinen Geschmackssinn verloren habe, möchte ich etwas scharfes essen. Sollen wir Bibimguksu essen?

🗣☑👂
껍질

🅜 [껍찔]

🔗 껍질을 벗기다, 껍질을 까다

Schale, Hülle, Haut

가: 사과를 깎을까요?   Soll ich den Apfel schälen?

나: 아니요, 사과는 **껍질**까지 모두 먹어야 건강에 좋다고 해요.   Nein, Äpfel sind gut für die Gesundheit, wenn man sie ganz, mit Schale isst.

🗣👂
꿀

🅜 [꿀]

🔗 꿀을 타다

Honig

가: 인삼차가 너무 써요.
Ginsengtee ist sehr bitter.

나: 그럼 **꿀**을 좀 넣으세요.
Dann fügen Sie etwas Honig hinzu.

나물

명 [나물]

관 나물을 무치다

Sprossen und anderes essbares Grünzeug

비빔밥에는 몸에 좋은 여러 가지 **나물**이 들어간다.
In Bibimbap sind viele verschiedene Gemüsesorten drin, die gut
für den Körper sind.

된장

명 [된:장/뒌:장]

관 된장을 담그다
참 된장찌개, 고추장, 된장, 간장

Sojabohnenpaste

종업원: 뭘 드릴까요?
　　　　Was darf ich ihnen bringen?

손　님: 김치찌개 하나, **된장**찌개 하나 주세요.
　　　　Bitte bringen Sie uns ein Kimchijigae und ein
　　　　Doenjangjiggae.

밀가루

명 [밀까루]

Mehl

빵은 **밀가루**로 만든다.
Brot macht man aus Mehl.

식용유

명 [시굥뉴]

Speiseöl

프라이팬에 **식용유**를 조금 넣은 후에 야채와 고기를
넣고 같이 볶으세요.
Braten Sie Gemüse und Fleisch an, nachdem Sie etwas Speiseöl
in die Pfanne gegeben haben.

식품

명 [식품]

관 식품을 구입하다
참 즉석 식품, 인스턴트 식품

Essen

가: 컵라면 먹을래요?
　　Möchtest du Instantramyeon essen?

나: 저는 인스턴트(instant) **식품**은 안 먹어요.
　　Ich esse kein Instantessen.

265

양념

명 [양념]

동 양념하다
관 양념을 넣다

Gewürze, Marinade

가: 불고기를 만들고 싶은데 **양념**을 만들기가 너무 어려워요.
Ich möchte gerne Bulgogi machen, aber es ist sehr schwer, die Marinade zu machen.

나: 그럼 직접 만들지 말고 마트에 가서 사세요.
Dann mach sie nicht selbst, sondern geh zum Supermarkt und kaufe sie.

–을/를 양념하다 │ –에 양념하다

얼음

명 [어름]

관 얼음이 녹다,
얼음을 얼리다

Eis

커피에 **얼음**을 좀 더 넣어 주세요.
Bitte geben Sie etwas Eis in den Kaffee.

와인

명 [와인]

참 레드 와인(red wine),
화이트 와인(white wine)

Wein

가: 레드 **와인**이 좋으세요? 화이트 **와인**이 좋으세요?
Mögen Sie Rotwein? Oder Weißwein?

나: 스테이크를 시켰으니까 레드 **와인**을 먹읍시다.
Da ich ein Steak bestellt habe, trinke ich Rotwein.

💡 „Wein" wird auch „포도주", Traubensaft, genannt.

음료

명 [음:뇨]

유 음료수
참 탄산음료 ⇨ S. 267

Getränke

공연장에 **음료**나 음식을 가지고 들어오시면 안 됩니다.
Getränke oder Essen dürfen nicht mit in das Theater genommen werden.

☑●
죽

명 [죽]

Reisbrei

가: 오늘 소화가 잘 안되는 것 같아.
Ich glaube, meine Verdauung ist heute nicht gut.

나: 그럼 밥 말고 **죽** 먹어.
Dann iss keinen Reis, sondern Reisbrei.

💬☑●
찬물

명 [찬물]
⇨ Anhang S. 513, 516

유 냉수
반 더운물

kaltes Wasser

가: 왜 배탈이 났어?
Warum hast du Bauchschmerzen?

나: 오늘 너무 더워서 하루 종일 **찬물**을 많이 마셨거든.
Da es heute sehr heiß war, habe ich den ganzen Tag viel kaltes Wasser getrunken.

💬☑●
치즈

명 [치즈]

Käse

가: 뭘 드릴까요?
Was kann ich ihnen bringen?

나: **치즈** 버거 하나, 콜라 한 잔 주세요.
Bitte einen Cheeseburger und eine Cola bitte.

💬☑●
콩

명 [콩]

Bohne

두부는 **콩**으로 만든다.
Tofu macht man aus Bohnen.

💬☑
탄산음료

명 [탄ː사늠뇨]

Kohlensäurehaltige Getränke

가: 콜라를 너무 많이 마시는 거 아니에요?
Trinken Sie nicht zu viel Cola?

나: **탄산음료**가 건강에 안 좋은 것은 알지만 참을 수가 없어요.
Ich weiß, dass kohlensäurehaltige Getränke nicht gut für die Gesundheit sind, aber ich kann mich nicht zurückhalten.

조리 방법
Kochmethoden

구이

🄼[구이]

🄒 생선구이, 갈비구이

Gebratenes

가: 점심에 뭐 먹을까?
Was sollen wir zu Mittag essen?

나: 학교 앞에 생선**구이**집이 생겼
는데 가 보자.
Vor der Schule hat ein Laden mit
gebratenem Fisch aufgemacht.
Lass uns dort hingehen.

까다

🄳[까다]
⇨ Anhang S. 517

🄥 벗기다 ⇨ S. 147
🄺 껍질을 까다

schälen

왕핑아, 마늘 좀 **까** 줄래?
Wangping, könntest du bitte etwas
Knoblauch schälen?

–을/를 까다

💡 „까다" wird beim Schälen von harter Schale verwendet oder
wenn eine Schale etwas umhüllt. „벗기다" wird bei weicher Schale
verwendet oder wenn es keine Schale gibt.

끓다

🄳[끌타]

🄺 물이 끓다, 라면이 끓다

kochen

가: 라면은 언제 넣어야 돼?
Wann soll ich die Ramyeon Nudeln
hinzufügen.

나: 물이 **끓**으면 넣어.
Du kannst sie hinzufügen, wenn das
Wasser kocht.

–이/가 끓다

담그다

🔊☑️🔈
동 [담그다]
불 '으'불규칙
관 김치를 담그다,
된장/고추장/간장을
담그다

① einlegen ② eintauchen

가: 김치를 직접 **담그**세요? Legen Sie Kimchi selbst ein?

나: 아니요, 사서 먹어요. Nein, ich kaufe es.

달걀을 삶은 후에 찬물에 **담갔**다가 까면 껍질이 잘
까진다.
Wenn man Eier nach dem Kochen in kaltem Wasser abschreckt,
lassen sie sich gut schälen.

–을/를 담그다 ∣ –에 –을/를 담그다

담다

🔊☑️🔈
동 [담따]

legen

예쁜 그릇에 음식을 **담**으면 더
맛있어 보인다.
Wenn man Essen auf schönen Tellern
serviert, sieht es leckerer aus.

–에 –을/를 담다

덜다

🔊☑️
동 [덜다]
불 'ㄹ'불규칙
관 걱정을 덜다, 고민을 덜다,
부담을 덜다

① auf den Teller legen (geben)
② erleichtern, lindern

가: 밥이 너무 많아서 다 못 먹을 것 같아.
Es ist so viel Reis, ich glaube nicht, dass ich alles essen kann.

나: 그럼 나한테 **덜**어. 내가 먹을게.
Dann gib mir etwas. Ich esse es.

가: 왜 아르바이트를 해요?
Warum jobbst du?

나: 부모님의 부담을 **덜**어 드리고 싶거든요.
Weil ich meine Eltern weniger belasten möchte.

–에서 –을/를 덜다 ∣ –을/를 덜다

덮다

동 [덥따]

관 뚜껑을 덮다, 책을 덮다

decken, bedecken

가: 선생님, 이 다음에는 어떻게 할까요?
Herr Lehrer, was sollen wir als nächstes machen?

나: 냄비 뚜껑을 **덮**고 30분 정도 더 끓이세요.
Decken sie den Topf zu und lassen es weitere 30 Minuten köcheln.

−에 −을/를 덮다 │ −을/를 덮다

데우다

동 [데우다]
⇨ Anhang S. 514

반 식히다 ⇨ S. 148

aufwärmen, erwärmen, erhitzen

가: 피자가 식어서 맛이 없어.
Die Pizza ist kalt und schmeckt nicht gut.

나: 그럼 전자레인지에 **데워**서 먹어.
Dann wärm sie in der Mikrowelle auf und iss sie.

뒤집다

동 [뒤집따]

관 고기를 뒤집다,
옷을 뒤집어 입다

① wenden (von einer Seite auf die andere)

② etwas umkehren

어? 고기 탄다! 빨리 **뒤집**어.
Oh? Das Fleisch brennt an. Dreh es schnell um.

가: 너 옷 **뒤집**어서 입은 거 아니야?
Hast du die Kleidung nicht falsch herum an?

나: 어? 그렇네!
Oh? Ja!

−을/를 뒤집다

💡 Bei „뒤집다" sagt man oft „뒤집어요" oder „뒤집으니까".

삶다

📢☑️🔊

동 [삼:따]

관 달걀을 삶다,
옥수수를 삶다,
국수를 삶다

kochen

가: 감자는 몇 분 동안 **삶**아야 맛있어요?
Wie lange muss man Kartoffeln kochen,
damit sie schmecken?

나: 30분 정도 **삶**으세요.
Kochen Sie sie ca. 30 Minuten.

-을/를 삶다

섞다

📢☑️🔊

동 [석따]

mischen

가: 이거 사과와 오렌지를 **섞**어서
만든 주스인데 드셔 보세요.
Das ist Saft aus Äpfeln und Orangen
gemischt. Probieren Sie mal.

나: 정말 맛있네요!
Der ist wirklich lecker!

-에 -을/를 섞다 ｜ -을 -와/과 섞다

익다

📢☑️🔊

동 [익따]

관 고기가 익다

reifen, gar sein

가: 이 삼겹살 먹어도 돼요?
Kann ich den Schweinebauch essen?

나: 네, 다 **익**었으니까 드세요.
Ja, er ist gar. Essen Sie.

-이/가 익다

젓다

📢☑️🔊

동 [전:따]
불 'ㅅ'불규칙

관 커피를 젓다

rühren, umrühren

야채 주스는 마시기 전에 잘 **저**어 드세요.
Rühren Sie Gemüsesaft gut um, bevor Sie ihn trinken.

Quiz

✎ 다음 그림에 알맞은 동사를 ( )에 쓰십시오.

1. ( )　　**2.** ( )　　**3.** ( )　　**4.** ( )

✎ 다음 글을 읽고 질문에 답하십시오.

카레 맛있게 만드는 방법

• 재료: 소고기, 감자, 당근, 양파, 카레 가루

1. 감자와 양파는 껍질을 (㉠)-아/어/해 둔다.
2. 감자, 양파, 당근은 1.5cm로 썰고, 소고기는 2cm로 썰어 둔다.
3. 준비된 감자와 당근을 냄비에 넣고 볶다가 (㉡)-(으)면 양파와 소고기를 넣고 볶는다.
4. 볶은 재료에 물을 넣고 끓이다가 재료가 다 (㉡)-(으)면 카레를 넣는다.
5. 카레를 (㉢)-(으)면서 끓인다.

---

5. (㉠)에 들어갈 알맞은 것을 고르십시오.
　① 까다　　　② 덮다　　　③ 담다　　　④ 덜다

6. (㉡)에 들어갈 알맞은 것을 고르십시오.
　① 섞다　　　② 익다　　　③ 식히다　　　④ 삶다

7. (㉢)에 들어갈 알맞은 것을 고르십시오.
　① 데우다　　② 뒤집다　　③ 끓다　　　④ 젓다

📢☑🔊
갈다

동 [갈다]
불 'ㄹ'불규칙
⇨ Anhang S. 517

유 교체하다

austauschen, wechseln

가: 어, 시계가 멈췄네!
　　Oh, die Uhr ist stehen geblieben!

나: 그렇네! 배터리(battery)를 **갈**아야겠다.
　　Ja! Ich muss die Batterie wechseln.

–을/를 –(으)로 갈다

📢☑🔊
깨끗이

부 [깨끄시]

sauber

가: 아빠, 안녕히 주무세요.　Gute Nacht, Papa.

나: 그래, 자기 전에 이 **깨끗이** 닦고 자.
　　Ja, putz dir gut vor dem Schlafen die Zähne.

📢☑🔊
깨다 02

동 [깨다]
관 그릇을 깨다,
　 유리창을 깨다

zerbrechen, kaputt gehen

가: 엄마, 제가 설거지를 할까요?
　　Mama, soll ich das Geschirr spülen?

나: 그래, 그릇 **깨**지 않게 조심해.
　　Ja, aber sei vorsichtig, dass das Geschirr nicht kaputt geht.

–을/를 깨다

📢☑🔊
꾸미다

동 [꾸미다]
관 집을 꾸미다

dekorieren

가: 방을 예쁘게 **꾸미**고 싶은데 어떤 커튼을 사는 게 좋을까요?　Ich möchte mein Zimmer schön dekorieren, aber welche Vorhänge soll ich kaufen?

나: 꽃무늬 커튼을 사는 게 어때요?
　　Wie wäre, es Vorhänge mit Blumenmuster zu kaufen?

–을/를 꾸미다

늦잠

🔲 명 [늗짬]

관 늦잠을 자다
참 아침잠, 낮잠

verschlafen

가: 왜 늦었어요?
Warum sind Sie zu spät?

나: 미안해요. **늦잠**을 잤어요.
Es tut mir leid. Ich habe verschlafen.

먼지

🔲 명 [먼지]

관 먼지가 많다, 먼지가 나다,
먼지가 쌓이다,
먼지가 날리다

Staub

가: 방에 무슨 **먼지**가 이렇게 많아? 청소 좀 해.
Warum gibt es in diesem Zimmer so viel Staub? Du solltest mal wischen.

나: 이번 주는 너무 바쁘니까 주말에 할게.
Diese Woche bin ich sehr beschäftigt, aber ich mache es am Wochenende.

분리

🔲 명 [불리]

동 분리하다, 분리되다
참 쓰레기 분리수거

Trennung

가: 이 쓰레기를 같이 버려도 돼요?
Darf ich diesen Müll zusammen wegwerfen?

나: 종이는 **분리**해서 저쪽에 따로 버리세요.
Trennen Sie Papier und werfen Sie es separat dort weg.

-와/과 -을/를 분리하다 ┃ -에서 -을/를 분리하다 ┃
-이/가 -와/과 분리되다

설치

🔲 명 [설치]

동 설치하다, 설치되다
관 설치가 복잡하다/간편하다
참 CCTV 설치, 에어컨 설치,
설치 위치, 설치 비용

Einrichtung, Installation

가: 에어컨은 직접 **설치**해야 하나요?
Muss ich die Klimaanlage selbst installieren?

나: 아닙니다. 고객님! 저희 직원이 가서 **설치**해 드릴 겁니다. Nein. Unsere Mitarbeiter kommen und installieren die Klimaanlage.

-에 -을/를 설치하다 ┃ -이/가 -에 설치되다

세차

명 [세:차]

동 세차하다
참 자동 세차

Auto waschen

가: 차 깨끗하다! **세차**했어?
Das Auto ist sauber. Hast du es gewaschen?

나: 응, 주유소에서 무료로 해 줬어.
Ja, es wurde bei der Tankstelle kostenlos gemacht.

-을/를 세차하다

애완동물

명 [애:완물]

관 애완동물을 키우다
참 애완견, 애완 용품

Haustier

가: 저희 집에 고양이가 한 마리 있는데 아파트에서 키울 수 있나요?
Zuhause habe ich eine Katze. Wäre es möglich sie in dieser Wohnung zu halten?

나: 죄송합니다. 저희 아파트에서는 **애완동물**을 키울 수 없습니다.
Es tut mir leid. In unserer Wohnung können sie keine Haustiere halten.

양치

명 [양치]

동 양치하다   참 양치질

Zähne putzen

양치질은 하루에 3번, 3분 동안 해야 한다.
Die Zähne müssen 3 Mal am Tag 3 Minuten lang geputzt werden.

울리다 ⁰²

동 [울리다]

관 전화벨이 울리다, 알람이 울리다

klingeln

가: 왜 늦게 왔어?   Warum hast du dich verspätet?

나: 알람 **울리**는 소리를 못 듣고 계속 잤어.
Ich habe den Wecker nicht klingeln hören und weiter geschlafen.

-이/가 울리다

월세

명 [월쎄]

관 월세를 내다
참 전세

monatliche Miete

가: 이 집은 방이 2개, 화장실과 부엌이 있어요.
Diese Wohnung hat 2 Zimmer, ein Badezimmer und eine Küche.

나: 그래요? **월세**가 얼마예요?
Ja? Wie viel kostet die monatliche Miete?

위생

명 [위생]

참 위생적, 위생 상태,
위생 검사, 식품 위생

Hygiene, Sanitär-

가: 그 식당 왜 갑자기 문 닫았어?
Warum hat dieses Restaurant plötzlich geschlossen?

나: **위생** 상태가 나빠서 문제가 되었다고 해.
Da der Hygienezustand schlecht war, hat es Probleme gegeben.

이삿짐

명 [이사찜/이삳찜]

관 이삿짐을 싸다/풀다,
이삿짐을 싣다,
이삿짐을 나르다,
이삿짐을 옮기다
참 이삿짐센터

Umzugsgüter

가: 네, **이삿짐**센터입니다.
Ja, hier ist das Umzugsunternehmen.

나: 다음 주 토요일에 이사를 하려고 하는데요. 예약 가능한가요?
Ich möchte nächste Woche Samstag umziehen. Kann ich einen Auftrag reservieren?

일상

명 [일쌍]

참 일상적, 일상생활

Alltag

가: 바빠서 운동할 시간이 없어요.
Ich bin so beschäftigt, dass ich keine Zeit zum Sport machen habe.

나: 그럼 엘리베이터를 타지 말고 걸어서 다니는 게 어때요? **일상**생활에서 쉽게 할 수 있잖아요.
Wie wäre es dann, nicht den Aufzug zu nehmen, sondern zu Fuß zu laufen? Im Alltag kann man das leicht.

자취

🗨☑

명 [자취]

동 자취하다
참 하숙

alleine, getrennt von der Familie wohnen

가: 하숙해요? **자취**해요?
Wohnst du bei einer Gastfamilie? Oder alleine?

나: 친구랑 같이 **자취**하고 있어요.
Ich wohne mit einer Freundin getrennt von der Familie.

–에서 자취하다

잠그다

🗨☑

동 [잠그다]
불 '으'불규칙
⇨ Anhang S. 514

반 틀다 ⇨ S. 279
관 문을 잠그다,
　　가스를 잠그다

abschließen

가: 집에서 나올 때 문 잘 **잠갔**니?
Hast du die Tür gut abgeschlossen, als du die Wohnung verlassen hast?

나: 그럼요. 두 번이나 확인했어요.
Natürlich. Ich habe es zweimal überprüft.

–을/를 잠그다

조절

🗨☑

명 [조절]

동 조절하다, 조절되다
관 온도를 조절하다,
　　체중을 조절하다,
　　속도를 조절하다

Korrektur, Anpassung

가: 너무 추운데 에어컨 온도 좀 **조절**해 주세요.
Es ist sehr kalt. Können Sie bitte die Temperatur der Klimaanlage etwas anpassen?

나: 25℃ 정도면 괜찮으세요?
Sind 25 ℃ in Ordnung?

–을/를 조절하다 ｜ –이/가 조절되다

주거

🗨☑

명 [주:거]

참 주거 환경, 주거 공간

Wohnung, Aufenthalt

가: 이 집은 왜 이렇게 비싸지요?
Warum ist diese Wohnung so teuer?

나: 공원도 있고 지하철도 가까워서 **주거** 환경이 좋거든요.
Weil die Umgebung so gut ist. Es gibt einen Park und die U-Bahn ist in der Nähe.

주민

🔊☑️

📢 [주:민]

참 주민 센터, 아파트 주민

Bewohner, Einwohner

주민 여러분께 알려 드립니다. 내일 오후 2시부터 5시까지는 물이 나오지 않습니다. 필요한 물은 미리 준비해 두시기 바랍니다.

Achtung, eine Durchsage an alle Bewohner. Morgen Nachmittag wird von 14:00 - 17:00 Uhr das Wasser abgestellt. Bitte bereiten Sie benötigtes Wasser im Voraus vor.

충전

🔊☑️

📢 [충전]

동 충전하다, 충전되다
괜 휴대폰을 충전하다,
　 교통카드를 충전하다
참 충전기

Aufladen

형, 휴대폰을 **충전**하려고 하는데 **충전**기 어디에 있어?

Großer Bruder, ich möchte mein Handy aufladen, aber wo ist mein Ladekabel?

−을/를 충전하다　ㅣ　−이/가 충전되다

치우다

🔊☑️🔘

동 [치우다]

괜 방을 치우다

① aufräumen, sauber machen

② etwas wegräumen

가: 공부하려면 책상부터 좀 **치우**지 그래?
　　Wenn du lernen möchtest, solltest du zuerst den Schreibtisch etwas aufräumen.

나: 조금 전에 **치웠**는데요!
　　Ich habe ihn vor kurzem aufgeräumt.

이 의자를 안 쓸 거면 저쪽으로 좀 **치우**세요.
Wenn Sie den Stuhl nicht benutzen, dann räumen Sie ihn bitte dorthin weg.

−을/를 치우다　ㅣ　−을/를 −(으)로 치우다

틀다

🗨☑😊

동 [틀다]
불 'ㄹ'불규칙
⇨ Anhang S. 514, 517

유 켜다(①)
반 끄다(①),
잠그다(②) ⇨ S. 277

① Radio oder Fernseher einschalten
② den Hahn aufdrehen

가: 축구 시작하겠다! 텔레비전 좀 **틀어** 봐.
　　Fußball fängt an! Bitte schalte den Fernseher ein.

나: 몇 번 채널(channel)이지?
　　Auf welchem Kanal kommt es?

가: 언니, 화장실에 왜 물이 안 나와?
　　Onni, warum kommt kein Wasser im Badezimmer?

나: 어? 아까 내가 **틀었을** 때는 나왔는데······.
　　Oh? Als ich eben den Hahn aufgedreht habe, kam welches…

–을/를 틀다

💡 „틀다" hat zwar eine ähnliche Bedeutung wie „켜다", wird aber nur für Fernsehen, Radio oder Klimaanlage benutzt.

　　불을 켜다 (O)
　　불을 틀다 (X)

향기

🗨☑😊

명 [향기]

형 향기롭다
유 향
관 향기가 좋다, 향기가 나다,
　 향기를 맡다

Duft

향기가 참 좋네! 무슨 꽃이야?
Es duftet sehr gut! Was für eine Blume ist es?

–이/가 향기롭다

가스

Gas

圐 [가스]

관 가스가 폭발하다
참 가스레인지, 가스밸브,
가스 요금

가: 이번 달 **가스** 요금이 너무 많이 나왔어요.
In diesem Monat war die Gasrechnung sehr hoch.

나: 겨울이라서 그럴 거예요.
Das ist, weil wir Winter haben.

꽃병

Blumenvase

圐 [꼳뼝]
⇨ Anhang S. 516

유 화병
관 꽃병에 꽂다

가: 꽃을 좀 사 왔어요.
Ich habe Blumen gekauft.

나: 고마워요. **꽃병**에 꽂으면 예쁘겠네요.
Danke. Wenn ich sie in eine Vase stelle, sieht
es schön aus.

끈

Schnürsenkel, Schnur, Band

圐 [끈]

관 끈이 풀리다, 끈을 풀다,
끈을 묶다
참 신발끈, 운동화 끈,
구두 끈, 머리 끈

리에 씨, 운동화 **끈**이 풀렸어요.
Rie, die Schnürsenkel deiner Turnschuhe
sind offen.

대문

명 [대:문]

Tor, Haupttor, Haustür

가: 이 집은 **대문** 앞이 항상 깨끗하네요!
Vor der Tür dieses Hauses ist es immer sauber.

나: 할머니께서 아침마다 청소하시
더라고요.
Die Großmutter macht jeden Morgen
sauber.

도구

명 [도:구]

참 청소 도구, 조리 도구

Werkzeug

가: 청소 **도구**는 어디에 있나요?
Wo sind die Putzsachen?

나: 화장실 옆에 있어요.
Sie sind neben dem Badezimmer.

렌즈

명 [렌즈]

관 렌즈를 끼다/빼다,
렌즈를 착용하다

참 콘택트렌즈, 안경 렌즈

Kontaktlinse, Linsen

가: 안경 때문에 너무 불편해.
Wegen der Brille ist es so unangenehm.

나: 그럼 **렌즈**를 껴 보는 게 어때?
Wie wäre es, dann mal Kontaktlinsen zu versuchen?

바닥

명 [바닥]

관 바닥에 떨어지다,
바닥에 떨어뜨리다,
바닥에 쏟다

참 방 바닥, 교실 바닥,
천장, 벽

Boden

가: 내 볼펜이 어디 갔지?
Wo ist mein Kugelschreiber?

나: 저기 **바닥**에 떨어져 있네.
Er liegt dort auf dem Boden.

베개

☑ 🔊

명 [베개]

관 베개를 베다

Kissen

가: 어제 푹 잤어요?
Haben Sie gestern gut geschlafen?

나: **베개**가 너무 높아서 잘 못 잤어요.
Das Kissen war so hoch, dass ich nicht gut geschlafen habe.

봉지

✏ ☑ 🔊

명 [봉지]

관 봉지에 넣다, 봉지에 담다,
봉지를 뜯다

① Tüte   ② Packung, Päckchen

가: **봉지**에 넣어 드릴까요?
Soll ich es in eine Tüte tun?

나: 아니요, 가방에 넣으면 돼요.
Nein, sie können es in eine Tasche tun.

과자 2**봉지**를 사시면 1**봉지**를 더 드립니다.
Wenn Sie 2 Packungen Kekse kaufen, gebe ich Ihnen noch eine
Packung dazu.

비닐

✏ 🔊

명 [비닐]

참 비닐봉지, 비닐우산

Plastik

가: **비닐**봉지 드릴까요?
Soll ich Ihnen eine Plastiktüte geben?

나: 네, 주세요.
Ja, bitte.

💡 Plastiktüten werden „비닐봉지" und auch „비닐 봉투" genannt.

사물

✏ ☑ 🔊

명 [사ː물]

Gegenstand

개는 냄새만 맡아도 멀리 있는 **사물**이 무엇인지 금방
알 수 있다.
Ein Hund kann schnell Gegenstände erkennen, die weit weg sind,
nur indem er sie riecht.

상자

명 [상자]

관 상자를 열다, 상자에 담다,
상자에 넣다,
상자에서 꺼내다

① Kiste, Kasten ② Zähleinheit für Kisten

준이치: 소포를 좀 보내려고 하는데요.
Ich möchte ein Paket verschicken.

우체국 직원: 여기 올려놓으세요. **상자** 안에 뭐가 들어
있어요? Legen Sie es hier hin. Was ist in dem
Paket drin?

라면 한 **상자**에 라면이 몇 개 들어 있어요?
Wie viele Portionen Ramyeon sind in einer Kiste Ramyeon?

💡 Zu „상자" sagt man auch „박스(Box)".

세제

명 [세:제]

Putzmittel, Reinigungsmittel

가: 설거지할 때 쓸 **세제**를 사려고 하는데 뭐가 좋아요?
Ich möchte gerne Spülmittel kaufen. Welches ist gut?

나: 요즘 이 **세제**가 인기예요. 과일로 만들어서 주부들
이 좋아해요.
Zur Zeit ist dieses Reinigungsmittel beliebt. Es ist aus Früchten
gemacht, so dass Hausfrauen es mögen.

안방

명 [안빵]

참 침실, 욕실 ⇨ S. 283,
주방 ⇨ S. 285

(Eltern-)Schlafzimmer

아들: 엄마, 아빠 어디 계세요?
Mama, wo ist Papa?

엄마: **안방**에서 주무시는데 왜?
Er schläft im Schlafzimmer, aber warum fragst du?

욕실

명 [욕씰]

참 침실, 안방 ⇨ S. 283,
주방 ⇨ S. 285

Badezimmer

가: 지금 **욕실**에 누가 있어?
Ist gerade jemand im Badezimmer?

나: 형이 샤워하고 있어요.
Der große Bruder duscht gerade.

용품

📢☑

명 [용ː품]

참 학용품, 생활용품,
　주방용품, 스포츠용품

Waren, Sachen

가: 스키**용품**은 몇 층에 있어요?
In welcher Etage finde ich Skisachen?

나: 스포츠**용품**은 6층에 있습니다.
Skisachen sind in der 6. Etage.

유리

📢☑👤

명 [유리]

참 유리컵, 유리창, 유리 제품

Glas

가: **유리**창을 여러 번 닦았는데 깨끗해지지 않아요.
Ich habe die Gläser mehrmals gespült, aber sie werden nicht
sauber.

나: 그럼 신문지로 닦아 보세요.
Dann polieren Sie sie mit Zeitungspapier.

이불

📢☑👤

명 [이불]

관 이불을 덮다, 이불을 깔다,
　이불을 개다/펴다

Bettdecke

날씨가 추워졌으니까 밤에 잘 때
이불을 잘 덮고 주무세요.
Da es kälter geworden ist, schlafen Sie in
der Nacht mit einer Decke.

이어폰

📢☑

명 [이어폰]

관 이어폰을 끼다,
　이어폰을 꽂다

Kopfhörer

지하철에서 음악을 들을 때는 **이어폰**을 끼고 들으세요.
Benutzen sie bitte beim Hören von Musik in der U-Bahn Kopfhörer.

자동

🔊☑😊

명 [자동]
⇨ Anhang S. 513

반 수동
관 자동으로 켜지다/꺼지다,
자동으로 열리다/닫히다
참 자동문, 자동이체

automatisch

가: 이 문이 왜 안 열리지요?
Warum öffnet sich die Tür nicht?

나: 이 버튼을 누르면 **자동**으로 열려요.
Wenn Sie diesen Knopf drücken, öffnet sie sich automatisch.

장바구니

🔊☑

명 [장빠구니]

Einkaufstasche, Einkaufskorb, Warenkorb

가: 봉투 필요하세요?
Brauchen Sie eine Tüte?

나: 아니요, **장바구니**를 가지고 왔어요.
Nein, ich habe eine Einkaufstasche.

주방

🔊☑

명 [주방]
⇨ Anhang S. 503, 516

유 부엌

Küche

가: 어떤 아르바이트를 해 보셨어요?
Welche Nebenjobs haben Sie gemacht?

나: 식당 **주방**에서 설거지도 해 보고 아이들을 가르치는 일도 해 봤어요.
Ich habe in einer Restaurantküche gespült und Kinder unterrichtet.

💡 Küchen in normalen Wohnungen und Häusern, werden „부엌"
genannt. Dagegen werden Küchen in großen Restaurants
oder Hotels „주방" genannt. Aber in luxuriösen Häusern oder
Wohnhaussiedlungen sagt man auch „주방".

창가

(명) [창까]

Fenster

직원: 어느 쪽 자리로 드릴까요?
Welchen Platz möchten Sie?

손님: **창가** 자리로 주세요.
Geben Sie mir einen Fensterplatz.

In Flugzeugen, Zügen, Fernbussen etc. nennt man den Fensterplatz „창가 자리" und der Gangplatz wird „통로 자리" genannt.

통 02

(명) [통]

(참) 쓰레기통, 물통, 필통

Behälter, Eimer

쓰레기는 쓰레기**통**에 버려 주세요.
Werfen Sie den Müll in die Mülltonne.

풍선

(명) [풍선]

(관) 풍선이 터지다,
풍선을 불다,
풍선을 터뜨리다

Ballon

가: 아빠, 저 **풍선** 사 주세요.
Papa, kauf mir bitte den Ballon dort.

나: 그래. 무슨 색으로 사 줄까?
Okay. In welcher Farbe soll ich ihn kaufen?

플라스틱

(명) [플라스틱]

(참) 플라스틱 그릇,
플라스틱 제품

Plastik

플라스틱과 종이는 재활용할 수 있으니까 따로 버리
세요.
Werfen Sie Plastik und Papier separat weg, da man es recyceln kann.

현관

💬☑🔊

명 [현관]

Eingang, Eingangsbereich

현관에 있는 신발 좀 정리해라.
Räum bitte die Schuhe im Eingang auf.

화분

💬☑🔊

명 [화분]

Blumentopf

집들이 선물로 **화분**이 어때요?
Wie findest du einen Blumentopf als
Geschenk für eine Wohnungseinweihung?

화장품

💬☑🔊

명 [화장품]

관 화장품을 바르다
참 스킨, 로션

Kosmetika

직원: 어떤 **화장품**을 찾으세요?
　　　Welche Kosmetika suchen Sie?

손님: 스킨과 로션 좀 보여 주세요.
　　　Zeigen Sie mir bitte Toner und Essence.

Quiz

1. 다음 중 관계가 다른 것은 무엇입니까?

① 끈을 묶다 – 끈을 풀다　　　② 이불을 개다 – 이불을 펴다

③ 렌즈를 끼다 – 렌즈를 빼다　　④ 텔레비전을 틀다 – 텔레비전을 켜다

✏ 다음 그림을 보고 (　　　)에 맞는 단어를 쓰십시오.

보기	화분	천장	화장품	이어폰	벽
	꽃병	바닥	쓰레기통		애완동물

2. (　　　　)　　**3.** (　　　　　)　　**4.** (　　　　)

5. (　　　　)　　**6.** (　　　　　)　　**7.** (　　　　)

8. (　　　　)　　**9.** (　　　　　)　　**10.** (　　　　)

☑
고층

명 [고층]

참 고층 빌딩, 고층 건물

mehrgeschossig

고층 빌딩이 많은 도시는 하늘을 보기가 힘들어서
답답하다.
Städte mit vielen Hochhäusern sind bedrückend, weil es schwer
ist, den Himmel zu sehen.

🗪☑◉
공간

명 [공간]

관 공간이 좁다/넓다,
공간을 활용하다,
공간을 차지하다
참 공간적, 문화 공간,
생활 공간, 휴식 공간

Platz, Raum, Stelle

손 님: 식당에 주차장이 있어요?
Gibt es bei dem Restaurant einen Parkplatz?

종업원: 네, 주차 **공간**이 아주 넓으니까 걱정하지 마세
요.
Ja, machen Sie sich keine Sorgen, der Parkplatz ist sehr
groß.

☑◉
길거리

명 [길꺼리]

Straße

떡볶이, 순대와 같은 **길거리** 음식을 먹어 봤어요?
Haben Sie schon Straßenessen wie Tteokbokki und Sundae
probiert?

🗪◉
놀이터

명 [노리터]

Spielplatz

가: 이 근처에 아이들이 놀 수 있는 곳이 있어요?
Gibt es hier in der Nähe einen Ort, wo die Kinder spielen
können?

나: 네, 이쪽으로 5분만 걸어가시면 **놀이터**가 있어요.
Ja, wenn sie nur 5 Minuten in diese Richtung gehen, gibt es
einen Spielplatz.

목욕탕

📢☑

⑲ [모굑탕]

Bad(ehaus)

가: 아침 먹고 **목욕탕**에 갔다 올게.
Ich frühstücke und gehe zum Badehaus.

나: 오늘 수요일이잖아. **목욕탕** 쉬는 날
이야.
Heute ist Mittwoch. Da hat das Bad geschlossen.

바깥

📢☑◉

⑲ [바깓]

⇨ Anhang S. 512, 516

⑲ 밖   ⑭ 안
⑭ 바깥 날씨, 바깥 공기

draußen

가: **바깥**보다 집 안이 더 더운 것 같아요.
Ich finde es im Haus heißer als draußen.

나: 에어컨을 안 켜서 그래요. 에어컨을 좀 켤까요?
Das ist, weil du die Klimaanlage nicht anstellst. Soll ich die
Klimaanlage anmachen?

부동산

📢◉

⑲ [부동산]

Immobilienmakler

가: 회사랑 가까운 곳에 집을 구하고 싶은데요.
Ich möchte eine Wohnung in der Nähe der Firma kaufen.

나: 회사 근처에 있는 **부동산**에 가 보세요.
Gehen Sie zum Immobilienmakler, der in der Nähe der Firma
ist.

상가

📢☑

⑲ [상가]

㉠ 전자 상가, 의류 상가,
상가 건물

Einkaufszentrum

가: 요즘 유행하는 옷을 어디에서 싸게 살 수 있어요?
Wo kann ich günstig Kleidung kaufen, die zur Zeit in ist?

나: 강남에 있는 지하**상가**가 괜찮을 것 같아요.
Ich glaube, das unterirdische Einkaufszentrum in Gangnam ist
in Ordnung.

센터

명 [센터]

참 이삿짐센터, 고객 센터,
서비스 센터, 스포츠 센터

Zentrum, Center

가: 휴대폰이 고장 난 것 같아.
Ich glaube, das Handy ist kaputt.

나: 빨리 서비스 **센터**에 가지고 가 봐.
Bring es schnell zum Kundenservice.

소방

명 [소방]

참 소방관, 소방차, 소방서,
소방 시설

Feuerwehr

가: 어디에 불이 났나 봐.
Irgendwo scheint es zu brennen.

나: 그러게, **소방**차가 5대나 지나가네.
Ja, 5 Feuerwehrautos sind vorbeigefahren.

시설

명 [시:설]

관 시설이 좋다/나쁘다,
시설을 갖추다

참 공공시설, 안전시설,
편의 시설

Einrichtung, Institution

가: 이 헬스클럽은 넓고 **시설**도 참 좋네요.
Dieses Fitnessstudio ist groß und auch die Einrichtung ist sehr
gut.

나: 네, 그래서 다른 곳보다 조금 비쌉니다.
Daher ist es auch etwas teurer als woanders.

엘리베이터

명 [엘리베이터]

참 에스컬레이터

Aufzug, Fahrstuhl

가: 왜 이렇게 땀을 많이 흘려요?
Warum schwitzt du so?

나: 네, **엘리베이터**가 고장 나서
계단으로 올라왔거든요.
Der Aufzug war kaputt und ich bin
die Treppen hochgelaufen.

엘리베이터   에스컬레이터

💡 Zu „엘리베이터" sagt man auch „승강기".

원룸

[명] [원룸]

Einzimmerwohnung

부동산 직원: 어떤 집을 찾으세요?
Was für eine Wohnung suchen Sie?

준 이 치: 지하철역과 가까운 **원룸** 있어요?
Gibt es eine Einzimmerwohnung, die in der Nähe von
der U-Bahnhaltestelle ist?

위치하다

[동] [위치하다]

liegen, stehen, gelegen sein

이 백화점은 교통이 편리한 곳에 **위치해** 있다.
Dieses Kaufhaus ist an einem bequemen Ort für den Verkehr
gelegen.

–에 위치하다

주변

[명] [주변]
⇨ Anhang S. 516

[유] 주위
[참] 주변 환경, 생활 주변,
학교 주변

Umgebung, Umkreis, Umwelt

가: 집 **주변**에 호수가 있어서 참 좋겠어요.
Es muss schön sein in der Nähe der Wohnung einen See zu
haben.

나: 네, 그래서 저녁 먹고 자주 산책해요.
Ja, daher gehen wir oft nach dem Abendessen spazieren.

주택

[명] [주:택]

[관] 주택을 마련하다,
주택을 구입하다
[참] 주택가

Haus, Wohnung

우리 집은 **주택**가에 있어서 조용하다.
Mein Haus ist ruhig, weil es in einer Wohngegend ist.

중국집

☑◔

명 [중국찝]

chinesisches Restaurant

가: 아~ 자장면 먹고 싶다!
Ah… Ich möchte gerne Jajangmyeon (chinesische Nudeln in Bohnensoße) esssen.

나: 그럼 내가 **중국집**에 전화할게.
Dann rufe ich bei einem Chinesen an.

코너

▱☑◔

명 [코너]

참 식품 코너, 할인 코너

Ecke, Abteilung, Bereich

가: 과일 **코너**가 어디에 있어요?
Wo ist die Obstabteilung?

나: 야채 **코너** 옆에 있습니다.
Sie ist neben der Gemüseabteilung.

편의

▱☑

명 [펴늬/펴니]

참 편의점, 편의 시설

Bequemlichkeit

우리 동네에는 도서관, 주차장, 공원 등의 **편의** 시설이 많아서 살기 좋다.
Das Leben in meiner Nachbarschaft ist gut, da es viele Annehmlichkeiten wie Bibliotheken, Parkplätze und Parks gibt.

✏️ (　　)에 알맞은 단어를 〈보기〉에서 찾아 쓰십시오.

| 보기 | 센터 | 코너 | 공간 | 시설 |

1. 지하철역 안에는 여러 가게들과 잠시 쉬었다 갈 수 있는 휴식 (　　　)
이/가 있다.

2. 이사를 할 때 이삿짐 (　　　)을/를 이용하면 간편하게 이사를 할 수 있다.

3. 이 아파트에는 어린이 놀이터, 어린이 도서관 등 어린이를 위한 (　　　)
이/가 많아서 좋다.

4. 저녁 7시쯤 백화점에 가면 식품 (　　　)에서 할인을 하기 때문에
음식을 싸게 살 수 있다.

✏️ 다음 그림을 보고 (　　　　)에 맞는 단어를 쓰십시오.

| 보기 | 놀이터 | 소방서 | 중국집 | 부동산 | 목욕탕 |

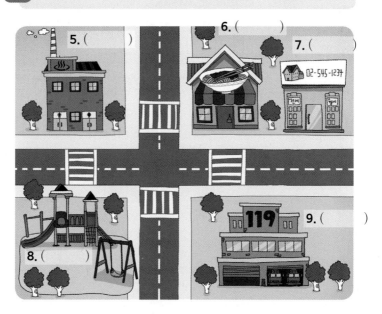

5. (　　　　)

6. (　　　　)

7. (　　　　)

8. (　　　　)

9. (　　　　)

✏️ **Dieses chinesische Zeichen ist in diesen koreanischen Wörtern zu finden**

S. 315

Rückgabe

물건을 받아 보시고 마음에 안 들면 반품 가능합니다.

Erhalten sie die Gegenstände und wenn sie ihnen nicht gefallen, ist eine Rückgabe möglich.

반품

식품

S. 265

Essen, Lebensmittel

백화점 식품 매장은 7시 이후에 가면 할인을 한다.

Wenn man um 19 Uhr zur Lebensmittelabteilung ins Kaufhaus geht, gibt es viel Rabatt.

S. 284

Waren, Sachen

이사하면서 주방용품을 새것으로 다 바꾸었다.

Ich habe beim Umzug meine Sachen für die Küche alle in neue ausgetauscht.

용품

品 품

물건
Gegenstand, Sache

S. 418

Produkt

이 제품은 가격이 싸고 디자인이 예뻐서 인기가 많다.

Dieses Produkt ist sehr beliebt, da es günstig und das Design auch schön ist.

제품

화장품

S. 287

Kosmetika

넌 무슨 화장품을 사용하니?

Welche Kosmetika benutzt du?

품질

S. 420

Qualität

이 제품은 지난번에 산 것보다 품질이 좋다.

Dieses Produkt hat eine bessere Qualität als das, das wir letztens gekauft haben.

06

날씨/생활

Wetter/Leben

건조

명 [건조]

형 건조하다

Trockenheit

가: 날씨가 **건조**해서 피부도 **건조**해진 것 같아요.
Ich denke, meine Haut ist trocken, weil das Wetter trocken ist.

나: 물을 많이 드세요.
Trinken Sie viel Wasser.

-이/가 건조하다

기온

명 [기온]

관 기온이 올라가다/
내려가다,
기온이 높다/낮다,
기온이 떨어지다
참 최고 기온, 최저 기온

Temperatur

오늘 낮 **기온**은 33℃까지 올라가겠습니다.
Heute steigt die Tagestemperatur auf 33℃.

끼다

동 [끼ː다]

관 구름이 끼다, 안개가 끼다

aufziehen, aufkommen

가: 오늘 빨래해도 될까?
Darf ich heute Wäsche waschen?

나: 구름이 **낀** 걸 보니까 비가 올 것 같아. 내일 해.
Ich denke, es wird regnen, weil es so bewölkt ist. Mach es
morgen.

더위

[명] [더위]

⇨ Anhang S. 511

[반] 추위 ⇨ S. 302
[관] 더위를 이기다,
더위를 참다
[참] 무더위

Hitze

한국 사람들은 여름에 **더위**를 이기기 위해서 삼계탕을 먹는다.
Koreaner essen Samgyetang, um im Sommer die Hitze zu bewältigen.

💡 Wenn man im Sommer wegen des heißen Wetters keinen Appetit und keine Kraft hat, spricht man von „더위 먹다".

도

[의명] [도:]

Grad

가: 어제까지는 덥더니 오늘 좀 시원하네요. 지금 몇 **도**(℃)예요?
Bis gestern war es heiß, aber heute ist es etwas frischer. Wie viel Grad sind es?

나: 23**도**(℃)예요.
Es sind 23 Grad (℃).

맞다 02

[동] [맏따]

[관] 비를 맞다, 눈을 맞다

① **von Regen oder Schnee nass werden**
② **eine Punktzahl bekommen**

가: 왜 비를 **맞**고 왔어? 우산 안 챙겨 갔니?
Warum hast du Regen abbekommen? Hast du keinen Regenschirm mitgenommen?

나: 챙기려고 했는데 깜빡했어요.
Ich wollte einen mitnehmen, aber habe es vergessen.

너, 지금까지 시험에서 0점(빵점) **맞**은 적 있어?
Hast du schon einmal in einer Prüfung 0 Punkte bekommen?

-을/를 맞다

무덥다

☑☑ⓔ

⑱ [무덥따]
⑱ 'ㅂ'불규칙

⑲ 무더운 날씨
⑳ 무더위

schwül sein, vor Hitze umkommen

가: 요즘 계속 **무더워**서 밤에 잠을 잘 못 자는 사람들
이 많대.
Zur Zeit ist es so heiß, dass viele Leute nicht gut schlafen
können.

나: 맞아. 나도 어젯밤에 잠을 잘 못 잤어.
Stimmt. Ich konnte letzte Nacht auch nicht gut schlafen.

−이/가 무덥다

소나기

☑☑ⓔ

⑲ [소나기]

⑲ 소나기가 그치다

Regenschauer

가: 비가 많이 오는데 우산을 살까?
Es regnet sehr viel. Soll ich einen Regenschirm kaufen?

나: **소나기**니까 잠깐 기다려 보자.
Lass uns einen Moment warten. Es ist nur ein Schauer.

습기

☑☑

⑲ [습끼]

⑲ 습기가 많다, 습기가 차다,
습기를 없애다,
습기를 제거하다

Feuchtigkeit

가: 요즘 계속 비가 와서 집 안에 **습기**가 많아요.
Es regnet zur Zeit so viel, dass die Feuchtigkeit in der
Wohnung hoch ist.

나: 지금 마트에서 **습기**를 없애는 제품을 할인하고
있으니까 가 보세요.
Im Supermarkt sind gerade Produkte zur Entfernung von
Feuchtigkeit im Angebot. Gehen Sie mal gucken.

영상 ⁰¹

명 [영상]
⇨ Anhang S. 512

반 영하 ⇨ S. 301
관 영상으로 올라가다

über Null

가: 오늘도 춥겠지요?
Heute wird es auch kalt, oder?

나: 아침에는 좀 추운데 낮에는 **영상** 7도까지 올라간 대요.
Am Morgen ist es ein bisschen kalt, aber am Tag soll es bis zu 7 Grad über Null werden.

💡 Wenn man über die Temperatur spricht, sagt man auf jeden Fall „영하" bei „unter Null" aber man verwendet kaum „영상" bei „über Null".

영하

명 [영하]
⇨ Anhang S. 512

반 영상 ⇨ S. 301
관 영하로 떨어지다

unter Null

가: 서울은 겨울에 얼마나 추워요?
Wie kalt wird es im Winter in Seoul?

나: **영하** 13도(℃)까지 떨어지는 날이 많아요.
Es gibt viele Tage, an denen es bis zu 13 Grad (℃) unter Null ist.

온도

명 [온도]

관 온도를 올리다/내리다,
온도를 조절하다
참 실내 온도

Temperatur

가: 좀 추운데 에어컨 좀 꺼 주시면 안 돼요?
Es ist ein bisschen kalt. Können Sie bitte die Klimaanlage ausmachen?

나: 손님, 죄송하지만 다른 손님들도 계시니까 **온도**를 조금만 올려 드리겠습니다.
Entschuldigen Sie, aber weil es noch andere Kunden gibt, stelle ich die Temperatur nur ein bisschen höher.

자외선

📋☑

명 [자ː외선/자ː웨선]

관 자외선이 강하다
참 자외선 차단제

UV Licht

가: 오늘 햇빛이 너무 강한 것 같아요.
Heute scheint die Sonne sehr stark.

나: 이런 날은 **자외선**이 강하니까 선크림(sun cream)을 꼭 발라야 해요.
Da an solchen Tagen das UV-Licht stark ist, muss man unbedingt Sonnencreme auftragen.

💡 Für UV-Licht Blocker sagt man auch „선크림". Dies kommt aus dem Englischen und wird oft wie „썬크림" ausgesprochen.

추위

📋☑🔊

명 [추위]
⇨ Anhang S. 511

반 더위 ⇨ S. 299
관 추위를 타다
참 꽃샘추위

Kälte

가: 이번 주말에 스키장에 갈래요?
Wollen wir dieses Wochenende zu einem Skiort gehen?

나: 미안해요. 저는 **추위**를 많이 타서 겨울에는 밖에 나가는 게 싫어요.
Es tut mir leid. Ich mag es nicht im Winter nach draußen zu gehen, weil ich so schnell friere.

💡 „꽃샘추위" bezeichnet Tage im Frühling, an denen es so kalt wie im Winter ist, da der Winter, das Blühen der Blumen im Frühling neidet. „Nachwinter" zu Deutsch.

파도

☑🔊

명 [파도]

관 파도가 높다,
파도가 심하다

Welle

오늘은 바람이 많이 불고 **파도**가 높으니까 수영을 하지 마십시오.
Heute ist es windig und die Wellen sind hoch. Schwimmen Sie daher nicht.

Track **32**

가꾸다

동 [가꾸다]

관 채소를 가꾸다

züchten, anbauen, pflegen

가: 취미가 뭐예요? Was ist Ihr Hobby?

나: 꽃을 **가꾸**는 거예요. Ich züchte Blumen.

−을/를 가꾸다

결승

명 [결씅]

관 결승에 나가다,
  결승에 오르다
참 결승전, 준결승

Endspiel

가: 지금 축구 **결승**전 하는 중인데 텔레비전 안 보고 뭐 해?
Es ist gerade das Fußballendspiel und du siehst kein Fernsehen?

나: 그래? 벌써 시작했어?
Ja? Hat es schon angefangen?

곡

명 [곡]

참 작곡가

Musikstück

가: 기타 칠 줄 알아요? 그럼 한 **곡**만 쳐 주세요.
Sie können Gitarre spielen? Spielen sie bitte wenigstens ein Stück.

나: 좋아요. 무슨 노래를 듣고 싶어요?
Gut. Welches Lied möchten Sie hören?

관람

명 [괄람]

참 박물관 관람, 영화 관람,
  공연 관람

Ansehen, Zuschauen

이 영화는 19살 이상만 **관람**할 수 있습니다.
Dieser Film kann erst von Personen älter als 19 Jahren gesehen werden.

−을/를 관람하다

나들이

명 [나드리]

관 나들이를 가다

Exkursion, Ausflug

오늘은 비가 많이 오겠습니다. **나들이**를 계획하고
계신 분들은 다음 주로 미루시는 것이 좋겠습니다.
Es wird heute viel regnen. Es wäre gut, wenn Personen, die heute
einen Ausflug machen möchten, diesen auf nächste Woche
verschieben.

단체

명 [단체]

참 단체 여행, 단체 사진,
단체 생활

Gruppe

가: 저희 20명인데 **단체** 할인 받을 수 있나요?
Wir sind 20 Personen. Können wir eine Ermäßigung
bekommen?

나: 그럼요, 20명부터 10% 할인됩니다.
Natürlich. Ab 20 Personen gibt es 10% Rabatt.

대여

명 [대:여]
⇨ Anhang S. 517

동 대여하다
유 빌려주다

Miete, Ausleihe

스키가 없는데 스키장에서 **대여**할 수 있어요?
Ich habe keine Skier. Kann ich welche beim Skiort ausleihen?

-에/에게 -을/를 대여하다

동호회

명 [동호회/동호훼]

관 동호회에 가입하다

Club, Gruppe

가: 요즘 주말에 할 일도 없고 너무 심심해요.
Zur Zeit habe ich am Wochenende nichts zu tun und es ist
sehr langweilig.

나: 그럼 우리 사진 **동호회**에 오세요.
Dann kommen Sie zu unserer Gruppe für Fotografie.

💡 „동호회" ist eine Hobbygruppe von Berufstätigen oder der
Allgemeinheit und „동아리" ist eine Gruppe von Studierenden an der
Universität.

매표소

🗨️☑️

명 [매ː표소]

Ticketschalter

가: 우리 오후에 어디에서 만날까?
Wo sollen wir uns am Nachmittag treffen?

나: 박물관 **매표소** 앞에서 만나자.
Lass uns vor dem Ticketschalter beim Museum treffen.

머무르다

🗨️☑️🔊

동 [머무르다]
불 '르'불규칙

준 머물다

bleiben

가: 일본에 여행을 가면 어디에서 지낼 거야?
Wo wirst du bleiben, wenn du nach Japan reist?

나: 친척 집에 **머무르**려고 해.
Ich möchte bei meinen Verwandten bleiben.

－에 머무르다

메달

🗨️☑️

명 [메달]

관 메달을 따다
참 금메달, 은메달, 동메달

Medaille

가: 이번 대회에서 한국은 **메달**이 몇 개예요?
Wie viele Medaillen hat Korea bei diesem Wettkampf gewonnen.

나: 금**메달** 10개, 은**메달** 3개, 동**메달** 24개예요.
10 Goldmedaillen, 3 Silbermedaillen und 24 Bronzemedaillen.

박람회

🗨️☑️

명 [방남회/방남훼]

관 박람회가 열리다,
　박람회를 관람하다
참 무역 박람회, 취업 박람회

Ausstellung

가: 이번 주말에 꽃 **박람회**가 있는데 같이 갈래요?
An diesem Wochenende gibt es eine Blumenausstellung. Möchten Sie mitkommen?

나: 좋아요. 재미있을 것 같아요.
Gerne. Es scheint als ob es Spaß machen könnte.

상금

🗨☑

명[상금]

관 상금을 타다, 상금을 받다

Preisgeld

가: 이번 골프 대회에서 1등을 하면 **상금**이 얼마예요?
Wenn man bei diesem Golfturnier den 1. Platz macht, wie hoch ist das Preisgeld?

나: 1억 정도 돼요.
Ungefähr 100 Millionen KRW.

속하다

🗨☑🔊

동[소카다]

gehören

우리가 **속한** 팀이 이겨서 신났다.
Ich freue mich, dass unser Team gewonnen hat.

−에 속하다

수집

🗨☑

명[수집]

⇨ Anhang S. 517

동 수집하다, 수집되다
유 모으다
관 자료를 수집하다
참 수집가, 우표 수집, 정보 수집

Sammlung

가: 취미가 뭐예요?
Was ist Ihr Hobby?

나: 만화책 **수집**이에요.
Comics sammeln.

−을/를 수집하다 | −이/가 수집되다

숙박

🗨☑

명[숙빡]

동 숙박하다
참 숙박 시설

Übernachtung, Unterkunft

가: 네, 제주 호텔입니다.
Ja, Jeju Hotel am Apparat.

나: 7월 5일부터 7월 8일까지 **숙박** 가능한가요?
Haben Sie vom 5. Juli bis 8. Juli eine Unterkunft frei?

−에 숙박하다

숙소

🗨☑👤

명 [숙쏘]

관 숙소를 정하다,
숙소를 예약하다

Unterkunft

가: 부산에 괜찮은 **숙소**가 있나요?
Gibt es in Busan eine Unterkunft, die in Ordnung ist?

나: 해운대 근처에 싸고 깨끗한 호텔이 있다고 들었어요.
Ich habe gehört, dass es in der Nähe von Haeundae ein
günstiges und sauberes Hotel gibt.

악기

🗨☑👤

명 [악끼]

관 악기를 연주하다

Musikinstrument

가: **악기**를 배운 적이 있어요?
Haben Sie ein Instrument gelernt?

나: 네, 어릴 때 피아노를 배웠어요.
Ja, ich habe als Kind Klavier gelernt.

야외

🗨☑👤

명 [야ː외/야ː웨]

⇨ Anhang S. 512

반 실내
참 야외 공연, 야외 수업,
야외 결혼식

draußen

가: 내일 비가 와도 공연을 하나요?
Findet das Konzert statt, auch wenn es morgen regnet?

나: 비가 오면 **야외** 공연은 취소됩니다.
Wenn es regnet, wird das Konzert im Freien abgesagt.

여가

🗨☑

명 [여가]

참 여가 시간, 여가 활동

Freizeit

가: **여가** 시간에 보통 뭘 하세요?
Was machen Sie normalerweise in Ihrer Freizeit?

나: 영화를 보거나 운동을 해요.
Ich schaue Filme oder ich mache Sport.

연주

☑�

명 [연주]

동 연주하다
관 악기를 연주하다
참 연주회, 연주자

Aufführung

가: 무슨 악기를 **연주**할 줄 알아요?
Welches Instrument können Sie spielen?

나: 기타를 칠 줄 알아요.
Ich kann Gitarre spielen.

−을/를 연주하다

오락

명 [오:락]

관 오락을 즐기다
참 오락 시간, 오락 프로그램

Vergnügen, Unterhaltung

가: 무슨 TV 프로그램을 자주 봐요?
Welche Fernsehsendung sehen Sie oft?

나: 저는 연예인들이 많이 나오는 **오락** 프로그램을 자주 봐요.
Ich schaue oft eine Unterhaltungssendung, in der viele Prominente vorkommen.

💡 Zur Zeit werden Unterhaltungssendungen oft auch „예능 프로그램" statt „오락 프로그램" bezeichnet.

온천

명 [온천]

heiße Quellen

가: 이번 겨울에는 어디로 여행을 가고 싶어요?
Wohin wollen Sie diesen Winter reisen?

나: 날씨가 추우니까 **온천**에 가서 쉬고 싶어요.
Da es kalt ist, möchte ich zu einer heißen Quelle fahren.

응모

명 [응:모]

동 응모하다

Bewerbung

이번 이벤트(event)에 **응모**하시는 모든 분들께 예쁜 컵을 드립니다.
Bei dieser Veranstaltung verteilen wir schöne Tassen an Personen, die sich beworben haben.

−에 응모하다

일반

명 [일반]

참 일반적 ⇨ S. 212,
일반인, 일반화

Allgemeinheit, Normal, Generell, bei Eintritt auch Erwachsene*r

입 장 료
Eintrittspreis

일반: 10,000원
Erwachsene: 10.000 KRW

학생: 8,000원
Schüler: 8.000 KRW

자유

명 [자유]

형 자유롭다 ⇨ S. 25,
자유스럽다
참 자유 여행

Freiheit, Unabhängigkeit

가: 아르바이트 해서 모은 돈으로 뭐 할 거야?
Was machst du mit dem Geld, nachdem du es mit jobben verdient hast?

나: 유럽으로 **자유** 여행을 가려고 해.
Ich möchte auf eigene Faust nach Europa reisen.

–이/가 자유롭다 ｜ –이/가 자유스럽다

전시

명 [전:시]

동 전시하다, 전시되다
참 전시회, 전시관

Ausstellen

가: 7월에는 어떤 **전시**회가 있나요?
Welche Ausstellung gibt es im Juli?

나: 이번 달에는 한국의 전통 도자기를 전시하고 있습니다.
In diesem Monat gibt es eine Ausstellung zu koreanischer traditioneller Keramik.

–을/를 전시하다 ｜ –이/가 전시되다

취하다 ⁰²

동 [취:하다]

관 휴식을 취하다,
수면을 취하다

nehmen, einnehmen

손님: 이 약을 먹으면 빨리 낫겠지요?
Wenn ich diese Medizin nehme, wird es schnell besser, oder?

약사: 약을 먹는 것도 중요하지만 감기에 걸렸을 때에
는 충분한 휴식도 **취해야** 합니다.
Es ist gut, Medizin zu nehmen, aber bei Erkältung muss man
sich auch ausreichend ausruhen.

포함

명 [포함]

동 포함하다, 포함되다
참 조식 포함, 석식 포함

Beinhalten

가: 여행비에 식사비도 **포함**되나요?
Ist bei den Reisekosten auch das Geld für Essen mit
einberechnet?

나: 아침은 **포함**되고 점심, 저녁은 **포함**되지 않습니다.
Das Frühstück ist inklusive, aber Mittag- und Abendessen
nicht.

-을/를 포함하다 ∣ -을/를 -에 포함하다 ∣ -이/가 -에 포함되다

해소

명 [해:소]
⇨ Anhang S. 517

동 해소하다, 해소되다
유 풀다
관 스트레스를 해소하다

Auflösen, Abbau, Verringerung

나는 한 달에 두 번 공연을 보면서 스트레스를 **해소**
한다.
Ich baue Stress ab, indem ich mir zweimal im Monat Aufführungen
anschaue.

-을/를 해소하다 ∣ -이/가 해소되다

활용

⤬☑◔

명 [화룡]

동 활용하다, 활용되다
참 재활용, 시간 활용,
공간 활용

Nutzung, Benutzung

가: 어떻게 하면 시간 **활용**을 잘 할 수 있을까요?
　　Wie kann ich die Zeit gut nutzen?

나: 일을 하기 전에 계획을 세워 보세요.
　　Machen sie sich einen Plan bevor sie mit der Arbeit beginnen.

-을/를 -에 활용하다 ｜ -을/를 -(으)로 활용하다 ｜ -이/가 -에 활용되다
｜ -이/가 -(으)로 활용되다

회비

⤬☑

명 [회:비/훼:비]

관 회비를 내다

Mitgliedsbeitrag

저희 모임에 나오려면 한 달에 한 번 **회비**를 내셔야
합니다.
Wenn man zu unseren Treffen kommen möchte, muss man ein
Mal pro Monat einen Mitgliedsbeitrag bezahlen.

회원

⤬☑◔

명 [회원/훼원]

참 회원 가입, 회원 모집,
회원 카드

Mitglied

가: 저기 이 책을 좀 빌리고 싶은데요.
　　Ich möchte dieses Buch ausleihen.

나: 네, 저희 도서관 **회원**이세요?
　　Ja, sind Sie Mitglied unserer Bibliothek?

휴식

⤬☑

명 [휴식]

관 휴식이 필요하다,
휴식을 취하다
참 휴식 공간, 휴식 시간

Ruhe, Pause

목욕을 한 후에는 충분한 **휴식**이 필요합니다.
Nach dem Baden braucht man genügend Ruhe.

💡 „휴식" wird oft mit „취하다" zusammen verwendet.

Quiz

날씨/생활 〉일기 예보, 여가 활동

✎ 관계 있는 것끼리 연결하십시오.

1. 메달을 •　　　　　　　• ① 끼다

2. 구름이 •　　　　　　　• ② 따다

3. 악기를 •　　　　　　　• ③ 해소하다

4. 스트레스를 •　　　　　　• ④ 연주하다

5. 다음 중에서 관계가 다른 것은 무엇입니까?

① 영상 – 영하　　② 실내 – 야외　　③ 더위 – 추위　　④ 습기 – 기온

✎ ㉠, ㉡에 알맞은 단어를 〈보기〉에서 찾아서 바꿔 쓰십시오.

> **보기**　　휴식　　야외　　나들이　　박람회　　머무르다　　관람하다

6.
> 가: 이번 휴가에 온천으로 여행 간다면서요?
> 나: 네, 가족들이랑 같이 호텔에 (㉠)-(으)면서 며칠 동안
> (㉡) 좀 취하고 오려고요.

　　　　㉠ (　　　　　)　　　　　㉡ (　　　　　)

7.
> 내일은 최저 기온이 20도로 따뜻한 날씨가 계속되겠습니다.
> (㉠) 활동을 하기에 좋은 날씨니 가족들과 함께 산책을 하시
> 거나 가까운 곳으로 (㉡)을/를 가시는 건 어떨까요?

　　　　㉠ (　　　　　)　　　　　㉡ (　　　　　)

8.
> 서울에서 가까운 도시에서 꽃 (㉠)이/가 열린다고 해서 주
> 말에 친구들과 (㉡)-(으)러 다녀왔다. 아름다운 꽃을 실컷
> 보고 사진도 많이 찍을 수 있어서 좋았다.

　　　　㉠ (　　　　　)　　　　　㉡ (　　　　　)

경우

🔊☑️●

명 [경우]

Fall

물건에 문제가 있을 **경우**에는 교환, 환불이 가능합니다.
Im Falle von Problemen bei den Gegenständen, ist ein Austausch
oder eine Rückgabe möglich.

💡 „경우" wird viel in Form von „<Verb> + -(으)ㄴ/는/(으)ㄹ 경우" und „이런/
저런/그런 경우" verwendet.

내용물

🔊☑️

명 [내:용물]

Inhalte

공항 직원: **내용물** 좀 확인하겠습니다. 가방 좀 열어
주십시오.
Ich werde die Inhalte prüfen. Öffnen Sie bitte die Tasche.

대기

🔊☑️

명 [대기]

동 대기하다
참 대기실, 대기자, 대기 시간

Warten

가: 오래 기다려야 해요?
Muss ich lange warten?

나: 손님이 10분 정도 계시니까 30분 정도 **대기**하셔야
합니다.
Wir haben gerade etwa 10 weitere Kunden, Sie müssen also
etwa 30 Minuten warten.

따지다

⟨통⟩ [따지다]

① beschweren　　② bedenken

직원에게 일주일이 지났는데도 주문한 물건이 도착하지 않았다고 **따졌다**.

Ich habe mich bei dem Mitarbeiter beschwert, da auch nach Verstreichen einer Woche die bestellten Sachen nicht gekommen sind.

물건을 사기 전에 먼저 디자인, 가격 등을 **따져 봐야 해요**.　Vor dem Kauf von Sachen muss man zuerst Design, Preis etc. bedenken.

−에/에게 −을/를 따지다　|　−에/에게 −다고/(느)ㄴ다고 따지다

무상

⟨명⟩ [무상]

⟹ Anhang S. 512

⟨반⟩ 유상

kostenlos, gratis

가: 이 휴대폰 산 지 6개월 됐는데 수리비를 내야 하나요?

Ich habe das Handy vor 6 Monaten gekauft. Muss ich die Reparatur bezahlen?

나: 아닙니다. 1년까지는 **무상**으로 수리해 드립니다.

Nein. Wir reparieren bis zu einem Jahr kostenlos.

☀️ „무상" wird oft in Form von „무상으로" verwendet.

문의

⟨명⟩ [무ː늬/무ː니]

⟨통⟩ 문의하다

Anfrage

자세한 내용은 전화로 **문의**하시기 바랍니다.

Für weitere Informationen, rufen sie bitte per Telefn an.

−에/에게 −을/를 문의하다

문제점

⟨명⟩ [문제쩜]

⟨관⟩ 문제점을 찾다,
　　문제점을 발견하다,
　　문제점을 해결하다

Problem

이 냉장고는 전기 요금이 많이 나온다는 **문제점**이 있다.

Dieser Kühlschrank hat ein Problem, nämlich hohe Stromkosten.

반품

☑ 명 [반ː품]

동 반품하다, 반품되다

Rückgabe

가: **반품**하고 싶은 물건이 있는데 어떻게 해야 하나요?
Ich möchte etwas zurückgeben, aber wie gehe ich dabei vor?

나: **반품**은 7일 이내에 하셔야 하며 먼저 홈페이지에 **반품** 신청을 하셔야 합니다.
Eine Rückgabe müssen Sie innerhalb von 7 Tagen machen und diese zuerst auf der Homepage anmelden.

-을/를 -에 반품하다 ∣ -을/를 -(으)로 반품하다 ∣
-이/가 -에 반품되다 ∣ -이/가 -(으)로 반품되다

버튼

명 [버튼]

관 버튼을 누르다

Schalter, Knopf, Taste

이 **버튼**을 누르시면 예약이 취소됩니다.
Wenn Sie diesen Knopf drücken, wird die Reservierung storniert.

변경

명 [변ː경]

동 변경하다, 변경되다
관 비밀번호를 변경하다

Wechsel, Änderung

가: 여기서 회의하는 거 아니에요?
Ist die Konferenz nicht hier?

나: 예상보다 사람이 많아져서 회의 장소가 **변경**되었습니다.
Da es mehr Leute gibt als vorher gedacht, hat sich der Konferenzort geändert.

-을/를 -(으)로 변경하다 ∣ -이/가 -(으)로 변경되다

보관

명 [보:관]

관 보관이 편리하다,
보관에 주의하다

참 물품 보관함, 냉장 보관

Aufbewahrung

가: 이 가방 **보관**할 수 있는 데가 있어요?
Gibt es einen Ort, wo ich diese Tasche aufbewahren kann?

나: 네, 물품 **보관**함은 저쪽이에요.
Ja, die Schließfächer sind dort drüben.

−을/를 −에 보관하다 | −이/가 −에 보관되다

부품

명 [부품]

관 부품을 바꾸다,
부품을 갈다,
부품을 교체하다

Teil

가: 냉장고를 새로 사야 하나요?
Muss ich einen neuen Kühlschrank kaufen?

나: 아니요, **부품**을 하나만 바꾸시면 다시 사용하실 수
있습니다. Nein, wenn Sie nur ein Teil austauschen,
können sie ihn weiter benutzen.

분실

명 [분실]

⇨ Anhang S. 512, 516

동 분실하다, 분실되다
유 유실 반 습득
참 분실물, 분실 신고

Verlust

신용 카드를 잃어버렸는데 **분실** 신고는 어떻게 해야
돼요?
Ich habe meine Kreditkarte verloren, wie muss ich den Verlust
melden?

−을/를 분실하다 | −이/가 분실되다

불만

명 [불만]

관 불만이 있다/없다,
불만이 쌓이다,
불만을 가지다,
고객의 불만

Beschwerde

가: 너 오늘 왜 그래? 나한테 무슨 **불만** 있어?
Was ist heute los mit dir? Was hast du gegen mich?

나: 아니야, 그냥 기분이 좀 안 좋아서 그래.
Nein, ich habe einfach nur ein bisschen schlechte Laune.

불평

🗨☑

명 [불평]

통 불평하다

Beschwerde

가: 우리 회사는 매일 늦게까지 일해야 하고 월급도
　　적고⋯⋯.
　　Bei unserer Firma muss man täglich sehr lange arbeiten und
　　das Gehalt ist auch niedrig...

나: 너희 회사만 그런 거 아니니까 **불평**하지 마!
　　Beschwer dich nicht. Denn das ist nicht nur bei deiner Firma
　　so.

–을/를 불평하다 　| 　–다고/–(느)ㄴ다고 불평하다

💡: „불평" bezieht sich auf eine gesprochene Beschwerde, während „불
만" sich eher auf den Zustand der Unzufriedenheit bezieht.

비상구

🗨☑

명 [비ː상구]

관 비상구로 대피하다
참 비상벨, 비상금, 비상약

Notausgang

승무원: 손님, 이 자리는 **비상구** 옆자리이
　　　기 때문에 사고가 나면 저희를
　　　도와주셔야 합니다.
　　　Sehr geehrer Passagier, da dieser Platz
　　　neben dem Notausgang ist, müssen Sie
　　　uns im Notfall helfen.

소음

🗨☑

명 [소음]

관 소음이 나다,
　소음이 심하다
참 소음 문제, 소음 방지,
　소음 공해

Lärm

가: 저 공사 언제 끝나지? **소음** 때문에 공부를 할 수가
　　없어.
　　Wann ist die Baustelle vorbei? Wegen des Lärms kann ich
　　nicht lernen.

나: 오늘 안에 끝난다고 했어. 조금만 참아.
　　Es soll heute enden. Halte noch ein bisschen durch.

연결

명 [연결]

동 연결하다, 연결되다
참 인터넷 연결, 전화 연결

Verbindung

주문은 1번, 교환과 환불은 2번, 상담원 **연결**은 0번을 눌러 주십시오.

Drücken Sie bei Bestellungen die 1, bei Umtausch oder Rückgabe 2, und wenn sie mit einem Berater verbunden werden möchten die 0.

–을/를 –에/에게 연결하다 ┃ –을/를 –와/과 연결하다 ┃
–이/가 –에/에게 연결되다 ┃ –이/가 –와/과 연결되다

작동

명 [작똥]

관 작동이 되다/안 되다
참 작동법

Bedienung, Dienst, Funktion

가: 키보드가 **작동**이 잘 안 돼요.
Die Tastatur funktioniert nicht gut.

나: 그럼 키보드 청소를 해 보세요.
Dann machen Sie sie einmal sauber.

해결

명 [해결]

동 해결하다, 해결되다
관 문제를 해결하다,
고민을 해결하다
참 해결책

Lösung

가: 지난번에 말한 그 일 잘 **해결**됐어요?
Konnten Sie die Sache, von der sie letztes Mal erzählt haben, lösen?

나: 네, 잘 **해결**됐으니까 걱정하지 마세요.
Ja, machen Sie sich keine Sorgen, da ich sie gut gelöst habe.

–을/를 해결하다 ┃ –이/가 해결되다

환불

명 [환ː불]

동 환불하다
참 환불 수수료

Zurückgabe, Rückzahlung

가: 이 책을 **환불**하고 싶은데요…….
Ich möchte dieses Buch zurückgeben.

나: 네, 영수증은 가지고 오셨습니까?
Ja, haben Sie die Quittung mitgebracht?

–을/를 –(으)로 환불하다

( )에 알맞은 단어를 〈보기〉에서 찾아 쓰십시오.

보기　　　대기실　　　보관　　　환불

1. 가: 이 옷 마음에 안 들면 교환할 수 있나요?
　 나: 그럼요. 교환은 일주일 이내에 가능하시고 (　　　)을/를 하실 경우,
　　　반드시 영수증을 가지고 오셔야 합니다.

2. 가: 면접을 보러 왔는데요.
　 나: 아, 그러세요? 저쪽 (　　　)에서 기다리세요.

3. 저희 세탁소에 맡기신 세탁물은 한 달 동안만 (　　　)해 드립니다.
　 그 이후에는 책임지지 않습니다.

 다음 글을 읽고 질문에 답하십시오.

> 오늘 저희 홈쇼핑에서는 올해 최신형 노트북을 가지고 왔습니다. 작년에 나온 노트북은 작동하면서 ㉠시끄러운 소리가 심하게 난다든지 크기에 비해 무겁다는 불평이 많았는데요. 이번에 나온 노트북은 이러한 부분을 보완해서 소리는 작게, 무게는 아주 가볍게 만들었습니다. 그리고 1년 안에 고장이 나면 ㉡돈을 받지 않고 A/S해 드리는 서비스까지!
> 　지금 결정하기 어려우시다고요? 그럼 일단 주문하셔서 상품을 받아 보시고 마음에 안 들면 바로 ㉢_____을/를 하셔도 됩니다. 지금 바로 주문하십시오. 자세한 사항은 1577-1577번으로 ㉣_____주세요.

4. ㉠과 ㉡에 바꿔 쓸 수 있는 말은 무엇입니까?
　 ① ㉠ 분실 ㉡ 무상　　　　② ㉠ 분실 ㉡ 불만
　 ③ ㉠ 소음 ㉡ 불만　　　　④ ㉠ 소음 ㉡ 무상

5. ㉢에 들어갈 알맞은 단어를 고르십시오.
　 ① 반품　　② 불평　　③ 경우　　④ 문제점

6. ㉣에 들어갈 알맞은 단어를 고르십시오.
　 ① 해결해　　② 문의해　　③ 작동해　　④ 변경해

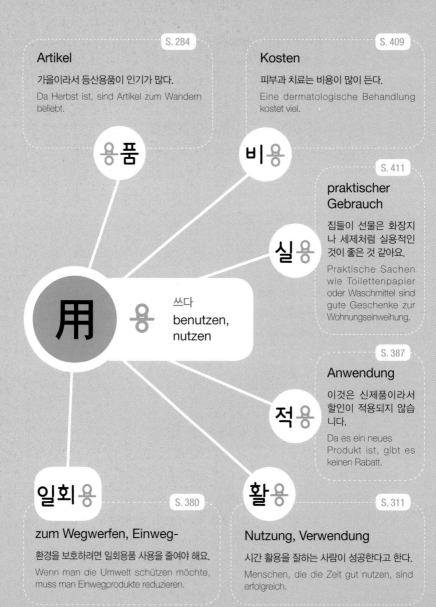

Sinokoreanische Wörter

✏ **Dieses chinesische Zeichen ist in diesen koreanischen Wörtern zu finden.**

S. 284

Artikel

가을이라서 등산용품이 인기가 많다.

Da Herbst ist, sind Artikel zum Wandern beliebt.

용품

S. 409

Kosten

피부과 치료는 비용이 많이 든다.

Eine dermatologische Behandlung kostet viel.

비용

S. 411

praktischer Gebrauch

집들이 선물은 화장지나 세제처럼 실용적인 것이 좋은 것 같아요.

Praktische Sachen wie Toilettenpapier oder Waschmittel sind gute Geschenke zur Wohnungseinweihung.

실용

用 용

쓰다
benutzen, nutzen

S. 387

Anwendung

이것은 신제품이라서 할인이 적용되지 않습니다.

Da es ein neues Produkt ist, gibt es keinen Rabatt.

적용

일회용

S. 380

zum Wegwerfen, Einweg-

환경을 보호하려면 일회용품 사용을 줄여야 해요.

Wenn man die Umwelt schützen möchte, muss man Einwegprodukte reduzieren.

활용

S. 311

Nutzung, Verwendung

시간 활용을 잘하는 사람이 성공한다고 한다.

Menschen, die die Zeit gut nutzen, sind erfolgreich.

07

사회생활

Sozialleben

걸리다 ⁰²

⟨동⟩ [걸리다]

⟨관⟩ 프린터에 종이가 걸리다

sich stauen

가: 왜 이 프린터가 안 되지요?
Warum geht der Drucker nicht?

나: 종이가 **걸린** 것 같은데 확인해 보세요.
Ich glaube, es hat sich Papier gestaut. Überprüfen Sie es
einmal.

–에 –이/가 걸리다

그만두다

⟨동⟩ [그만두다]

⟨관⟩ 일을 그만두다,
회사를 그만두다,
직장을 그만두다

kündigen

가: 갑자기 일을 **그만둔** 이유가 뭐예요?
Was ist der Grund für die plötzliche Kündigung?

나: 건강이 좀 안 좋아져서요.
Mein Gesundheitszustand hat sich verschlechtert.

–을/를 그만두다

그만하다

⟨동⟩ [그만하다]

aufhören

오늘은 늦었으니까 **그만**하고 퇴근할까요?
Da es heute spät geworden ist, wollen wir aufhören und
Feierabend machen?

–을/를 그만하다

기한

⟨명⟩ [기한]

⟨관⟩ 기한을 넘기다,
기한 내에 제출하다

⟨참⟩ 제출 기한

Deadline, Termin, Frist

가: 오늘도 늦게까지 일해야 해요?
Müssen Sie heute auch lange arbeiten?

나: 네, **기한** 내에 끝내려면 이번 주는 계속 늦게 퇴근
해야 할 것 같아요.
Ja, wenn ich es innerhalb der Frist schaffen möchte, muss ich
wahrscheinlich die ganze Woche lange arbeiten.

기획

🗨☑

명 [기획/기훽]

동 기획하다, 기획되다
관 전시회를 기획하다
참 기획안, 기획 상품

Plan, Planung, Entwurf

가: 이번 전시회 **기획**은 잘 되어 가고 있나요?
　　Läuft die Planung für diese Ausstellung gut?

나: 네, **기획**은 끝났고 지금 장소를 알아보고 있는 중
　　입니다.
　　Ja, die Planung ist beendet und jetzt suchen wir einen
　　Veranstaltungsort.

－을/를 기획하다 ｜ －이/가 기획되다

날아가다 ⁰²

🗨☑

동 [나라가다]

관 파일이 날아가다,
　　재산이 날아가다

verschwinden

가: 갑자기 컴퓨터가 꺼져 버렸어. 파일이 **날아갔**으면
　　어떻게 하지?
　　Der Computer hat sich plötzlich ausgeschaltet. Was mache
　　ich, wenn die Datei weg ist?

나: 다시 켜 봐. 괜찮을 거야.
　　Mach ihn wieder an. Es wird in Ordnung sein.

담당

🗨☑🔊

명 [담당]

동 담당하다
참 담당자, 담당 의사,
　　담당 기사

Verantwortung, Verantwortlichkeit

가: 홈페이지에서 제주도 여행 광고를 보고 전화드렸
　　는데요.
　　Auf der Homepage habe ich Werbung für Reisen auf die Insel
　　Jeju gesehen und angerufen.

나: 네, 그런데 지금 **담당**자가 자리에 없습니다.
　　연락 처를 남겨 주시면 연락드리겠습니다.
　　Ja, aber die dafür verantwortliche Person ist gerade nicht an
　　ihrem Platz. Wenn Sie Ihre Kontaktdaten hinterlassen, ruft Sie
　　sie zurück.

－을/를 담당하다

답장

圆 [답짱]

图 답장하다

쥔 답장이 오다,
　답장을 보내다,
　답장을 쓰다

Antwort

이메일을 확인하시면 바로 **답장**을 보내 주시기
바랍니다.
Bitte schicken Sie mir eine Bestätigung, wenn Sie die Email
erhalten haben.

−에/에게 답장하다

대리

圆 [대리]

쥔 대리로 승진하다

참 대리 – 과장 – 부장 –
　이사 – 사장

Assistent*in, Manager*in

부장님: 김 **대리**, 승진 축하해! 이제 김 **대리**가 아니고
　　　김 과장이네!
Frau Kim, herzlichen Glückwunsch zur Beförderung!
Jetzt sind sie nicht mehr Assistentin Kim, sondern
Abteilungsleiterin Kim.

승　호: 감사합니다. 다 부장님 덕분입니다.
Danke! Das ist alles Dank Ihnen.

마감

圆 [마감]

图 마감하다, 마감되다

(Ab)Schluss, Deadline

가: 이 서류 **마감**이 언제예요?
Wann ist dieses Dokument fertig?

나: 다음 주 금요일이에요.
Nächste Woche Freitag.

−을/를 마감하다 ｜ −이/가 마감되다

맡다 02

图 [맏따]

쥔 일을 맡다, 업무를 맡다

Verantwortung haben, verantwortlich sein

가: 이번에 들어온 미나 씨 어때?
Wie ist Mina, die dieses Mal eingestellt wurde?

나: **맡**은 일을 열심히 하는 것 같아요.
Ich denke, dass sie die Aufgaben, für die sie verantwortlich ist,
gut erfüllt.

−을/를 맡다

명함

🗨☑◎

🅝 [명함]

🅟 명함을 주고받다

Visitenkarte

두 사람은 서로 인사하면서 **명함**을 주고받았다.
Wenn sich zwei Personen einander bekannt machen, tauschen sie Visitenkarten aus.

미루다

🗨☑

🅔 [미루다]
⇨ Anhang S. 517

🅤 연기하다 ⇨ S. 328
🅑 앞당기다
🅟 날짜를 미루다,
　일을 미루다,
　행사를 미루다

aufschieben, verschieben

가: 퇴근 안 하세요?
Machen Sie nicht Feierabend?

나: 지금 하고 있는 일을 다 끝내고 가려고요. 내일로 **미루**고 싶지 않아서요.
Ich möchte die Aufgabe, die ich gerade mache, beenden. Ich möchte sie nicht auf morgen aufschieben.

보고

🗨☑◎

🅝 [보고]

🅔 보고하다, 보고되다
🅟 보고를 드리다,
　보고를 받다

Bericht

사　장: 박 과장, 무슨 일인가?
Was ist los, Abteilungsleiter Park?

박 과장: 어제 회의 결과를 **보고**드리러 왔습니다.
Ich bin hier, um über die Ergebnisse der gestrigen Sitzung zu berichten.

－을/를 －에/에게 보고하다　|　－이/가 －에/에게 보고되다

볼일

📣☑◎

명 [볼ː릴]

관 볼일이 있다/없다,
볼일을 보다,
볼일이 끝나다

① Besorgung
② Geschäft (als Euphemismus zur Nutzung der Toilette)

회의 다 끝났으면 저는 **볼일**이 있어서 먼저 나가 보겠습니다.
Wenn das Meeting vorbei ist, dann gehe ich, da ich noch etwas zu erledigen habe.

쉬는 시간에 화장실에 갔는데 사람이 많아서 **볼일**을 못 보고 왔다.
Ich bin in der Pause zur Toilette gegangen, aber es gab so viele Leute, dass ich nicht mein Geschäft erledigen konnte.

부서

📣☑

명 [부서]

참 담당 부서, 홍보부,
총무부, 경리부

Abteilung

가: 어느 **부서**에서 일하고 계십니까?
In welcher Abteilung arbeiten Sie?

나: 홍보부에서 일하고 있습니다.
Ich arbeite bei der PR Abteilung.

부장

☑◎

명 [부장]

참 대리 – 과장 – 부장 –
이사 – 사장

Abteilungsleiter

과장님, **부장**님께서 찾으시는데요.
Teamleiter, der Abteilungsleiter sucht sie.

사원

📣☑◎

명 [사원]

관 사원을 모집하다
참 평사원, 신입 사원,
경력 사원

Angestellte*r

모든 **사원**들에게 새로운 회사 규칙에 대한 이메일을 보냈습니다. 꼭 확인하시기 바랍니다.
Ich habe an alle Angestellten eine Mail über die neuen Firmenrichtlinien geschickt. Bitte überprüfen sie sie.

사정

🗨☑

명 [사ː정]

관 사정이 생기다,
사정이 있다, 급한 사정

Angelegenheit, Sache

가: 회식인데 요시코 씨는 왜 안 왔어요?
Es ist ein Firmenabendessen, aber warum ist Yoshiko nicht gekommen?

나: 급한 **사정**이 생겨서 못 왔습니다.
Er konnte wegen einer dringenden Angelegenheit nicht kommen.

사항

🗨☑

명 [사ː항]

참 주의 사항, 요구 사항,
참고 사항

Gegenstand, Artikel, Sache

주의 **사항**을 빨간색으로 표시해 두었으니 잘 읽어 보시기 바랍니다.
Ich habe die wichtigen Sachen in rot markiert. Lesen Sie sie.

심사

🗨☑

명 [심사]

동 심사하다, 심사되다
관 심사를 받다
참 서류 심사, 논문 심사

Untersuchung, Beurteilung, Begutachtung

1차는 서류 **심사**, 2차는 면접입니다.
Die erste Runde ist eine Prüfung der Dokumente und die zweite Runde ist ein Bewerbungsgespräch.

–을/를 심사하다 | –이/가 심사되다

쌓다

🗨☑◐

동 [싸타]

관 실력을 쌓다, 경험을 쌓다,
지식을 쌓다

sammeln

가: 돈을 벌려고 아르바이트를 하는 거예요?
Jobbst du, um Geld zu verdienen?

나: 아니요, 취직을 하기 전에 경험을 **쌓고** 싶어서요.
Nein, bevor ich anfange zu arbeiten, möchte ich Erfahrung sammeln.

–을/를 쌓다

💡 Bei „쌓다" sagt man „쌓아요" oder „쌓으니까".

아이디어

☑☒

명 [아이디어]

관 아이디어가 떠오르다,
아이디어를 내다

Idee

신제품 이름을 뭐라고 지을까요? 좋은 **아이디어**가
있으면 말해 주세요.
Wie sollen wir das neue Produkt nennen? Sagen Sie es, wenn
jemand eine gute Idee hat.

업무

명 [엄무]

관 업무를 맡다,
업무를 담당하다,
업무를 처리하다

Aufgabe

그 간호사는 **업무**가 많지만 항상 웃으면서 환자를
도와준다.
Die Krankenschwester hat viel zu tun, aber sie lächelt immer, um
dem Patienten zu helfen.

여부

명 [여부]

관 여부를 묻다, 여부를 알다,
여부를 알리다
참 가능 여부, 성공 여부

richtig oder nicht, möglich oder unmöglich

내일 회식의 참석 **여부**를 오늘 퇴근 전까지 알려 주시
기 바랍니다.
Bitte lassen Sie mich bis zum Feierabend heute wissen, ob Sie
morgen an dem Firmenessen teilnehmen oder nicht.

연기 01

명 [연기]

⇨ Anhang S. 517

동 연기하다, 연기되다
유 미루다 ⇨ S. 325,
늦추다 ⇨ S. 146
반 앞당기다

Verschiebung, Aufschub

가: 과장님, 오늘 회식하는 거 맞지요?
Teamleiter, ist es richtig, dass heute das Firmenessen ist, oder?

나: 부장님께서 출장 중이시니까 다음 주로 **연기**합시다.
Da der Abteilungsleiter auf Geschäftsreise ist, haben wir es auf
nächste Woche verschoben.

–을/를 –(으)로 연기하다 ㅣ –이/가 –(으)로 연기되다

우수

🔊☑️🔈

몡 [우수]

관 품질이 우수하다,
성적이 우수하다
참 우수상, 우수 사원

Exzellenz, Auszeichnung

우리 회사는 1년에 2번 **우수** 사원을 뽑습니다. **우수** 사원으로 뽑힌 사람에게는 3박4일 제주도 여행 티켓을 드립니다.

Meine Firma wählt einmal im Jahr 2 exzellente Mitarbeiter. Die Personen, die gewählt werden, bekommen Tickets für eine Reise auf die Insel Jeju für 4 Tage und 3 Übernachtungen.

-이/가 우수하다

일정 02

몡 [일쩡]

관 일정을 잡다,
일정을 진행하다
참 회의 일정, 출장 일정,
여행 일정

Plan, Reiseplan

가: 이번 출장 **일정**이 어떻게 되지?
　　Wie ist der Plan für diese Geschäftsreise?

나: 내일 출발해서 3일 후에 돌아옵니다.
　　Wir reisen morgen ab und kommen nach 3 Tagen wieder zurück.

입사

몡 [입싸]

➡ Anhang S. 513

동 입사하다
반 퇴사
참 입사 시험, 입사 동기

Einstand, Beschäftigung

가: 김 과장, 우리 회사에 언제 **입사**했지?
　　Teamleiter Kim, wann haben Sie in unserer Firma angefangen?

나: 2003년에 **입사**했습니다.
　　Ich habe 2003 angefangen.

자료

몡 [자료]

관 자료를 찾다,
자료를 수집하다
참 자료실, 회의 자료

Material, Daten, Unterlage

가: 회의 **자료** 어디에 있어요?
　　Wo sind die Meetingunterlagen?

나: 복사해서 책상 위에 두었습니다.
　　Ich habe sie kopiert und auf Ihren Schreibtisch gelegt.

전문

명 [전문]

참 전문적, 전문가, 전문 분야

Expertise, Spezialgebiet

오늘은 경제 **전문**가를 모시고 '세계 경제'에 대해서 말씀을 들어 보겠습니다.
Heute haben wir einen Wirtschaftsexperten eingeladen und hören etwas über die Weltwirtschaft.

제안

명 [제안]

동 제안하다, 제안되다

Vorschlag

가: 너 다른 회사로 가기로 했어?
　　Du hast dich entschieden zu einer andere Firma zu gehen?

나: 응, 그 회사에서 월급을 지금보다 20% 올려 주겠다고 **제안**했거든.
　　Ja, diese Firma hat vorgeschlagen, 20% mehr Gehalt zu zahlen.

－을/를 －에/에게 제안하다 ｜ －에/에게 －자고 제안하다 ｜
－이/가 －에/에게 제안되다

제한

명 [제ː한]

동 제한하다, 제한되다

관 제한이 있다/없다, 제한을 두다

참 제한적, 제한 속도, 제한 시간

Grenze, Limit

가: 제가 60살인데 이 일을 할 수 있을까요?
　　Ich bin 60 Jahre alt. Kann ich diese Arbeit machen?

나: 그럼요, 이 일은 나이 **제한**이 없습니다.
　　Natürlich, diese Arbeit hat keine Altersbegrenzung.

－을/를 제한하다 ｜ －이/가 제한되다

조정

명 [조정]

동 조정하다, 조정되다

관 시간을 조정하다, 계획을 조정하다, 의견을 조정하다

Abstimmung, Regelung

저희 회사에 일이 좀 생겨서 그러는데 회의 날짜를 내일로 **조정**할 수 있을까요?
Bei meiner Firma ist etwas dazwischen gekommen. Können wir daher den Termin für das Meeting auf morgen verschieben?

－을/를 조정하다 ｜ －이/가 조정되다

지적

☑ [지적]

동 지적하다, 지적되다
관 문제점을 지적하다,
실수를 지적하다,
지적을 받다

Hinweis, Anmerkung

가: 보고서 정리 다 끝났어?
Hast du den Bericht fertig gemacht?

나: 아니, 아직! 부장님께서 **지적**해 주신 것만 고치면 돼.
Nein, noch nicht. Ich muss nur noch die Sachen korrigieren, auf die mich der Abteilungsleiter hingewiesen hat.

−을/를 지적하다 | −이/가 지적되다

쫓기다 02

동 [쫃끼다]

관 일에 쫓기다,
시간에 쫓기다
본 쫓다 ⇨ S. 124

sehr beschäftigt sein, mit Arbeit überlastet sein

가: 점심 먹었어요?
Haben Sie zu Mittag gegessen?

나: 일에 **쫓겨**서 아직 못 먹었어요.
Ich war so mit der Arbeit beschäftigt, dass ich noch nicht gegessen habe.

−에 쫓기다

참석

명 [참석]

동 참석하다
관 회의에 참석하다,
결혼식에 참석하다
참 참석 인원

Teilnahme

가: 내일 회의에 꼭 **참석**해야 하나요?
Muss man morgen unbedingt an der Sitzung teilnehmen?

나: 그럼요, 모든 직원이 **참석**해야 합니다.
Natürlich, alle Mitarbeiter müssen teilnehmen.

−에 참석하다

💡 „참석/참가/참여" unterscheiden sich wie folgt:

참석	참가	참여
회의, 결혼식 등의 자리가 있어서 앉을 수 있는 모임	올림픽, 월드컵 등의 대회	경영, 투표 등의 사회 활동

책임

Verantwortung

명 [채김]

이 프로젝트(project)는 제가 **책임**지고 하겠습니다.
Ich werde für dieses Projekt verantwortlich sein.

관 책임이 있다/없다,
책임감이 강하다,
책임을 지다
참 책임감 **반** 무책임

처리

Erledigung, Handhabung

명 [처리]

가: 준이치 씨는 일을 참 잘하지요?
Junichi arbeitet gut, oder?

나: 네, 일 **처리**가 빠르고 정확해요.
Ja, er erledigt die Arbeit schnell und genau.

동 처리하다, 처리되다
관 신속하게 처리하다
참 일 처리, 사고 처리,
처리 속도

−을/를 −(으)로 처리하다 | −이/가 −(으)로 처리되다

퇴직

Rente, Pensionierung

명 [퇴:직/퉤:직]

⇨ Anhang S. 516

가: 내년에 **퇴직**하시면 뭐 하시고 싶으세요?
Was möchten Sie machen, wenn Sie nächstes Jahr in Rente gehen?

나: 저는 일을 계속 더 하고 싶어서 다른 회사를 알아 보려고 해요.
Da ich weiter arbeiten möchte, suche ich gerade eine andere Firma.

동 퇴직하다
유 퇴임
참 정년퇴직

프린터

🗨☑

명 [프린터]

Drucker

가: **프린터**가 안 되네요!
Der Drucker funktioniert nicht.

나: 방금 전에 사용했는데……. 껐다가 다시 켜 보세요.
Ich habe ihn gerade eben benutzt… Schalten Sie ihn aus und wieder ein.

한잔하다

🗨☑◔

동 [한잔하다]

관 한잔하러 가다

einen Drink haben, etwas trinken

가: 금요일인데 **한잔**하러 갈까?
Es ist Freitag. Wollen wir etwas trinken gehen?

나: 좋지. 어디로 갈까?
Ja, wohin sollen wir gehen?

효율

🗨☑

명 [효:율]

관 효율이 떨어지다,
효율을 높이다,
효율적으로 일하다

참 효율적, 효율성

Effizienz

시간을 **효율**적으로 쓰는 방법은 미리 계획을 세우는 것이다.
Eine effiziente Methode, Zeit zu nutzen ist, vorher Pläne zu machen.

경력

명 [경녁]

관 경력이 있다/없다,
　　경력이 짧다/많다,
　　경력을 쌓다

참 경력직, 경력 사원

Erfahrung

가: 이런 일을 해 보신 적이 있으십니까?
　　Haben Sie diese Arbeit schon einmal gemacht?

나: 네, 호텔에서 일한 **경력**이 있습니다.
　　Ja, ich habe im Hotel gearbeitet.

구직

명 [구직]

참 구직 광고, 구직 사이트

Stellenagenbote

일자리를 찾고 싶은데 **구직** 사이트 좀 알려 주세요.
Ich möchte Arbeit finden. Bitte lassen sie mich eine Seite für
Stellengesuche wissen.

모집

명 [모집]

동 모집하다, 모집되다

관 회원 모집,
　　아르바이트생 모집,
　　참가자 모집

Personalrecrutierung

가: 저, 아르바이트 **모집** 광고를 보고 왔는데요.
　　Ich habe ihre Anzeige für eine Teilzeitstelle gesehen.

나: 아, 그러세요? 대학생이세요?
　　Ah, wirklich? Sind Sie Studierende*r?

−을/를 모집하다 ｜ −이/가 모집되다

뽑다

�易 ☑ ◉

동 [뽑따]

관 대표를 뽑다, 반장을 뽑다

einstellen, anstellen

가: 올해는 직원을 몇 명 **뽑**을 계획이십니까?
Wie viele Mitarbeiter planen Sie dieses Jahr einzustellen.

나: 100명 정도 **뽑**으려고 합니다.
Ich möchte ungefähr 100 Leute einstellen.

–을/를 –에 뽑다　｜　–을/를 –(으)로 뽑다

💡 Bei „뽑다" sagt man „뽑아요" oder „뽑으니까".

신입

�易 ☑ ◉

명 [시닙]

참 신입 사원

neuer Mitarbeiter, Anfänger

가: 이번에 들어온 **신입** 사원들은 어때요?
Wie sind die neuen Mitarbeiter*innen, die dieses mal eingestellt wurden?

나: 모두들 성실한 것 같아요.
Alle scheinen treu zu sein.

실력

�易 ☑ ◉

명 [실력]

관 실력이 뛰어나다,
실력을 쌓다,
실력을 기르다

참 외국어 실력

Fähigkeit, Können

한국 회사에서 일하려면 무엇보다도 한국어 **실력**이 좋아야 한다.
Wenn man bei einer koreanischen Firma arbeiten möchte, müssen vor allem die Koreanischkenntnisse gut sein.

이력서

�易 ☑

명 [이ː력써]

관 이력서를 쓰다,
이력서를 작성하다,
이력서를 내다

Lebenslauf

가: 왕위 씨, 취직했어요?
Hat Wangwei einen Job gefunden?

나: 아직이요, 지금 여러 회사에 **이력서**를 내고 연락을 기다리는 중이에요.
Noch nicht, er hat bei verschiedenen Firmen seinen Lebenslauf eingereicht und wartet auf Rückmeldung.

인터뷰

명 [인터뷰]

동 인터뷰하다
관 인터뷰를 가지다

Bewerbungsgespräch, Interview

가: 너 시험 어떻게 됐어?
Wie ist die Prüfung gelaufen?

나: 1차 시험은 끝났고 **인터뷰**만 남았어.
Die erste Prüfung ist vorbei und nur das Bewerbungsgespräch ist übrig.

기자: 오늘의 MVP 박찬호 선수와 잠시 **인터뷰**를 하겠습니다.
Ich werde kurz ein Interview mit dem besten Sportler Chanho Park führen.

−와/과 인터뷰하다 | −을/를 인터뷰하다

💡 Wenn man ein Bewerbungsgespräch führt sagt man auch „면접 시험".

일자리

명 [일 : 짜리]
⇨ Anhang S. 515

유 직장
관 일자리를 구하다,
일자리를 찾다,
일자리를 잃다

Arbeit, Arbeitsstelle

요즘 경제가 안 좋아져서 **일자리**를 구하기가 어렵다.
Da die Wirtschaft zur Zeit nicht gut ist, ist es schwer Arbeit zu finden.

자격

명 [자격]

관 자격을 얻다
참 자격증, 지원 자격,
참가 자격, 응모 자격

Qualifikation, Lizens

가: 어떤 **자격**증을 가지고 계십니까?
Welche Qualifikation haben Sie?

나: 한식, 중식, 일식 요리사 **자격**증을 가지고 있습니다.
Ich habe eine koreanische, chinesische und japanische Kochlizenz.

작성

☐☑

몡 [작썽]

관 보고서를 작성하다,
신청서를 작성하다,
이력서를 작성하다

Ausfüllen

이력서와 자기소개서를 **작성**해서 6월 4일까지
이메일로 보내십시오.
Füllen Sie den Lebenslauf und das Anschreiben aus und schicken
Sie sie bis zum 4. Juni per Email.

–을/를 작성하다 | –이/가 작성되다

최종

☐☑

몡 [최 : 종/췌 : 종]

참 최종적, 최종 목표,
최종 단계, 최종 심사

Finale, End-

가: 축하 드립니다. 저희 회사에 **최종** 합격하셨습니다.
Herzlichen Glückwunsch. Sie haben bei unserer Firma die
letzte Prüfung bestanden.

나: 감사합니다. 언제부터 출근하면 됩니까?
Danke. Ab wann soll ich anfangen?

취업

☐☑

몡 [취 : 업]

⇨ Anhang S. 512, 516

동 취업하다, 취업되다
유 취직
관 취업이 힘들다
참 취업난, 취업률,
취업 준비, 취업 경쟁

Beschäftigung

가: 요즘 왜 이렇게 얼굴 보기 힘들어요?
Warum ist es so schwierig, dich zur Zeit zu sehen?

나: **취업** 준비하느라고 바쁘거든요.
Ich bereite mich darauf vor, eine Arbeit zu finden und bin
beschäftigt.

–에 취업하다 | –에 취업되다

통지

📖 [통지]

통 통지하다, 통지되다

관 통지가 오다/가다,
통지를 드리다

Notiz

가: 며칠 전에 면접을 봤는데요. 언제쯤 결과를 알 수 있을까요?
Ich habe vor ein paar Tagen ein Bewerbungsgespräch gehabt. Wann ungefähr kann ich das Ergebnis wissen?

나: 일주일 후에 개별적으로 **통지**해 드리겠습니다.
In einer Woche bekommen Sie eine persönliche Nachricht.

-에/에게 -을/를 통지하다 | -이/가 -에/에게 통지되다

Quiz

1. ( )에 알맞은 단어를 쓰십시오.

> 사원 – (㉠) – 과장 – (㉡) – 이사 – 사장

㉠ ( ) ㉡ ( )

다음 설명에 알맞은 단어를 〈보기〉에서 찾아 쓰십시오.

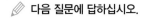

> **보기** 업무 일정 퇴직

2. 이것은 회사에서 맡은 일입니다. ( )
3. 이것은 일을 그만두고 일하던 곳에서 나가는 것입니다. ( )
4. 이것은 어떤 기간 동안 해야 할 일의 계획입니다. ( )

다음 질문에 답하십시오.

> ### 시내 버스 기사 (㉠)
>
> • 지원 (㉡): 버스 운전 경력 3년 이상
> • 지원 기간: 2014. 5. 10 ~ 2014. 5. 30
> • 지원 방법: hankukbus.co.kr로 이력서 제출
> * 면접 후 최종 결정

5. (㉠)에 들어갈 알맞은 것을 고르십시오.
   ① 통지　　② 일자리　　③ 모집　　④ 취업
6. (㉡)에 들어갈 알맞은 것을 고르십시오.
   ① 자격　　② 보고　　③ 실력　　④ 전문

( )에 알맞은 단어를 〈보기〉에서 찾아서 바꿔 쓰십시오.

> **보기** 참석하다 뽑다 한잔하다 쌓다 맡다

7. 올해 저희 회사에서는 경력 사원은 ( )-지 않고 신입 사원만
   ( )-(스)ㅂ니다.
8. 취업 때문에 걱정하고 계십니까? 그렇다면 걱정하기 전에 자신의
   실력을 ( )-(으)십시오.
9. 퇴근 후에 ( )-(으)러 갈까? 시원한 맥주 어때?
10. 이번에 ( )-(으)ㄴ 업무를 잘 처리하면 승진할 수도 있다.
11. 각 부서의 과장들은 내일 아침 회의에 꼭 ( )-기 바랍니다.

Sinokoreanische Wörter

✐ **Dieses chinesische Zeichen ist in diesen koreanischen Wörtern zu finden.**

S. 304

Club, Verein

우리 동호회는 주말마다 모여서 같이 자전거를 탑니다.

Unser Verein trifft sich jedes Wochenende zum Fahrrad fahren.

동호회

S. 305

Ausstellung

이번 취업 박람회는 11월, 한 달간 열릴 예정입니다.

Die Jobmesse soll dieses Mal einen halben Monat lang im November stattfinden.

박람회

S. 386

Gesellschaft

나는 대학교를 졸업하자마자 바로 사회생활을 시작했다.

Gleich nachdem ich das Studium abgeschlossen hatte, habe ich direkt mit dem Arbeiten angefangen.

會

회 모이다
sich versammeln

사회

회원

S. 311

Mitglied

저희 스포츠 센터는 회원만 이용하실 수 있습니다.

Unser Sportzentrum können nur Mitglieder nutzen.

회비

S. 311

Mitgliedsbeitrag

저희 단체에 가입하시면 한 달에 한 번 회비를 내셔야 합니다.

Wenn sie sich bei uns anmelden, müssen sie monatlich einen Mitgliedsbeitrag zahlen.

08

건강
Gesundheit

고개

명 [고개]

관 고개를 숙이다/들다,
고개를 끄덕이다,
고개를 돌리다

Kopf

가: 한국에서 술 마실 때 지켜야 하는 예절이 있어요?
Gibt es irgendwelche Umgangsformen die zu beachten sind,
wenn man in Korea trinkt?

나: 어른과 술을 마실 때는 **고개**를 돌리고 마셔야 해요.
Beim Trinken mit Älteren muss man den Kopf wegdrehen.

기운

명 [기운]

관 기운이 있다/없다,
기운이 나다, 기운이 세다,
기운을 내다

Energie

가: 요즘 너무 더워서 **기운**이 없어.
Zur Zeit ist es sehr heiß, so dass ich keine Energie habe.

나: 그럼 삼계탕을 먹으러 갈까? 삼계탕을 먹으면
기운이 날 거야.
Wollen wir dann Samgyetang essen gehen? Wenn man
Samgyetang isst, bekommt man Energie.

눈물

명 [눈물]

관 눈물이 나다,
눈물을 흘리다,
눈물을 닦다

Träne

가: 왜 울어?
Warum weinst du?

나: 눈에 뭐가 들어간 것 같아. 계속 **눈물**이 나.
Ich glaube, ich habe etwas im Auge. Mein Auge tränt die
ganze Zeit.

목숨

명 [목쑴]

관 목숨을 구하다,
목숨을 잃다,
목숨을 바치다

Leben

비행기 사고로 많은 사람들이 **목숨**을 잃었다.
Bei dem Flugzeugunfall haben viele Menschen ihr Leben verloren.

몸무게

[명] [몸무게]

⇨ Anhang S. 516

[유] 체중 ⇨ S. 346
[관] 몸무게가 늘다/줄다,
몸무게를 재다

Gewicht

가: **몸무게**가 어떻게 되세요?
Wieviel wiegen sie?

나: 75kg이에요.
75kg.

보충

[명] [보ː충]

[동] 보충하다
[참] 보충 수업, 보충 설명,
영양 보충

Ergänzung, Ersatz, Supplemente

가: 우리 저녁에 고기 먹을까?
Sollen wir am Abend Fleisch essen?

나: 좋아. 오랜만에 영양 **보충**하자.
Gerne. Lass uns uns mal wieder mit frischen Nährstoffen
versorgen.

–을/를 보충하다

비결

[명] [비ː결]

[참] 건강 비결, 성공 비결

Geheimnis, Schlüssel, Rezept

연세가 많으신데도 건강해 보이시는데요. 특별한
비결이 있으세요?
Trotz ihres Alters sehen sie so gesund aus. Was ist ihr
Geheimrezept?

뼈

[명] [뼈]

[관] 뼈가 부러지다,
뼈가 굵다/가늘다

Knochen

가: 엄마, 왜 매일 우유를 마셔야 돼요?
Mama, warum muss ich jeden Tag Milch
trinken?

나: 우유를 많이 마시면 키도 크고 **뼈**가
튼튼해져.
Wenn man viel Milch trinkt, wächst man und
sie stärkt die Knochen.

343

수명

⬛ [수명]

⬛ 수명이 길다/짧다
⬛ 평균 수명

Lebenserwartung

가: 한국인의 평균 **수명**은 어떻게 돼요?
Wie hoch ist die durchschnittliche Lebenserwartung von Koreanern?

나: 여자는 83세, 남자는 77세라고 해요.
Man sagt bei Frauen 83 Jahre und bei Männern 77 Jahre.

신체

⬛ [신체]

⇨ Anhang S. 516

⬛ 몸
⬛ 신체가 튼튼하다
⬛ 신체적, 신체 언어

Körper

한국에서 **신체** 건강한 20세 이상의 남자들은 군대에 가야 한다.
In Korea müssen körperlich gesunde Männer älter als 20 Jahre zum Militär.

쓰러지다

⬛ [쓰러지다]

⬛ 사람이 쓰러지다,
나무가 쓰러지다

fallen, zusammenbrechen, kollabieren

119 좀 불러 주세요. 여기 사람이 **쓰러져** 있어요.
Bitte rufen Sie 119 für den Krankenwagen. Hier ist eine Person zusammengebrochen.

–이/가 –에 쓰러지다　ㅣ　–이/가 –(으)로 쓰러지다

온몸

⬛ [온:몸]

⬛ 온몸이 아프다

ganze Körper

가: 오랜만에 운동을 해서 **온몸**이 아프네요.
Da ich nach langer Zeit wieder Sport mache, tut mein ganzer Körper weh.

나: 그러니까 운동은 매일 해야 해요.
Deshalb soll man täglich Sport machen.

음성

🗨☑
명 [음성]

참 음성 안내기

Stimme, Laut

가: 여기 중국어로 설명해 주는 **음성** 안내기가 있나요?
　　Haben Sie einen Sprachführer, der es auf Chinesisch erklärt?

나: 네, 먼저 이름과 연락처를 여기에 써 주십시오.
　　Ja, schreiben Sie hier zuerst den Namen und die Kontaktdaten.

임신

🗨☑
명 [임:신]

동 임신하다, 임신되다
참 출산 ⇨ S. 359

Schwangerschaft

축하합니다. **임신** 4주째입니다. **임신**하신 지 얼마 안
되었으니까 조심하세요.
Herzlichen Glückwunsch. Sie sind in der 4. Woche schwanger.
Seien Sie vorsichtig, weil sie noch am Anfang der Schwangerschaft
sind.

–을/를 임신하다 ｜ –이/가 임신되다

정신

🗨☑◔
명 [정신]
⇨ Anhang S. 513

반 육체
관 정신이 없다,
　　정신을 차리다
참 정신적, 정신력

Geist, Seele

가: 요즘 많이 바빠요?
　　Sind Sie zur Zeit sehr beschäftigt?

나: 네, 너무 바빠서 **정신**이 없어요.
　　Ja, ich bin sehr beschäftigt, so dass ich nicht ganz bei mir bin.

💡 „정신" wird oft in Form von „정신 없다" verwendet.

정신적

🗨☑◔
명 [정신적]

반 육체적
참 정신적 고통, 정신적 사랑

Psychisch, seelisch

가: 괜찮으세요? 많이 힘들어 보여요.
　　Alles in Ordnung? Sie sehen sehr angestrengt aus.

나: 요즘 경제적으로, **정신적**으로 좀 힘드네요!
　　Zur Zeit ist es wirtschaftlich und psychisch etwas anstrengend.

주름

🔲☑

🔲 [주름]

🔲 주름이 생기다,
　주름이 늘다/줄다,
　주름을 없애다

Falte

가: 요즘 **주름**이 많아져서 걱정이야.
Ich mache mir Sorgen, weil ich zur Zeit Falten bekommen habe.

나: 나이가 드니까 **주름**이 생기는 건 당연하지.
Es ist normal, wenn man älter wird, Falten zu bekommen.

찌다

🔲☑●

🔲 [찌다]
⇨ Anhang S. 514

🔲 빠지다 ⇨ S. 161
🔲 살이 찌다

(an Gewicht) zunehmen

가: 요즘 살이 너무 많이 **쪄**서 맞는 옷이 없어.
Ich habe keine passende Kleidung, weil ich in letzter Zeit viel zugenommen habe.

나: 그래? 별로 안 **찐** 것 같은데.
Ja? Ich finde, du hast nicht zugenommen.

체중

🔲●

🔲 [체중]
⇨ Anhang S. 516

🔲 몸무게 ⇨ S. 343
🔲 체중이 늘다/줄다,
　체중을 늘리다/줄이다,
　체중을 재다
🔲 체중 조절

Gewicht

성별 Geschlecht	남 ☑ männlich	여 ☐ weiblich
신장 (cm) Größe (cm)	180cm	
체중 (kg) Gewicht (kg)	75kg	

침

🔲

🔲 [침]

🔲 침이 나오다, 침을 흘리다,
　침을 뱉다, 침을 삼키다

Speichel

목이 부어서 **침**을 삼키기가 너무 힘들어요.
Da der Hals geschwollen ist, ist es sehr schwer, den Speichel zu schlucken.

피부

💬☑🎧

명 [피부]

관 피부가 좋다/나쁘다,
피부가 부드럽다,
피부가 곱다

참 피부과, 건성 피부,
지성 피부

Haut

가: 왜 이렇게 **피부**가 안 좋아졌어?
　　Warum ist deine Haut so schlecht geworden?

나: 요즘 매운 음식을 계속 먹었더니 자꾸 뭐가 나.
　　Ich habe in letzter Zeit ständig scharfes Essen gegessen, das
　　hat Unreinheiten verursacht.

해치다

💬☑

동 [해:치다]

관 건강을 해치다

schaden, verletzen

가: 건강을 **해치**는 술, 담배는 끊는 게 좋아요.
　　Es wäre gut, mit Alkohol und Zigaretten, die die Gesundheit
　　schädigen, aufzuhören.

나: 저도 그렇게 하고 싶지만 생각처럼 잘 안 되네요!
　　Ich möchte es zwar auch, aber das ist nicht so leicht wie
　　gedacht.

–을/를 해치다

혈액

💬☑

명 [혀랙]

참 혈액형(A형, O형, B형,
AB형)

Blut

가: 안나 씨는 **혈액**형이 뭐예요?
　　Anna, welche Blutgruppe hast du?

나: B형이에요.
　　Ich habe Blutgruppe B.

힘

💬☑

명 [힘]

관 힘이 세다/약하다,
힘이 나다, 힘을 내다

Stärke

가: 내일 드디어 면접을 보러 가요.
　　Ich habe morgen endlich ein Bewerbungsgespräch.

나: 그래요? **힘**내세요. 파이팅!
　　Wirklich? Viel Erfolg!

Quiz

✍️ ⊙, ⓒ에 알맞은 단어를 〈보기〉에서 찾아서 바꿔 쓰십시오.

보기 온몸 신체적 힘 주름 비결 뼈

1.
> 가: 어디 아파? 얼굴 색이 안 좋은데?
> 나: 팔, 다리, 어깨 (⊙)이/가 다 아파. 그래서 걸을 (ⓒ)도 없을 정도야.
> 가: 저런, 몸살 났나 봐! 나랑 같이 병원에 가자!

⊙ (   )   ⓒ (   )

2.
> 가: 할머니께서는 연세가 많으신데도 (⊙)이/가 별로 없으세요! 특별한 (ⓒ)이/가 있으세요?
> 나: 그냥 찬물로 세수하고 화장품을 적게 사용한 것밖에 없어요.

⊙ (   )   ⓒ (   )

3.
> 남자와 여자의 (⊙) 특징 중 가장 큰 차이는 남자의 (ⓒ)은/는 굵고 강하지만 여자의 (ⓒ)은/는 가늘고 약하다는 것이다.

⊙ (   )   ⓒ (   )

✍️ (   )에 알맞은 단어를 〈보기〉에서 찾아서 바꿔 쓰십시오.

보기   보충하다   쓰러지다   해치다

4. 부족한 잠은 건강을 (   )-(으)ㄹ 수 있기 때문에 매일 6시간 정도는 자는 것이 좋다.

5. 운동을 하면 땀을 많이 흘리게 되므로 물을 마셔서 수분을 (   )-아/어/해야 한다.

6. 도서관에서 공부하던 나는 할아버지께서 (   )-(으)셨다는 소식을 듣고 병원으로 달려갔다.

☑☑☺
고통

명 [고통]

형 고통스럽다
관 고통을 주다/받다,
고통을 겪다, 고통을 참다

Schmerzen, Leid

세계 여러 나라에는 아직도 먹을 것이 없어서 **고통**을 겪고 있는 사람이 많다.

In vielen Ländern weltweit gibt es viele Menschen, die leiden, weil sie nichts zu essen haben.

–이/가 고통스럽다

☑☑☺
금연

명 [그:면]

동 금연하다
참 금연 구역, 흡연

Nichtraucher

손님, 여기서 담배를 피우시면 안 됩니다. 여기는 **금연** 구역입니다.

Sehr geehrte Kund*innen, hier dürfen Sie nicht rauchen. Das hier ist ein Nichtraucherbereich.

☑☑
독감

명 [독깜]

관 독감이 심하다,
독감에 걸리다,
독감을 앓다
참 독감 예방 접종

Influenza, Grippe

가: 병원에 간다고? 어디 아파?

　　 Sie gehen zum Arzt? Wo tut es weh?

나: 이번 **독감**이 심하다고 해서 예방 주사를 맞으러 가.

　　 Man sagt die Grippe sei dieses mal sehr hartnäckig, daher lasse ich mich impfen.

☑☑☺
두통

명 [두통]

관 두통이 심하다
참 치통, 생리통

Kopfschmerzen

머리가 아파서 그러는데 **두통약** 좀 주세요.

Ich habe Kopfschmerzen. Bitte geben Sie mir Kopfschmerztabletten.

몸살

🔊🔊

명 [몸살]

관 몸살이 나다
참 몸살감기

Krankheit durch Überarbeitung, Erschöpfung

왕 핑: 과장님, **몸살**이 나서 오늘 회사에 못 갈 것 같습니다.
Herr Teamleiter ich bin sehr erschöpft und glaube, ich kann heute nicht zur Arbeit kommen.

과장님: 알겠네. 그럼 푹 쉬고 내일 출근하도록 하게.
Alles klar. Dann bleiben Sie heute zu Hause und kommen morgen.

부러지다

🔊☑

동 [부러지다]

관 뼈가 부러지다

brechen

가: 너 팔이 왜 이래?
Was ist mit deinem Arm los?

나: 어제 농구하다가 넘어져서 **부러졌어.**
Ich habe gestern Basketball gespielt, bin gefallen und habe ihn mir gebrochen.

–이/가 부러지다

부작용

☑🔊

명 [부:자공]

관 부작용이 있다/없다,
부작용이 생기다

Nebenwirkung

환자: 선생님, 이 약을 먹을 때 조심해야 하는 것이 있어요?
Frau Apothekerin, muss ich etwas beachten, wenn ich diese Medizin nehme?

약사: 이 약은 다른 약과 같이 먹으면 **부작용**이 생길 수도 있으니까 이 약만 드세요.
Wenn Sie dieses Medikament mit anderen zusammen nehmen können Nebenwirkungen auftreten. Nehmen Sie daher nur dieses.

불면증

🔊☑

명 [불면쯩]

관 불면증에 걸리다

Schlafstörung

가: 요즘 계속 밤에 잠을 잘 못 자서 너무 힘들어.
In letzter Zeit kann ich Nachts nicht schlafen. Das ist sehr anstrengend.

나: **불면증**에 걸린 거 아니야?
Leidest du unter Schlafstörungen?

수면

명 [수면]

관 수면을 취하다
참 수면제

Schlaf

환자: 일 때문에 하루에 보통 4시간밖에 못 자요.
Wegen der Arbeit kann ich derzeit nur 4 Stunden schlafen.

의사: **수면** 시간이 많이 부족하네요! 하루에 6시간 이상은 자야 합니다.
Das ist viel zu wenig Schlaf. Man soll mehr als 6 Stunden am Tag schlafen.

식중독

명 [식쫑독]

관 식중독에 걸리다, 식중독을 일으키다

Nahrungsmittelvergiftung

동생이 상한 음식을 먹어서 **식중독**에 걸렸다.
Meine kleine Schwester hat verdorbenes Essen gegessen und leidet nun unter einer Nahrungsmittelvergiftung.

심리

명 [심니]

참 심리적, 심리 상담, 심리학자

Psychologie

이번 사고로 아이가 **심리**적으로 불안한 상태입니다. 아이에게 좀 더 신경을 써 주십시오.
Aufgrund des Unfalls befindet sich das Kind in psychologisch schlechter Verfassung. Kümmern Sie sich ein bisschen mehr um das Kind.

알레르기

명 [알레르기]

관 알레르기가 있다/없다, 알레르기를 일으키다
참 꽃가루 알레르기

Allergie

가: 이 복숭아 좀 드셔 보세요.
Probieren Sie einmal diesen Pfirsich.

나: 저는 복숭아 **알레르기**가 있어서 못 먹어요.
Ich kann ihn nicht essen, weil ich eine Allergie gegen Pfirsische habe.

앓다

동 [알타]

관 감기를 앓다, 몸살을 앓다

krank sein

가: 살이 좀 빠진 것 같네요!
Sie scheinen abgenommen zu haben.

나: 감기 때문에 며칠 좀 **앓았더니** 그런 것 같아요.
Ich glaube es ist, weil ich wegen der Erkältung mehrere Tage lang etwas krank war.

–을/를 앓다

암

명 [암ː]

관 암에 걸리다,
암을 일으키다

참 위암, 간암

Krebs

가: 그 영화 마지막에 어떻게 끝났어?
Wie hat der Film zum Schluss geendet?

나: 남자 주인공이 **암**에 걸려서 죽었어.
Der Protagonist hatte Krebs und ist gestorben.

장애

명 [장애]

관 장애가 되다, 장애가 있다,
장애를 일으키다

참 시각 장애인, 청각 장애인,
수면 장애

① Behinderung

② Hindernis, Problem

가: 저쪽에 주차하면 되겠다.
Dort kann ich parken.

나: 저쪽은 **장애**인만 주차할 수
있는 곳이야.
Dort ist ein Parkplatz für Behinderte.

지진으로 인해 일부 지역에서는 통신 **장애**가 있을
수도 있습니다.
In Folge des Erdbebens kann es in einem Teil der Region zu Kommunikationsproblemen kommen.

증상

💬☑🔊
명 [증상]
⇨ Anhang S. 516
유 증세
관 증상이 심하다,
　증상이 나타나다

Symptom

환자: **콧물도 나고 열도 나고 기침도 해요.**
　　Ich habe Schnupfen, Fieber und Husten.

의사: **증상**을 보니까 감기인 것 같네요!
　　Diesen Symptomen nach scheinen Sie eine Grippe zu
　　haben.

지치다

💬☑🔊
동 [지ː치다]
관 몸이 지치다,
　마음이 지치다

erschöpft sein

가: **지친다, 지쳐!** 잠깐 쉬면 안 돼?
　　Ich bin erschöpft, müde. Darf ich kurz eine Pause machen?

나: 그럼 커피 한잔하고 하자.
　　Dann lass uns eine Tasse Kaffee trinken und dann machen wir
　　weiter.

–에/에게 지치다

진통

💬☑
명 [진통]
참 진통제

Schmerzen

가: 이가 너무 아파서 머리까지 아파.
　　Meine Zähne tun so weh, dass ich sogar schon
　　Kopfschmerzen habe.

나: 그렇게 아프면 참지 말고 **진통**제를 먹어.
　　Wenn es so weh tut, dann halte es nicht aus und nimm
　　Schmerzmittel.

질병

💬☑
명 [질병]
관 질병에 걸리다,
　질병을 앓다

Krankheit

각종 **질병**에 걸리기 쉬운 여름에는 음식을 조심해야
한다.
Im Sommer, wo man schnell krank wird, muss man vorsichtig
essen.

08 Gesundheit

353

체온

⚐☑

명 [체온]

관 체온이 높다/낮다,
체온이 떨어지다,
체온을 재다
참 체온계

Körpertemperatur

간호사: 열이 좀 있는 것 같은데 **체온**부터 재 보겠습니다.
Ich glaube sie haben Fieber und messe daher zurst die Temperatur.

통증

⚐☑

명 [통ː쯩]

관 통증이 심하다

Schmerzen

가: 계속 앉아서 일했더니 허리 **통증**이 심해진 것 같아요.
Da ich die ganze Zeit gesessen und gearbeitet habe, sind meine Rückenschmerzen wahrscheinlich schlimmer geworden.

나: 정형외과에 가서 엑스레이를 찍어 봐요.
Gehen Sie einmal zum Orthopäden und lassen sie es röntgen.

피

☑◐

명 [피]

⇨ Anhang S. 516

유 혈액
관 피가 나다, 피가 멈추다,
피를 흘리다
참 피검사

Blut

가: 어! 다리에서 **피**가 나는데?
Oh! Du blutest am Bein.

나: 오다가 넘어졌어.
Ich bin gefallen, als ich gekommen bin.

피로

📢☑🔊

명 [피로]

형 피로하다
관 피로가 쌓이다,
  피로가 풀리다,
  피로를 느끼다,
  피로를 풀다

Müdigkeit

가: 눈이 왜 이렇게 **피로**하지? 어제 잠을 못 자서 그런가?
Warum sind meine Augen so müde? Ist es weil ich gestern nicht schlafen konnte?

나: 그럴 때는 잠시 눈을 감고 있거나 먼 곳을 2~3분 정도 보는 게 좋대.
Dann schließen Sie kurz ihre Augen oder sehen Sie für ungefähr für 2-3 Minuten einen weit entfernten Punkt an.

–이/가 피로하다

효과

📢☑🔊

명 [효ː과/효ː꽈]

관 효과가 있다/없다,
  효과가 좋다, 효과를 보다
참 효과적

Wirkung, Effekt

가: 감기약 계속 먹고 있어? 기침을 계속 하네!
Nimmst du weiter Erkältungsmedizin? Du hustest immer noch!

나: 먹었는데 **효과**가 없어.
Ich nehme was, aber es wirkt nicht.

흡연

📢☑

명 [흐변]

참 흡연 구역, 흡연 금지,
  간접 흡연, 금연

Rauchen

가: 요즘은 담배를 피울 수 있는 **흡연** 장소가 많이 줄어서 불편해요.
Heutzutage gibt es weniger Orte, an denen man rauchen kann. Das ist unbequem.

나: 왕위 씨도 건강을 생각해서 담배를 끊어 보세요.
Wangwei, Sie sollten auch an Ihre Gesundheit denken und aufhören, zu rauchen.

3 병원
Krankenhaus

검사

명 [검ː사]

동 검사하다, 검사되다
관 검사를 받다
참 시력 검사, 숙제 검사,
정밀 검사

Test, Untersuchung

환자: 선생님 **검사** 결과가 어떻습니까?
Frau Doktor, wie sind die Ergebnisse der Untersuchung?

의사: 걱정하실 정도는 아닙니다.
Sie sind nicht beunruhigend.

–을/를 검사하다 ㅣ –이/가 검사되다

견디다

동 [견디다]
⇨ Anhang S. 517

유 참다 ⇨ S. 359
관 고통을 견디다,
추위/더위를 견디다

aushalten

사람은 물을 마시지 않고 일주일 이상 **견딜** 수 없다.
Menschen können nicht länger als eine Woche ohne Trinkwasser
auskommen.

–을/를 견디다 ㅣ –에 견디다

구하다

동 [구ː하다]

관 목숨을 구하다

retten

어머니: 저희 아이를 **구해** 주셔서 정말 고맙습니다.
Vielen Dank, dass Sie mein Kind gerettet haben.

의 사: 아닙니다. 제가 해야 할 일을 했을 뿐입니다.
Gern geschehen. Das ist mein Job.

–을/를 구하다

낳다

📢☑

🔵 [나ː타]

🔶 아이를 낳다, 새끼를 낳다

gebären

그 병원이 그렇게 유명해? 왜 모두들 그 병원에서 아기를 **낳**으려고 해?
Ist das Krankenhaus so berühmt? Warum möchten alle zur Geburt in das Krankenhaus gehen?

–을/를 낳다

💡 Bei „낳다" sagt man „낳아요" oder „낳으니까".

복용

📢☑

🔵 [보굥]

🔵 복용하다
🔶 약을 복용하다

Medikamente nehmen

이 약은 하루에 3번, 식사 후 **복용**하시면 됩니다.
Nehmen Sie diese Medizin drei Mal am Tag nach dem Essen.

–을/를 복용하다

생명

📢☑

🔵 [생명]

🔶 생명을 구하다,
환자의 생명

Leben

의사들은 환자들의 **생명**을 구하기 위해서 밤낮으로 노력한다.
Ärzte arbeiten Tag und Nacht, um das Leben von Patienten zu retten.

수술

📢☑⊘

🔵 [수술]

🔵 수술하다, 수술되다
🔶 수술이 잘 되다,
수술을 받다
🔷 성형 수술

Operation

가: 선생님, 우리 아이 괜찮은가요?
　　Herr Doktor, geht es unserem Kind gut?

나: **수술** 잘 됐으니까 걱정 안 하셔도 됩니다.
　　Die Operation ist gut verlaufen, so dass Sie sich keine Sorgen machen brauchen.

–을/를 수술하다　ㅣ　–이/가 수술되다

알약

📢☑

명 [알략]

참 가루약, 물약

Tablette

엄마: 우리 아이가 **알약**을 잘 못 먹는데요.
Mein Kind kann Tabletten nicht gut schlucken.

의사: 그럼 가루약으로 드릴게요.
Dann geben Sie ihm Pulver.

알약
가루약

응급

📢☑

명 [응:급]

동 응급하다

참 응급실, 응급 환자, 응급 상황

Notfall

가: **응급**실이 어디예요?
Wo ist die Notaufnahme?

나: 병원 들어가자마자 오른쪽으로 가시면 됩니다.
Wenn sie das Krankenhaus betreten ist sie gleich rechts.

의료

📢☑

명 [의료]

참 의료보험, 의료 기관, 의료 시설

Medizin

그 병원은 **의료** 서비스가 좋아서 인기가 많다.
Dieses Krankenhaus ist wegen seiner guten medizinischen Leistung beliebt.

재다

📢☑

동 [재:다]

관 몸무게를 재다, 키를 재다

messen

의사: 이 환자 열이 많이 나는 것 같은데 열 좀 **재** 주세요.
Ich glaube, diese Patientin hat hohes Fieber. Bitte messen Sie mal die Temperatur.

-을/를 재다

접수

🗨☑

명 [접쑤]

동 접수하다, 접수되다
참 접수처, 접수 마감,
원서 접수, 온라인 접수

Anmeldung

먼저 **접수**를 하신 후에 내과로 가십시오.
Bitte melden Sie sich zuerst an und wenden Sie sich dann an die
Abteilung für Innere Medizin.

–을/를 접수하다 ｜ –이/가 –에/에게 접수되다

종합

🗨☑●

명 [종합]

동 종합하다, 종합되다
참 종합적, 종합 병원

Allgemein-

저희 병원에서는 치료하기가 어려울 것 같습니다.
종합 병원으로 가시는 게 좋겠습니다.
Ich glaube in unserer Praxis ist die Behandlung schwierig.
Es wäre gut in ein Allgemeinkrankenhaus zu gehen.

–을/를 종합하다 ｜ –이/가 종합되다

참다

🗨☑●

동 [참ː따]
⇨ Anhang S. 517

유 견디다 ⇨ S. 356
관 화를 참다, 웃음을 참다,
울음을 참다, 졸음을 참다

aushalte

가: 너무 아파서 **참**을 수가 없어.
　　Es tut so weh, dass ich es nicht aushalten kann.

나: 알았어. 의사 선생님 부를게.
　　Alles klar. Ich rufe einen Arzt.

–을/를 참다

출산

🗨☑

명 [출싼]

동 출산하다, 출산되다
참 출산율, 출산 예정일,
출산 휴가, 산부인과

Geburt

축하드립니다. 3.5kg의 건강한 남자아이를 **출산**하셨
습니다.
Herzlichen Glückwunsch. Sie haben einen 3,5 kg schweren,
gesunden Sohn geboren.

–을/를 출산하다 ｜ –이/가 출산되다

퇴원

🔊☑

🄼 [퇴 : 원/퉤 : 원]
⇨ Anhang S. 513

🄳 퇴원하다
🄫 입원
🄲 퇴원 수속

Entlassung

가: 언제쯤 **퇴원**할 수 있을까요?
Wann ungefähr kann ich entlassen werden?

나: 수술 결과가 좋아서 내일쯤 **퇴원**하셔도 될 것
같습니다.
Da die Ergebnisse der Operation gut sind, dürfen Sie morgen
gehen.

–을/를 퇴원하다 │ –에서 퇴원하다

회복

🔊☑◉

🄼 [회복/훼복]

🄳 회복하다, 회복되다
🄶 회복이 빠르다/느리다,
건강을 회복하다
🄲 피로 회복

Erholung, Heilung

의사: 생각보다 **회복**이 빠르시네요!
Sie erholen sich schneller als gedacht.

환자: 선생님 덕분입니다.
Dank Ihnen.

–을/를 회복하다 │ –이/가 회복되다

Quiz

✎ 다음 그림에 알맞은 단어를 〈보기〉에서 찾아 쓰십시오.

| 보기 | 불면증 | 몸살 | 식중독 |

1. (　　　)　　　**2.** (　　　)　　　**3.** (　　　)

4. 다음 〈보기〉와 관련 있는 단어를 고르십시오.

| 보기 | 수면제 | 복용 | 진통제 | 처방 |

① 잠　　　　　② 약　　　　　③ 독감　　　　　④ 심리

✎ 관계 있는 것끼리 연결하십시오.

5. 피가　　•　　　　　•　① 재다

6. 체온을　•　　　　　•　② 취하다

7. 수면을　•　　　　　•　③ 나다

✎ (　　)에 알맞은 단어를 〈보기〉에서 찾아서 바꿔 쓰십시오.

| 보기 | 지치다 | 부러지다 | 출산하다 |

8. 어릴 때 다리가 (　　　)-아/아/해서 병원에 입원한 적이 있다.

9. 이삿짐을 다 옮기고 나니까 (　　　)-아/아/해서 움직일 수가 없었다.

10. 오늘 우리 언니가 새벽에 여자아이를 (　　　)-았/었/했다는 소식을
들고 기뻐서 눈물이 났다.

✏ **Dieses chinesische Zeichen ist in diesen koreanischen Wörtern zu finden.**

S. 386

Personalausweis, Identifikationsnachweis

신분증이 없으시면 시험을 보실 수 없으니까 꼭 챙기십시오.

Wenn Sie keinen Personalausweis haben, können Sie die Prüfung nicht ablegen. Bringen Sie ihn daher unbedingt mit.

S. 344

Körper

한국에서 남자들은 군대에 가기 전에 신체 검사를 받는다.

Bevor Männer in Korea zum Militär gehen, haben sie eine Tauglichkeitsprüfung.

신분증

신체

S. 69

Sie, du

당신이 떠난 후, 오랫동안 나는 당신을 잊지 못했습니다.

Nachdem du weg warst, konnte ich dich lange nicht vergessen.

身 신 몸 Körper

당신

자신

S. 78

sich selbst

넌 잘할 수 있을 거야. 너 자신을 믿어 봐!

Du wirst es gut machen können. Versuch nur an dich selbst zu glauben!

독신

S. 62

Einzelperson

요즘에는 독신 남녀를 위한 독신자 아파트가 많이 생겼대요.

In der letzten Zeit sind viele Wohnungen für Einzelpersonen gebaut worden.

09

자연/환경

Natur/Umwelt

☑
꼬리

ⓜ [꼬리]

ⓚ 꼬리를 흔들다

Schwanz

주인이 돌아오자 강아지가 **꼬리**를 흔들며 뛰어왔다.
Als die Besitzerin zurückkam, kam der Hund mit dem Schwanz
wedelnd hergelaufen.

☑
꽃잎

ⓜ [꼰닙]

Blütenblatt

바람이 불자 **꽃잎**이 떨어졌다.
Als der Wind wehte, fielen die Blütenblätter herunter.

☑
날개

ⓜ [날개]

Flügel

가: 저 새가 왜 날지 못하지요?
　　Warum kann der Vogel nicht fliegen?

나: **날개**를 다쳐서 그런 것 같아요.
　　Ich glaube, er hat sich den Flügel verletzt.

날개

부리

발톱

☑
먹이

ⓜ [머기]

ⓚ 먹이를 주다, 먹이를 찾다

Essen

여러분, 구경하면서 동물들에게 **먹이**를 주지 마십시오.
병에 걸리거나 죽을 수 있습니다.
Meine Damen und Herren, bitte füttern Sie die Tiere nicht beim
Besuch im Tierpark. Sie können krank werden oder sterben.

벌레

🗨☑👂
벌레

📕 [벌레]

관 벌레한테 물리다

Insekt

가: 더운데 왜 창문을 닫아 놨어?
　 Es ist heiß, warum hast du das Fenster
　 geschlossen?

나: 창문을 열어 놓으니까 **벌레**가
　 자꾸 들어와서.
　 Wenn man das Fenster auf lässt,
　 kommen oft Insekten rein.

🗨☑👂
뿌리

📕 [뿌리]

Wurzel

이 식물은 물을 많이 주면 **뿌리**가 썩으니까 일주일에
한 번만 물을 주세요.
Wenn man dieser Pflanze viel Wasser gibt, faulen die Wurzeln.
Daher geben Sie ihr nur einmal pro Woche Wasser.

🗨☑👂
식물

📕 [싱물]

참 동물

Pflanze

식물은 햇빛과 물이 있어야 잘 자란다.
Pflanzen gedeihen mit Sonne und Wasser.

잎

줄기

뿌리

🗨☑
인간

📕 [인간]
➡ Anhang S. 515

유 사람
참 인간적, 인간관계,
　 인간성, 인간답다

Mensch

인간과 동물의 다른 점은 무엇입니까?
Was sind die Unterschiede zwischen Mensch und Tier?

💡 „인간" wird öfter als „사람" in wissenschaftlichen Texten verwedend.

강물

명 [강물]

관 강물이 깨끗하다/더럽다,
강물이 흐르다

Flusswasser, Fluss

강물은 흘러서 바다로 간다.
Der Fluss fließt ins Meer.

공기

명 [공기]

관 공기가 좋다/나쁘다,
공기가 맑다,
공기가 깨끗하다

Luft

가: 시골에서 살고 싶은 이유가 뭐예요?
　　Was ist der Grund, dass Sie auf dem Land leben möchten?

나: **공기**도 맑고 조용하기 때문이에요.
　　Die Luft ist sauber und es ist ruhig.

남 02

명 [남]

참 남쪽, 남극,
동-서-남-북

Süden

가을이 되자 새들이 따뜻한 **남**쪽으로
날아갔다.
Im Herbst fliegen die Vögel in den warmen
Süden.

북
서 4 동
남

돌

명 [돌:]

관 돌을 던지다

Stein

가: 여기는 **돌**이 많아서 걷기 힘드네요!
　　Da hier viele Steine sind, ist das Laufen zu Fuß anstrengend.

나: 그렇지요? 그렇지만 이 **돌**을 구경하러 오는 사람
　　들도 많아요.
　　Wirklich? Aber es gibt auch viele Leute, die kommen, um diese
　　Steine zu sehen.

땅

🔊☑🔈

명 [땅]

관 땅에 묻다

Boden

가: 너 왜 계속 **땅**만 보고 걸어?
Warum siehst du die ganze Zeit nur auf den Boden?

나: 그냥 기분이 좀 안 좋아서 그래.
Ich habe einfach keine gute Laune.

뜨다 02

🔊☑🔈

동 [뜨다]
불 '으'불규칙
⇨ Anhang S. 514

반 지다 ⇨ S. 371

aufgehen

해는 동쪽에서 **떠서** 서쪽으로 진다.
Die Sonne geht im Osten auf und im Westen unter.

−이/가 뜨다

💡 „뜨다" benutzt man nur mit „해(Sonne)", „달(Mond)" und „별(Sterne)".

모래

🔊🔈

명 [모래]

Sand

가: 너도 들어와. 물에서 같이 놀자!
Komm rein. Lass uns im Wasser spielen.

나: 나는 수영하는 것보다 **모래** 위를 걷는 게 좋아.
Ich gehe lieber im Sand spazieren als schwimmen.

물질

🔊☑

명 [물찔]

참 오염 물질

Stoff, Material, Substanz

담배에는 몸에 나쁜 **물질**이 많이 들어 있다.
In Zigaretten sind viele schlechte Stoffe für den Körper.

바닷가

🔊☑🔈

명 [바다까/바닫까]

Meer

친구들과 **바닷가**에 놀러 가서 산책도 하고 사진도
찍었다.
Ich bin mit meinen Freunden zum Meer gefahren, wir sind
spazieren gegangen und haben Fotos gemacht.

바위

📖☑️🔊

명 [바위]

Fels, Felsen

산을 오르다가 **바위**에 앉아 잠시 쉬었다.
Als ich den Berg hinaufstieg, habe ich mich auf einen Felsen gesetzt und kurz eine Pause gemacht.

💡 „돌(Steine)" sind so groß, dass man sie mit Händen tragen kann. „바위(Felsen)" sind zu groß und schwer dafür.

밭

📖☑️🔊

명 [받]

참 채소밭, 논

Feld

가: 딸기가 참 맛있어 보여요.
Die Erdbeeren sehen sehr lecker aus.

나: 아침에 **밭**에서 직접 가져온 거예요. 한번 드셔 보세요.
Ich habe sie heute morgen direkt vom Feld geholt. Probieren Sie mal.

별 02

📖☑️

명 [별ː]

참 별자리

Stern

가: 공기가 맑으니까 **별**이 참 많네요!
Da es heute klar ist, kann man viele Sterne sehen.

나: 우와! 저기 저 **별**은 '북두칠성' 아니에요?
Wow! Sind die Sterne dort nicht der große Wagen?

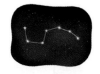

💡 Wenn man ausdrücken möchte, dass etwas sehr schwer zu tun ist, vergleicht man es mit „하늘에 별 따기", das „Sterne vom Himmel holen" bedeutet. Etwas ist also so schwer wie Sterne vom Himmel zu holen.

북극

☑️

명 [북끅]

⇨ Anhang S. 511

반 남극   참 북극곰

Nordpol

지구가 따뜻해져서 **북극**의 얼음이 점점 녹고 있다.
Da die Erde wärmer geworden ist, schmilzt allmählich das Eis am Nordpol.

빛

Licht, Lichtstrahl

빛이 없으면 아무것도 볼 수 없다.
Ohne Licht kann man nichts sehen.

명 [빋]

관 빛을 비추다
참 햇빛, 불빛

산소

Sauerstoff

높은 곳에 가면 **산소**가 부족하니까 몸이 약한 사람은
여기에서 쉬세요.
Wenn Sie an einen hoch gelegenen Ort gehen, wird Ihnen Sauerstoff fehlen. Wenn Sie also schwach sind, ruhen Sie sich hier aus.

명 [산소]

참 이산화탄소(CO_2)

세상

Welt

이 반지는 제가 만들었기 때문에 **세상**에 하나밖에
없는 거예요. Da ich diesen Ring gemacht habe, gibt es
auf dieser Welt nur den einen.

명 [세:상]
⇨ Anhang S. 516

유 세계 관 넓은 세상

💡 Normalerweise bezieht sich „세상" auf den Planeten, auf dem wir
leben und „세계" wird benutzt, wenn man von „allen Ländern" spricht.

숲

Wald

가: 여기 오니까 기분이 좋아지네요!
Meine Laune hat sich verbessert, weil ich hergekommen bin.

나: **숲**에 나무가 많아서 공기가 맑고 시원하니까 그런
것 같아요. Ich denke das liegt an den vielen Bäumen und
der klaren, frischen Luft.

명 [숩]

관 푸른 숲

아시아

Asien

한국은 **아시아**의 동쪽에 있는 나라이다.
Korea ist ein Land im Osten Asiens.

명 [아시아]

에너지

🗨☑◔

명 [에너지]

관 에너지를 절약하다/
낭비하다
참 태양 에너지

Energie, Strom

가: 생활에서 **에너지**를 절약할 수 있는 방법 좀 알려
주세요.
Zeigen Sie mir wie man Strom im Leben sparen kann.

나: 컴퓨터를 사용하지 않을 때는 끄고 가까운 거리는
걸어서 다니세요.
Wenn Sie ihren Computer nicht benutzen, machen Sie ihn aus
und gehen Sie an einem Ort in der Nähe spazieren.

우주

🗨☑

명 [우:주]

참 우주인, 우주선, 우주복,
우주 여행

Weltraum

가: 100년쯤 후에 사람들은 신혼여행을 어디로 갈까요?
Wohin werden die Menschen in ungefähr 100 Jahren ihre
Flitterwochen machen?

나: 과학 기술이 더 발달해서 **우주**로 가지 않을까요?
Da sich die Wissenschaft weiter entwickelt, werden sie vielleicht
in den Weltraum reisen.

자원

🗨☑

명 [자원]

관 자원을 절약하다/
낭비하다
참 자연 자원, 천연 자원
(석유, 석탄)

Resource

물은 우리에게 소중한 **자원**이기 때문에 아껴 써야
한다.
Da Wasser eine wertvolle Resource für uns ist, müssen wir es
sparsam nutzen.

정상

🗨☑◔

명 [정상]

관 정상에 오르다,
정상에서 내려오다

Gipfel

가: 조금만 더 가면 **정상**이니까 힘을 내요.
Wenn man nur noch ein bisschen geht, kommt der Gipfel,
strengen Sie sich an.

나: 아까도 그렇게 말했잖아요.
Das haben Sie eben auch schon gesagt.

지구

🔊☑🔈 명 [지구]

참 지구촌

Erde

우리가 살고 있는 곳을 **지구**라고 한다.
Der Ort, wo wir leben, ist die Erde.

지다 ⁰²

동 [지다]
⇨ Anhang S. 514
반 뜨다 ⇨ S. 367

untergehen

가: 다리가 아픈데 좀 쉬었다가 내려가면 안 돼요?
Können wir uns ausruhen und dann heruntergehen, da meine Beine weh tun?

나: 서둘러야 해요. 산에서는 해가 빨리 **지**니까요.
Wir müssen uns beeilen. In den Bergen geht die Sonne schnell unter.

–이/가 지다

💡 „지다" wird nur mit „해(Sonne)", „달(Mond)" und „별(Sterne)" verwendet.

태양

명 [태양]

참 태양계, 태양 에너지

Sonne

지구는 **태양**을 돌고 있다.
Die Erde dreht sich um die Sonne.

햇빛

명 [해삗/핻삗]

Sonnenlicht, Sonnenstrahlen, Sonne

가: 바다에 놀러 갈 때 뭘 준비해야 해요?
Was muss ich vorbereiten, wenn wir zum Meer gehen?

나: **햇빛**이 강하니까 모자를 꼭 쓰고 오세요.
Da die Sonne sehr stark ist, tragen Sie unbedingt einen Hut.

💡 Man kann für „햇빛" auch „햇볕" sagen.

흙

명 [흑]

Erde

가: 옛날에는 왜 **흙**으로 집을 지었을까요?
Warum hat man früher Häuser aus Erde gebaut?

나: **흙**으로 집을 지으면 시원하고 건강에도 좋다고 해요.
Häuser aus Erde sind kühl und gut für die Gesundheit.

Quiz

✎ 다음 그림과 맞는 단어를 〈보기〉에서 찾아 쓰십시오.

보기 동 서 남 돌 햇빛 모래 바위

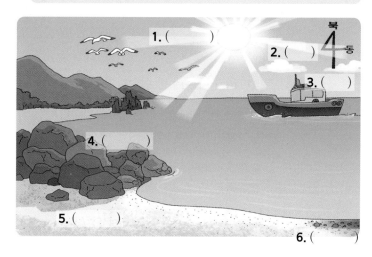

1. (   )
2. (   )
3. (   )
4. (   )
5. (   )
6. (   )

✎ (   )에 들어갈 알맞은 것을 고르십시오.

7.

한국에서는 매년 1월 1일 아침에 해 (   )-는 것을 보기 위해 산이나 바다에 가는 사람들이 많다.

① 뜨다   ② 지다   ③ 오르다   ④ 떨어지다

8.

뱀, 곰, 개구리와 같이 겨울에 잠을 자는 동물들은 따뜻한 봄이 되어 잠에서 깨면 가장 먼저 (   )을/를 찾으러 다닌다.

① 공기   ② 날개   ③ 새끼   ④ 먹이

9.

물은 우리 인간에게 (   )와/과 마찬가지이다. 왜냐하면 우리는 물을 마시지 않으면 살 수 없기 때문이다.

① 환경   ② 생명   ③ 우주   ④ 세상

가뭄

명 [가뭄]

관 가뭄이 들다

Trockenheit

가: 비가 너무 안 와서 큰일이에요.
Es ist ein großes Problem, dass es nicht regnet.

나: 맞아요. **가뭄** 때문에 채소 값이 너무 많이
올랐어요.
Stimmt. Wegen der Trockenheit sind die Gemüsepreise sehr
gestiegen.

구조

명 [구:조]

동 구조하다, 구조되다
참 119 구조대

Rettung, Befreiung

가: 어제 뉴스를 보니까 버스 사고가 크게 났더라고요.
Gestern in den Nachrichten wurde gesagt, es habe einen
großen Busunfall gegeben.

나: 네, 저도 봤어요. 전원 **구조**돼서 다행이에요.
Ja, ich habe es auch gesehen. Zum Glück wurden alle
gerettet.

−을/를 구조하다 ┃ −에/에게 구조되다

긴급

명 [긴급]

형 긴급하다
참 긴급 뉴스, 긴급 구조
부 긴급히

Notfall, Dringlichkeit

긴급 뉴스를 알려 드리겠습니다. 서울은 오전 9시부
터 10시 사이에 태풍이 지나가니까 외출을 하지 마시
기 바랍니다.
Jetzt kommen die Eilmeldungen. Da ein Taifun morgens zwischen
9 und 10 Uhr an Seoul vorbeizieht, gehen Sie bitte nicht raus.

−이/가 긴급하다

당하다

🔊☑ [당하다]

관 사고를 당하다,
피해를 당하다

leiden

등산하다가 사고를 **당하면** 119에 전화하십시오.
Wenn Sie beim Bergsteigen einen Unfall haben, rufen Sie bitte die 119.

−을/를 당하다

대비

🔊☑ [대:비]

동 대비하다
참 시험 대비

Vorsorge

가: 너 장화 샀어? Hast du Gummistiefel gekauft?

나: 응, 장마에 **대비**해서 하나 샀어. 어때?
Ja, ich habe welche zur Vorsorge für den Dauerregen gekauft. Wie findest du sie?

−에 대비하다 ｜ −을/를 대비하다

대피

🔊☑ [대:피]

동 대피하다

Rettung, Evakuierung

관객 여러분, 지금 영화관 10층에 불이 났습니다. 빨리 밖으로 **대피**해 주시기 바랍니다.
Liebe Besucher und Besucherinnen, im 10. Stock des Kinos ist ein Feuer ausgebrochen. Bitte evakuieren sie das Gebäude und verlassen sie es.

−에 대피하다 ｜ −(으)로 대피하다

무너지다

🔊☑ [무너지다]

관 건물이 무너지다,
다리가 무너지다

zusammenbrechen, kollabieren

가: 아침에 뉴스 들었어요? 서울다리가 **무너져**서 사람들이 많이 다쳤대요.
Haben Sie die Nachrichten am Morgen gehört? Die Seoul Brücke ist zusammengebrochen und viele Menschen sind verletzt.

나: 어머, 정말요? 죽은 사람은 없대요?
Oh, wirklich? Gibt es keine Toten?

−이/가 무너지다

생존

명 [생존]

동 생존하다
참 생존자, 생존 여부

Überleben

이번 사고에서 **생존**한 사람이 몇 명이에요?
Wie viele Überlebende gibt es bei diesem Unfall?

-이/가 생존하다

연기 02

명 [연기]

관 연기가 나다

Rauch, Dunst, Qualm

저기 불 난 것 같아. **연기** 나는 것 좀 봐.
Ich glaube es brennt dort. Sieh mal den Rauch.

예방

명 [예:방]

동 예방하다, 예방되다
참 예방 주사, 사고 예방,
화재 예방

Vorsorge, Prävention, verhindern

산불 **예방**을 위해 라이터는 이곳에 두고 가시기 바랍
니다.
Bitte lassen sie ihre Feuerzeuge hier, um Waldbrände zu
verhindern.

-을/를 예방하다 | -이/가 예방되다

입다

동 [입따]

관 피해를 입다, 손해를 입다,
부상을 입다, 혜택을 입다

leiden, zu Schaden kommen

가: 이번에 갑자기 눈이 많이 내려서 피해를 많이 **입으**
셨지요?
Dieses Mal hat es plötzlich sehr geschneit und es hat großen
Schaden angerichtet, oder?

나: 네, 그동안 키운 채소들이 다 얼어 버렸어요.
Ja, das Gemüse, das ich gepflanzt hatte, ist gefroren.

💡 Bei „입다" sagt man „입어요" oder „입으니까".

지진

명 [지진]

관 지진이 나다,
지진이 일어나다,
지진이 발생하다

Erdbeben

요즘 세계 곳곳에서 **지진**이 자주 발생한다.
Heutzutage treten Erdbeben überall auf der Welt auf.

파괴

명 [파 : 괴/파 : 궤]

동 파괴하다, 파괴되다
참 파괴적, 자연 파괴

Zerstörung

가: 전쟁이 없어졌으면 좋겠어요.
Es wäre schön, wenn es keine Kriege gäbe.

나: 맞아요. 전쟁이 일어나면 모든 것이 다 **파괴**되잖아요.
Stimmt. Wenn es Krieg gibt, wird alles zerstört.

−을/를 파괴하다 | −이/가 파괴되다

폭발

명 [폭빨]

동 폭발하다, 폭발되다
관 폭발적 인기, 폭발적 관심
참 폭발적

Explosion

가: 그 집에 왜 갑자기 불이 났대요?
Warum hat es bei der Wohnung plötzlich gebrannt?

나: 부엌에서 가스가 **폭발**했다고 해요.
Es wird gesagt, dass das Gas in der Küche explodiert ist.

−이/가 폭발하다 | −이/가 폭발되다

폭우

명 [포구]

참 폭설

Platzregen

가: 어제 공연 잘 봤어?
Hattest du gestern Spaß beim Konzert?

나: **폭우** 때문에 공연이 취소돼서 못 봤어.
Ich konnte nicht zum Konzert, da es wegen des Platzregens
abgesagt wurde.

피해

명 [피ː해]
⇨ Anhang S. 513

반 가해
관 피해가 발생하다,
피해를 당하다,
피해를 입다
참 피해자, 재산 피해,
인명 피해, 피해 상황

Schaden

이번 태풍으로 인해 전국에 크고 작은 **피해**가 발생했습니다.

Infolge des Taifuns sind im ganzen Land große und kleine Schäden entstanden.

홍수

명 [홍수]

관 홍수가 나다, 정보의 홍수

Überschwemmung, Flut

가: 비가 너무 많이 오지 않아요?

Regnet es nicht sehr viel?

나: 네, 이렇게 계속 비가 오면 **홍수**가 날 것 같아요.

Doch, ich glaube, es gibt Überschwemmungen, wenn es weiter so regnet.

화재

명 [화재]

관 화재가 나다,
화재가 발생하다

Feuer

한국에서는 **화재**가 발생하면 119에 전화한다.

In Korea ruft man die 119 wenn ein Feuer ausbricht.

● Track **42**

공해

명 [공해]

관 공해를 줄이다
참 공해 문제, 소음 공해

Umweltverschmutzung

공장이 많은 지역은 **공해** 문제가 심각하다.
In Gebieten mit vielen Fabriken gibt es ernsthafte Probleme mit
Umweltverschmutzung.

매연

명 [매연]

관 공장의 매연,
자동차의 매연

Ruß, Rauch, Abgas

자동차의 **매연** 때문에 대기 오염이 심각해지고 있다.
Wegen der Autoabgase wird die Luftverschmutzung schlimmer.

보존

명 [보:존]

동 보존하다, 보존되다
관 환경을 보존하다,
문화재를 보존하다
참 보존시키다

Rettung, Erhalt

자연환경을 **보존**하기 위해 산에서는 음식을 만들어
먹지 못하도록 하고 있다.
Für den Erhalt der natürlichen Umgebung ist es verboten, in den
Bergen Essen zu kochen.

–을/를 보존하다 ┃ –이/가 보존되다

보호

💬☑️👁️

🅜 [보:호]

🅓 보호하다, 보호되다
🅚 보호를 받다,
　 자연을 보호하다
🅒 보호 시설

Schutz

우리 가게에서는 환경 **보호**를 위해서 종이컵을 사용하지 않습니다.

In unserem Geschäft benutzen wir keine Papierbecher zum Schutz der Umwelt.

–을/를 보호하다　ㅣ　–이/가 보호되다

💡 „보존" wird seit jeher bis heute im Sinne von „retten und erhalten" verwendet. „보호" dagegen wird hauptsächlich verwendet, wenn auf etwas aufgepasst oder acht gegeben werden wird.

산성비

💬☑️

🅜 [산성비]

saurer Regen

가: 비가 별로 안 오는데 그냥 갈까요?

Es regnet kaum. Sollen wir einfach gehen?

나: 안 돼요. 요즘 내리는 비는 **산성비**라서 우산을 꼭 써야 해요.

Nein. Da der Regen zur Zeit ein saurer Regen ist, müssen wir unbedingt einen Schirm mitnehmen.

오염

💬☑️

🅜 [오염]

🅓 오염되다
🅚 오염을 줄이다
🅒 환경 오염, 대기 오염,
　 오염 물질, 오염시키다

Verschmutzung

가: 환경 **오염**이 심각해져서 요즘 날씨가 이상한 것 같아요.

Ich finde das Wetter heutzutage ist wegen der schweren Umweltverschmutzung seltsam.

나: 맞아요. 우리나라뿐만 아니라 세계적으로 문제가 되고 있어요.

Stimmt. Nicht nur in unserem Land, sondern weltweit gibt es Probleme.

–이/가 오염되다

09 Natur/Umwelt

일회용

ⓜ [일회용/일훼용]

참 일회용품,
일회용 나무젓가락

Einwegprodukte

일회용품에는 종이컵, 나무젓가락, 음료수병 등이
있습니다.
Es gibt bei Einwegprodukten Papierbecher, Holzstäbchen,
Getränkeflaschen etc.

재활용

ⓜ [재 : 화룡]

⇨ Anhang S. 516

동 재활용하다, 재활용되다
유 리사이클링(recycling)
참 재활용품, 자원 재활용

Recycling

가: 이 텔레비전 좋네요!
Dieser Fernseher ist gut.

나: 그래요? **재활용** 센터에서 싸게 샀어요.
Ja? Ich habe ihm beim Recyclinghof günstig gekauft.

–을/를 –(으)로 재활용하다　|　–이/가 –(으)로 재활용되다

황사

ⓜ [황사]

권 황사가 심하다
참 황사 현상

gelber Staub/Sand Sand- und Staubpartikel die aus den
Wüsten Chinas, der Mongolei und Kasachstan nach Osten durch
starke Winde getragen werden im Frühling

가: **황사**가 너무 심해서 마스크를 사고 싶은데 어디
에서 팔아요?
Weil der gelbe Sand so stark ist, möchte ich eine Maske
kaufen, aber wo werden sie verkauft?

나: 편의점이나 약국에 가 보세요.
Gehen Sie mal zum Kiosk oder einer Apotheke.

Quiz

1. ( )에 공통으로 들어갈 단어를 쓰십시오.

> 지진이 ( ),   화재가 ( ),   홍수가 ( )

① 들다   ② 나다   ③ 입다   ④ 오다

✎ 다음 설명에 알맞은 단어를 〈보기〉에서 찾아 쓰십시오.

> 보기   가뭄   홍수   산소   매연

2. 이것은 오랫동안 비가 내리지 않아서 생기는 문제다. ( )

3. 이것은 공장이나 자동차에서 나오는 연기로 환경을 오염시킨다.

( )

4. 이것은 비가 너무 많이 와서 강물이 넘치는 것이다. ( )

5. 이것은 사람이 살기 위해서 꼭 필요한 것으로 O₂라고 말하기도 한다.

( )

✎ ( ) 안에 알맞은 단어를 〈보기〉에서 찾아서 바꿔 쓰십시오.

> 보기   일회용   화재   보호하다   대피하다

6.

> 어제 저녁 6시쯤 서울 명동에 있는 한국백화점에서 불이 나서 40여 명이 긴급 (㉠)-았/었/했습니다. 경찰은 "엘리베이터에서 연기가 났다."는 백화점 직원의 말을 바탕으로 (㉡) 원인을 조사하고 있습니다.

㉠ ( )   ㉡ ( )

7.

> 자연환경을 (㉠)-(으)려면 어떻게 해야 할까요? 대중교통을 이용하고 (㉡) 종이컵이나 나무젓가락 등의 사용을 줄여 보세요. 그리고 머리를 감을 때 샴푸를 조금만 사용하도록 하세요.

㉠ ( )   ㉡ ( )

🖊 **Dieses chinesische Zeichen ist in diesen koreanischen Wörtern zu finden.**

S. 298

Temperatur

봄가을에는 기온 차가 커서 감기에 걸리기 쉽다.

Im Frühling und Herbst ist der Temperaturunterschied groß, so dass man sich leicht erkältet.

기온

S. 366

Luft

비가 오고 공기가 깨끗해졌다.

Es regnet und die Luft ist sauber geworden.

공기

氣 기 기운 Energie

S. 300

Feuchtigkeit

집안의 습기를 없애는 방법 좀 알려 주세요.

Bitte sagen Sie mir eine Methode, die Feuchtigkeit in der Wohnung zu entfernen.

습기

향기

S. 279

Duft, Parfüm

무슨 향수를 썼어요? 향기가 참 좋네요!

Welches Parfüm haben Sie benutzt? Es riecht sehr gut.

용기

S. 89

Mut

오늘 용기를 내서 그 여자에게 고백했는데 거절을 당했다.

Heute habe ich den Mut zusammen genommen und der Frau mein Interesse gestanden. Aber ich habe einen Korb bekommen.

10

국가/사회

Land/Gesellschaft

가정

명 [가정]

참 가정적, 가정 교육

Haus, Zuhause, Haushalt

요즘은 **가정**에서 집안일을 하는 남자가 많아졌다.
Heutzutage gibt es mehr Männer, die Hausarbeit im Haus machen.

공공

명 [공공]

참 공공장소, 공공요금,
공공시설, 공공 기관

Öffentliches, Gemeinwesen

공원이나 지하철 같은 **공공**장소에서 담배를 피우면
안 됩니다.
An öffentlichen Orten wie im Park oder in der U-Bahn ist rauchen
verboten.

공휴일

명 [공휴일]

Gesetzlicher Feiertag

가: 10월 9일은 한글날이지요? **공휴일**이에요?
Am 9. Oktober ist Hangeul-Tag, oder? Ist es ein gesetzlicher
Feiertag?

나: 네, 맞아요. 그래서 모두들 쉬어요.
Ja, richtig. Deshalb haben alle frei.

국가

명 [국까]

참 국가적

Land, Staat, Nation

많은 선수들이 **국가** 대표가 되어 세계 대회에 나가고
싶어 한다.
Viele Sportler möchten Nationalspieler werden und an
internationalen Wettkämpfen teilnehmen.

국민

🗨☑🔊

명 [궁민]

Bürger, Volk

외국인이 대한민국의 **국민**이 되려면 어떻게 해야 해요?
Was müssen Ausländer machen, um Bürger der Republik Korea zu werden?

권리

🗨☑

명 [궐리]

관 권리가 있다/없다, 권리를 가지다

Recht

가: 책을 복사해서 봐도 돼요?　　Darf ich das Buch kopieren?

나: 책에 대한 **권리**는 작가에게 있으니까 마음대로
　　복사하면 안 돼요.
Die Rechte für das Buch gehören dem Autor, so dass sie es nicht nach Belieben kopieren dürfen.

귀국

🗨☑🔊

명 [귀:국]

동 귀국하다

Heimkehr, Rückkehr in die Heimat

가: 공항에 왜 가요?　　Warum gehen Sie zum Flughafen?

나: 유학 간 동생이 오늘 **귀국**하거든요.
Meine jüngere Schwester, die im Ausland studiert hat, kommt heute zurück.

-이/가 귀국하다

기관

🗨☑

명 [기관]

참 공공 기관, 담당 기관, 전문 기관

Organisation, Institution

시청, 경찰서, 소방서, 우체국 등을 공공 **기관**이라고
한다.
Rathaus, Polizei, Feuerwehr, Post etc. sind öffentliche Organisationen.

대통령

🗨🔊

명 [대:통녕]

Präsident

가: 내일은 회사에 안 가요?
Gehst du morgen nicht in die Firma arbeiten?

나: 네, **대통령**을 뽑는 날이라서 쉬어요.
Nein, ich habe frei, weil morgen die Präsidentschaftswahl ist.

북한

🔖●

🕮 [부칸]

참 북한 동포, 북한 주민,
남한

Nordkorea

남한과 **북한**은 1991년 세계 탁구
대회에 한 팀으로 나갔다.
Süd- und Nordkorea sind 1991 bei der
internationalen Tischtennisweltmeisterschaft
als ein Team angetreten.

북한

남한

사회

🕮 [사회/사훼]

관 사회에 나가다,
사회에 적응하다
참 사회적, 사회인, 사회생활

Gesellschaft

사회생활에서 약속을 지키는 것보다 중요한 것은
없다.
Nichts ist wichtiger im sozialen Leben als Versprechen einzuhalten.

세계

🕮 [세 : 계/세 : 게]

참 세계적, 전 세계, 세계 각국

Welt

세계 인구는 2011년에 70억을 넘었다.
Die Weltbevölkerung überschritt 7 Milliarden Leute im Jahr 2011.

시민

🕮 [시 : 민]

Bürger, Stadtbewohner

서울시는 옛날 시청 건물에 서울 **시민**을 위한 도서관
을 만들었다.
Die Stadt Seoul hat für seine Bürger eine Bibliothek im alten
Rathaus gebaut.

신분증

🕮 [신분쯩]

관 신분증을 발급받다,
신분증을 제시하다

Personalausweis

한국에서는 주민 등록증, 여권, 운전면허증을 **신분증**
으로 사용할 수 있어요.
In Korea kann der Personalausweis, der Reisepass und der
Führerschein als Nachweis für die Person verwendet werden.

의무

☑ 명 [의ː무]

Dienst, Pflicht

국민의 **의무** 중의 하나는 세금을 내는 것이다.
Steuern zu zahlen ist eine Pflicht der Bürger.

관 의무를 다하다
참 의무적, 의무화

적용

☑ 명 [저굥]

Anwendung, Gebrauch

65세 이상 노인에게는 '지하철 무료 이용'이 **적용**된다.
Kostenloser U-Bahn-Service ist für Personen ab 65 Jahren
verfügbar.

동 적용하다, 적용되다
참 적용 대상

−을/를 −에/에게 적용하다　|　−이/가 −에/에게 적용되다

전국

☑ 명 [전국]

ganzes Land, landesweit

11월 8일에 '대학수학능력시험'이 **전국**적으로 실시
됐다.
Am 8. November wurde im ganzen Land die
Universitätszugangsprüfung durchgeführt.

참 전국적

전쟁

☑ 명 [전ː쟁]

Krieg

가: 한국 **전쟁**은 언제 일어난 거예요?
Wann fand der Korea Krieg statt?

나: 1950년 6월 25일에 시작돼서 1953년 7월 27일에
끝났어요.
Er begann am 25. Juni 1950 und endete am 27. Juli 1953.

동 전쟁하다
관 전쟁이 나다,
　전쟁을 일으키다

−와/과 전쟁하다

10 Land/
Gesellschaft

정부

명 [정부]

참 정부 정책, 정부 관계자

Regierung

정부는 다음 달부터 가스 요금을 3% 정도 올리겠다고 발표했다.

Die Regierung hat angekündigt, dass sie ab dem nächsten Monat die Gaspreise um ca. 3% erhöhen wird.

정치

명 [정치]

동 정치하다

참 정치적, 정치가, 정치 활동

Politik

신문을 보면 그 나라의 **정치**, 사회, 경제에 대해서 알 수 있다.

Wenn man Zeitung liest, kann man etwas über die Politik, die Gesellschaft und die Wirtschaft des Landes erfahren.

−이/가 정치하다

주의 02

명 [주의/주이]

참 민주주의, 공산주의

Prinzip, Grundsatz

대한민국은 자유 민주**주의** 국가이다.

Die Republik Korea ist ein freies demokratisches Land.

지역

명 [지역]

참 지역적, 피해 지역

Gebiet, Gegend

가: 피자 가게에 전화했는데 왜 안 되지?

Ich habe bei der Pizzeria angerufen, aber warum klappt es nicht?

나: **지역** 번호 눌렀어? 가게 전화번호 앞에 서울 지역 번호 '02'를 눌러야 해.

Hast du die Vorwahl gewählt? Vor der Telefonnummer der Pizzeria musst du die „02" für die Vorwahl von Seoul wählen.

지정

🗨☑
(명)[지정]
(동) 지정하다, 지정되다
(참) 지정 좌석

Bestimmung, Designation

'남대문'은 국보 1호로 **지정**된 문화재이다.
Das Namdaemun ist ein Kulturerbe, das zum Nationalschatz 1 bestimmt wurde.

–을/를 **지정하다** | –이/가 –(으)로 **지정되다**

질서

🗨☑😊
(명)[질써]
(관) 질서를 지키다
(참) 교통질서

Regel

왜 이렇게 교통**질서**를 안 지켜요? 사고라도 나면 어떻게 하려고 해요?
Warum halten Sie sich nicht an die Verkehrsordnung? Was machen Sie, wenn es einen Unfall gibt?

투표

☑
(명)[투표]
(동) 투표하다
(관) 투표를 실시하다
(참) 찬반 투표

Wahl

11월 19일은 대통령 선거 날입니다. **투표** 시간은 오전 6시부터 오후 6시까지입니다.
Am 19. November ist Tag der Präsidentschaftswahl. Die Wahllokale sind von 6 Uhr morgens bis 18 Uhr abends geöffnet.

–이/가 **투표하다**

평등

🗨☑
(명)[평등]
⇨ Anhang S. 513
(형) 평등하다
(반) 불평등
(참) 남녀 평등

Gleichheit, Gleichberechtigung

모든 사람은 법 앞에 **평등**하다.
Alle Menschen sind vor dem Gesetz gleich.

–와/과 **평등하다**

평화

명 [평화]

형 평화롭다, 평화스럽다
관 평화를 지키다,
평화를 유지하다
참 평화적, 세계 평화

Frieden

전쟁이 일어나기 전까지 그 마을은 아주 **평화**로웠다.
Bis zum Kriegsausbruch war das Dorf sehr friedlich.

-이/가 평화롭다 | -이/가 평화스럽다

후보

명 [후보]

관 후보로 나오다
참 후보 선수, 우승 후보

Kandidat*in

가: 이번에 나온 대통령 **후보**가 모두 몇 명이에요?
Wie viele Präsidentschaftskandidaten gibt es dieses Mal?

나: 7명이에요.
Es sind 7 Kandidaten.

✎ 다음 중 어울리는 것끼리 연결하십시오.

1. 의무를 •   • ① 실시하다

2. 전쟁이 •   • ② 다하다

3. 질서를 •   • ③ 지키다

4. 투표를 •   • ④ 나다

✎ ( )에 알맞은 단어를 〈보기〉에서 찾아 쓰십시오.

| 보기 | 평화 | 정부 | 공휴일 | 북한 | 국민 | 신분증 |

5.
> 대한민국은 아시아의 동쪽 끝에 위치한 나라이다. '한국(韓國 : Korea)' 또는 '남한(South Korea)'이라고도 불린다. '한국'은 남한과 ( )을/를 모두 가리키는 넓은 의미를 가지고 있으나 좁은 의미에서는 대한민국을 가리킨다.

( )

6.
> 대한민국의 (㉠)은/는 만 19세 이상이 되면 대통령을 뽑을 권리를 가진다. 투표하러 갈 때는 주민 등록증이나 운전 면허증, 여권 등의 (㉡)을/를 가지고 가야 한다.

㉠ ( )   ㉡ ( )

7.
> 국경일은 (㉠)이/가 정하여 축하하는 날이다. 대한민국의 국경일은 3월 1일(삼일절), 7월 17일(제헌절), 8월 15일(광복절), 10월 3일(개천절), 10월 9일(한글날)이다. 제헌절을 제외한 다른 국경일은 (㉡)(으)로 지정되어 있어서 학교나 회사에 가지 않는다.

㉠ ( )   ㉡ ( )

10 Land/
Gesellschaft

간접

명 [간:접]
⇨ Anhang S. 511

반 직접
참 간접적, 간접 경험,
   간접 흡연

Indirektheit

가: 여기에서 담배를 피우면 어떻게 해요! 간접 **흡연**이 더 나쁜 거 몰라요?
Sie können hier nicht rauchen! Wissen Sie nicht, dass passives Rauchen schlimmer ist?

나: 아, 미안해요. 나가서 피울게요.
Ah, Entschuldigung. Ich gehe nach draußen zum Rauchen.

개선

명 [개:선]

동 개선하다, 개선되다
관 환경을 개선하다
참 개선 방안

Verbesserung

저희 백화점에서는 장애인들을 위한 주차장, 엘리베이터, 휴식 공간을 만드는 등 환경 **개선**을 위해 노력하고 있습니다.
In unserem Kaufhaus bemüht man sich Parkplätze, Aufzüge, Ruheplätze etc. für Menschen mit Behinderung zu verbessern.

−을/를 개선하다 │ −이/가 개선되다

대도시

명 [대:도시]

Großstadt

많은 젊은 사람들이 **대도시**로 떠나서 시골에 일할 사람이 없다.
Viele junge Leute wandern in Großstädte ab, daher gibt es auf dem Land keine Leute, die arbeiten.

맞벌이

🗨☑

명 [맏뻐리]

동 맞벌이하다
참 맞벌이 부부

Doppelverdiener

여성들의 경제 활동이 늘어남에 따라 **맞벌이** 부부가
증가하고 있다.

Aufgrund der Zunahme der wirtschaftlichen Aktivitäten von Frauen
nehmen Paare, bei denen beide verdienen, zu.

발생

🗨☑🔊

명 [발쌩]

동 발생하다, 발생되다
참 발생적, 사고 발생,
화재 발생, 발생 원인

Entstehung, Ereignis

이번 교통사고의 **발생** 원인은 운전자의 음주 운전
때문인 것으로 밝혀졌습니다.

Es wurde erklärt, dass die Ursache für diesen Verkehrsunfall
Trunkenheit am Steuer war.

−이/가 발생하다 ︱ −에서 발생하다 ︱ −이/가 발생되다 ︱ −에서 발생되다

밝히다

🗨☑🔊

명 [발키다]

관 의견을 밝히다,
원인을 밝히다,
사실을 밝히다

erklären, erläutern, aufklären

가: 그 사건의 범인이 누구로 **밝혀**졌어요?

　　Wer wurde als Täter dieses Falles erklärt?

나: 바로 이웃집 사람이래요.

　　Es soll der direkte Nachbar sein.

−에게 −을/를 밝히다

벌

🗨☑

명 [벌]

동 벌하다
관 벌이 가볍다/무겁다,
벌을 주다/받다,
벌을 내리다
참 벌금

Strafe

법을 어기면 **벌**을 받는다.

Wenn man gegen das Gesetz verstößt, wird man bestraft.

−을/를 벌하다

범죄

명 [범:죄/범:줴]

관 범죄가 늘다/줄다, 범죄가 발생하다, 범죄를 줄이다, 범죄를 저지르다

참 범죄적

Verbrechen

요즘 스마트폰(smartphone)을 이용한 **범죄**가 늘고 있다.

Heutzutage nehmen Verbrechen zu, bei denen Smartphones genutzt werden.

변화

명 [변:화]

동 변화하다, 변화되다

관 변화가 생기다, 변화를 주다, 변화를 가져오다, 변화에 적응하다

Veränderung, Wechsel

젊은 사람들의 생각의 **변화**로 결혼 후 아이를 1명만 낳으려는 가정이 많아지고 있다.

Das Umdenken der jungen Menschen erhöht die Zahl der Familien, die nach der Heirat nur ein Kind haben wollen.

–(으)로 변화하다 | –(으)로 변화되다

불법

명 [불법/불뻡]

참 불법적, 불법 주차, 불법 다운로드, 불법 복제

Illegalität

여기에 주차하시면 안 됩니다. **불법**입니다.

Hier darf nicht geparkt werden. Es ist illlegal.

불우

⬛☑

명 [부루]

형 불우하다
참 불우 이웃

Unglück; unterprivilegiert, arm

가: **불우** 이웃을 위한 음악회를 하는데 같이 갈래요?
Wollen Sie mit mir zu einem Konzert für unsere ärmeren Mitmenschen gehen?

나: 네, 좋아요. 음악도 듣고 **불우** 이웃도 돕고 좋네요.
Ja, gerne. Musik hören und auch armen Mitmenschen helfen, ist gut.

−이/가 불우하다

사건

⬛☑

명 [사ː껀]

관 사건이 발생하다,
사건이 터지다,
사건을 해결하다

Ereignis, Notfall

지난 주말 한강에서 물고기 1,000마리가 죽은 **사건**이 발생했습니다.
Letztes Wochenende starben 1.000 Fische am Hangang.

사생활

⬛☑

명 [사생활]

참 사생활 보호, 사생활 침해

Privatleben

연예인에 대한 지나친 관심은 **사생활** 침해로 이어질 수 있습니다.
Übertriebenes Interesse an Prominenten kann zur Verletzung der Privatsphäre führen.

사회적

⬛☑◑

관 명 [사회적/사훼적]

관 사회적 분위기,
사회적 혼란

gesellschaftlich, sozial

실업자 증가 문제는 개인의 문제가 아닌 **사회적** 문제이다.
Das Problem der Zunahme von Arbeitslosen ist kein individuelles Problem, sondern ein gesellschaftliches Problem.

세대

💬☑

명 [세ː대]

참 세대 차이

Generation

가: 어떨 때 부모님과 **세대** 차이를 느껴요?
Fühlen Sie manchmal den Generationenunterschied zu Ihren Eltern?

나: 요즘 인기 있는 가수의 이름을 모르실 때 **세대** 차이를 느껴요.
Ich fühle den Unterschied, wenn sie die Namen von zur Zeit beliebten Sängern nicht kennen.

실업

💬☑

명 [시럽]
⇨ Anhang S. 512, 516

동 실업하다
유 실직
반 취업
참 실업자, 실업률

Arbeitslosigkeit, Erwerbslosigkeit

경제가 어려워서 매년 **실업**자가 늘고 있다.
Die Zahl der Arbeitslosen nimmt aufgrund der schwierigen Wirtschaftslage jedes Jahr zu.

양로원

💬☑

명 [양ː노원]

Altenheim

가: 봉사 동아리에서는 무슨 일을 해요?
Was macht der Studentenverein für ehrenamtliche Arbeit?

나: 1주일에 1번 **양로원**에 가서 할머니, 할아버지의 친구가 되어 드려요.
Wir gehen ein mal pro Woche zum Altenheim und freunden uns mit den Großmüttern und –vätern an.

어기다

동 [어기다]

⇨ Anhang S. 514

반 지키다
관 법을 어기다,
규칙을 어기다,
약속을 어기다

verstoßen, übertreten

음주 운전, 운전 중 휴대폰 사용 등 교통법을 **어기면** 벌금을 내야 한다.

Wenn man gegen Verkehrsgesetze wie Trunkenheit am Steuer, Nutzung des Handys beim Fahren etc. verstößt, muss man eine Strafe zahlen.

–을/를 어기다

위기

동 [위기]

관 위기를 극복하다,
위기를 이겨내다,
위기에 빠지다,
위기에서 벗어나다
참 위기 상황, 경제 위기,
식량 위기

Krise

한국은 1998년 IMF 경제 **위기**를 국민의 힘으로 극복했다.

Korea hat mit der Kraft der Bürger die Finanz-, Währungs- und Wirtschaftskrise 1998 überwunden.

음주

동 [음ː주]

⇨ Anhang S. 512

반 금주
참 음주 운전,
음주 운전 단속, 과음

Alkohol trinken

가: 맥주 한 잔밖에 안 마셨으니까 운전해도 되겠지?

Ich habe nur ein Bier getrunken. Darf ich dennoch Auto fahren?

나: 무슨 소리야? 한 잔만 마셔도 **음주** 운전이야.

Was sagst du? Auch ein Glas zu trinken zählt als Trunkenheit am Steuer.

일으키다

🔊☑️🔘

동 [이르키다]

관 사고를 일으키다,
문제를 일으키다,
몸을 일으키다

① verursachen ② aufheben

학 생: 선생님, 다시는 친구들과 싸우지 않겠습니다.
Herr Lehrer, ich werde mich nicht wieder mit meinen
Freunden streiten.

선생님: 이렇게 계속 문제를 **일으키**면 학교에 다닐 수
없어요.
Wenn du ständig Probleme verursachst, kannst du nicht
zur Schule gehen.

아기가 걷다가 넘어지자 엄마가 아기를 **일으켜** 줬다.
Als das Kind beim Laufen hinfiel, hob die Mutter es auf.

저지르다

🔊☑️

동 [저지르다]
불 '르'불규칙

관 잘못을 저지르다,
범죄를 저지르다

begehen, anrichten

가: 잘못을 **저질러** 놓고 왜 솔직하게 말하지 않았어?
Warum hast du nicht ehrlich gesagt, dass du etwas falsch
gemacht hast?

나: 혼날까 봐서요.
Ich hatte Angst, du würdest schimpfen.

차별

🔊☑️

명 [차별]

동 차별하다, 차별되다
관 차별이 심하다,
차별을 받다
참 차별적, 차별화,
남녀 차별

Diskriminierung

최근 여러 회사들은 채용, 승진, 월급과 관련된 남녀
차별 문제를 많이 개선하고 있다.
In letzter Zeit haben mehrere Unternehmen das Problem
der geschlechtsspezifischen Diskriminierung bei Einstellung,
Beförderung und Gehalt verbessert.

–을/를 차별하다 | –이/가 차별되다

현실

🔊 ☑

명 [현:실]
⇨ Anhang S. 513

반 이상
관 현실에 만족하다,
　　현실로 다가오다
참 현실적

Wirklichkeit, Realität, Aktualität

노숙자의 증가를 통해 우리 사회의 어두운 **현실**을
볼 수 있다.
Mit der Zunahme an Obdachlosen, kann man die dunkle Realität
unserer Gesellschaft sehen.

혼란

🔊 ☑

명 [홀:란]

동 혼란하다
형 혼란스럽다
관 혼란을 가져오다,
　　혼란을 겪다,
　　혼란에 빠뜨리다

Chaos

대학교 입학 시험이 갑자기 바뀌어서 고등학교
3학년 학생들이 **혼란**을 겪고 있다.
Die plötzliche Änderung bei der Universitätsaufnahmeprüfung
verwirrt die Oberstufenschüler.

−이/가 혼란하다　|　−이/가 혼란스럽다

훔치다

🔊 ☑

동 [훔치다]

stehen

가: 어제 옆집에 도둑이 들어와서 비싼 물건을 **훔쳐**
　　갔대.
Gestern drang ein Dieb in die Nachbarwohnung und stahl
teure Gegenstände.

나: 진짜? 다친 사람은 없대?
Wirklich? Ist jemand verletzt?

−을/를 훔치다

개최

명 [개최/개췌]

동 개최하다, 개최되다
관 올림픽을 개최하다,
전시회를 개최하다

Eröffnung, Veranstalten

가: 한국에서도 올림픽을 **개최**한 적이 있어요?
Hat Korea schon mal die Olympischen Spiele veranstaltet?

나: 그럼요. 1988년에 서울에서 올림픽을 했었어요.
Ja. 1988 fanden die Olympischen Spiele in Seoul statt.

–을/를 개최하다 ㅣ –이/가 개최되다

기부

명 [기부]

동 기부하다, 기부되다

Beitrag

가: 저 도서관 멋있네요!
Die Bibliothek da sieht gut aus.

나: 그렇죠? 어떤 회사가 아이들을 위해서 **기부**한
돈으로 지은 거예요.
Ja, nicht? Irgendein Unternehmen hat sie für Kinder gebaut.

–에/에게 –을/를 기부하다 ㅣ –이/가 –에 기부되다

기증

명 [기증]

동 기증하다, 기증되다
관 기증을 받다
참 장기 기증

Spende, Schenkung

가: 여기 있는 물건들은 왜 이렇게 싸요?
Warum sind die Sachen hier so günstig?

나: 사람들에게 **기증**받은 물건이기 때문에 싸게 팔고
있어요.
Da es Sachen sind, die Leute gespendet haben, verkaufen wir
sie günstig.

–을/를 –에 기증하다 ㅣ –이/가 기증되다

도움

📖◎

🅜[도움]

🔗 도움이 되다,
　　도움을 주다/받다

Hilfe

가: 바쁘신데 도와주셔서 감사합니다.
　　Danke, dass sie geholfen haben, obwohl sie beschäftigt sind.

나: 저도 **도움**이 돼서 기쁩니다.
　　Ich bin froh, dass ich helfen konnte.

벌어지다

☑◎

🅔[버ː러지다]

🔗 싸움이 벌어지다,
　　축제가 벌어지다

geschehen, stattfinden

추석을 맞아 남산한옥마을에서 다양한 행사가 **벌어졌다.**

Anlässlich von Chuseok fanden verschiedene Veranstaltungen im Namsan Hanok Dorf statt.

벌이다

📖☑◎

🅔[버ː리다]

🔗 사업을 벌이다

beginnen, starten

가: 사무실이 좀 더운 것 같네요!
　　Ich finde das Büro etwas warm!

나: 에어컨을 껐거든요. 우리 회사에서 '하루 한 시간 에어컨 끄기 운동'을 **벌이**고 있어서요.

Ich habe die Klimaanlage ausgeschaltet. Unsere Firma führt derzeit eine „Eine Stunde am Tag die Klimaanlge abschalten" Initiative durch.

-을/를 벌이다

봉사

명 [봉ː사]

동 봉사하다
참 봉사자, 봉사 활동

Freiwilligenarbeit

가: 매주 **봉사** 활동을 다니기 힘들지 않으세요?
Ist es nicht anstrengend jede Woche Freiwilligenarbeit zu leisten?

나: 힘들기는 하지만 다른 사람을 도와줄 수 있어서 기뻐요.
Es ist zwar anstrengend, aber es ist eine Freude anderen Menschen zu helfen.

-에/에게 봉사하다 | -을/를 위해 봉사하다

제공

명 [제공]

동 제공하다, 제공되다
참 자료 제공, 정보 제공, 숙식 제공

Angebot, Bereitstellung

가: 제가 이번 행사에 자원봉사를 신청했는데요. 식사를 따로 준비해 가야 하나요?
Ich habe mich für diese Veranstaltung freiwillig gemeldet. Soll ich Essen separat vorbereiten und mitbringen?

나: 아니요, 식사는 무료로 **제공**해 드립니다.
Nein, wir stellen Essen kostenlos bereit.

-에/에게 -을/를 제공하다 | -이/가 -에/에게 제공되다

지원 02

명 [지원]

동 지원하다
관 지원이 있다/없다, 지원이 끊기다, 지원을 받다
참 지원금

Unterstützung

우리 단체는 세계 곳곳의 가난한 아이들에게 책과 학용품을 **지원**해 주고 있습니다.
Unsere Organisation versorgt arme Kinder auf der ganzen Welt mit Büchern und Schulmaterial.

-을/를 지원하다 | -에/에게 -을/를 지원하다

참여

명 [차며]

동 참여하다
참 참여자, 참여율

Teilnahme

여러분의 적극적인 **참여**로 이번 행사를 잘 마쳤습니다. 관계자 여러분, 대단히 고맙습니다.
Dank der aktiven Teilnahme aller, haben wir diese Veranstaltung gut beendet. Ich danke Ihnen, meine Damen und Herren.

−에 참여하다

행사

명 [행사]

동 행사하다
관 행사를 열다,
행사를 개최하다,
행사를 치르다,
행사에 참가하다

Veranstaltung

가: 이번 불꽃 축제 **행사**에 참가한 나라는 어디예요?
Welche sind die Länder, die dieses Mal am Feuerwerkfestival teilnehmen?

나: 해마다 다른데 이번에는 캐나다, 일본, 프랑스, 한국이래요.
Jedes Jahr ist es anders, aber dieses Mal sind es Kanada, Japan, Frankreich und Korea.

후원

명 [후:원]

동 후원하다
관 후원을 받다
참 후원자, 후원 단체

Sponsor, Unterstützer

가: 그 선수를 **후원**하는 회사가 어디예요?
Welche Firma unterstützt den Sportler?

나: 유명한 스포츠 의류 회사예요.
Es ist eine berühmte Sportbekleidungsfirma.

−을/를 후원하다

의미가 맞는 것을 연결하십시오.

1. 범죄 •

2. 맞벌이 •

3. 대도시 •

• ① 지역이 넓고 사람이 많으며 발전한 곳을 말한다.

• ② 법을 어기는 행동을 말한다.

• ③ 결혼한 부부가 모두 직장 생활을 하면서 돈을 버는 것을 말한다.

✎ 다음 글을 읽고 질문에 답하십시오.

'좋은 세상, 좋은 사람들'

　'좋은 세상, 좋은 사람들'을 아십니까? 저희 단체는 세계 곳곳의 가난한 아이들에게 집과 학교를 지어 주는 단체입니다. 이번에 따뜻한 봄을 맞이해 늘 ㉠_____ –고 싶은 마음은 있으나 시간이 없거나 방법을 몰라서 못하고 계신 분들을 위해 특별한 행사를 마련했습니다.

　㉡사용하지 않는 물건이나 입지 않는 옷을 가져다주시면 그것을 모아 필요한 아이들에게 전달하도록 하겠습니다.

　세계의 아이들과 사랑을 나누고 싶은 여러분의 많은 ㉢_____ 바랍니다.

- 행사 일시: 2014년 5월 24일 (토) 1:00 ~ 6:00
- 행사 장소: 서울 시청 앞 광장
- ㉣이번 행사를 도와주는 곳: 00 회사, 월드비전, 유니세프

---

4. (㉠)에 들어갈 알맞은 것을 고르십시오.
　① 봉사하다　② 발생하다　③ 벌어지다　④ 일으키다

5. (㉢)에 들어갈 알맞은 것을 고르십시오.
　① 변화　② 개선　③ 차별　④ 참여

6. ㉡과 ㉣에 바꿔 쓸 수 있는 말은 무엇입니까?
　① ㉡ 기증 ㉣ 제공　② ㉡ 기증 ㉣ 후원
　③ ㉡ 제공 ㉣ 개최　④ ㉡ 후원 ㉣ 개최

✎ **Dieses chinesische Zeichen ist in diesen koreanischen Wörtern zu finden.**

S. 384

Land, Staat, Nation

우리 박물관은 국가가 지정한 공휴일에만 쉽니다.

Unser Museum ist nur an nationalen Feiertagen geschlossen.

국가

S. 385

Bürger

경제가 어렵습니다. 국민 여러분, 힘을 냅시다.

Der Wirtschaft geht es nicht gut. Liebe Mitbürger, bitte strengen Sie sich an.

국민

S. 208

Sprache

국어는 그 나라의 사람들이 사용하는 언어이다.

Eine Landessprache ist die Sprache, die von Menschen eines Landes gesprochen wird.

국어

國 **국** 나라
Land

S. 466

Gukak

koreanische traditionelle Musik

주말에 외국인을 위한 국악 공연이 있는데 같이 보러 가자.

Am Wochenende gibt es eine Aufführung mit koreanischer, traditioneller Musik für Ausländer. Lass uns dort hingehen.

국악

전국

S. 387

ganzes Land

내일은 전국적으로 비가 내리겠습니다.

Morgen wird es im ganzen Land regnen.

귀국

S. 385

Heimkehr, Rückkehr

대학교를 졸업하면 바로 귀국할 예정이에요?

Wenn du das Studium abgeschlossen hast, gehst du dann direkt wieder zurück in dein Heimatland?

11

경제
Wirtschaft

갚다

zurückzahlen

미안한데 5만 원만 빌려줄 수 있어? 내일 꼭 **갚을**게.
Entschuldigung, aber kannst du mir 50.000 KRW leihen? Ich zahle es morgen sofort zurück.

–에/에게 –을/를 갚다

동 [갑따]
⇨ Anhang S. 514

반 빌리다
관 돈을 갚다, 빚을 갚다

경제적

wirtschaftlich, Wirtschaft

집이 너무 멀어서 지하철을 이용하는 것보다 차를 사는 것이 더 **경제적**이다.
Es ist günstiger, ein Auto zu kaufen, als die U-Bahn zu benutzen, weil das Haus zu weit entfernt ist.

관 명 [경제적]
⇨ Anhang S. 511

반 비경제적

낭비

Verschwendung

직원 여러분, 에너지 **낭비**를 막기 위해 사용하지 않는 컴퓨터의 전원은 꺼 두시기 바랍니다.
Sehr geehrte Mitarbeiter*innen, schalten Sie bitte den Strom zu den unbenutzten Computern ab, um Energieverschwendung zu vermeiden.

–을/를 낭비하다

명 [낭:비]
⇨ Anhang S. 511

동 낭비하다
반 절약 ⇨ S. 412
관 낭비가 심하다,
낭비를 막다
참 에너지 낭비, 자원 낭비,
시간 낭비

노동

명 [노동]

동 노동하다
참 노동력, 노동자

Arbeit

노동 인구의 감소는 국가의 경쟁력을 떨어뜨린다.
Der Rückgang der arbeitenden Bevölkerung verringert die
Wettbewerbsfähigkeit des Landes.

발전

명 [발쩐]

동 발전하다, 발전되다
참 발전적, 경제 발전,
기술 발전

Entwicklung

경제 **발전**을 위해서는 다른 나라와 무역을 많이 해야
한다.
Für die wirtschaftliche Entwicklung muss man viel mit anderen
Ländern handeln.

−이/가 발전하다 | −(으)로 발전하다 | −이/가 발전되다

비용

명 [비:용]

관 비용이 들다,
비용을 마련하다

Kosten

요즘에는 이사하려면 이사 **비용**이 얼마나 들어?
Wie viel kostet ein Umzug heutzutage, wenn ich umziehen würde?

소득

명 [소:득]

관 소득이 있다/없다,
소득이 높다/낮다
참 고소득, 저소득

Einkommen

가: **소득**이 높은 직업이 뭐예요?
Was ist ein Beruf mit hohem Einkommen?

나: **고소득** 직업으로는 CEO, 의사, 변호사 등이 있어요.
Berufe mit einem hohen Einkommen sind CEO, Arzt, Anwalt
etc.

11 Wirtschaft

수입 01

명 [수입]
⇨ Anhang S. 512
동 수입하다, 수입되다
반 수출 ⇨ S. 410

Import

가: 체리랑 망고는 **수입** 과일이라서 너무 비싸요.
Kirschen und Mangos sind sehr teuer, weil sie importiertes Obst sind.

나: 그래서 저도 망고를 좋아하지만 자주 못 먹어요.
Ich mag zwar gern Mango, aber ich esse sie nicht oft.

−에서 −을/를 수입하다 | −이/가 −에서 수입되다

수입 02

명 [수입]
⇨ Anhang S. 512
반 지출 ⇨ S. 412
관 수입이 좋다/나쁘다,
수입이 많다/적다,
수입이 늘다/줄다

Einkommen, Einkünfte

가: 이 가게의 한 달 **수입**이 얼마예요?
Wie hoch ist das monatliche Einkommen dieses Geschäfts?

나: 월 1,000만 원 정도예요.
Es sind ungefähr 10 Millionen KRW pro Monat.

수준

명 [수준]
관 수준이 높다/낮다,
수준을 높이다/낮추다
참 생활 수준

Niveau, Level

경제가 발전해야 국민들의 생활 **수준**도 높아질 수 있다.
Die Wirtschaft muss sich entwickeln, damit der Lebensstandard der Bürger auch steigen kann.

수출

명 [수출]
⇨ Anhang S. 512
동 수출하다, 수출되다
반 수입 ⇨ S. 410
관 수출이 증가하다/
감소하다
참 수출량, 수출품

Export

최근 동남아 지역으로의 전자제품 **수출**이 증가하고 있다.
In letzter Zeit steigt der Export elektronischer Produkte in Südostasien.

−에 수출하다 | −(으)로 수출하다 | −이/가 −에 수출되다 |
−이/가 −(으)로 수출되다

실용

명 [시룡]

참 실용적

Praxis

가: 이거 예쁜데 이걸로 할까?
Das ist schön, sollen wir es nehmen?

나: 예쁜 것보다 **실용**적인 걸로 하자.
Statt etwas Schönem, lass uns etwas Praktisches nehmen.

예산

명 [예:산]

관 예산을 늘리다/줄이다,
예산을 짜다,
예산에 맞추다

Budget

정부가 장애인 복지와 관련된 **예산**을 늘리기로 했다.
Die Regierung hat entschieden, das Budget für das Wohlergehen
von Menschen mit Behinderungen zu erhöhen.

인상 02

명 [인상]
⇨ Anhang S. 513

반 인하

Anstieg, Erhöhung, Steigerung

가: 그 소식 들었어요? 다음 달부터 택시 요금이 **인상**
된대요.
Haben Sie gehört? Ab nächsten Monat steigen die
Taxigebühren.

나: 그래요? 얼마나 **인상**된대요?
Wirklich? Wie hoch sollen sie steigen?

장사

명 [장사]

동 장사하다

Business, Geschäft, Handel

가: 요즘 가게에 손님은 많아요?
Gibt es zur Zeit viele Kunden im Laden?

나: 날씨가 더워서 그런지 **장사**가 잘 안 되네요!
Weil es heiß ist, läuft das Geschäft nicht so gut.

11 Wirtschaft

411

절약

@ [저략]
⇨ Anhang S. 511

동 절약하다, 절약되다
유 아끼다
반 낭비 ⇨ S. 408
참 에너지 절약, 시간 절약

Sparen, Sparsamkeit

가: 집에서 학교까지 걸어 다니면 힘들지 않아요?
Ist es nicht anstrengend von zu Hause bis zur Universität zu
Fuß zu laufen?

나: 별로 멀지 않으니까 괜찮아요. 운동도 되고 교통
비도 **절약**할 수 있어서 좋고요.
Da es nicht weit ist, ist es in Ordnung. Es ist gut, weil es Sport
ist und ich Kosten für den Verkehr sparen kann.

−을/를 절약하다 | −이/가 절약되다

지출

@ [지출]
⇨ Anhang S. 512

동 지출하다, 지출되다
반 수입 ⇨ S. 410
관 지출이 많다/적다,
　지출이 늘다/줄다
참 지출액, 지출 항목

Ausgaben

매달 30만 원씩 저금하고 있는데 지난달에는 **지출**이
많아서 저축을 못했다.
Wir sparen 300.000 pro Monat, aber in letztem Monat hatten wir
viele Ausgaben, so dass wir kein Geld sparen konnten.

−을/를 −에/에게 지출하다 | −을/를 −(으)로 지출하다 |
−이/가 −에/에게 지출되다 | −이/가 −(으)로 지출되다

형편

@ [형편]

관 형편이 어렵다,
　형편이 좋아지다/
　나빠지다

Umstände, Verhältnisse

가: 다음 학기에도 학교 계속 다닐 거지?
Du gehst auch im nächsten Semester weiter zur Schule, oder?

나: 아니, **형편**이 좀 어려워서 다음 학기에는 쉬려고 해.
Nein, die Umstände sind etwas schwierig. Ich werde im
nächsten Semester pausieren.

Quiz

✎ 의미가 반대인 것을 연결하십시오.

1. 인상 •   • ① 지출

2. 경제적 •   • ② 인하

3. 수입 •   • ③ 저소득

4. 고소득 •   • ④ 비경제적

✎ 다음 _____에 공통으로 들어갈 말을 고르십시오.

5.
> • 아버지의 사업 실패로 가정 형편이 _____-아/어/해졌다.
> • 이번 한국어능력시험은 듣기가 제일 _____-았/었/했다.

① 심하다   ② 어렵다   ③ 높이다   ④ 이기다

6.
> • 부모님을 모시고 해외여행을 다녀왔는데 비용이 생각보다 훨씬
>   많이 _____-았/었/했다.
> • 이 가방이 너무 무거운데 좀 _____-아/어/해 주시겠어요?

① 줄다   ② 막다   ③ 적다   ④ 들다

✎ 다음 밑줄 친 단어와 바꿔 쓸 수 있는 말은 무엇입니까?

> 가: 이 식당은 올 때마다 새로운 메뉴가 있네!
> 나: 그렇지? 사장님이 일 년에 한두 번씩 해외의 유명한 식당에 직접
>   가서 먹어 보고 연구해서 우리 입맛에 맞게 새로운 메뉴를 계속
>   만든대.

7. ① 개발하다   ② 노동하다   ③ 수입하다   ④ 발전하다

> 가: 분리수거를 하면 좋은 점이 뭐예요?
> 나: 쓰레기 처리 비용도 아낄 수 있고 환경도 보호할 수 있어요.

8. ① 수출하다   ② 절약하다   ③ 장사하다   ④ 낭비하다

개발

명 [개발]

동 개발하다, 개발되다
참 신제품 개발,
프로그램 개발

Entwicklung

이번에 **개발**한 신제품인데 한번 써 보세요.
Es ist ein neu entwickeltes Produkt. Versuchen Sie es mal.

−을/를 개발하다 | −이/가 개발되다

결제

명 [결쩨]

동 결제하다, 결제되다
관 결제가 가능하다,
카드로 결제하다
참 결제 방식, 현금 결제,
카드 결제

Bezahlung

가: 카드 **결제** 가능한가요?
Kann ich mit Karte bezahlen?

나: 그럼요, 가능합니다. 카드 주시겠어요?
Natürlich können Sie. Bitte geben Sie mir Ihre Karte.

−을/를 결제하다 | −이/가 결제되다

공장

명 [공장]

관 공장을 세우다

Fabrik

자동차 **공장**에 견학을 가 본 적이 있어요?
Haben Sie schon einmal eine Autofabrik besichtigt?

공짜

📢☑🔊

몡 [공짜]
⇨ Anhang S. 511, 515

관 공짜로 얻다
반 유료 ⇨ S. 418
유 무료

gratis, umsonst

가: 이 양말 얼마예요?
　　Wie viel kosten die Socken?

나: 행사 기간이라서 바지를 사시면 양말은 **공짜**로
　　드려요.
　　Wir haben gerade ein Event, wenn Sie eine Hose kaufen,
　　erhalten Sie die Socken gratis.

구매

📢☑

몡 [구매]

동 구매하다

Kauf, Ankauf

가: 티셔츠를 정말 싸게 샀네요!
　　Sie haben die T-Shirts wirklich billig gekauft.

나: 네, 인터넷 공동 **구매** 사이트를 이용하면 저렴하게
　　살 수 있거든요.
　　Ja, wenn man im Internet ein Einkaufskollektiv nutzt, kann man
　　günstig einkaufen.

－을/를 구매하다

구입

📢☑

몡 [구입]

동 구입하다

Ankauf, Kauf

손님, 교환 및 환불은 **구입** 후 일주일 이내, 영수증을
가져오셔야 가능합니다.
Sehr geehrte Kunden, ein Umtausch oder eine Rückerstattung ist
innerhalb einer Woche nach Kauf möglich, wenn sie die Quittung
mitbringen.

－에서/에게서 －을/를 구입하다

기계

📢☑🔊

몡 [기계/기게]

관 기계가 고장 나다,
　 기계를 수리하다

Maschine

가: 이 **기계** 또 고장 났나 봐요!
　　Diese Maschine scheint wieder kaputt gegangen zu sein.

나: 서비스 센터에 연락해 보세요.
　　Rufen Sie den Kundenservice an.

기능

☑☐

명 [기능]

괜 기능이 있다/없다,
　기능이 많다,
　기능이 다양하다
참 기능적

Funktion, Aufgabe

가: 새로 산 휴대폰 써 보니까 어때?
　Wie findest du das neu gekaufte Handy?

나: **기능**이 많아서 좋아.
　Da es viele Funktionen hat, ist es gut.

나머지

☐☑◉

명 [나머지]

Rest

가: 과일 사고 남은 돈은 제가 써도 돼요?
　Kann ich den Rest des Geldes nach dem Kauf der Früchte für
　mich ausgeben?

나: 그래, **나머지**는 네 용돈으로 써.
　Ja, den Rest kannst du als Taschengeld benutzen.

농사

☐☑◉

명 [농사]

괜 농사를 짓다
참 쌀농사, 농사철, 농산물

Landwirtschaft, Ackerbau

가: 퇴직 후에 뭐 할 생각이에요?
　Was werden Sie machen, nachdem Sie in Rente gegangen
　sind?

나: 고향에 내려가서 **농사**를 지으려고 해요.
　Ich möchte zurück in die Heimat und Landwirtschaft betreiben.

농촌

☐☑◉

명 [농촌]

참 농촌 생활, 농촌 체험

Bauerndorf

농촌 생활은 도시 생활에 비해 여유로울 뿐만 아니라
이웃의 따뜻함을 느낄 수 있어서 좋다.
Das Leben auf dem Land ist im Vergleich zum städtischen Leben
nicht nur entspannend, sondern es tut auch gut, die Wärme der
Nachbarschaft zu spüren.

생산

📢☑

명 [생산]

통 생산하다, 생산되다
관 생산이 늘어나다/
　줄어들다
참 생산적, 생산량, 생산자,
　대량 생산, 소비 ⇨ S. 417

Produktion

가: 이 공장은 뭘 **생산**하는 곳이에요?
　　Was produziert diese Fabrik?

나: 라면을 만드는 곳이에요.
　　Sie stellen Ramyeon, Instantnudelsuppen, her.

–을/를 생산하다 ｜ –이/가 생산되다

석유

📢☑🔊

명 [서규]

Öl, Benzin

가: **석유**값이 또 올랐다면서요?
　　Ich habe gehört, der Ölpreis ist wieder gestiegen?

나: 네, 그래서 차를 가지고 다니는 사람이 줄어든 것
　　같아요.　Ja, deshalb gibt es glaube ich weniger Menschen,
　　　　　　 die mit dem Auto fahren.

성능

📢☑

명 [성ː능]

관 성능이 좋다/나쁘다,
　성능이 뛰어나다/
　떨어지다

Leistung, Wirkungsgrad

가: 카메라를 새로 사려고 하는데 뭐가 좋을까요?
　　Ich möchte eine neue Kamera kaufen, aber welche ist gut?

나: 이 카메라 어떠세요? **성능**이 아주 뛰어나요.
　　Wie wäre diese Kamera? Die Leistung ist hervorragend.

소비

📢☑🔊

명 [소ː비]

통 소비하다, 소비되다
관 소비가 늘다/줄다
참 소비자, 소비량, 과소비,
　생산 ⇨ S. 417

Konsum

가: 요즘 등산용품 **소비**가 늘고 있대요.
　　Heutzutage nimmt der Konsum von Artikeln zum Bergsteigen
　　zu.

나: 건강에 관심을 가지는 사람이 많아져서 그런 것
　　같아요.　Ich denke es ist, weil es immer mehr Menschen
　　　　　　 gibt, die Interesse an ihrer Gesundheit haben.

–에 –을/를 소비하다 ｜ –에 소비되다

유료

🗨 ☑

명 [유ː료]
⇨ Anhang S. 511, 512

반 무료

gebührenpflichtig, nur gegen Bezahlung

가: 이 근처에 주차장이 있나요?
Gibt es hier in der Nähe einen Parkplatz?

나: 네, 있기는 한데 **유료** 주차장밖에 없어요.
Ja, es gibt einen, aber nur einen gebührenpflichtigen.

제품

🗨 ☑ 🔊

명 [제ː품]

참 신제품

Produkt, Fabrikat

가: 선글라스 좀 보여 주세요.
Zeigen Sie mir bitte Sonnenbrillen.

나: 이 **제품**은 어떠세요?
Wie wäre dieses Fabrikat?

질

🗨 ☑ 🔊

명 [질]
⇨ Anhang S. 512

반 양 ⇨ S. 198
관 질이 좋다/나쁘다,
　 질을 높이다, 삶의 질,
　 양보다 질
참 질적

Qualität

가: 이 화장품 써 보니까 어때요?
Wie wäre es, wenn Sie diese Kosmetik benutzen?

나: 가격에 비해서 양도 많고 **질**도 좋아요.
Im Vergleich zum Preis ist die Menge und die Qualität gut.

충동

🗨 ☑

명 [충동]

동 충동하다
관 충동이 있다/없다,
　 충동이 들다,
　 충동을 느끼다
참 충동적, 충동구매

Impuls, Instinkt, Trieb

가: 할인 상품을 보면 저도 모르게 자꾸 **충동**구매를 하게 돼요.
Ich kaufe immer wieder impulsiv ein, wenn ich Discount-Produkte sehe.

나: 그럼 쇼핑하러 갈 때 카드를 사용하지 말고 현금을 쓰세요.
Dann benutzen Sie nicht ihre Karte und bezahlen bar, wenn Sie einkaufen gehen.

-을/를 충동하다

쿠폰

명 [쿠폰]

참 할인 쿠폰

Coupon

가: 이 **쿠폰**을 사용하면 얼마예요?
Was kostet das, wenn ich diesen Coupon benutze?

나: **쿠폰**을 사용하시면 20% 할인돼서 15,000원입니다.
Wenn Sie einen Coupon benutzen, bekommen Sie 20% Rabatt
und es kostet 15.000 KRW.

특산

명 [특싼]

참 특산품, 특산물

Spezialität, Sondererzeugnis

가: 제주도의 **특산**물이 뭐예요?
Was ist eine Spezialität der Insel Jeju?

나: 귤, 갈치, 흑돼지 등이 있어요.
Es gibt Mandarinen, Degenfisch und schwarzes Schwein.

특성

명 [특썽]

관 특성이 있다/없다,
특성을 살리다

besondere Eigenschaft

광고는 물건의 **특성**을 잘 보여 줘야 한다.
Werbung muss die besonderen Eigenschaften von Gegenständen
gut zeigen.

특징

명 [특찡]

⇨ Anhang S. 516

유 특색
관 특징이 있다/없다,
특징을 보이다,
특징을 찾다
참 특징적

Merkmal, Kennzeichen

가: 이 자전거의 가장 큰 **특징**이 뭐예요?
Was ist das größte Merkmal dieses Fahrrads?

나: 다른 자전거에 비해서 작고 가벼워요.
Im Vergleich zu anderen Rädern ist es klein und leicht.

💡 „특성" wird verwendet, wenn von Eigenschaften gesprochen wird, die
sie normalerweise haben. „특징" dagegen wird verwendet, wenn von
Eigenschaften gesprochen wird, die sich von anderen unterscheiden.

표시

💬☑️🔊

명 [표시]

통 표시하다, 표시되다

Angabe

가: 이 우유는 유통 기한이 어디에 **표시**되어 있어요?
Wo steht das Haltbarkeitsdatum dieser Milch?

나: 위쪽을 한번 살펴보세요.
Sehen Sie einmal oben nach.

−을/를 표시하다 | −이/가 표시되다

품목

💬☑️

명 [품ː목]

참 판매 품목, 전 품목

Artikel

5월 한 달간, 전 **품목** 최대 50% 세일!
50% Rabatt auf alle Artikel den ganzen Mai lang!

품질

💬☑️

명 [품ː질]

관 품질이 좋다/나쁘다,
품질이 뛰어나다,
품질이 떨어지다

Qualität

가: 두 개 중에 뭘 살지 고민이에요.
Ich frage mich, welches der beiden ich kaufen soll?

나: 이거 한번 써 보세요. 이 제품은 **품질**이 좋아서
인기가 많아요.
Probieren Sie mal dieses aus. Es ist von guter Qualität und das
Produkt ist beliebt.

할인

💬☑️🔊

명 [하린]

통 할인하다, 할인되다
관 할인율이 높다/낮다,
할인을 받다
참 할인 쿠폰, 할인 판매,
10% 할인

Rabatt, Ermäßigung

가: 왜 매일 저녁 늦게 마트에 가요?
Warum gehen Sie jeden Tag spät Abends zum Supermarkt?

나: 문 닫기 전에 가면 **할인** 상품이 많잖아요.
Wenn man kurz vor Schluss geht, sind viele Produkte reduziert.

−을/를 할인하다 | −이/가 할인되다

Quiz

 다음 중 어울리는 것끼리 연결하십시오.

1. 농사를 ·   · ① 늘어나다

2. 소비가 ·   · ② 수리하다

3. 기계를 ·   · ③ 짓다

4. 충동을 ·   · ④ 느끼다

 다음 질문에 답하십시오.

> 가: 노트북을 사고 싶은데요. 어디에서 ㉠사면 좋을까요?
> 나: 학교 앞에 전자 제품을 파는 매장이 있는데 한번 가 보세요. 학생
> 들을 위해서 20% (㉡) 행사도 하고 있던데요.
> 가: 그래요? 어느 회사 노트북이 좋아요?
> 나: 저는 ○○○에서 만든 걸 쓰고 있어요. 가격이 비싸지 않은데도
> (㉢)이/가 좋아서 일할 때 좋더라고요.

5. ㉠과 바꾸어 쓸 수 있는 말을 고르십시오.
① 표시하다   ② 구매하다   ③ 생산하다   ④ 적립하다

6. (㉡)에 들어갈 알맞은 것을 고르십시오.
① 결제   ② 적립   ③ 품목   ④ 할인

7. (㉢)에 들어갈 알맞은 것을 고르십시오.
① 기계   ② 성능   ③ 나머지   ④ 특징

 다음 설명에 알맞은 단어를 〈보기〉에서 찾아 쓰십시오.

보기   농촌   석유   공장   공짜

8. 물건을 생산하는 곳을 ( )(이)라고 한다.

9. 사우디아라비아, 러시아, 이란, 이라크는 대표적인 ( ) 생산국이다.

10. 아이들이 직접 자연을 느낄 수 있도록 한 달에 한 번 ( ) 체험 학습을
하러 간다.

11. 오늘 화장품을 구입하신 모든 분께 ( )(으)로 샴푸를 드리고 있습니다.

거래

명 [거ː래]

동 거래하다, 거래되다
관 거래가 이루어지다,
거래가 끊기다,
거래를 끊다
참 거래처, 거래 명세서

Handel, Geschäfte

가: 그 회사와 **거래**한 지 오래되었어요?
Haben Sie schon lange mit dem Unternehmen Geschäfte gemacht?

나: 2년쯤 되었어요.
Seit ungefähr 2 Jahren.

-와/과 -을/를 거래하다 | -이/가 거래되다

경영

명 [경영]

동 경영하다, 경영되다
참 경영학,
최고 경영자(CEO)

Management

회사를 **경영**하는 데 제일 어려운 점은 무엇입니까?
Was ist am schwierigsten beim Management eines Unternehmens?

-을/를 경영하다 | -이/가 경영되다

경쟁

명 [경ː쟁]

동 경쟁하다
관 경쟁이 심하다,
경쟁에서 이기다/지다
참 경쟁력, 경쟁심, 경쟁자,
경쟁률, 경쟁 관계

Wettbewerb

가: 에어컨 가격이 왜 이렇게 싸지요?
Warum sind die Preise der Klimaanlagen so niedrig?

나: 여름이 끝나 가니까 마트들이 가격 **경쟁**을 해서 그런 것 같아요.
Ich glaube, es liegt daran, dass die Geschäfte um den Preis konkurrieren, da der Sommer sich dem Ende zuneigt.

계약

명 [계:약/게:약]

⇨ Anhang S. 511

동 계약하다, 계약되다
반 해약, 해지
관 계약을 맺다
참 계약서

Vertrag

가: 이번에 어느 회사와 **계약**하기로 했습니까?
　　Mit welchem Unternehmen haben Sie dieses Mal beschlossen, einen Vertrag abzuschließen?

나: 그냥 지난번에 일했던 회사와 계속 하려고요.
　　Ich möchte weiter mit der Firma weiterarbeiten, mit der wir das letzte Mal zusammen gearbeitet haben.

-와/과 -을/를 계약하다　|　-와/과 -기로 계약하다　|
-와/과 -기로 계약되다

고객

명 [고객]

참 고객 센터

Kunde

고객님, 뭘 도와드릴까요?
Wie kann ich Ihnen helfen?

관리

명 [괄리]

동 관리하다, 관리되다
참 월급 관리, 건강 관리, 고객 관리

Geschäftsführung, Management, Verwaltung

어떻게 하면 월급을 제대로 **관리**할 수 있을까요?
Wie kann ich mein Gehalt ordentlich verwalten?

-을/를 관리하다　|　-이/가 관리되다

기업

명 [기업]

관 기업을 운영하다
참 기업인, 대기업, 중소기업, 벤처 기업

Unternehmen, Unternehmung, Business

가: 한국에는 어떤 대**기업**이 있어요?
　　Welche Großunternehmen gibt es in Korea?

나: 삼성, 현대, SK, LG 등이 있어요.
　　Es gibt Samsung, Hyundai, SK, LG etc.

마케팅

🗨☑

명 [마케팅]

참 마케팅 전략

Marketing

가: 요즘에는 운동선수들이 광고를 많이 찍는 것 같아요.
Ich finde, dass Sportler heutzutage viel Werbung machen.

나: 그게 새로운 **마케팅** 전략 중의 하나래요.
Das ist eine der neuen Marketingstrategien.

매장

🗨☑

명 [매:장]

참 식품 매장, 의류 매장,
화장품 매장

Geschäft, Laden

가: 저기, 실례지만 식품 **매장**이 몇 층에 있나요?
Entschuldigung, in welcher Etage sind die
Lebensmittelgeschäfte?

나: 지하 1층에 있습니다.
Lebensmittelgeschäfte sind im 1. Untergeschoss.

반응

🗨☑

명 [바:능]

동 반응하다

관 반응이 좋다, 반응이 없다,
반응을 얻다

Reaktion, Wirkung

가: 아저씨, 요즘 어떤 운동화가 인기가 많아요?
Entschuldigung, welche Turnschuhe sind zur Zeit beliebt?

나: 이 운동화 어떠세요? 디자인도 예쁘고 가격도
싸서 **반응**이 좋아요.
Wie finden Sie diese Turnschuhe? Das Design ist hübsch und
der Preis ist günstig, also ist die Resonanz gut.

–에 반응하다

보너스

🗨☑

명 [보너스]

관 보너스를 주다/받다,
보너스를 지급하다

(Sonder-)Zulage, Prämie, Bonus

이번 달에 **보너스** 받았으니까 내가 한턱낼게.
Da ich diesen Monat einen Bonus bekommen habe, gebe ich
einen aus.

보상

🗨☑

명 [보:상]

동 보상하다, 보상되다

Entschädigung, Ersatz, Ausgleich

저희 가게에서 산 물건이 다른 가게보다 비싸면 **보상** 해 드리겠습니다.
Wir entschädigen Sie, wenn die Artikel, die Sie in unserem Geschäft gekauft haben, teurer sind als in anderen Geschäften.

–에/에게 –을/를 보상하다 ｜ –에/에게 보상되다

서비스

🗨☑◐

명 [써비쓰]

동 서비스하다
관 서비스가 좋다/나쁘다
참 애프터서비스,
　서비스 센터

Service, Dienstleistung

그 백화점은 **서비스**가 좋기로 유명해 늘 손님이 많다.
Das Kaufhaus ist berühmt für seinen guten Service und hat immer viele Kunden.

–에/에게 –을/를 서비스하다

손해

🗨☑◐

명 [손:해]
⇨ Anhang S. 512

동 손해되다
반 이익
관 손해를 보다, 손해를 입다,
　손해를 끼치다,
　손해를 보상하다

Verlust, Schaden, Nachteil

가: 아저씨, 좀 더 깎아 주시면 안 돼요?
　Entschuldigung, können Sie noch ein bisschen mehr mit dem Preis runtergehen?

나: 아이구, 안 돼요! 더 깎아 주면 내가 **손해**예요.
　Oh weh, das geht nicht. Wenn ich noch mehr runtergehe, mache ich einen Verlust.

–에/에게 손해되다

업체

🗨☑

명 [업체]

참 대행업체, 협력 업체

Unternehmen, Betrieb

가: 이번 취업 박람회에 참가하는 **업체**는 얼마나 된대요?
　Wie viele Betriebe nehmen an dieser Jobmesse teil?

나: 백여 곳이 넘는대요.
　Es sind mehr als Hundert.

운영

명 [우ː녕]

동 운영하다, 운영되다
관 기업을 운영하다,
학원을 운영하다

Betreiben, Führung

가: 부모님께서는 무슨 일을 하세요?
Was machen Ihre Eltern?

나: 학원을 **운영**하고 계세요.
Sie führen eine private Bildungsakademie.

–을/를 운영하다 ㅣ –이/가 운영되다

유통

명 [유통]

동 유통하다, 유통되다
참 유통 기한, 유통 과정

Vertrieb

가: 이 상품은 언제부터 **유통**되나요?
Seit wann wird dieses Produkt vertrieben?

나: 다음 달 1일부터 **유통**될 거예요.
Es wird ab dem 1. des nächsten Monats vertrieben.

–을/를 유통하다 ㅣ –이/가 유통되다

이미지

명 [이미지]

관 이미지가 좋다/나쁘다
참 이미지 관리

Image, Vorstellungsbild

가: 그 회사는 **이미지**가 참 좋은 것 같아요.
Ich finde, das Unternehmen hat ein sehr gutes Image.

나: 어려운 사람들을 위해 좋은 일을 많이 하잖아요.
Sie machen ja auch viele gute Dinge für arme Leute.

창업

명 [창ː업]

동 창업하다
관 회사를 창업하다,
창업에 성공하다/
실패하다
참 창업 지원 센터

Gründung eines Geschäfts

한국대학교는 졸업생들의 **창업**을 적극적으로 지원해
주고 있다.
Koreanische Universitäten unterstützen Absolventen aktiv dabei,
ihr eigenes Unternehmen zu gründen.

–을/를 창업하다

혜택

명 [혜ː택/혜ː택]

관 혜택이 많다/적다,
　혜택을 주다/받다
참 할인 혜택

Vorteil, Begünstigung

가: 지금 휴대폰을 바꾸면 어떤 **혜택**이 있어요?
Welche Vorteile hat es, wenn ich jetzt das Handy wechsle?

나: 일 년 동안 매달 통화 요금을 5% 할인해 드립니다.
Sie bekommen ein Jahr lang monatlich 5% auf die
Telefonrechnung.

홍보

명 [홍보]

동 홍보하다
참 홍보 효과, 홍보 포스터

Werbung, Promotion

가: 이번 신제품을 어떻게 **홍보**하면 좋을까요?
Wie sollen wir das neue Produkt dieses Mal bewerben?

나: 신문에 광고를 하는 건 어때요?
Wie wäre es mit Werbung in Zeitungen?

-을/를 홍보하다

금액

명 [그맥]

Summe, Betrag

직원: 손님, 찾으실 **금액**을 여기에 써 주세요.
Bitte notieren Sie hier den Betrag, den Sie abheben möchten.

발급

명 [발급]

동 발급하다, 발급되다
관 카드를 발급하다,
증명서를 발급하다,
서류를 발급하다

Ausstellung, Erteilung

가: 신용 카드를 **발급**받으려면 시간이 오래 걸리나요?
Wenn ich eine Kreditkarte ausgestellt bekommen möchte, dauert es lange?

나: 아니요, 지금 바로 가능합니다.
Nein, es ist sofort möglich.

–에게 –을/를 발급하다 | –에게 발급되다

보증

명 [보증]

동 보증하다
관 품질을 보증하다
참 보증금, 보증인, 보증 기간

Garantie, Gewähr, Bürgschaft

저희 은행에서 돈을 빌리실 때는 **보증**인이 필요없습니다.
Beim Leihen von Geld bei unserer Bank ist eine Bürgschaft nicht notwendig.

–을/를 보증하다

보험

💬☑️⭕

명 [보:험]

관 보험에 가입하다,
보험을 해약하다,
보험을 들다

Versicherung

가: 외국 사람이니까 한국에서 병원에 가면 비싸지
않아요?
Ist es teuer, wenn ich als Ausländer in Korea zum Arzt gehe?

나: 유학생 **보험**을 들어서 별로 비싸지 않아요.
Wenn man sich als ausländischer Studierender versichert, ist
es nicht sehr teuer.

사인

💬☑️

명 [싸인]

⇨ Anhang S. 516

동 사인하다
유 서명 ⇨ S. 429
관 서류에 사인하다,
사인을 받다

Unterschrift

손님: 카드로 계산할게요.
Ich zahle mit Karte.

직원: 네, 여기에 **사인**해 주십시오.
OK, bitte unterschrieben Sie hier.

서명

💬☑️

명 [서:명]

⇨ Anhang S. 516

동 서명하다
유 사인 ⇨ S. 429
관 서류에 서명하다,
계약서에 서명하다

Unterschrift

이 서류에 날짜와 이름을 쓰신 후 **서명**을 해 주십시오.
Bitte schreiben Sie Datum und Namen auf dieses Dokument und
unterschreiben Sie.

💡 „사인" und „서명" haben zwar die gleiche Bedeutung, aber zu
Unterschriften berühmter Personen oder Prominente darf man nicht
„서명", sondern muss „사인" sagen.

세금

💬☑️

명 [세:금]

관 세금을 내다

Steuer

가: 음식값이 메뉴판에 있는 가격과 다르네요!
Der Essenspreis ist anders als der Preis auf der Speisekarte.

나: 이 영수증에 있는 가격은 **세금**이 포함된 가격이에요.
Der Preis auf der Quittung ist der Preis inklusive Steuern.

수수료

명 [수수료]

관 수수료가 나오다,
수수료를 내다

Gebühren, Nutzungsgebühren

가: 근처에 현금 자동 지급기(ATM)가 있나요?
Gibt es in der Nähe einen Geldautomaten?

나: 저 편의점에 있는데 저기에서 돈을 찾으면 **수수료**
를 내야 해요.
Es gibt einen beim Kiosk, aber wenn man dort Geld abhebt,
muss man Gebühren für das Abheben zahlen.

수표

명 [수표]

관 수표를 내다

(Geld-)Scheck

가: **수표**로 계산해도 되나요?
Kann ich mit Scheck bezahlen?

나: 네, **수표** 뒤에 이름과 전화번호를 써 주세요.
Ja, schreiben Sie auf der Rückseite des Schecks ihren Namen
und die Telefonnummer.

신용

명 [시ː뇽]

관 신용이 떨어지다,
신용을 얻다, 신용을 잃다
참 신용 카드, 신용 불량

Kredit

가: 이 **신용** 카드는 어디에서나 사용할 수 있어요?
Kann ich die Kreditkarte überall benutzen?

나: 네, 국내, 해외 모두 가능합니다.
Ja, sie können sie sowohl im Inland als auch im Ausland
benutzen.

이자

명 [이ː자]

관 이자가 높다/낮다,
이자가 싸다/비싸다,
이자를 내다
참 무이자

Zinsen

이자가 높은 은행 좀 소개해 주세요.
Bitte stellen Sie mir eine Bank vor, die hohe Zinsen hat.

입금

영 [입끔]
⇨ Anhang S. 513

동 입금하다, 입금되다
반 출금
참 송금, 계좌이체

Einzahlung

가: 제가 주문한 이 상품은 언제 받을 수 있나요?
Wann kann ich das bestellte Produkt erhalten?

나: **입금**이 확인되는 대로 바로 보내 드리겠습니다.
Ich werde es ihnen sofort schicken, sobald die Einzahlung
erfolgt ist.

-을/를 -에 입금하다 ㅣ -이/가 -에 입금되다

재산

영 [재산]

관 재산을 모으다,
재산을 늘리다, 전 재산

Vermögen

가: 무슨 기사를 보고 있어요?
Welchen Artikel lesen sie gerade?

나: 한 기업가가 자신의 전 **재산**을 사회에 기부했대요.
Ein Unternehmer hat sein ganzes Vermögen der Gesellschaft
gespendet.

저금

영 [저ː금]
⇨ Anhang S. 516

동 저금하다
유 저축 ⇨ S. 432
관 저금을 찾다
참 저금통

Ersparnis, Sparen

가: 어렸을 때 용돈을 받으면 어떻게 했어요?
Was haben Sie als Kind gemacht, wenn Sie Taschengeld
bekamen?

나: 저는 받자마자 **저금**했어요.
Sobald ich es bekam, habe ich es gespart.

-에 -을/를 저금하다

저축

명 [저ː축]
⇨ Anhang S. 516

동 저축하다
유 저금 ⇨ S. 431

Ersparnis

가: 한 달에 얼마 정도 **저축**해요?
Wie viel Geld sparen Sie ungefähr pro Monat?

나: 월급의 30% 정도를 **저축**하고 있어요.
Ich spare ungefähr 30% des Monatseinkommens.

–을/를 –에 저축하다

💡 Bein Anlegen von Geld bei der Bank kann man „저축" oder „저금"
sagen, aber beim Sparen von Geld auf einem privaten Sparbuch
kann man nur „저금" sagen.

전액

명 [저낵]

관 전액을 지원하다
참 전액 환불

Gesamtbetrag

가: 지금 표를 취소하면 환불을 받을 수 있어요?
Wenn ich das Ticket jetzt storniere, kann ich das Geld
zurückerstattet bekommen?

나: 일주일 전이니까 **전액** 환불 가능합니다.
Da es eine Woche vorher ist, ist es möglich, den ganzen
Betrag zurückzuerstatten.

창구

명 [창구]

참 창구 직원, 은행 창구

Schalter

가: 저기, 환전하고 싶은데요.
Entschuldigung, ich möchte etwas umtauschen.

나: 그럼 저쪽 **창구**로 가십시오.
Dann gehen Sie bitte zu dem Schalter dort drüben.

Quiz

✐ 의미가 맞는 것을 연결하십시오.

1. 재산　•

　•　① 이것은 돈을 모으는 것을 말한다.

2. 저축　•

　•　② 이것은 개인이 가지고 있는 돈, 집, 땅 등을 말한다.

3. 보너스　•

　•　③ 이것은 직장에서 명절이나 연말에 월급 외에 더 주는 돈이다.

4. 다음 중에서 관계가 다른 것은 무엇입니까?

　① 계약 – 해지　　② 손해 – 이익　　③ 금액 – 발급　　④ 입금 – 출금

✐ 다음에 들어갈 단어를 고르십시오.

5.

> 한국에서는 수입 화장품이 다른 나라에 비해 비싸게 (　　)되고 있다.

　① 경영　　　② 유통　　　③ 결제　　　④ 홍보

6.

> 기업을 운영하는 데 있어서 무엇보다도 중요한 것은 직원 (　　)이다.

　① 관리　　　② 보험　　　③ 신용　　　④ 보상

7.

> 운동화를 생산하는 (　　)들이 서로 약속하여 운동화 가격을 동시에 올렸다. 정부가 이에 대해 벌금을 내게 했다.

　① 업체　　　② 창업　　　③ 고객　　　④ 매장

8.

> 가: (　㉠　)(으)로 계산하려고 하는데요.
> 나: 그럼 뒷면에 전화번호와 주민 등록 번호를 쓰시고 (　㉡　) 하세요.

　① ㉠ 세금 ㉡ 서명　　　　　② ㉠ 보증 ㉡ 서명
　③ ㉠ 수표 ㉡ 사인　　　　　④ ㉠ 이자 ㉡ 사인

Sinokoreanische Wörter

✎ **Dieses chinesische Zeichen ist in diesen koreanischen Wörtern zu finden.**

S. 428

Betrag, Summe

우리 회사에서는 매년 일정한 금액을 '불우 이웃 돕기'를 위해 쓰고 있습니다.

In meiner Firma gibt es jedes Jahr einen Betrag zur Hilfe von benachteiligten Mitmenschen.

S. 306

Preisgeld

이번 대회에서 일등을 한 팀에게는 상금 100만 원을 드립니다.

Bei diesem Wettbewerb erhält die beste Mannschaft für den 1. Preis eine Millionen KRW.

금액

상금

S. 429

Steuer

이번 달은 지난달 보다 세금이 많이 나와서 걱정이에요.

Ich mache mir Sorgen, da ich in diesem Monat mehr Steuern als im letzten gezahlt habe.

金 금 돈 Geld

세금

저금

S. 431

Ersparnis

매달 30만 원씩 은행에 저금하고 있어요.

Ich spare jeden Monat 300.000 KRW.

입금

S. 431

Einzahlung

이번 여행에 필요한 돈은 모두 30만 원입니다. 저희 회사 계좌로 입금해 주십시오.

Das Geld, das ich für diese Reise brauche beträgt insgesamt 300.000 KRW. Bitte zahlen Sie es auf mein Firmenkonto ein.

12

교통/통신

Verkehr/ Kommunikation

고속

명 [고속]
⇨ Anhang S. 511

반 저속
참 초고속, 고속도로,
고속버스, 고속 열차

Hochgeschwindigkeit

가: 주말이라서 **고속**도로가 많이 막히네요.
Da es Wochenende ist, gibt es viel Stau auf der Autobahn.

나: 그렇지요? 주말에는 보통 때보다 1시간 정도
더 걸려요.
Genau. Am Wochenende dauert es etwa eine Stunde länger
als normalerweise

💡 Der koreanische Hochgeschwindigkeitszug wird „KTX (Korea Train
eXpress)" genannt.

과속

명 [과:속]

동 과속하다

Geschwindigkeitsüberschreitung

가: 여보, 속도 좀 줄여요. **과속** 운전 때문에 사고가
많이 난대요.
Schatz, fahr bitte langsamer. Ich habe gehört, dass es viele
Unfälle aufgrund von Geschwindigkeitsüberschreitungen gibt.

나: 여기는 고속도로라서 괜찮아.
Hier auf der Autobahn ist es in Ordnung.

금지

명 [금:지]

동 금지하다, 금지되다
참 주차 금지, 출입 금지,
흡연 금지

Verbot

가: 이곳에 주차해도 되나요?
Darf man an diesem Ort parken?

나: 아니요, 여기는 주차가 **금지**된
곳이에요.
Nein, hier ist Parken verboten.

–을/를 금지하다 | –이/가 금지되다

기본

명 [기본]

참 기본적, 기본요금

Grundlage

택시 **기본**요금이 얼마예요?
Wie hoch ist der Grundpreis für ein Taxi?

기사 01

명 [기사]

참 버스 기사, 택시 기사,
수리 기사

Fahrer, Ingenieur

기사님, 강남역으로 가 주세요.
Herr Fahrer, bitte fahren Sie mich zur Haltestelle Gangnam.

노선

명 [노:선]

참 지하철 노선, 버스 노선

Route, Linie

서울의 지하철은 **노선**이 많아서 편리하다.
Die U-Bahn in Seoul ist bequem, weil es viele U-Bahn Linien gibt.

놓치다

동 [논치다]
⇨ Anhang S. 514

반 잡다
관 버스를 놓치다,
기회를 놓치다,
범인을 놓치다

verpassen

가: 왜 기차를 **놓쳤**어?
    Warum hast du den Zug verpasst?

나: 길이 너무 막혀서 역에 늦게 도착했어.
    Es gab viel Stau, so dass ich zu spät ankam.

취직할 수 있는 좋은 기회니까 기회를 **놓치**지 않도록
열심히 준비하세요.
Da es eine gute Chance ist, Arbeit zu finden, bereiten Sie sich gut
vor, um sie nicht zu verpassen.

-을/를 놓치다

대중

🔊☑️● [대ː중]

참 대중적, 대중화,
대중교통, 대중 매체

Öffentlichkeit, Allgemeinheit, Masse

가: 요즘 버스나 지하철을 타는 사람이 많은 것 같아요.
Ich finde, es gibt zur Zeit viele Leute, die den Bus oder die U-Bahn nehmen.

나: 기름값이 올라서 **대중**교통을 이용하는 사람이 늘어난 것 같아요.
Ich denke, es gibt mehr Leute, die öffentliche Verkehrsmittel nehmen, da die Benzinpreise gestiegen sind.

도로

🔊☑️● [도ː로]

⇨ Anhang S. 516

유 길
관 도로가 넓다/좁다,
도로가 막히다
참 고속도로

Straße

도로가 좁아서 운전하기 불편하다.
Da die Straße eng ist, ist es unbequem Auto zu fahren.

💡 Im Alltag steht „도로" für eine breite Straße, auf der normalerweise Autos fahren. „길" dagegen bezeichnet eine Straße, auf der sowohl Menschen gehen und Autos fahren, aber auch schmale Straßen.

따다

🔊☑️● [따다]

관 과일을 따다,
운전면허를 따다,
메달을 따다

① pflücken, sammeln

② einen Preis, eine Qualifikation etc. bekommen

가: 사과가 정말 맛있네요!
Die Äpfel sind sehr lecker!

나: 그렇지요? 제가 시골에서 직접 **따** 가지고 온 거예요.
Ja, ne? Ich habe sie direkt auf dem Land gepflückt und mitgebracht.

가: 운전면허증 있어?
Hast du einen Führerschein?

나: 그럼, 난 19살이 되자마자 운전면허부터 **땄어**.
Ja, sobald ich 19 Jahre alt wurde, habe ich sofort meinen Führerschein gemacht.

-에서 -을/를 따다

막차

📣☑

🅟 [막차]

⇨ Anhang S. 512

🔴 첫차
🔵 막차가 끊기다,
막차를 타다

Letzter Zug, Bus etc.

가: 지하철 2호선 **막차**가 몇 시예요?
Um wie viel Uhr fährt die letzte U-Bahn der Linie 2?

나: 평일은 새벽 1시, 주말은 11시 30분이에요.
An Wochentagen um 1 Uhr und am Wochenende um 23:30 Uhr.

배송

📣☑

🅟 [배ː송]

🔵 배송하다, 배송되다
🔵 배송을 받다
🔵 배송료, 무료 배송

Zustellung, Bestellung

가: **배송**료도 내야 하나요?
Muss ich auch Versandkosten bezahlen?

나: 네, 주문하신 물건이 싸서 **배송**료는 따로 내셔야 합니다.
Ja, da die bestellten Gegenstände günstig sind, müssen Sie Versandkosten bezahlen.

–을/를 –에 배송하다 ㅣ –을/를 –(으)로 배송하다 ㅣ –이/가 배송되다
ㅣ –이/가 –(으)로 배송되다

벗어나다

📣☑

🅥 [버서나다]

🔵 길을 벗어나다,
위기에서 벗어나다

hinausfahren, wegfahren, entkommen

가: 왜 이렇게 차가 막히지?
Warum staut es sich hier so?

나: 여기만 **벗어나**면 괜찮을 거야.
Wenn wir nur von hier raus kommen würden wäre es in Ordnung.

–을/를 벗어나다 ㅣ –에서 벗어나다

12 Verkehr/ Kommunikation

상황

📢☑

몡 [상황]

관 상황이 좋다/나쁘다,
상황이 불리하다

참 경제 상황, 도로 상황

Situation

가: 지금 교통 **상황**이 어떻습니까?
Wie ist die Verkehrslage gerade?

나: 부산에서 서울 가는 쪽이 많이 막혀서 8시간쯤
걸립니다.
Von Busan nach Seoul staut es sich sehr, so dass es 8
Stunden dauert.

속도

📢☑◉

몡 [속또]
⇨ Anhang S. 516

윤 스피드(speed)

관 속도가 빠르다/느리다,
속도를 내다,
속도를 줄이다

참 컴퓨터 속도, 인터넷 속도

Geschwindigkeit

가: 아, 내 컴퓨터는 **속도**가 느려서 답답해.
Ah, ich bin frustriert, weil mein Computer langsam ist.

나: 컴퓨터 산 지 오래됐잖아. 새 걸로 바꿔.
Es ist ja auch schon lange her, dass du ihn gekauft hast.
Tausch ihn in einen neuen um.

수단

📢☑

몡 [수단]

참 교통수단, 의사소통 수단

Mittel

우리가 자주 이용하는 교통**수단**은 지하철, 버스,
택시이다.
Die Verkehrsmitel, die wir am meisten nutzen, sind die U-Bahn,
der Bus und das Taxi.

승객

📢☑

몡 [승객]

관 승객을 태우다

참 비행기 승객, 열차 승객

Passagier

비행기가 곧 도착합니다. **승객** 여러분께서는 일어나
지 마시고 자리에 앉아 계시기 바랍니다.
Das Flugzeug wird bald ankommen. Alle Passagiere werden
gebeten, nicht aufzustehen und auf ihren Plätzen sitzen zu bleiben.

승용차

명 [승용차]

Auto, PKW

가: 버스 운전할 수 있어요?
Können Sie Bus fahren?

나: 아니요, **승용차**는 할 수 있는데
버스는 못해요.
Nein, ich kann nur Auto fahren, nicht
Bus.

💡 Normalerweise nennt man sein Auto „자가용".

시외

명 [시ː외/시ː웨]
⇨ Anhang S. 512

반 시내
참 시외버스,
시외버스 터미널

Vorort, Vorstadt

가: 여기에 강원도에 가는 버스는 없나요?
Gibt es hier keinen Bus, der nach Gangwondo fährt?

나: 그 버스는 **시외**버스 터미널에서 타야 해요.
Den Bus müssen Sie am Busbahnhof für Fernbusse nehmen.

안전

명 [안전]

형 안전하다
참 안전벨트, 안전 교육,
안전 시설, 안전 점검

Sicherheit

자, 지금 출발합니다. **안전**벨트를
매 주세요.
So, wir fahren jetzt los. Bitte schnallen Sie
sich alle an.

−이/가 안전하다

Verkehr/
Kommunikation

12

열차

명 [열차]

참 고속 열차

Zug

이 **열차**는 약 5분 후에 부산역에 도착하겠습니다.
Dieser Zug erreicht in ungefähr 5 Minuten den Bahnhof Busan.

운전면허

📣☑

🅜 [운ː전면허]

🟦 운전면허가 정지되다,
운전면허를 따다
🟦 운전면허증

Führerschein

가: 외국인도 한국에서 **운전면허**를 딸 수 있어요?
Können auch Ausländer einen Führerschein in Korea machen?

나: 그럼요. 제 친구도 한 달 전에 땄어요.
Natürlich. Mein Freund hat einen vor einem Monat gemacht.

차량

📣☑

🅜 [차량]

🟦 차량을 통제하다
🟦 차량 번호, 차량 통행금지

Fahrzeug

가: 사고가 난 **차량** 번호가 어떻게 됩니까?
Wie ist das Kennzeichen des Unfallfahrzeugs?

나: '12가 6543'입니다.
Es ist „12가 6543".

초보

📣☑

🅜 [초보]

🟦 초보적, 초보 운전,
초보 단계

Anfänger

가: 운전한 지 오래됐어요?
Fahren Sie schon lange?

나: 아니요, **초보** 운전이에요.
Nein, ich bin Fahranfänger.

탑승

📣☑

🅜 [탑씅]

🟦 탑승하다
🟦 버스에 탑승하다,
비행기에 탑승하다
🟦 탑승객, 탑승 수속

Boarding

한국항공 780편 비행기에 **탑승**하실 승객 여러분께서
는 2번 게이트로 와 주시기 바랍니다.
Alle Passagiere des Flugs Korean Air 780 werden gebeten, zum
Gate 2 zu kommen.

−에 탑승하다

택배

웹 [택빼]

관 택배로 보내다
참 택배 회사

Paketdienst

아들: 날씨가 더워져서 여름옷이 필요한데 좀 보내
주세요.
Da es heiß ist, brauche ich Sommerkleidung. Bitte schick mir
sie.

엄마: 알았어. 내일 **택배**로 보내 줄게.
Verstanden. Ich schicke sie morgen mit dem Paketdienst.

터널

웹 [터널]

Tunnel

터널 안은 어두우니까 운전할 때
조심하십시오.
Da es im Tunnel dunkel ist, fahren Sie
bitte vorsichtig.

터미널

웹 [터미널]

참 고속버스 터미널,
시외버스 터미널

Terminal

가: 기차를 타고 갈까? 버스를 타고 갈까?
Sollen wir mit dem Zug fahren? Oder sollen wir mit dem Bus
fahren?

나: 여기에서 **터미널**이 가까우니까 버스를 타자.
Lass uns mit dem Bus fahren, da der Busbahnhof von hier aus
näher ist.

휴게소

웹 [휴게소]

참 고속도로 휴게소, 휴게실

Rastplatz

가: 나 화장실에 가고 싶은데…….
Ich will auf die Toilette gehen.

나: 10분만 더 가면 **휴게소**가 있으니까 조금만 참아.
Halte noch ein bisschen aus, da wir in nur 10 Minuten zu
einem Rastplatz kommen.

12 Verkehr/
Kommunikation

443

Quiz

✎ 관계 있는 것끼리 연결하십시오.

1. 기회를 •　　　　　　　　　• ① 끊기다

2. 막차가 •　　　　　　　　　• ② 따다

3. 운전면허를 •　　　　　　　　　• ③ 놓치다

4. 다음 중에서 관계가 다른 것은 무엇입니까?

① 길 – 도로　　② 시내 – 시외　　③ 막차 – 첫차　　④ 고속 – 저속

5. 다음 문장의 밑줄 친 단어와 비슷한 의미를 고르세요.

> 비행기에 칼, 가위, 면도기, 총, 물, 라이터 등은 가지고 <u>타면</u> 안 된다.

① 과속하면　　② 배송하면　　③ 금지하면　　④ 탑승하면

✎ (　　)에 알맞은 단어를 〈보기〉에서 찾아 쓰십시오.

보기	속도	승객	수단	과속	열차

6.

> 서울 시민들이 가장 많이 이용하는 대중교통 (　　)은/는 지하철이다.

(　　　　　　)

7.

> 운전하다가 터널이 나오면 (㉠)을/를 줄여야 합니다. 터널 안은 좁고 어두운 경우가 많아서 (㉡) 운전을 하면 대형 사고로 이어질 수도 있기 때문입니다.

㉠ (　　　　)　　　　　　　　㉡ (　　　　)

8.

> 지금 (㉠)이/가 ○○역으로 들어오고 있습니다. (㉡) 여러분들께서는 안전선 뒤로 한 걸음 물러서 주시기 바랍니다.

㉠ (　　　　)　　　　　　　　㉡ (　　　　)

가입

🔲 [가입]
⇨ Anhang S. 511

동 가입하다, 가입되다
반 탈퇴
관 가입을 신청하다
참 가입 신청서

Aufnahme, Beitritt

이 홈페이지에 **가입**하시려면 아이디(ID)와 비밀번호를 만드세요.
Bitte erstellen Sie eine ID und ein Passwort, wenn Sie dieser Homepage beitreten möchten.

−에 가입하다 | −이/가 가입되다

검색

🔲 [검ː색]

동 검색하다
관 자료를 검색하다,
정보를 검색하다,
파일을 검색하다

Suche

가: 이 근처에 맛있는 치킨집이 어디에 있는지 알아?
Kennst du in der Nähe einen guten Laden für Hähnchen?

나: 글쎄. 휴대폰으로 **검색**해 봐.
Mh, such mal auf dem Handy.

−을/를 검색하다

게시판

🔲 [게ː시판]
⇨ Anhang S. 515

관 게시판에 올리다
유 안내판, 알림판

Schwarze Brett, Pinnwand

자세한 내용은 홈페이지의 **게시판**에서 확인해 보세요.
Weitere Informationen finden Sie auf der Pinnwand der Homepage.

기사 ⁰²

⌨☑◉

명 [기사]

관 기사가 나다,
기사가 실리다,
기사를 쓰다
첨 신문 기사

Artikel

가: 오늘 신문에 우리 회사가 나왔어요. 그 **기사** 봤어요?
Heute erschien unsere Firma in der Zeitung. Haben Sie den Artikel gelesen?

나: 아니요. 아직 못 봤어요.
Nein, noch nicht.

기술

⌨☑◉

명 [기술]

관 기술이 뛰어나다,
기술을 가르치다/배우다
첨 기술적, 과학 기술

Technologie

의학 **기술**이 좀 더 발달하면 암을 치료할 수 있는 약이 개발될 것이다.
Weitere Fortschritte in der medizinischen Technologie werden zur Entwicklung von Medikamenten führen, die Krebs heilen können.

날리다 ⁰²

⌨☑

동 [날리다]

관 파일을 날리다,
재산을 날리다

(Daten, Vermögen etc.) verlieren, verschwenden

가: 아직도 숙제 다 못 끝냈어?
Bist du noch nicht mit den Hausaufgaben fertig?

나: 숙제를 하다가 파일을 **날려**서 지금 다시 하고 있는 중이야.
Ich habe meine Hausaufgaben gemacht und die Datei verloren, also mache ich sie noch einmal.

–을/를 날리다

다운로드

⌨☑

명 [다운로드]

⇨ Anhang S. 511

동 다운로드하다
반 업로드
관 다운로드를 받다

Download, herunterladen

MP3 파일은 홈페이지에서 **다운로드**하세요.
Laden Sie die MP3 Dateien auf der Homepage herunter.

등장

🔊☑

명 [등장]
⇨ Anhang S. 511

동 등장하다
반 퇴장

① Auftreten, Erscheinen einer Person, eines Produktes etc.
② Auftreten auf der Bühne etc.

스마트폰이 **등장**해서 노트북을 사용하는 사람이 줄어들었다.
Mit dem Erscheinen von Smartphones benutzen immer weniger Menschen Laptops.

가수들이 무대에 **등장**하자마자 사람들이 박수를 쳤다.
Sobald die Sänger auf der Bühne erschienen, applaudierten die Zuschauer.

-이/가 등장하다 | -에 등장하다 | -(으)로 등장하다

디지털

🔊☑

명 [디지털]

참 디지털 기술, 디지털 기기, 아날로그

digital

가: '디카'가 뭐예요?
Was ist „디카"?

나: **디지털** 카메라를 줄여서 말하는 거예요.
Es ist die Abkürzung für Digitalkamera.

로봇

🔊☑

명 [로봇]

Roboter

가: 요즘 청소하는 게 너무 귀찮아.
Heutzutage ist Putzen sehr lästig.

나: **로봇** 청소기를 한번 써 봐.
Dann versuch es einmal mit einem Putzroboter.

리모컨

🔊☑

명 [리모컨]

Fernbedienung

가: 텔레비전 **리모컨** 어디에 있어?
Wo ist die Fernbedienung für den Fernseher?

나: 소파 위에 있어.
Auf dem Sofa.

발달

명 [발딸]
동 발달하다, 발달되다
관 기술이 발달하다,
과학이 발달하다

Entwicklung

인터넷의 **발달**은 우리의 생활을 편리하게 만들어 주었다.
Die Entwicklung des Internets hat unser Leben bequemer gemacht.

-이/가 발달하다 | -이/가 발달되다

사이트

명 [싸이트]
참 웹 사이트, 인터넷 사이트

Webseite

가: 한국어를 무료로 공부할 수 있는 **사이트**가 있어요?
Gibt es Webseiten, wo ich kostenlos Koreanisch lernen kann?

나: www.niied.go.kr에 들어가 보세요.
Gehen Sie mal auf www.niied.go.kr.

온라인

명 [온라인]
⇒ Anhang S. 512
반 오프라인

Online

가: 새로 나온 **온라인** 게임해 봤어?
Hast du schon mal das neue Online-Spiel gespielt?

나: 아, 그래? 뭐가 새로 나왔어?
Ah, ja? Welches neue?

저장

명 [저:장]
동 저장하다, 저장되다
관 파일을 저장하다

① **speichern**　　② **aufbewahren**

가: 와, 숙제 다 했다.
Wow, ich habe alle Hausaufgaben gemacht.

나: 마지막으로 파일 **저장**했는지 확인해 봐.
Überprüf mal, ob du zum Schluss die Datei gespeichert hast.

옛날 사람들은 김치를 땅에 **저장**했다.
Früher haben die Menschen Kimchi in der Erde aufbewahrt.

-에 -을/를 저장하다 | -에 -이/가 저장되다

전달

명 [전달]

관 정보를 전달하다,
의사를 전달하다

Übermittlung, Mitteilung

요즘은 대중 매체를 이용해서 정보를 빠르게 **전달**한다.
Heutzutage werden mit der Nutzung von Massenmedien
Informationen schnell übermittelt.

-을/를 -에/에게 전달하다 ǀ -을/를 -(으)로 전달하다 ǀ
-이/가 -에/에게 전달되다 ǀ   -이/가 -(으)로 전달되다

접속

명 [접쏙]

동 접속하다, 접속되다
관 인터넷에 접속하다,
사이트에 접속하다
참 접속자, 접속 속도

Zugang

가: 인터넷 **접속**이 잘 안 돼. 왜 그렇지?
　　Der Internetzugang funktioniert nicht. Warum?

나: 산에서는 잘 안 될 때도 있어.
　　In den Bergen funktioniert es nicht gut.

-을/를 -에 접속하다 ǀ -이/가 -에 접속되다 ǀ -이/가 -와/과 접속되다

통신

명 [통신]

동 통신하다

Kommunikation

가: 한국의 유명한 **통신** 회사는 어디예요?
　　Welche sind die berühmten Telekommunkationsfirmen in
　　Korea?

나: SKT, KT, LG U+예요.
　　Es sind SKT, KT, LG U+.

-와/과 통신하다

파일

명 [파일]

관 파일을 복사하다,
파일을 저장하다,
파일을 삭제하다,
파일을 날리다

Datei

가: 이 자료를 어떻게 줄까?
Wie soll ich dir das Dokument geben?

나: 이메일로 **파일**을 보내 줘.
Schicke mir die Datei per Email.

프로그램

명 [프로그램]

관 프로그램이 실행되다
참 방송 프로그램,
공연 프로그램,
예능 프로그램

① **Computerprogramm**

② **Programm oder Sendung im Fernsehen etc.**

컴퓨터 **프로그램**에 문제가 있을 때는 컴퓨터를
껐다가 다시 켜십시오.
Schalten Sie den Computer bei Problemen mit einem
Computerprogramm aus und wieder an.

가: 자주 보는 TV **프로그램**이 있어요?
Welche Fernsehsendung sehen Sie oft?

나: 저녁에 하는 드라마를 자주 봐요.
Ich sehe oft Serien am Abend.

Quiz

1. ( )에 알맞은 단어를 쓰십시오.

> ( )을/를 복사하다, ( )을/를 삭제하다, ( )을/를 저장하다

① 디지털 ② 게시판 ③ 파일 ④ 온라인

✎ 다음 중 어울리는 것끼리 연결하십시오.

2. 프로그램이 ·   · ① 나다

3. 기사가 ·   · ② 실행되다

4. 사이트에 ·   · ③ 접속하다

✎ ( )에 알맞은 단어를 〈보기〉에서 찾아 쓰십시오.

> **보기** 발달 가입 다운로드 검색 프로그램

5.

> 〈인터넷을 이용해서 할 수 있는 일〉
>
> · 정보 (㉠)   · 온라인게임
> · 음악이나 영화 (㉡)   · 인터넷 쇼핑

㉠ ( )   ㉡ ( )

6.

> 저희 사이트의 회원이 되시려면 먼저 회원 ( )을/를 해야만 합니다.

( )

7.

> 컴퓨터의 속도가 느려졌을 때는 사용하지 않는 ( )을/를 삭제해 보십시오.

( )

8.

> 인터넷은 정보를 교환할 수 있도록 전 세계의 컴퓨터가 연결된 통신망으로 인터넷의 ( )은/는 생활을 편리하게 만들었다.

( )

12 Verkehr/Kommunikation

451

✏️ **Dieses chinesische Zeichen ist in diesen koreanischen Wörtern zu finden.**

S. 415

Maschine

공장에 있는 기계에서 불이 나서 10명이 다쳤다.

Da bei Maschinen in einer Fabrik ein Feuer ausgebrochen ist, wurden 10 Menschen verletzt.

S. 385

Organization

학교, 병원과 같은 기관에서는 개인 정보를 보호해야 한다.

Organisationen wie Schulen oder Krankenhäuser müssen private Informationen schützen.

기계

기관

機 기

기계, 틀
Maschine,
Form

기능

S. 416

Funktion

이번에 개발된 휴대폰은 다양하고 새로운 기능이 많다.

Das dieses Mal entwickelte Handy hat viele verschiedene und neue Funktionen.

위기

S. 397

Krise

위기를 극복하면 새로운 기회가 찾아온다.

Um eine Krise zu überwinden, sucht man neue Möglichkeiten.

동기

S. 226

Motivation

제가 의사가 된 동기는 아버지의 병을 고쳐 드리고 싶었기 때문입니다.

Die Motivation Arzt zu werden war, dass ich die Krankheit meines Vaters heilen wollte.

13

예술/문화

Kunst/Kultur

☑☑

감독

Regisseur

명 [감독]

동 감독하다
참 영화감독, 축구 감독

기자: **감독**님, 이번 영화는 어떤 영화인가요?
Frau Regisseurin, was für eine Art Film ist es dieses Mal?

감독: 아이와 어른 모두가 함께 즐길 수 있는 가족
영화입니다.
Es ist ein Familienfilm, den Kinder und Erwachsene
zusammen genießen können.

–을/를 감독하다

☑☑◑

건축

Architektur

명 [건ː축]

동 건축하다, 건축되다
참 건축가, 건축 회사,
건축 방식

가: 나중에 무슨 일을 하고 싶어요?
Was möchten Sie später einmal arbeiten?

나: 멋있는 건물을 짓는 **건축**가가 되고 싶어요.
Ich möchte ein Architekt werden, der schöne Gebäude baut.

–을/를 건축하다 ㅣ –이/가 건축되다

☑☑◑

기도

Gebet

명 [기도]

동 기도하다

가: 언제 수술하세요?
Wann werden sie operiert?

나: 주말에 해요.
Am Wochenende.

가: 수술 잘 되기를 **기도**할게요.
Ich bete, dass die Operation gut gelingt.

–에/에게 –을/를 기도하다 ㅣ –에/에게 –기를 기도하다 ㅣ
–에/에게 –아/어/해 달라고 기도하다

나타내다

📖☑●

동 [나타내다]

beschreiben

가: 그 소설은 남자들이 많이 본다고 해요.
　　Man sagt, dass viele Männer diesen Roman lesen.

나: 저도 봤는데 남자의 심리를 잘 **나타내**서 그런 것
　　같아요.
　　Das habe ich auch gesehen, und ich glaube es liegt daran,
　　dass die Psychologie der Männer darin gut beschrieben ist.

-을/를 -에 나타내다　｜　-을/를 -(으)로 나타내다

동화

📖☑●

명 [동ː화]

참 동화책, 동화 작가

Märchen

가: 조카 생일인데 뭘 선물할까?
　　Meine Nichte hat Geburtstag, aber was soll ich ihr schenken?

나: **동화**책을 사 주는 게 어때?
　　Wie wäre es, ihr ein Märchenbuch zu kaufen?

무대

📖☑

명 [무ː대]

관 무대에 서다,
　 무대에 오르다,
　 무대로 나오다
참 야외 무대

Bühne

가: 연극을 왜 좋아해요?
　　Warum mögen Sie Theater?

나: **무대**와 가까운 곳에서 배우를 직접 볼 수 있으니까요.
　　Weil man die Schauspieler von der Nähe der Bühne aus direkt
　　sehen kann.

무용

📖☑●

명 [무ː용]

동 무용하다
참 전통 무용, 현대 무용

Tanz

가: 어떻게 **무용**을 전공하게 되었어요?
　　Wie kommt es, dass Sie Tanz als Hauptfach haben?

나: 어렸을 때부터 춤 추는 것을 좋아했거든요.
　　Ich habe schon in der Kindheit gern getanzt.

13 Kunst/Kultur

불교

명 [불교]

참 기독교, 천주교, 이슬람교, 힌두교

Buddhismus

한국에 **불교**가 처음 들어온 것은 4세기 때이다.
Das erste Mal, dass der Buddhismus nach Korea kam, war im 4. Jahrhundert.

시인

명 [시인]

참 작가, 소설가, 수필가

Dichter

가: 한국인들이 가장 좋아하는 **시인**이 누구예요?
Welchen Dichter mögen Koreaner am liebsten?

나: '서시'를 쓴 '윤동주'예요.
Es ist Dong-ju Yun, der das Gedicht „Prelude" geschrieben hat.

예술

명 [예:술]

참 예술적, 예술 작품

Kunst

나는 **예술**에 관심이 많아서 미술관과 음악회에 자주 간다.
Da ich mich sehr für Kunst interessiere, gehe ich oft in Kunstmuseen oder zu Konzerten.

💡 Es gibt das Sprichwort „인생은 짧고 예술은 길다", welches besagt, dass die Lebenszeit des Menschen kurz ist, aber die Kunstwerke, die sie hinterlassen, länger zurückbleiben.

인물

명 [인물]

참 등장인물, 인물 사진

Person

배우는 영화를 찍기 전에 영화 속 **인물**을 이해하려고 노력한다.
Schauspieler strengen sich an, die Personen im Film vor dem Dreh zu verstehen.

작가

📢☑✏🔊

명 [작까]

참 사진 작가, 드라마 작가

Autor*in, Drehbuchautor*in

가: 이 **작가**가 쓴 드라마는 다 재미있지 않아요?
Ist die Serie, die dieser Drehbuchautor geschrieben hat, nicht lustig?

나: 그런 것 같아요. 몇 편 봤는데 다 재미있더라고요.
Ja, das stimmt. Ich habe schon viele Folgen gesehen und alle waren lustig.

작품

📢☑

명 [작품]

관 작품을 발표하다
참 작품 활동, 미술 작품, 문학 작품

Arbeit, Kunstwerk

가: 이번 전시회에 가면 피카소의 **작품**을 볼 수 있다고 해.
Wenn man dieses Mal zur Ausstellung geht, kann man ein Werk von Picasso sehen.

나: 그래? 나도 꼭 가 보고 싶다!
Ja? Ich möchte unbedingt hingehen und es sehen.

종교

☑🔊

명 [종교]

참 불교 ⇨ S. 456, 기독교, 천주교, 이슬람교, 힌두교

Religion

가: **종교**가 어떻게 되세요?
Welcher Religion gehören sie an?

나: 저는 **종교**가 없어요.
Ich gehöre keiner Religion an.

💡 Wenn man keine Religion hat, sagt man auch „무교".

주인공

📢☑🔊

명 [주인공]

관 주인공을 맡다

Hauptfigur, Hauptdarsteller*in, Protagonist*in

가: 그 뮤지컬 어땠어?
Wie war das Musical?

나: 남녀 **주인공**이 모두 노래를 잘해서 좋았어.
Es war gut, weil die männlichen und weiblichen Protagonisten alle gut gesungen haben.

💡 Hauptdarsteller werden auch „주연 배우" bezeichnet.

13 Kunst/Kultur

개그

👄☑

명 [개그]
⇨ Anhang S. 515

유 코미디
참 개그맨, 개그 프로그램

Comedy, Witz

가: 난 **개그** 프로그램을 봐도 하나도 재미가 없어.
Ich habe überhaupt keinen Spaß, wenn ich Comedy-Sendungen schaue.

나: 그건 유행어를 모르기 때문이야.
Das ist, weil du die Modeausdrücke nicht kennst.

관객

👄☑●

명 [관객]

Zuschauer, Publikum

영화를 볼 때 앞 사람의 의자를 발로 차거나 떠들면 다른 **관객**에게 불편을 줄 수 있습니다.
Wenn Sie sich einen Film ansehen, kann das Treten gegen den Sitz der Person vor Ihnen oder das Herumlärmen Unannehmlichkeiten für andere Zuschauer verursachen.

끌다

👄☑●

동 [끌:다]

관 인기를 끌다, 관심을 끌다,
손님을 끌다

ziehen

기자: 이 노래가 이렇게 유명해질 줄 아셨어요?
Wussten Sie, dass dieses Lied so berühmt wird?

가수: 아니요, 이 노래가 이렇게 인기를 많이 **끌** 줄 몰랐습니다.
Nein, ich wusste nicht, dass es so viel Aufmerksamkeit auf sich ziehen würde.

–을/를 끌다

녹음

명 [노금]

동 녹음하다, 녹음되다
참 녹음실, 녹음 기능, 녹화

Aufnahme

기자: 다음 앨범은 언제 나와요?
　　　Wann kommt das nächste Album heraus?

가수: 얼마 전에 **녹음**을 끝냈으니까 곧 나올 거예요.
　　　Da ich die Aufnahmen vor kurzem beendet habe, kommt es
　　　bald raus.

—을/를 녹음하다　ㅣ　—이/가 녹음되다

독자

명 [독짜]

참 독자층, 애독자

Leser

인기가 많은 소설가들은 **독자**가 무엇을 좋아하는지
잘 알고 있다.
Populäre Autoren wissen, was die Leser mögen.

매체

명 [매체]

참 대중 매체, 방송 매체

Medium

대중 **매체**에는 신문, 텔레비전, 라디오, 잡지 등이 있다.
Zu Massenmedien gehören Zeitung, Fernsehen, Radio und
Magazine etc.

쇼

명 [쑈]

관 쇼가 열리다, 쇼를 보다,
　　쇼를 관람하다
참 패션쇼

Show

가: 이번 여름에는 무슨 색이 유행할까요?
　　Welche Farbe wird diesen Sommer in Mode sein?

나: TV에서 **패션쇼**를 봤는데 하얀색이 유행할 것
　　같아요.
　　Ich habe Fashionshows im Fernsehen gesehen, und ich
　　glaube, Weiß wird in Mode sein.

수상

명 [수상]

동 수상하다
참 수상자, 수상작,
수상 작품, 수상 소감

Preisverleihung, Auszeichnung mit einem Preis

올해 최고의 가수상을 **수상**하시게 된 것을 진심으로
축하드립니다.
Herzliche Glückwünsche, dass sie dieses Jahr den Preis als bester
Sänger gewonnen haben.

–을/를 수상하다

시청

명 [시:청]

동 시청하다
관 텔레비전을 시청하다
참 시청자, 시청률

Sehen

가: 자주 **시청**하시는 프로그램이 있으세요?
　Gibt es eine Sendung, die sie oft sehen?

나: 음악 프로그램을 자주 봐요.
　Ich sehe oft Musiksendungen.

–을/를 시청하다

아나운서

명 [아나운서]

Nachrichtensprecher*in

가: 졸업 후에 무슨 일을 하고 싶어요?
　Welchen Job möchten Sie machen, wenn Sie das Studium
　abgeschlossen haben?

나: 뉴스를 진행하는 **아나운서**가 되고 싶습니다.
　Ich möchte Nachrichtensprecherin werden.

역할

📢☑🔊

명 [여칼]

관 역할을 다하다,
역할을 맡다

① Aufgabe, Funktion

② Rolle in einem Film

텔레비전이나 신문 등은 사람들에게 새로운 소식을
알려 주는 **역할**을 한다.
Fernsehen, Zeitungen usw. haben die Aufgabe, die Menschen
über neue Nachrichten zu informieren.

가: 이번 드라마에서 무슨 **역할**을 맡으셨어요?
Welche Rolle haben Sie bei der Serie dieses Mal bekommen?

나: 사랑하는 여자를 끝까지 지켜 주는 **역할**을 맡았습
니다.
Ich spiele die Rolle von jemandem, der die Frau, die er liebt,
bis zum Ende beschützt.

💡 „역할" wird oft in Form von „<Nomen> + 역할" oder „<Adjektiv> + -(으)ㄴ
/<Verb> + -는 역할을 하다" verwendet.

연기 03

📢☑🔊

명 [연 : 기]

동 연기하다
참 연기자

Schauspielern

가: 그 드라마는 왜 인기가 많아요?
Warum ist die Serie so beliebt?

나: 배우들이 모두 **연기**를 잘해서 그런 것 같아요.
Ich denke, weil alle Schauspieler gut schauspielern.

-을/를 연기하다

연예인

📢☑

명 [여 : 네인]

Prominente*r

가: 좋아하는 **연예인**이 있어요?
Gibt es einen/eine Prominente*n, den oder die Sie mögen?

나: 글쎄요, 저는 **연예인**한테 별로 관심이 없어요.
Mm, ich interessiere mich nicht sehr für Promis.

영상 02

명 [영상]

참 동영상, 영상물, 영상 자료, 영상 매체

Video

가: 오늘 수업 시간에 본 한복을 소개하는 DVD 어땠어요?
Wie war die DVD, die im Unterricht heute die traditionelle koreanische Kleidung Hanbok vorstellte?

나: 책으로 볼 때보다 **영상**으로 보니까 더 이해가 잘 됐어요.
Da man die Kleidung im Video besser als im Buch sehen konnte, konnte ich es besser verstehen.

인쇄

명 [인쇄]

동 인쇄하다, 인쇄되다

Druck, Drucken

가: 서점에는 어제 가지 않았어요? 오늘 또 가요?
Sind Sie gestern nicht schon zur Buchhandlung gegangen? Gehen Sie heute wieder?

나: 어제 산 책인데 **인쇄**가 잘못돼서 바꾸러 가요.
Gestern habe ich ein Buch gekauft, aber da es Fehler im Druck gibt, tausche ich es um.

-을/를 인쇄하다 | -이/가 인쇄되다

제작

명 [제:작]

동 제작하다, 제작되다
참 영화 제작, 드라마 제작, 음반 제작

Produktion

이 영화는 한국, 중국, 일본이 공동 **제작**한 것으로 다음 달에 개봉됩니다.
Dieser Film wurde in Korea, China und Japan in einer Gemeinschaftsproduktion produziert und im nächsten Monat ist Premiere.

-을/를 제작하다 | -을/를 -(으)로 제작하다 | -이/가 -(으)로 제작되다

채널

명 [채널]

관 채널을 돌리다

Programm, Kanal

가: **채널**을 자꾸 돌리지 마!
Wechsel nicht so oft das Programm!

나: 재미있는 프로그램이 없잖아.
Es läuft aber nichts lustiges.

462

촬영

명 [차령]

동 촬영하다, 촬영되다
관 영화를 촬영하다,
　　드라마를 촬영하다
참 촬영 현장

Aufnahmen, Drehen

가: 어제 길에서 드라마를 **촬영**하고 있는 연예인을
　　봤어요.
　　Ich habe gestern auf der Straße einen Prominenten gesehen,
　　der für eine Serie drehte.

나: 진짜요? 직접 보니까 어땠어요?
　　Wirklich? Wie war es, ihn persönlich zu sehen?

–을/를 촬영하다 ㅣ –이/가 촬영되다

출연

명 [추련]

동 출연하다
관 영화에 출연하다,
　　드라마에 출연하다
참 출연자, 출연료

Auftritt auf der Bühne

가: 그 뮤지컬 표가 벌써 매진됐어.
　　Die Tickets für das Musical sind schon ausverkauft.

나: 인기 가수가 **출연**하는 뮤지컬은 금방 표가 없어지
　　니까 빨리 예매해야 돼.
　　Musicals, in denen populäre Sänger auftreten, haben schnell
　　keine Karten mehr, also musst du sie schnell buchen.

–에 출연하다

출판

명 [출판]

동 출판하다, 출판되다
참 출판사

Veröffentlichung, Publikation

가: 이번에 **출판**하신 책은 어떤 책인가요?
　　Was für ein Buch veröffentlichen sie dieses Mal?

나: 한국의 전통 집인 '한옥'을 소개하는 책입니다.
　　Es ist ein Buch, das koreanische traditionelle Häuser, genannt
　　„Hanok", vorstellt.

–을/를 출판하다 ㅣ –이/가 출판되다

13 Kunst/Kultur

팬

☑😊

명 [팬]

참 팬클럽, 팬 사인회

Fan

가: 이 가수를 언제부터 좋아했어요?
Seit wann mögen Sie diese Sängerin?

나: 저는 중학교 때부터 **팬**이었어요.
Ich bin seit meiner Mittelschulzeit ein Fan.

포스터

☑😊

명 [포스터]

관 포스터를 붙이다,
포스터를 떼다

참 영화 포스터,
연예인 포스터

Poster

가: 이 **포스터** 어디에서 샀어?
Wo hast du das Poster gekauft?

나: 콘서트에 갔을 때 사 왔어.
Ich habe es gekauft, als ich beim Konzert war.

표지

💬☑

명 [표지]

참 표지 모델, 책 표지

Buchcover, Buchdeckel

이 잡지 **표지** 모델이 누구예요?
Wer ist das Model auf dem Cover dieser Zeitschrift?

해설

💬☑😊

명 [해:설]

동 해설하다, 해설되다

참 해설자, 뉴스 해설,
정답 해설

Kommentar

가: 저 사람 **해설**을 진짜 잘한다.
Der Kommentar dieser Person ist wirklich gut.

나: 그러게. 선수 생활을 오래 해서 그런 것 같아.
Ja. Ich denke es ist, weil er sehr lange das Leben eines
Sportlers geführt hat.

–을/를 해설하다 | –이/가 해설되다

현장

💬☑

🅜 [현ː장]

🅟 사건 현장, 사고 현장

Ort, Szene

아나운서: 요즘 부산에서는 국제영화제가 열리고 있습니다. **현장**에 있는 김 기자를 불러 보겠습니다.
Zur Zeit wird in Busan das Internationale Filmfestival eröffnet. Ich werde nun mit Herrn Kim, der vor Ort ist, sprechen.

화면

💬☑

🅜 [화ː면]

🅡 화면이 크다/작다
🅟 TV 화면

Bildschirm

가: **화면**이 큰 텔레비전으로 보니까 농구가 더 재미있다.
Es macht mehr Spaß, Basketball auf einem großen Bildschirm zu sehen.

나: 그렇지? 농구장에서 보는 것 같지?
Ja, oder? Es ist wie in einem Basketballstadion zusehen, nicht?

고전

명 [고:전]

관 고전을 읽다
참 고전적, 고전 음악,
고전 무용

Klassik

가: **고전** 음악은 어려워서 잘 안 듣게 돼요.
Ich höre keine klassische Musik, weil sie schwierig ist.

나: 찾아보면 **고전** 음악 중에도 듣기 쉬운 음악이 많아요.
Wenn man sucht, gibt es auch bei klassischer Musik, viel
Musik, die leicht zu hören ist.

국악

명 [구각]

참 국악 공연

Gukak koreanische traditionelle Musik

이번 주말에 외국인을 위한 **국악** 공연이 있는데 같이
갈래?
An diesem Wochenende gibt es für Ausländer eine Aufführung
zu Gukak, koreanischer traditioneller Musik. Möchten Sie
mitkommen?

기념

명 [기념]

동 기념하다
참 기념일, 기념품, 기념 사진,
결혼 기념

Erinnerung, Gedenken

한국에서는 매년 한글날을 **기념**해서 '외국인 글쓰기
대회'를 연다.
In Korea findet jedes Jahr ein Schreibwettbewerb für Ausländer
statt, um dem Hangeul-Tag zu gedenken.

–을/를 기념하다

💡 „기념" wird oft in form von „-을/를 기념해서" verwendet.

대표

🗨☑◉

명 [대ː표]

동 대표하다
참 대표적, 국가 대표

Vertreter, Repräsentant

가: 한국의 **대표**적인 음식이 뭐예요?
　　Was sind typische koreanische Gerichte?

나: 비빔밥과 불고기예요.
　　Ich denke, es sind Bibimbap und Bulgogi.

–을/를 대표하다

동양

🗨☑◉

명 [동양]
⇨ Anhang S. 511

반 서양
참 동양적, 동서양

der Osten, Orient

가: 저 배우의 외모는 **동양**인 같지 않아요?
　　Ich finde, der Schauspieler sieht wie ein Asiate aus.

나: 아버지가 한국 사람이래요.
　　Sein Vater ist Koreaner.

명절

🗨☑◉

명 [명절]

관 명절을 맞다, 명절을 쇠다
참 민족의 명절

Feiertag

가: 이번 **명절**에 고향에 가지요?
　　Fahren Sie dieses Mal an den Feiertagen nach Hause?

나: 네, 추석에 못 가서 이번 설날에는 꼭 가려고 해요.
　　Ja, weil ich an Chuseok nicht fahren konnte, möchte ich dieses
　　Mal an Seollal, dem Neujahrsfest nach dem Mondkalender,
　　unbedingt fahren.

민속

🗨☑

명 [민속]

참 민속적, 민속놀이

Folklore. Volksbrauch

가: 한국의 **민속**놀이를 해 본 적이 있어요?
　　Haben Sie schon einmal ein koreanisches Volksspiel gespielt?

나: 네, 지난 설날에 윷놀이를 해 봤어요.
　　Ja, ich habe beim letzten Neujahrsfest
　　Seollal, Yut gespielt.

13 Kunst/Kultur

467

뵈다

동 [뵈ː다/붸ː다]
⇨ Anhang S. 517

유 뵙다
낮 보다/만나다

sehen honorative Form

가: 이번 연휴에 뭐 할 거예요?
Was machen Sie an den Feiertagen dieses Mal?

나: 부모님을 **뵈**러 고향에 다녀오려고 해요.
Ich möchte meine Eltern sehen und fahre nach Hause.

성

명 [성ː]

Familienname, Nachname

한국에는 김 씨, 이 씨, 박 씨와 같은 **성**이 많다.
In Korea gibt es viele mit Nachnamen wie Kim, Lee, und Park.

💡 In Korea schreibt man den Vornamen nach dem Nachnamen, und auch wenn Frauen heiraten ändern sie ihren Nachnamen nicht.

성묘

명 [성묘]

동 성묘하다
관 성묘를 가다

Grabbesuch

우리 가족은 명절 때마다 **성묘**하러 간다.
Meine Familie besucht an allen Feiertagen die Gräber unserer Ahnen.

송편

명 [송편]

관 송편을 만들다,
송편을 빚다

Songpyeon traditionelle Reiskuchen an Chuseok

가: 한국에서는 추석에 뭘 먹어요?
Was isst man in Korea an Chuseok?

나: **송편**을 먹어요.
Man isst Songpyeon.

예절

🗨🔊

명 [예절]

관 예절을 지키다
참 전통 예절, 식사 예절

Etikette

나라마다 지켜야 하는 **예절**이 다릅니다.
Je nach Land ist die einzuhaltende Etikette anders.

웃어른

🗨🔊

명 [우더른]

관 웃어른을 공경하다

Ältere

한국에서는 **웃어른**께 물건을 드릴 때 두 손으로 드려
야 한다. Wenn man in Korea jemand älteres etwas schenken
möchte, muss man es mit 2 Händen geben.

제사

🗨

명 [제ː사]

관 제사를 지내다

Feier zum Gedenken der Ahnen

제사를 지내기 위해 가족들이 모여 음식을 준비했다.
Für das Gedenken an die Ahnen kam die Familie zusammen und
bereitete Essen vor.

조상

🗨☑

명 [조상]

Ahnen, Vorfahren

박물관에 가면 **조상**들의 지혜가 담긴 물건들을 많이
볼 수 있다. Wenn man ins Museum geht, kann man viele
Gegenstände sehen, die das Wissen der
Vorfahren enthalten.

존댓말

☑🔊

명 [존댄말]

⇨ Anhang S. 516

유 높임말
관 존댓말을 쓰다,
　 존댓말을 하다
참 반말

honorative Sprache, formelle Sprachform

학　생: 선생님, 어디 가? 밥 먹었어?
　　　　Herr Lehrer, wo hast du gegessen?

선생님: 앤디 씨, 어른에게는 반말을 쓰면 안 돼요.
　　　　존댓말을 써야 해요.
　　　　Andy, du kannst die informelle Sprachform bei
　　　　Erwachsenen nicht benutzen. Du musst die formelle
　　　　Sprachform benutzen.

탑

명 [탑]

관 탑을 쌓다

Turm, Pagode

가: 10원짜리 동전에 그려져 있는 게 뭐예요?
Was ist auf der 10 KRW Münze zu sehen?

나: 경주에 있는 석가**탑**이에요.
Es ist die Seokga Pagode in Gyeongju.

태극기

명 [태극끼]

관 태극기를 달다

Taegeukgi Name der koreanischen Nationalflagge

태극기는 대한민국의 국기이다.
Die Nationalflagge der Republik Korea ist
die Taegeukgi.

한글

명 [한:글]

참 한글날

Hangeul koreanisches Alphabet

가: **한글**은 누가 만들었어요?
Wer hat Hangeul erfunden?

나: 세종 대왕과 학자들이 만들었어요.
König Sejong der Große und Gelehrte haben es erfunden.

💡 Der Hangeultag am 9. Oktober ist der Tag, an dem man der
Erfindung Hangeuls gedenkt.

한옥

명 [하:녹]

Hanok koreanisches traditionelles Haus

가: **한옥**의 좋은 점이 뭐예요?
Was sind die Vorteile eines Hanok?

나: **한옥**의 좋은 점은 여름에는
시원하고 겨울에는 따뜻하
다는 거예요.
Ein Vorteil eines Hanoks ist, dass
es im Sommer kühl und im Winter
warm ist.

Quiz

✎ 다음 그림에 알맞은 명사를 〈보기〉에서 찾아 쓰십시오.

| 보기 | 감독 | 개그맨 | 건축가 |

1. (　　　)　　　**2.** (　　　)　　　**3.** (　　　)

✎ 관계 있는 것끼리 연결하십시오.

4. 예절을　•　　　　　　　　•　① 끌다

5. 관심을　•　　　　　　　　•　② 내다

6. 소문을　•　　　　　　　　•　③ 지키다

7. 다음 단어 중 가장 관련 없는 단어를 고르십시오.

① 한글　　　　② 한옥　　　　③ 종교　　　　④ 태극기

✎ (　　)에 알맞은 단어를 〈보기〉에서 찾아서 바꿔 쓰십시오.

| 보기 | 기념하다 | 출연하다 | 수상하다 |

8.

> 결혼 1주년을 (　　　)-기 위해서 아내에게 장미꽃 100송이를 선물하려고 합니다.

(　　　　　　　)

9.

> 올해 KBS 드라마 연기 대상은 김○○ 씨가 (㉠)-(으)시게 됐습니다. 김○○ 씨는 올해 네 편의 작품에 주인공으로 (㉡)-어/어/해 시청자로부터 많은 사랑을 받았습니다.

㉠ (　　　)　　　　　　㉡ (　　　)

✎ **Dieses chinesische Zeichen ist in diesen koreanischen Wörtern zu finden.**

S. 227

Schreibwaren, Büroartikel

그 문구점에는 다양한 문구류가 있다.

In dem Schreibwarenladen gibt es verschiedene Schreibwarenartikel.

S. 240

Grammatik

배우면 배울수록 한국어 문법이 재미있는 것 같아요.

Je mehr ich lerne, desto interessanter finde ich die koreanische Grammatik.

문구

문법

S. 209

Buchstabe, Textnachricht

회의 중이니까 문자 메시지로 연락해 주세요.

Da wir im Meeting sind, kontaktieren Sie ihn bitte per Textnachricht.

문자

文 문 글 Buchstabe

S. 209

Literaturwissenschaft

여러분 나라를 대표하는 문학 작품은 뭐예요?

Welches literarische Werk ist repräsentativ für Ihre Länder?

문학

감상문

S. 237

Rezension

이 책을 읽고 월요일까지 감상문을 써 오세요.

Lesen Sie dieses Buch und schreiben Sie bis Montag eine Rezension.

논문

S. 209

Aufsatz, Abschlussarbeit

대학원을 졸업하려면 꼭 논문을 써야 한다.

Wenn man die Graduiertenschule abschließen möchte, muss man unbedingt eine Abschlussarbeit schreiben.

14

기타
Andere

곧바로
📣☑️🔊

🔊 [곧빠로]

sofort

가: 공연이 7시인데 늦지 않게 올 수 있어?
Die Aufführung ist um 19 Uhr. Kannst du pünktlich kommen?

나: 회의가 끝나자마자 **곧바로** 갈게.
Sobald das Meeting vorbei ist, gehe ich sofort los.

그때
📣☑️

🔊 [그때]

da, zu dem Zeitpunkt

가: 내가 어제 전화했는데 왜 안 받았어?
Ich habe gestern angerufen, aber warum hast du nicht abgehoben?

나: **그때** 샤워하고 있었어. Da habe ich geduscht.

나날이
📣☑️

🔊 [나나리]
⇨ Anhang S. 518

🔗 날로

Tag für Tag

가: 아버님은 퇴원 후에 몸이 좀 어떠세요?
Wie geht es Dir, Papa, seitdem du in Rente bist?

나: **나날이** 건강해지고 계세요.
Ich werde Tag für Tag gesünder

💡 „나날이" wird oft in Form von „<Adjektiv> + -아/어/해지다" oder mit Verben gebraucht, die Veränderung ausdrücken, wie „늘다, 줄다, 증가하다, 발전하다".

날
📣☑️

🔊 [날]

Tag

가: 한국의 어버이**날**은 며칠이에요?
An welchem Tag ist der koreanische Elterntag?

나: 5월 8일이에요. Der ist am 8. Mai.

💡 Beim koreanischen „어버이날" wird der Vatertag und der Muttertag zusammen gefeiert.

내내

☑ [내ː내]

참 1년 내내, 여름 내내, 오후 내내

über, während, immer

가: 이 카드를 만드시면 1년 **내내** 물건을 사실 때 5% 할인을 받으실 수 있습니다.
Wenn Sie diese Karte beantragen, können Sie ein Jahr lang beim Kauf von Waren 5% Rabatt bekommen.

나: 그래요? 그럼 하나 만들어 주세요.
Wirklich? Dann stellen Sie mir bitte eine aus.

넘다

동 [넘ː따]

① **eine bestimmte Zeit, einen Bereich übersteigen**

② **klettern**

가: 한국에 온 지 얼마나 됐어요?
Wie lange sind Sie schon in Korea?

나: 한국에 온 지 6개월이 좀 **넘**었어요.
Ich bin schon über 6 Monate in Korea.

가: 도둑이 어떻게 들어왔을까요?
Wie ist der Dieb hineingekommen?

나: 창문을 **넘**어 들어온 것 같아요.
Ich vermute, er ist durch das Fenster geklettert.

-이/가 -을/를 넘다

늘

부 [늘]

⇨ Anhang S. 516

유 항상, 언제나

immer

명동은 **늘** 관광객들로 가득하다.
Myeongdong ist immer voll von Touristen.

다가오다

동 [다가오다]

관 시험이 다가오다,
생일이 다가오다

① herankommen　　② näher kommen

가: 도서관에 자리가 별로 없네요!
In der Bibliothek gibt es keine Plätze.

나: 시험이 **다가오**니까 그런 것 같아요.
Ich glaube, das ist weil die Prüfungen nahen.

모르는 사람이 갑자기 **다가와**서 말을 걸어서 당황했다.
Als eine mir unbekannte Person plötzlich näher kam und mich
ansprach war ich verunsichert.

단기

명 [단:기]
⇨ Anhang S. 511, 516

유 단기간
반 장기
참 단기적

kurze Zeit

가: 한 달 동안 한국어를 배우고 싶은데 한국어 **단기**
프로그램이 있나요?
Ich möchte einen Monat Koreanisch lernen, aber gibt es ein
Programm für kurze Zeit?

나: 네, 3주 동안 배우실 수 있는 프로그램이 있습니다.
Ja, es gibt ein Programm, in dem sie 3 Wochen lang lernen
können.

당분간

부 명 [당분간]

eine Zeit lang, zweitweilig

가: 장마가 언제 끝날까요?
Wann hört die Regenzeit auf?

나: 일기 예보를 보니까 **당분간** 계속 될 거래요.
Dem Wetterbericht nach, dauert sie noch eine Zeit lang an.

당시

명 [당시]

damals, jene Zeit

경찰: 사고 **당시** 어디에 앉아 계셨습니까?
Wo saßen Sie zum Unfallzeitpunkt?

미나: 운전자 옆에 앉아 있었습니다.
Ich saß neben dem Fahrer.

당일

명 [당일]

an dem Tag, der betreffende Tag

이번 그림 대회는 **당일** 아침에도 참가 신청이 가능합니다. Sie können sich für diesen Malwettbewerb am Morgen desselben Tages anmelden.

도중

명 [도:중]

mitten, während, unterwegs

가: 갑자기 급한 일이 생겨서 그 일을 끝까지 같이 못할 것 같아. Es ist plötzlich etwas anderes aufgekommen, daher schaffe ich diese Aufgabe nicht.

나: **도중**에 안 한다고 하면 어떡해? Mittendrin sagst du mir, dass du es nicht schaffst?

동시

명 [동시]

참 동시적

zur gleichen Zeit

사 회 자: 두 사람이 처음 만난 곳은 어디예요? **동시**에 대답하세요. 하나, 둘, 셋! Wo habt ihr euch beide zum ersten Mal getroffen? Antwortet bitte gleichzeitig. Eins, zwei, drei!

요시코, 폴: 공항! Flughafen!

막 02

부 [막]

gerade, soeben

가: 야, 너 어디야? Hey, wo bist du?

나: 이제 **막** 1층에 도착했어. 얼른 올라갈게. Ich bin gerade im 1. Stock angekommen. Ich gehe sofort nach oben.

💡 „막" wird oft zusammen wie folgt verwendet: „<Verb> + -았/었/했어요", „<Verb> + -(으)려던 참이었어요", oder „<Verb> + -(으)려고 했었어요".

밤낮

부 명 [밤낟]

Tag und Nacht

여름에는 **밤낮**으로 더워서 밤에도 잠을 잘 수가 없다. Da es im Sommer am Tag und in der Nacht heiß ist, kann man auch nachts nicht schlafen.

💡 „밤낮" wird oft in Form von „밤낮으로" verwendet.

사흘

🗨️🔊

명 [사흘]

참 하루 – 이틀 – 사흘 – 나흘

drei Tage

가: 이가 너무 아파서 **사흘** 동안 아무것도 못 먹었어요.
Ich hatte so Zahnschmerzen, dass ich drei Tage lang nichts essen konnte.

나: 그래서 살이 많이 빠졌구나!
Deshalb hast du so viel abgenommen!

새벽

🗨️☑️🔊

명 [새벽]

참 새벽 – 아침 – 점심 – 저녁 – 밤

Morgendämmerung

가: 저, 아르바이트하고 싶어서 왔는데요.
Hallo, ich bin gekommen, weil ich einen Nebenjob suche.

나: 아르바이트 시간 확인하셨나요? 밤 10시부터 **새벽** 6시까지 일해야 하는데 가능해요?
Haben Sie die Arbeitszeit überprüft? Sie müssen von 10 Uhr abends bis 6 Uhr früh am Morgen arbeiten. Ist das möglich?

순간

🗨️☑️🔊

명 [순간]

참 순간적

Moment

가: 언제부터 나를 좋아했어?
Seit wann magst du mich?

나: 너를 처음 본 **순간**부터……．
Seitdem ich dich zum ersten Mal gesehen habe...

💡 „순간" wird oft in Form von „그 순간" oder „<Verb> + -던/-(으)ㄴ/-는 순간" verwendet.

시기

🗨️☑️

명 [시기]

참 시기적

Zeit

제가 가장 힘든 **시기**에 가족과 친구들이 함께해 줘서 큰 힘이 되었습니다.
In der für mich schwierigsten Zeit hat mir geholfen, dass mir Familie und Freunde beistanden.

시대

명 [시대]

관 시대를 앞서 가다,
시대를 뛰어넘다,
시대에 뒤떨어지다

참 시대적, 삼국 시대 –
고려 시대 – 조선 시대

Zeit, Ära, Periode

가: 세종 대왕은 어느 **시대**의 왕이에요?
König Sejong der Große war König in welcher Zeit?

나: 조선 **시대**(1392~1910)의 왕이에요.
Er war König der Joseon Zeit (1392-1910).

시절

명 [시절]
⇨ Anhang S. 516

유 때

관 어린 시절, 어려운 시절

참 청년 시절, 대학생 시절

Zeit, Jahreszeit

앨범을 보면 어린 **시절**을 어떻게 보냈는지 알 수 있어
서 좋다.
Es ist schön, dass man wissen kann, wie man seine Kindheit
verbracht hat, wenn man sich ein Album ansieht.

💡 „시절" wird oft in Form von „그 시절" oder „<Adjektiv> + -(으)ㄴ 시절",
„<Verb> + -던 시절", oder „<Nomen> + 시절" verwendet.

어느새

무 [어느새]

bereits, schon

가: 이제 날씨가 쌀쌀해졌어요.
Gestern ist das Wetter kalt geworden.

나: 그러게요. **어느새** 벌써 가을이네요!
Ja. Es ist schon Herbst.

언제든지

무 [언ː제든지]
⇨ Anhang S. 518

유 항상, 언제나

jederzeit

도움이 필요하시면 **언제든지** 연락하세요.
Melden Sie sich jederzeit, wenn Sie Hilfe brauchen.

14 Andere

언젠가

🔊 ☑ 🔈

🔊 [언ː젠가]

irgendwann

가: 졸업해서 고향에 돌아가면 우리 다시 볼 수 있을까?
Werden wir uns wiedersehen, wenn du nach deinem Abschluss nach Hause zurückgehst?

나: 그럼. **언젠가**는 다시 볼 수 있을 거야.
Ja. Irgendwann werden wir uns wiedersehen können.

엊그제

🔊 🔈

🔊 🅜 [얻끄제]

vor ein paar Tagen

가: 우리 오랜만에 명동에 쇼핑하러 갈까?
Sollen wir seit langem mal wieder nach Myeongdong shoppen gehen?

나: 나는 **엊그제** 갔다 왔는데⋯⋯.
Ich war vor ein paar Tagen dort.

💡 Wenn eine Sache länger gedauert hat oder länger nicht mehr gemacht wurde, sagt man „<Verb> + -(으)ㄴ 것이 엊그제 같다".

한국에 온 지가 엊그제 같은데 벌써 1년이 되었어요.
Es fühlt sich an, als wäre ich gestern nach Korea gekommen, aber es ist schon 1 Jahr vergangen.

연말

🔊 ☑ 🔈

🅜 [연말]
⇨ Anhang S. 512

🔄 연초
🔷 주말 – 월말 – 연말, 연말연시

Jahresende

연말연시에는 모임이 많으니까 식당을 미리 예약하세요.
Am Jahresende gibt es viele Treffen, so dass man Restaurants im Voraus reservieren muss.

예전

🔊 ☑ 🔈

🅜 [예ː전]
⇨ Anhang S. 516

🔵 옛날
🔶 예전 같지 않다

früher, einst, in der Vergangenheit

지하철을 타면 **예전**에는 책을 읽는 사람이 많았는데 요즘에는 휴대폰을 보는 사람이 많다.
Früher wenn man die U-Bahn genommen hat, gab es viele Leute, die Bücher lasen, aber heutzutage gibt es viele, die auf dem Handy lesen.

옛

☑ [옏:]

四 옛 친구, 옛 모습, 옛 추억

alt, früher

가: 동창회 잘 다녀왔어요?
　　Sind Sie gut vom Klassentreffen zurückgekommen?

나: 네, 오랜만에 **옛** 친구들을 만나서 즐거웠어요.
　　Ja, es war gut, weil ich nach langer Zeit Freunde von früher
　　getroffen habe.

오늘날

명 [오늘랄]

heute

오늘날 많은 사람들이 좋아하는 떡볶이는 옛날에는
왕이 먹었던 음식이다.
Tteokbokki, das heute viele Leute gerne mögen, ist ein Essen, das
früher der König aß.

오랜만

명 [오랜만]

lange Zeit

왕핑 씨, **오랜만**이에요. 그동안 잘 지냈어요?
Wangping, lange nicht gesehen. Wie geht es Dir?

오랫동안

명 [오래똥안/오랟똥안]

lange

가: 리사 씨, 고향에 다녀온 지 얼마나 되었어요?
　　Risa, wie lange ist es her, dass du zu Hause warst?

나: 1년 됐어요. 바빠서 **오랫동안** 못 갔어요.
　　Es ist ein Jahr her. Ich war so beschäftigt, dass ich lange nicht
　　nach Hause fahren konnte.

우선

부 [우선]

zuerst

간호사: 저희 병원은 처음이시죠? 그럼 **우선** 여기에
　　　　이름을 쓰시고 잠깐만 기다려 주세요.
　　　　Sind Sie zum ersten Mal bei uns? Dann schreiben Sie bitte
　　　　zuerst hier Ihren Namen und warten Sie einen Moment.

14. Andere

481

이미

�?☑◉

(부)[이ː미]

schon

가: 보고 싶다고 한 공연 표 샀어?
Hast du ein Ticket für das Konzert gekauft, dass du sehen wolltest?

나: 아니, **이미** 표가 매진됐어.
Nein, die Tickets waren schon ausverkauft.

이전

☑◉

(명)[이ː전]
⇨ Anhang S. 512

(반) 이후 ⇨ S. 482

vor, bevor, früher

캉 : 퇴근 후에 가면 늦을 것 같은데 괜찮을까요?
Wenn ich nach Feierabend komme, wird es vermutlich spät. Ist das Okay?

간호사: 6시 **이전**에는 오셔야 진찰을 받을 수 있습니다.
Sie müssen vor 18 Uhr kommen, um die Behandlung zu bekommen.

이후

�?☑◉

(명)[이ː후]
⇨ Anhang S. 512

(반) 이전 ⇨ S. 482

nach, nachher

가: 의논 드리고 싶은 일이 있는데 언제 시간이 되세요?
Ich würde gerne etwas besprechen, aber wann hätten Sie Zeit?

나: 오후 3시 **이후**에 오세요.
Kommen Sie nach 15 Uhr.

일시

�?☑

(명)[일씨]

Datum und Zeit

저희 결혼식에 오셔서 축하해 주십시오.
Sie sind herzlich zu unserer Hochzeit eingeladen.

일시: 2014년 7월 30일 (토) 오후 2시 30분
Datum und Zeit: 30. Juli 2014 um 14:30

장소: 서울예식장
Ort: Seoul Wedding Hall

일시적

부 **명** [일씨적]

vorläufig, kurze Zeit

엄마: 선생님, 왜 우리 아들이 그 사고 후에 아무것도 기억 못 하지요?
Herr Doktor, warum kann sich mein Sohn nach dem Unfall an nichts erinnern?

의사: **일시적**으로 그럴 수 있으니까 좀 기다려 봅시다.
Es könnte vorübergehend sein, also warten wir noch ein wenig.

재작년

명 [재ː장년]
⇨ Anhang S. 516

유 지지난해
참 재작년 – 작년 – 올해 – 내년 – 내후년

vorletztes Jahr

가: 고등학교 언제 졸업했어요?
Wann hast du die Oberschule abgeschlossen?

나: **재작년**에 졸업했어요.
Vorletztes Jahr.

전날

명 [전날]
⇨ Anhang S. 513

반 다음 날

am Vortag, am Tag davor

가: 어제 잘 잤어요? Hast du gestern gut geschlafen?

나: 아니요, 소풍 가기 **전날**은 항상 기대가 돼서 잠을 잘 못 자요.
Nein, ich bin immer den Tag vor Ausflügen aufgeregt und konnte nicht schlafen.

정기

명 [정ː기]

참 정기적, 정기 휴일, 정기 모임, 정기 검사, 정기 구독

fester Zeitraum

저희 박물관 **정기** 휴일은 매주 월요일입니다.
Unser Museum hat jeden Montag geschlossen.

종일

부 명 [종일]
⇨ Anhang S. 516

유 온종일 참 하루 종일

ganzen Tag

가: 어제 하루 **종일** 집을 보러 다녔어요.
Ich habe mir gestern den ganzen Tag Wohnungen angesehen.

나: 마음에 드는 집을 찾았어요?
Haben Sie eine Wohnung gefunden, die Ihnen gefallen hat?

종종

부 [종ː종]
⇨ Anhang S. 518

유 가끔

ab und zu, manchmal

가: 이 커피숍에 자주 와?
Kommst du oft zu diesem Café?

나: 손님도 많지 않고 조용해서 **종종** 와.
Ich komme manchmal, da es nicht viele Gäste hat und leise ist.

초 01

의 [초]
⇨ Anhang S. 513

반 말 참 학기 초

früh

한국은 3월과 9월 **초**에 새 학기가 시작된다.
Anfang März und Anfang September fängt jeweils das neue Semester in Korea an.

초 02

의 [초]

참 1초(일 초) – 1분(일 분) –
1시간(한 시간)

Sekunde

1분은 60**초**이다.
1 Minute hat 60 Sekunden.

초기

☑☑

명 [초기]

참 초기 단계,
초기 – 중기 – 후기 – 말기

Anfang

의사: 감기 **초기**니까 약을 먹고 푹 쉬면 빨리 나을 거예
요.
Da es am Anfang der Erkältung ist, nehmen Sie die Medizin,
ruhen sich aus und es wird schnell besser.

초반

☑☑

명 [초반]

참 90년대 초반,
초반 – 중반 – 후반

frühe Phase, Anfänge

가: 나이가 어떻게 되세요?
Wie alt sind Sie?

나: 20대 **초반**이에요.
Ich bin Anfang 20.

최근

☑☑●

명 [최:근/췌:근]

vor kurzem, kürzlich, zuletzt

가: **최근**에 본 영화가 뭐야?
Welchen Film hast du zuletzt gesehen?

나: 없어. 바빠서 영화 본 지 오래됐어.
Keinen. Ich bin so beschäftigt, dass ich lange keinen Film
gesehen habe.

최신

☑☑

명 [최:신/췌:신]

참 최신 정보, 최신 기술,
최신 유행

neuest-

가: 이 노래 참 좋다! 무슨 노래야?
Das Lied ist echt gut! Was ist das für ein Lied?

나: **최신** 가요인데 요즘 인기 되게 많아.
Es ist eines der neuesten Lieder, und zur Zeit sehr beliebt.

최초

☑☑●

명 [최:초/췌:초]
⇨ Anhang S. 513

반 최후 참 세계 최초

Anfang, erst

가: 한국 **최초**의 대통령은 누구예요?
Wer war der erste koreanische Präsident?

나: 이승만 대통령이에요.
Es war Lee Seungman.

14. Andere

평소

📢☑️〰️

🅜 [평소]
⇨ Anhang S. 516

🔗 평상시

alltäglich, gewöhnlich, normal

가: 벌써 다 드셨어요? 좀 더 드세요.
Sie haben schon fertig gegessen? Bitte essen Sie noch etwas mehr.

나: 아니에요. 배불러요. **평소**보다 많이 먹었어요.
Nein, ich bin satt. Ich habe mehr als sonst gegessen.

한숨 02

📢☑️

🅜 [한숨]

🔗 한숨 자다

Pause

가: 어제 푹 잤니?
Hast du dich gestern ausgeruht?

나: 아니, **한숨**도 못 잤어.
Nein, ich konnte mich nicht ausruhen.

해마다

☑️〰️

🅐 [해마다]

🔗 날마다(매일) –
주마다(매주) –
달마다(매달) –
해마다(매년/매해)

jährlich

가: 제주도에 자주 가는 것 같아요.
Sie scheinen oft auf die Insel Jeju zu fliegen.

나: 네, **해마다** 여름이 오면 제주도에 놀러 가요.
Ja, ich reise jedes Jahr im Sommer nach Jeju.

현대

📢☑️〰️

🅜 [현ː대]

🔗 현대적, 현대인, 현대화,
현대 사회, 고대 – 중세 –
근대 – 현대

Gegenwart

이번 학기에 한국 **현대**사 수업을 듣기로 했다.
In diesem Semester habe ich beschlossen, den Kurs zu gegenwärtiger, koreanischer Geschichte zu belegen.

✎ (   )에 알맞은 단어를 쓰십시오.

1. (   ) – 아침 – 점심 – 저녁 – 밤

2. 하루 – 이틀 – (   ) – 나흘

3. (   ) – 작년 – 올해 – 내년 – 내후년

4. (   ) – 중반 – 후반

5. 다음 중에서 관계가 다른 것은 무엇입니까?

① 단기 – 장기　　② 연말 – 연초　　③ 종종 – 가끔　　④ 최초 – 최후

✎ 다음 질문에 답하십시오.

6. 다음 밑줄 친 단어와 바꿔 쓸 수 있는 말은 무엇입니까?

> 한국에 여행을 오는 관광객이 <u>해마다</u> 증가하고 있다.

① 최신　　　　② 매년　　　　③ 어느새　　　　④ 일시적

7. 다음 (   )에 쓸 수 없는 단어를 고르십시오.

> 학교 도서관은 시험 기간에 (   ) 사람들이 많아서 자리
> 가 없어요.

① 늘　　　　② 항상　　　　③ 언젠가　　　　④ 언제나

✎ (   )에 알맞은 단어를 〈보기〉에서 찾아 쓰십시오.

보기	이미	최근	오랜만에

8. 가: 초등학교 동창이면 20년 만에 만난 거지? 동창회는 재미있었어?

　　나: (   ) 만나서 그런지 되게 어색했어.

9. 가: 이번 추석 때 고향에 내려갈 기차표 샀어요?

　　나: 아니요. 아침 6시에 홈페이지에 들어갔는데도 (   ) 다 매진됐더
　　　　라고요.

10. 가: 여권을 만들려고 하는데요. 무엇을 가지고 가면 돼요?

　　나: (   ) 6개월 이내에 찍으신 증명사진과 신분증을 가지고 오세요.

14. Andere

게다가

🗣☑👂

🔵 [게다가]
➡ Anhang S. 518

🔵 더구나 ➡ S. 489

außerdem, desweiteren, darüber hinaus

가: 신발 새로 샀네. 편해?
Du hast dir neue Schuhe gekauft. Sind sie bequem?

나: 응, 진짜 편해. **게다가** 아주 가벼워.
Ja, sie sind echt bequem Außerdem sind sie sehr leicht.

결국

🗣☑👂

🔵🔵 [결국]

schließlich, endlich

가: 선생님, 저 이번 토픽 시험에 합격했습니다.
Frau Lehrerin, ich habe den TOPIK dieses Mal bestanden.

나: 열심히 공부하더니 **결국** 합격했군요! 축하해요.
Sie haben fleißig gelernt und endlich bestanden! Herzlichen Glückwunsch.

굳이

🗣☑👂

🔵 [구지]

unbedingt, um jeden Preis

가: 엄마, 이번 추석에 회사 일 때문에 집에 못 내려갈 것 같아요. Mama, ich glaube ich kann wegen der Arbeit dieses Mal an Chuseok nicht kommen.

나: 바쁘면 **굳이** 안 와도 괜찮아.
Wenn du beschäftigt bist, ist es auf jeden Fall in Ordnung, wenn du nicht kommst.

그러므로

🗣☑👂

🔵 [그러므로]
➡ Anhang S. 518

🔵 그래서, 따라서 ➡ S. 490

also, folglich, darum

스트레스가 쌓이면 건강에 좋지 않다. **그러므로** 스트레스가 쌓이기 전에 풀어야 한다.
Stress ist nicht gut für die Gesundheit. Daher soll man ihn abbauen bevor er sich anhäuft.

💡 „그러므로" wird normalerweise in Texten verwendet.

끝내

😀 [끈내]
⇨ Anhang S. 518

㊂ 마침내(②)

① nie   ② schließlich

가: 잃어버린 강아지 찾았어요?
Haben Sie den verlorenen Hund gefunden?

나: 강아지를 며칠 동안 찾았는데 **끝내** 못 찾았어요.
Ich habe ihn mehrere Tage lang gesucht, aber konnte ihn schlussendlich nicht finden.

졸업식 날 울지 않으려고 했으나 **끝내** 울고 말았다.
Ich habe versucht, nicht bei der Abschlussfeier zu weinen, aber am Ende weinte ich doch.

💡 „끝내" in der ersten Bedeutung von „nie" wird zusammen mit einer Negation „-지 않다" oder „-지 못하다" verwendet.

달리

😀 [달리]

㊅ 예상과 달리, 생각과 달리

anders, im Gegensatz

가: 준이치 씨, 키가 참 크네요! 형도 키가 커요?
Junichi, du bist echt groß. Ist dein älterer Bruder auch groß?

나: 형은 저와 **달리** 키가 별로 크지 않아요.
Mein Bruder ist im Gegensatz zu mir nicht so groß.

당장

😀 [당장]

der Moment, gerade, im Augenblick

가: 아빠, 텔레비전 보고 숙제하면 안 돼요?
Papa, darf ich nicht fernsehen und die Hausaufgaben machen?

나: 안 돼. **당장** 숙제부터 해.
Nein. Fange augenblicklich mit den Hausaufgaben an.

더구나

😀 [더구나]
⇨ Anhang S. 518

㊂ 게다가 ⇨ S. 488

außerdem

친구는 지난달에 직장을 잃었다. **더구나** 아버지까지 돌아가셨다.
Ein Freund hat letzten Monat seinen Job verloren. Außerdem ist sein Vater gestorben.

따라서

부 [따라서]

유 그래서, 그러므로 ⇨ S. 488

deshalb

여름에는 전기 사용이 많습니다. **따라서** 에어컨 사용을 줄여야 합니다.
Im Sommer benutze ich viel Strom. Deshalb muss ich die Nutzung der Klimaanlage verringern.

딱

부 [딱]

관 옷이 딱 맞다,
그 말이 딱 맞다,
입에 딱 맞다

genau

가: 와! 날씨 참 좋다.
Wow! Das Wetter ist echt gut.

나: 맞아. 이런 날씨는 등산하기에 **딱** 좋은 날씨야.
Stimmt. So ein Wetter ist genau richtig zum Wandern.

또는

부 [또는]

oder

가: 제가 옷을 주문했는데요. 어떻게 확인할 수 있나요?
Ich habe Kleidung bestellt. Wie kann ich es überprüfen?

나: 이메일 **또는** 전화로 확인하시면 됩니다.
Sie können es per Email oder Telefon überprüfen.

마주

부 [마주]

관 마주 보다, 마주 서다,
마주 앉다

gegenüber

신랑과 신부는 서로 **마주** 보고 인사하십시오.
Bräutigam und Braut, bitte sehen Sie einander an und begrüßen Sie sich.

마치

부 [마치]

als ob, ebenso wie

어디에서 한국어를 배웠어요? 발음이 **마치** 한국 사람 같네요!
Wo haben Sie Koreanisch gelernt? Ihre Aussprache ist genauso wie die eines Koreaners.

💡 „마치" wird zusammen mit „처럼", „듯이", und „같다" verwendet.

막상

💬☑

부 [막쌍]

---

tatsächlich, in der Tat

가: 여행 어땠어? 혼자 간다고 걱정했잖아.
　 Wie war die Reise? Ich habe mir Sorgen gemacht, weil du
　 gesagt hast, dass du alleine reist.

나: **막상** 혼자 여행해 보니까 재미있더라고.
　 Es hat Spaß gemacht, da ich wirklich alleine gereist bin.

만약

💬☑◑

부 명 [마ː냑]
⇨ Anhang S. 518

유 만일 ⇨ S. 491

---

wenn

가: **만약**에 내일 죽는다면 오늘 뭘 하고 싶어요?
　 Wenn Sie morgen sterben würden, was würden Sie heute
　 machen wollen?

나: 글쎄요. 저는 사랑하는 가족들과 시간을 보내고
　 싶어요.
　 Mh. Ich würde die Zeit zusammen mit meiner geliebten Familie
　 verbringen wollen.

💡 „만약" muss zusammen mit „-(으)면, <Adjektiv> + -다면/<Verb> + -(느)
　 ㄴ다면/<Nomen> + (이)라면" verwendet werden.

만일

💬☑◑

부 명 [마ː닐]
⇨ Anhang S. 518

유 만약 ⇨ S. 491

---

wenn

만일 다시 과거로 돌아갈 수 있다면 뭘 하고 싶어요?
Wenn Sie zurück in die Vergangenheit könnten, was würden Sie
machen wollen?

💡 „만일" muss zusammen mit „-(으)면, <Adjektiv> + -다면/<Verb> + -(느)
　 ㄴ다면/<Nomen> + (이)라면" verwendet werden.

및

💬☑◑

부 [믿]
⇨ Anhang S. 518

유 그리고

---

und

자세한 문의 **및** 예약은 홈페이지를 이용해 주십시오.
Bitte benutzen sie für weitere Fragen und Reservierungen die
Webseite.

실제로

🔊☑ [실쩨로]

wirklich, in der Tat

가: 놀이기구 타 보니까 어땠어?
Wie war es, Achterbahn zu fahren?

나: 타기 전에는 무서울 것 같았는데 **실제로** 타 보니까 재미있었어.
Ich dachte, es wäre beängstigend, bevor ich gefahren bin, aber es hat Spaß gemacht, nachdem ich gefahren bin.

아무래도

🔊☑◉ [아무래도]

höchstwahrscheinlich, doch

가: 갑자기 회의가 생겨서 **아무래도** 약속 시간을 바꿔야 될 것 같아.
Ich glaube, ich muss doch die Verabredung verschieben, da plötzlich ein Meeting anberaumt wurde.

나: 그래? 그럼 어쩔 수 없지, 뭐.
Echt? Dann kann man nichts machen.

아무튼

🔊◉ [아ː무튼]
⇨ Anhang S. 518

🔗 어쨌든, 하여튼

auf jeden Fall

가: 바빠서 이번 방학 때 고향에 갈지 말지 고민 중이야.
Ich bin so beschäftigt, dass ich überlege, ob ich diese Ferien nach Hause fahren soll oder nicht.

나: 그래? **아무튼** 결정되면 연락 줘.
Echt? Melde dich, wenn du dich auf jeden Fall entschieden hast.

💡 „아무튼" kann auch zu „암튼" abgekürzt werden.

오히려

🔊☑ [오히려]

vielmehr

결혼식에 늦을까 봐 걱정했는데 **오히려** 10분 일찍 도착했다.
Ich habe mir Sorgen gemacht, zu spät zur Hochzeit zu kommen, aber ich bin vielmehr 10 Minuten früher angekommen.

우연히

💬☑️🔵 [우연히]

관 우연히 만나다.
우연히 마주치다.
우연히 발견하다

zufällig

가: 모임에 갔는데 **우연히** 캉 씨를 만났어.
Ich war beim Treffen und habe zufällig Herrn Kang getroffen.

나: 그래? 캉 씨는 잘 지내는 것 같아?
Echt? Denkst du es geht Herrn Kang gut?

원래

💬☑️🔵 [월래]

normalerweise

가: 이 빵 좀 드세요. 아침을 안 먹었잖아요.
Essen Sie dieses Brot. Sie haben ja nicht gefrühstückt.

나: 저는 **원래** 아침을 안 먹으니까 괜찮아요.
Es ist in Ordnung, denn ich frühstücke normalerweise nicht.

일단

💬☑️ [일딴]

zuerst, zuerst einmal

가: 난 떡 별로 안 좋아해. 너 다 먹어.
Ich mag Reiskuchen nicht. Iss du alles.

나: **일단** 먹어 보고 말해. 얼마나 맛있는데!
Probier es erst einmal! Sie sind so lecker!

잘못

💬☑️ [잘몯]

관 버스를 잘못 타다.
전화를 잘못 걸다

falsch, fälschlicherweise

가: 지하철을 **잘못** 탔어요. 반대로 가고 있잖아요.
Wir haben die U-Bahn falsch genommen. Wir müssen in die entgegengesetzte Richtung.

나: 정말요? 다음 역에서 내립시다.
Wirklich? Dann lass uns an der nächsten Haltestelle aussteigen.

저절로

🔊 [저절로]

von selbst, von allein

가: 더운데 왜 방문을 닫았어?
Warum hast du die Tür bei der Hitze geschlossen?

나: 내가 닫은 거 아니야. **저절로** 닫힌 거야.
Ich habe sie nicht geschlossen. Sie ist von allein zugegangen.

제대로

🔊 [제대로]

richtig, korrekt

가: 경주 구경 잘 했어?
Hast du Gyeongju besichtigt?

나: 아니, 시간이 부족해서 **제대로** 구경 못 했어.
Nein, ich hatte zu wenig Zeit, so dass ich es nicht richtig besichtigen konnte.

한편

🔊 [한편]

auf der einen Seite

오늘은 일이 많아서 피곤하고 힘들었지만 **한편** 일이 잘 끝나서 기분이 좋았다.
Ich bin heute zwar müde, weil es zu viel Arbeit gab, aber auf der anderen Seite habe ich gute Laune, weil ich eine Sache gut abgeschlossen habe.

Quiz

1. 다음 중 관계가 다른 것을 고르십시오.

① 게다가 – 더구나   ② 그러므로 – 따라서
③ 만약 – 만일   ④ 마치 – 또한

 다음 질문에 답하십시오.

> 가: 그 영화 어땠어요? 다들 굉장히 재미있다고 하던데요.
> 나: 실제로 보니까 예상과 달리 별로 재미없더라고요. 게다가 옆에
>   앉은 사람들이 떠들어서 (㉠) 못 봤어요.
> 가: (㉡) 기대가 크면 실망도 크잖아요. 아무튼 정말 부러워요.
>   저는 요즘 아이들 키우느라 극장 구경은 생각도 못하고 있거든요.

2. (㉠)에 들어갈 알맞은 것을 고르십시오.

① 달리   ② 저절로   ③ 굳이   ④ 제대로

3. (㉡)에 들어갈 알맞은 것을 고르십시오.

① 원래   ② 결국   ③ 따라서   ④ 일단

 다음 질문에 답하십시오.

> 유정: 이 떡볶이 좀 먹어 보세요.
> 리사: 저는 떡볶이는 매워서 별로 안 좋아해요.
> 유정: 그래도 (㉠) 한번 먹어 보세요. 먹어 보면 반할걸요.
> 리사: 우와! 이건 (㉡) 요리사가 만든 것처럼 맛있네요! 제 입에 딱 맞아요.
> 유정: 그래요? 만드는 건 그리 어렵지 않아요. 리사 씨도 만들 수 있어요.
> 리사: 정말이요? 그럼 (㉢) 가르쳐 주세요.

4. (㉠)에 들어갈 알맞은 것을 고르십시오.

① 또는   ② 한편   ③ 잘못   ④ 일단

5. (㉡)에 들어갈 알맞은 것을 고르십시오.

① 만약   ② 만일   ③ 마치   ④ 마주

6. (㉢)에 들어갈 알맞은 것을 고르십시오.

① 당장   ② 우연히   ③ 실제로   ④ 또한

Sinokoreanische Wörter

✏️ **Dieses chinesische Zeichen ist in diesen koreanischen Wörtern zu finden.**

S. 322

Frist, Termin, Deadline

정해진 기한 내에 보고서 꼭 제출하십시오.

Reichen Sie den Bericht innerhalb der festgelegten Frist ein.

기한

S. 328

Verschiebung

비가 와서 농구 경기가 연기되었다.

Da es regnete, wurde das Basketballspiel verschoben.

연기

期 기 기한 Zeit

S. 476

kurze Zeit

한국어를 배우기 위해 3개월 단기 유학을 가려고 해요.

Um Koreanisch zu lernen, möchte ich für eine kurze Zeit von 3 Monaten in Korea studieren.

단기

초기

S. 485

Anfang, erste Zeit

임신 초기에는 조심해야 할 것들이 많다.

Am Anfang der Schwangerschaft müssen sie sehr vorsichtig sein.

정기

S. 483

regelmäßig, periodisch

나는 초등학교 동창들과 정기 모임을 갖고 있다.

Ich habe mit meinen Schulfreunden aus der Grundschule ein regelmäßiges Treffen.

부록
Anhang

추가 어휘 Zusätzlicher Wortschatz

고래 Wal

곰 Bär

기린 Giraffe

늑대 Wolf

닭 Huhn, Hahn

사슴 Hirsch

사자 Löwe

양 Schaf

여우 Fuchs

염소 Ziege

오리 Ente

캥거루 Känguruh

코끼리 Elefant

코알라 Koala

판다 Panda

펭귄 Pinguin

굴
Auster

게
Krebs

낙지
Tintenfisch

문어
Oktopus

새우
Garnele

오징어
Thunfisch

조개
Muschel

곤충 Insekten

개미 Ameise

거미 Spinne

나비 Schmetterling

매미 Zirkade

모기 Mücke, Moskito

지렁이 Wurm

파리 Fliege

채소류 Gemüse

감자
Kartoffel

고구마
Süßkartoffel

고추
Chilli

마늘
Knoblauch

당근
Karotten

무
Rettich

배추
Weißkohl

버섯
Pilze

상추
Salat

양배추
Weißkohl

양파
Zwiebel

오이
Gurke

콩
Erbse

콩나물
Sojasprossen

토마토
Tomate

파
Frühlingszwiebel

호박
Zucchini/Kürbis

신체 내부 기관 Organe

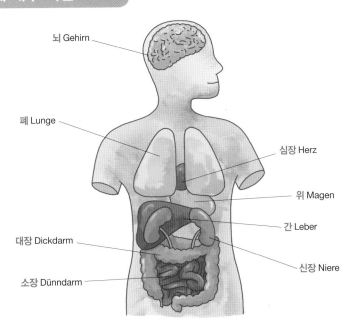

뇌 Gehirn

폐 Lunge

심장 Herz

위 Magen

간 Leber

대장 Dickdarm

신장 Niere

소장 Dünndarm

얼굴 Gesicht

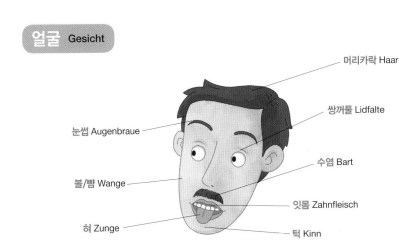

머리카락 Haar

쌍꺼풀 Lidfalte

눈썹 Augenbraue

수염 Bart

볼/뺨 Wange

잇몸 Zahnfleisch

혀 Zunge

턱 Kinn

손/발 Hände und Füße

손 Hand

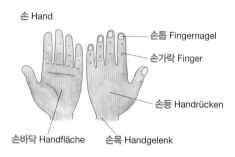

손톱 Fingernagel
손가락 Finger
손등 Handrücken
손바닥 Handfläche
손목 Handgelenk

발 Fuß

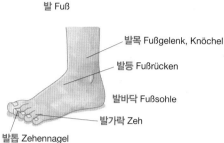

발목 Fußgelenk, Knöchel
발등 Fußrücken
발바닥 Fußsohle
발가락 Zeh
발톱 Zehennagel

병원 Kliniken

내과
Innere Medizin, Internist

산부인과
Gynäkologie und Geburtshilfe

성형외과
plastische Chirurgie

소아과
Pädiatrie, Kinderheilkunde

안과
Ophthalmologie, Augenheilkunde

이비인후과
Hals-, Nasen-, Ohrenarzt (HNO)

정형외과
Orthopädie

치과
Zahnheilkunde, Odontologie

피부과
Dermatologie, Hautarzt

집 구조 Raumaufteilung

침실
Schlafzimmer

거실
Wohnzimmer

현관
Eingangsbereich

부엌/주방
Küche

화장실/욕실
Badezimmer

베란다
Balkon

가전제품 Haushaltsgeräte

청소기
Staubsauger

에어컨
Klimaanlage

히터
Heizgerät

세탁기
Waschmaschine

냉장고
Kühlschrank

텔레비전
Fernseher

욕실용품 Badezimmerartikel

- 면도기 Rasierer
- 샴푸 Shampoo
- 린스 Spülung
- 수건 Handtuch
- 헤어 드라이기 Föhn
- 옷걸이 Kleiderbügel
- 빗 Kamm, Bürste

- 거울 Spiegel
- 칫솔 Zahnbürste
- 치약 Zahnpasta
- 변기 Toilette
- 샤워기 Dusche
- 세면대 Waschbecken

- 가스레인지 Gasherd
- 오븐 Backofen
- 전자레인지 Mikrowelle
- 냄비 Topf
- 프라이팬 Bratpfanne

- 주전자 Wasserkessel
- 뚜껑 Deckel
- 전기밥솥 elektrischer Reiskocher
- 도마 Schneidebrett
- 칼 Messer

한국 풍물 지도
Karte der koreanischen Landschaft und Gebräuche

경기도
서울타워
경복궁
서울
이천 도자기

강원도
설악산
정동진
춘천 닭갈비

울릉도
울릉도 오징어

수원 화성

충청북도
단양 고수동굴

충청남도
온양 온천
속리산 법주사

공주 무령왕릉
금산 인삼

안동
찜닭
하회탈

경상북도
첨성대 경주 석굴암
대구 사과

한옥마을 전주
비빔밥

전라북도
순창 고추장
지리산

경상남도

울산 자동차/배

전라남도
보성 녹차

나주 배

부산 해운대

진도 진돗개

감귤
돌하루방 해녀
한라산

제주도

단위 명사 Zähleinheitswörter

● 길이 Länge

센티미터(cm) Zentimeter
미터(m) Meter
킬로미터(km) Kilometer

● 무게 Gewicht

그램(g) Gramm
킬로그램(kg) Kilogramm

● 양 Menge

리터(ℓ) Liter
밀리리터(㎖) Milliliter
톤(t) Tonne

피동사/사동사, 반의어/유의어, 접두사/접미사 목록

Passive Verben/Kausative Verben, Antonyme/Synonyme, Präfixe/Suffixe

피동사 Passive Verben

N이/가 V-이/히/리/기-		
끊다 → 끊기다	닫다 → 닫히다	뒤집다 → 뒤집히다
듣다 → 들리다	떨다 → 떨리다	막다 → 막히다
보다 → 보이다	섞다 → 섞이다	열다 → 열리다
잠그다 → 잠기다	팔다 → 팔리다	풀다 → 풀리다

- 앞이 잘 보이는 자리에 앉고 싶다.
- 우체국 문이 닫혀서 그냥 왔다.
- 조금 전에 이상한 소리가 들리지 않았어?
- 친구가 고향에 돌아간 후에 연락이 끊겼다.

N이/가 N(으)로 V-이/히/리/기-		
나누다 → 나뉘다	덮다 → 덮이다	바꾸다 → 바뀌다
묶다 → 묶이다	뽑다 → 뽑히다	

- 서울은 한강을 중심으로 강북과 강남으로 나뉜다.
- 이번엔 우리 학교 대표로 뽑혀서 대회에 나가게 됐다.

N이/가 N에게/한테 V-이/히/리/기-		
끌다 → 끌리다	밀다 → 밀리다	부딪다 → 부딪히다
부르다 → 불리다	붙잡다 → 붙잡히다	안다 → 안기다
읽다 → 읽히다	잡다 → 잡히다	쫓다 → 쫓기다

- 몰래 밖에 나오다가 엄마에게 붙잡혔어.
- 나는 잘생긴 남자보다는 마음이 따뜻한 남자에게 더 끌린다.
- 며칠 동안 쫓기던 도둑이 경찰에게 잡혔다.

N이/가 N에게/한테 N을/를 V-이/히/리/기-		
물다 → 물리다	밟다 → 밟히다	빼앗다 → 빼앗기다

- 사람이 많은 지하철 안에서 발을 밟힌 적이 있다.
- 개한테 손가락을 물려서 병원에 다녀왔다.
- 집에 오다가 나쁜 사람에게 돈을 빼앗겼다.

N이/가 N에 V-이/히/리/기- (+ V-아/어 있다)		
걸다 → 걸리다	놓다 → 놓이다	담다 → 담기다
쌓다 → 쌓이다	쓰다 → 쓰이다	

- 며칠 동안 세탁기를 안 돌렸더니 빨래가 쌓였다.
- 저기 걸려 있는 옷 좀 보여 주세요.
- 이 그릇에 담겨 있는 거 먹어도 돼요?

사동사 Kausative Verben

N을/를 V-이/히/리/기/우/추-		
깨다 → 깨우다	끓다 → 끓이다	낮다 → 낮추다
넓다 → 넓히다	높다 → 높이다	눕히다 → 눕히다
늘다 → 늘리다	돌다 → 돌리다	붙다 → 붙이다
비다 → 비우다	살다 → 살리다	서다 → 세우다
숙다 → 숙이다	숨다 → 숨기다	식다 → 식히다
앉다 → 앉히다	얼다 → 얼리다	오르다 → 올리다
울다 → 울리다	웃다 → 웃기다	익다 → 익히다
자다 → 재우다	죽다 → 죽이다	줄다 → 줄이다
크다 → 키우다	타다 → 태우다	

- 잘 안 들리는데 소리를 좀 높여 줘.
- 나 지하철역까지 좀 태워 줘.
- 오천 명을 울린 이 영화, 놓치지 마십시오.
- 지금 길을 넓히기 위해서 공사 중입니다.
- 개그맨은 사람을 웃기는 직업이다.

N의 N을/를 V-이/히/리/기/우/추-		
감다 → 감기다	벗다 → 벗기다	씻다 → 씻기다

- 아이의 손부터 씻기고 밥을 먹여 주세요.
- 아기의 옷 좀 벗겨 주세요.

N을/를 N(으)로 V-이/히/리/기/우/추-	
늦다 → 늦추다	옮다 → 옮기다

- 미안한데, 약속을 다음 주로 늦출 수 있을까?
- 월급이 적어서 다른 회사로 옮기려고 해.

N에게 N을/를 V-이/히/리/기/우/추-		
맞다 → 맞히다	맡다 → 맡기다	먹다 → 먹이다
보다 → 보이다	신다 → 신기다	쓰다 → 씌우다
알다 → 알리다	읽다 → 읽히다	입다 → 입히다

- 승무원에게 비행기표를 보여 주십시오.
- 이 옷을 우리 아이에게 입히면 예쁠 것 같아요.
- 이 기쁜 소식을 먼저 부모님께 알리고 싶습니다.
- 여행을 가서 친구에게 잠깐 고양이를 맡겼다.

명사(Nomen)

가난 ↔ 부유 Armut ↔ Reichtum	가능 ↔ 불가능 Möglichkeit ↔ Unmöglichkeit	가입 ↔ 탈퇴 Aufnahme, ↔ Austritt, Abonnement　Kündigung
간접 ↔ 직접 Indirektheit ↔ Direktheit	감소 ↔ 증가 Zunahme ↔ Abnahme	객관적 ↔ 주관적 Objektivität ↔ Subjektivität
거절 ↔ 승낙 Ablehnung ↔ Zustimmung	겉 ↔ 속 Außen ↔ Innen	경제적 ↔ 비경제적 wirtschaftlich ↔ un- wirtschaftlich
계약 ↔ 해약/해지 Vertrags- ↔ Vertrags- abschluss　kündigung	고속 ↔ 저속 hohe ↔ niedrige Geschwindigkeit　Geschwindigkeit	공짜 ↔ 유료 kostenlos ↔ gebühren- pflichtig
규칙적 ↔ 불규칙적 regelmäßig ↔ unregelmäßig	긍정적 ↔ 부정적 positiv ↔ negativ	기쁨 ↔ 슬픔 Freude ↔ Trauer
기혼 ↔ 미혼 verheiratet ↔ ledig	남극 ↔ 북극 Südpol ↔ Nordpol	남성 ↔ 여성 Mann ↔ Frau
낭비 ↔ 절약 Verschwendung ↔ Sparsamkeit	내부 ↔ 외부 Innere ↔ Äußere	능력 ↔ 무능력 Fähigkeit, ↔ Unfähigkeit, Kompetenz　Inkompetenz
다수 ↔ 소수 Mehrheit ↔ Minderheit	다운로드 ↔ 업로드 download ↔ upload	단기 ↔ 장기 kurze Zeit ↔ lange Zeit
단점 ↔ 장점 Schwäche ↔ Stärke	대형 ↔ 소형 Großformat ↔ Kleinformat	더위 ↔ 추위 Hitze ↔ Kälte
동양 ↔ 서양 Osten, ↔ Westen, Orient　Okzident	등장 ↔ 퇴장 Auftritt ↔ Abgang	마중 ↔ 배웅 Abholen ↔ Wegbringen

막차 ↔ 첫차 letzter Zug, ↔ erster Zug, Bus etc. Bus etc.	만족 ↔ 불만족 Zufriedenheit ↔ Unzufriedenheit	무상 ↔ 유상 unentgeltlich ↔ entgeltlich
미인 ↔ 미남 Schöne ↔ Schöner Frau Mann	바깥 ↔ 안 draußen ↔ drinnen	분실 ↔ 습득 Verlust ↔ Erwerb
불행 ↔ 행복 Unglück ↔ Glück	비관 ↔ 낙관 Pessimismus ↔ Optimismus	사망 ↔ 출생 Tod ↔ Geburt
상대적 ↔ 절대적 relativ ↔ absolut	성공 ↔ 실패 Erfolg ↔ Misserfolg	성실 ↔ 불성실 Ehrlichkeit ↔ Unehrlichkeit
손해 ↔ 이익 Verlust ↔ Gewinn	수입 ↔ 수출 Import ↔ Export	수입 ↔ 지출 Einkommen ↔ Ausgaben
시외 ↔ 시내 Vorort ↔ Innenstadt	실업 ↔ 취업 Arbeitslosigkeit ↔ Erwerbstätigkeit	야외 ↔ 실내 Außen ↔ Innen
양 ↔ 질 Quantität ↔ Qualität	연말 ↔ 연초 Jahresende ↔ Jahresanfang	영상 ↔ 영하 über Null ↔ unter Null
온라인 ↔ 오프라인 online ↔ offline	외향적 ↔ 내성적/내향적 extrovertiert ↔ introvertiert	울음 ↔ 웃음 Weinen ↔ Lachen
윗사람 ↔ 아랫사람 Ältere ↔ Jüngere	유료 ↔ 무료 gebührenpflichtig ↔ kostenlos	음주 ↔ 금주 Alkohol ↔ Abstinzen von trinken Alkohol
이기적 ↔ 이타적 Egoismus ↔ Altruismus	이별 ↔ 만남 Abschied ↔ Treffen	이상 ↔ 이하 mehr ↔ weniger
이성 ↔ 동성 anderes ↔ gleiches Geschlecht Geschlecht	이전 ↔ 이후 Vorher ↔ Nachher	이혼 ↔ 결혼 Ehescheidung ↔ Eheschließung

인상 ↔ 인하 Erhöhung ↔ Senkung	일등 ↔ 꼴등 erster Platz ↔ letzter Platz	입금 ↔ 출금 Einzahlung ↔ Auszahlung
입사 ↔ 퇴사 Einstand ↔ Ausstand	자동 ↔ 수동 automatisch ↔ manuell	적극적 ↔ 소극적 aktiv ↔ passiv
전날 ↔ 다음 날 Vortag ↔ Folgetag	젊은이 ↔ 노인 Jugendliche ↔ Senior	정신 ↔ 육체 Geist ↔ Körper
찬물 ↔ 더운물 Kaltwasser ↔ Warmwasser	찬성 ↔ 반대 Zustimmung ↔ Ablehnung	초 ↔ 말 Anfang ↔ Ende
최고 ↔ 최저 am besten ↔ am schlechtesten	최대 ↔ 최소 Maximum ↔ Minimum	최대한 ↔ 최소한 maximal ↔ minimal
최초 ↔ 최종/최후 erste ↔ letzte	출석 ↔ 결석 Anwesenheit ↔ Abwesenheit	퇴원 ↔ 입원 ambulant, im ↔ stationär, im Krankenhaus Krankenhaus entlassen aufgenommen
편리 ↔ 불편 Bequemlichkeit ↔ Unbequemlichkeit	평등 ↔ 불평등 Gleichheit ↔ Ungleichheit	피해 ↔ 가해 Schaden ↔ Schädigung
합격 ↔ 불합격 Bestehen ↔ Durchfallen	현실 ↔ 이상 Realität ↔ Ideal	확대 ↔ 축소 Erweiterung, ↔ Verringerung, Vergrößerung Verkleinerung
후배 ↔ 선배 Jüngere ↔ Ältere		

동사(Verben)

감다 ↔ 뜨다 schließen ↔ öffnen	갚다 ↔ 빌리다 zurückgeben ↔ leihen	기뻐하다 ↔ 슬퍼하다 sich über ↔ trauern, etwas freuen klagen
깨다 ↔ 자다 aufwachen ↔ einschlafen, schlafen	꺼지다 ↔ 켜지다 ausschalten ↔ einschalten	낮추다 ↔ 높이다 erniedrigen ↔ erhöhen
넓히다 ↔ 좁히다 erweitern ↔ verengen	녹다 ↔ 얼다 schmelzen ↔ frieren	놓치다 ↔ 잡다 verpassen ↔ erreichen, bekomme
늘다 ↔ 줄다 zunehmen ↔ abnehmen	늘어나다 ↔ 줄어들다 zunehmen ↔ abnehmen	늦추다 ↔ 앞당기다 verschieben ↔ vorverlegen
데우다 ↔ 식히다 erhitzen ↔ abkühlen	떼다 ↔ 붙이다 lösen ↔ kleben	묶다 ↔ 풀다 zubinden ↔ aufbinden, lösen
밀다 ↔ 당기다 drücken ↔ ziehen	버리다 ↔ 줍다 wegwerfen ↔ aufheben	살리다 ↔ 죽이다 retten ↔ töten
안되다 ↔ 잘되다 nicht gut ↔ gut gehen gehen	어기다 ↔ 지키다 verletzen ↔ bewahren	얼리다 ↔ 녹이다 einfrieren ↔ auftauen
없어지다 ↔ 생기다 verschwinden ↔ entstehen	열리다 ↔ 닫히다 öffnen ↔ schließen	올려놓다 ↔ 내려놓다 hochlegen ↔ runter legen
올리다 ↔ 내리다 hochnehmen ↔ herunternehmen	울리다 ↔ 웃기다 jemanden zum ↔ jemanden zum Weinen bringen Lachen bringen	(해가) 지다 ↔ (해가) 뜨다 (Sonne) ↔ (Sonne) untergehen aufgehen
(살이) 찌다 ↔ (살이) 빠지다 an Gewicht ↔ an Gewicht zunehmen abnehmen	차다 ↔ 비다 voll sein ↔ leer sein	틀다 ↔ 잠그다 anmachen, ↔ ausmachen, öffnen abschließen
틀다 ↔ 끄다 einschalten ↔ ausschalten		

형용사(Adjektive)

가늘다 ↔ 굵다 dünn sein ↔ dick sein	낯설다 ↔ 낯익다 fremd sein ↔ bekannt sein	부지런하다 ↔ 게으르다 fleißig sein ↔ faul sein
세다 ↔ 약하다 stark sein ↔ schwach sein	얇다 ↔ 두껍다 dünn sein ↔ dick sein	얕다 ↔ 깊다 flach sein ↔ tief sein
연하다 ↔ 질기다 weich sein ↔ hart sein	연하다 ↔ 진하다 hell sein ↔ dunkel sein	이르다 ↔ 늦다 früh sein ↔ spät sein
자연스럽다 ↔ 부자연스럽다 natürlich sein ↔ unnatürlich sein	잘나다 ↔ 못나다 clever sein ↔ dumm sein	짙다 ↔ 연하다/옅다 dunkel sein ↔ hell sein
해롭다 ↔ 이롭다 schädlich sein ↔ nützlich sein	흔하다 ↔ 드물다 gewöhnlich sein ↔ ungewöhnlich sein	

유의어 Synonyme

명사(Nomen)

Wörter	Synonym	Wörter	Synonym
개그 Witz, Komödie	코미디	외모 Aussehen	겉모습
게시판 Pinnwand, Schwarzes Brett	안내판/알림판	이내 innen	안
결론 Schluss, Fazit	마무리	인간 Person	사람
공짜 kostenlos	무료	일자리 Arbeit, Job	직장
과제 Aufgabe	숙제	입맛 Appetit	밥맛/식욕
관계 Beziehung	관련	자녀 Kinder	자식

꽃병 Vase	화병	예전 früher	옛날
구분 Teilung, Abteilung	구별	장남 ältester Sohn	큰아들
남성 Mann	남자	재작년 vorletztes Jahr	지지난해
내외 innen und außen	안팎	재활용 Recycling, Wiederverwendung	리사이클링
늘 immer	항상	저축 Sparen	저금
단기 kurze Zeit	단기간	전부 ganz, alle	모두
도로 Straße	길	점차 allmählich	점점
몸무게 Körpergewicht	체중	조식 Frühstück	아침밥/ 아침 식사
미인 schöne Frau	미녀	종일 ganzen Tag	온종일
바깥 draußen	밖	존댓말 höfliche, formelle Sprache	높임말
분실 Verlust	유실	주방 Küche	부엌
상대방 Gegenpart	상대편	증상 Symptom	증세
주변 Umgebung	주위	찬물 kaltes Wasser	냉수
서명 Unterschrift	사인	취업 Einstand	취직
세상 Welt	세계	퇴직 Ausstand, Rücktritt	퇴임
속도 Geschwindigkeit	스피드	특징 Merkmal	특색
시절 Zeit	때	평소 Alltag	평상시
신체 Körper	몸	피 Blut	혈액
실업 Arbeitslosigkeit	실직	향 Duft	향기
여성 Frau	여자	허락 Erlaubnis	승낙
연령 Alter	나이		

동사(Verben)

Wörter	Synonym	Wörter	Synonym
갈다 wechseln, tauschen	교체하다	마련하다 bereitstellen, vorbereiten	준비하다
감소하다 verringern, reduzieren	줄다	미루다 verschieben	연기하다
감추다 verstecken	숨기다	뵈다 sehen	뵙다
견디다 aushalten	참다	수선하다 reparieren	고치다/ 수리하다
결정하다 entscheiden	정하다	수집하다 sammeln	모으다
관하다 betreffen, über	대하다	싸다 packen, einpacken	포장하다
까다 schälen	벗기다	의하다 gemäß, laut	따르다
낮추다 verringern	줄이다	이르다 ankommen	도착하다
늘다 zunehmen	증가하다	절약하다 sparen	아끼다
다투다 streiten	싸우다	줄다 verringern, reduzieren	감소하다
대여하다 verleihen	빌려주다	틀다 anmachen, anstellen	켜다
돌보다 aufpassen	보살피다	해소하다 lösen	풀다

형용사(Adjektive)

Wörter	Synonym	Wörter	Synonym
검다 schwarz sein	까맣다	지저분하다 schmutzig sein	더럽다
동일하다 ähnlich sein, identisch sein	같다	짙다 dunkel sein	진하다
밉다 hassen, nicht mögen	싫다	캄캄하다 dunkel sein	어둡다
저렴하다 günstig sein, billig sein	싸다	희다 weiß sein	하얗다

부사(Adverbien)			
Wörter	Synonym	Wörter	Synonym
게다가 außerdem, darüber hinaus	더구나	및 und, sowie	그리고
겨우 gerade, eben	고작	스스로 allein	혼자
겨우 kaum	간신히	실컷 nach Herzenslust	마음껏
그다지 nicht so	그리	아무튼 irgendwie	어쨌든, 하여튼
그러므로 deshalb	그래서, 따라서	약간 ein bisschen	조금
끝내 schließlich	마침내	온통 ganz	전부, 모두
나날이 tagtäglich, von Tag zu Tag	날로	점차 allmählich, langsam	점점
늘 immer	항상, 언제나	종종 manchmal	가끔
만약 wenn	만일	통 überhaupt, gar	전혀
언제든지 jederzeit	항상, 언제나		

접두사 Präfixe

● 부정 Verneinung

1	무 nicht, in-, im-, un-, -los	무관심, 무의미, 무제한, 무질서, 무책임, 무표정
2	반 Halb	반소매, 반값, 반 지갑
3	부1 nicht-, un-	부정적, 부정확, 부주의
4	부2 zweite, Vize-	부전공, 부사장
5	불 un, il-, a-	불가능, 불규칙, 불균형, 불만족, 불법, 불성실, 불이익, 불충분, 불친절, 불편, 불평등, 불필요, 불합격, 불확실
6	비 nicht-, un-, in, im, il	비과학적, 비공개, 비위생적, 비현실적, 비효율적

518

● 성질 Qualität

1	고 hoch	고기압, 고소득, 고품질, 고칼로리, 고혈압
2	저 niedrig	저기압, 저소득, 저지방, 저칼로리, 저혈압
3	장 lang	장시간, 장기간, 장거리
4	단 kurz	단시간, 단기간, 단거리
5	대 groß	대규모, 대기업, 대도시, 대학교
6	소 klein	소규모, 소극장

● 기타 Andere

1	과 exzessiv, über-	과식, 과음, 과속, 과소비
2	맏 älteste	맏며느리, 맏아들, 맏딸
3	시 Familie des Ehemannes	시아버지, 시어머니
4	식 Ernährung	식생활, 식습관, 식중독, 식성
5	신 neu	신기록, 신기술, 신도시, 신상품, 신세대, 신제품, 신형
6	안 innen	안방, 안주인
7	재 re-, wieder-	재발급, 재시험, 재활용 센터, 재활용품
8	첫 erste*r*s	첫날, 첫만남, 첫사랑, 첫인상
9	초1 früh	초봄, 초여름, 초가을, 초겨울
10	초2 super	초고속, 초자연적
11	한 Mitt-	한여름, 한겨울, 한낮, 한밤중

접미사 Suffixe

● 사람 Menschen

1	가 -er	건축가, 사업가, 음악가, 전문가, 번역가, 소설가, 예술가
2	객 Person	관광객, 관람객, 방청객, 승객, 축하객
3	꾸러기 -vogel, -hals, -er, -in	욕심꾸러기, 장난꾸러기
4	관 Amt, Haus	경찰관, 면접관, 소방관, 외교관
5	님 honorativ	교수님, 박사님, 부모님, 사모님, 사장님
6	사 -er, -ant	변호사, 사진사, 조종사, 통역사, 회계사
7	사 -er, -ist	간호사, 미용사, 요리사
8	생 Person	신입생, 아르바이트생, 장학생, 졸업생
9	원 Person	공무원, 상담원, 승무원, 안내원, 연구원, 종업원, 회사원
10	인 Person	방송인, 연예인, 외국인, 장애인, 직장인
11	자 Person	경쟁자, 과학자, 관계자, 발표자, 배우자, 소비자, 지원자, 진행자, 피해자
12	쟁이 -er	거짓말쟁이, 욕심쟁이

● 장소 Orte

1	관 Gebäude	기념관, 대사관, 도서관, 미술관, 박물관, 사진관, 영화관
2	구 Öffnung	출입구, 비상구, 탑승구
3	국 Amt	방송국, 우체국
4	사 Organisation	방송사, 신문사, 출판사
5	소 Ort	매표소, 부동산중개소, 세탁소, 연구소, 주유소
6	실 Gebäude, Raum	강의실, 대기실, 미용실, 사무실, 욕실, 응급실, 탈의실, 회의실, 휴게실

7	원 Gebiet, Raum	동물원, 식물원, 유치원
8	점 Geschäft, Laden	면세점, 문구점, 백화점, 본점, 전문점, 편의점, 할인점
9	장1 Raum, Bereich	결혼식장(예식장), 골프장, 공연장, 경기장, 승강장, 정류장, 주차장

● 성질 Qualität

1	답다 sein wie	남자답다, 인간답다, 학생답다
2	롭다 sein	새롭다, 여유롭다, 이롭다, 자유롭다, 정의롭다, 지혜롭다, 평화롭다, 해롭다, 향기롭다, 흥미롭다
3	성 Qualität	가능성, 다양성, 상대성, 실용성, 인간성
4	스럽다 sein wie	걱정스럽다, 고급스럽다, 고집스럽다, 고통스럽다, 당황스럽다, 만족스럽다, 부담스럽다, 사랑스럽다, 수다스럽다, 실망스럽다, 자랑스럽다, 자유스럽다, 자연스럽다, 짜증스럽다, 자연스럽다, 촌스럽다, 평화스럽다, 후회스럽다, 혼란스럽다
5	적 -ig, -ich	객관적, 경제적, 구체적, 규칙적, 긍정적, 부정적, 사교적, 사회적, 상대적, 외향적, 이기적, 일반적, 적극적, 정신적
6	화 -ierung	대중화, 보편화, 상품화, 정보화

● 돈 Geld

1	금 Geld	계약금, 등록금, 벌금, 보증금, 장학금
2	료 Gebühren	배송료, 보험료, 수수료, 연체료, 입장료
3	비 Kosten	기숙사비, 교육비, 교통비, 배송비, 생활비, 식비, 수리비, 숙박비, 치료비, 하숙비

● 마음 Geist

1	감 Sinn, Gefühl	자신감, 긴장감, 만족감, 책임감, 친근감
2	관 Sicht	가치관, 결혼관, 경제관, 인생관
3	심 Sinn, Herz	독립심, 이해심, 자존심, 호기심

● 기간 Zeitdauer

1	기 Zeit, Zeitraum	상반기/하반기, 성수기/비수기, 청소년기, 환절기
2	일 Tag	개교기념일, 결혼기념일, 마감일, 반납일

● 기타 Andere

1	국1 Land	강대국, 선진국, 개발도상국
2	권1 Recht	소유권, 재산권, 저작권
3	권2 Zertifikat, Urkunde	상품권, 항공권, 관람권
4	권3 Grenze	문화권, 수도권, 상위권
5	기 Maschine	게임기, 복사기, 세탁기, 선풍기
6	껏 -voll	마음껏, 힘껏, 정성껏
7	끼리 unter	우리끼리, 친구끼리
8	난 Schwierigkeit	실업난, 주차난, 취업난
9	력 Kraft, Macht	경제력, 관찰력, 기억력, 집중력, 판단력
10	류 Gruppe	문구류, 과일류, 생선류, 야채류, 채소류
11	률 Rate	경쟁률, 상승률, 취업률
12	문 Dokument	감상문, 광고문, 기행문, 발표문
13	물 Gegenstand	농산물, 분실물, 세탁물, 우편물, 특산물
14	법 Methode	치료법, 해소법, 조리법

15	별 Kategorie	계절별, 국적별, 성별, 종류별
16	부 Abteilung	발권부, 식품부, 홍보부
17	사 Geschichte	세계사, 정치사, 한국사
18	선 Route, Linie	국내선, 국제선
19	성 Eigenschaft, Wesen	관련성, 동물성, 식물성
20	식 Zeremonie	결혼식, 수료식, 장례식, 졸업식
21	씨 form	글씨, 마음씨, 말씨
22	씩 Stück	조금씩, 한 번씩, 두 시간씩, 세 명씩
23	어 Sprache	한국어, 모국어, 외래어, 유행어
24	업 Industrie	공업, 농업, 상업
25	용 Gebrauch	겨울용, 여름용, 연습용, 어린이용
26	율 Rate	이자율, 출산율, 할인율
27	장2 Brief	연하장, 청첩장, 초대장
28	전 Spiel, Game	결승전, 전반전, 후반전
29	제1 Zeremonie	영화제, 예술제
30	제2 Medizin	소화제, 수면제, 영양제, 진통제, 치료제
31	주 Besitzer, Eigentümer	광고주, 예금주
32	증1 Beweis	자격증, 신분증, 운전면허증, 주민등록증, 학생증
33	증2 Symptom	불면증, 우울증
34	지1 Bereich	관광지, 도착지, 목적지
35	지2 Papier	메모지, 벽지, 편지지, 포장지
36	질 Handlung	걸레질, 양치질
37	처 Ort	거래처, 근무처, 연락처
38	품 Produkt	기념품, 식료품, 식품, 필수품, 화장품

39	학 Fachbereich	경영학, 경제학, 심리학, 역사학, 한국학
40	화1 Malerei	동양화, 서양화, 인물화, 풍경화
41	화2 Schuh	등산화, 운동화, 장화
42	회 Meeting	강연회, 동창회, 박람회, 발표회, 전시회

01 | 인간

1. 감정
1. ①　　2. ③　　3. ④　　4. ②
5. ③

2. 인지 능력
1. ④　　2. ③　　3. 틀림없이
4. 기대됐다　5. 예상과　6. 착각이었다
7. 생각나요　8. 비하면　9. 나은
10. 단순해서

3. 의사소통
1. ①　　2. ②　　3. ③　　4. ①
5. 권해　　6. 여쭤　　7. 조르면　　8. 통해

4. 성격
1. ③　　2. ②　　3. ①　　4. ③
5. ④　　6. ①　　7. 활발한
8. 엄격하시거든　　9. 까다롭니
10. 완벽하지

5. 외모 6. 인생
1. ③　　2. ①　　3. ②　　4. ①
5. 늙으셨다는　　6. 자라는
7. 고우셨네요　　8. 겪었다고
9. 성숙한

7. 인간관계
1. ④　　2. ③　　3. ①　　4. ④
5. ②　　6. ㉠ 자매 ㉡ 남매 ㉢ 형제
7. 스스로　8. 상대방을　9. 사이가　10. 서로
11. 이웃

8. 태도
1. ③　　2. 겨우　　3. 괜히　　4. 반드시
5. ②　　6. ④　　7. ①
8. 집중해서　9. 정직하게　10. 원합니다

02 | 행동

1. 손/발 관련 동작
1. 뿌리다　2. 감다　　3. 밟다　　4. ①
5. ②　　6. ①

2. 눈/코/입 관련 동작 3. 몸 관련 동작
1. 부딪치다　2. 맡다　3. 안다　4. ②
5. ①　　6. ④　　7. ③　　8. 씹어
9. 바라보면　　10. 웃음을
11. 하품이　　12. 찾아보려고

4. 이동 5. 준비/과정/결과
1. ①　　2. ④　　3. 이루기
4. 헤맸다　5. 마련했으니　　6. 들러서

6. 피동
1. 떨리다　2. 닫히다　3. 밀리다　4. 나뉘어
5. 밟힌다　6. 물린　7. 들려, 들려　8. 열리고
9. 쓰여

7. 사동
1. 씻기다　2. 입히다　3. 태우다　4. ①
5. 울려서　6. 앉힐　7. 재울　8. 태워
9. 맡길　10. 식혀서

03 | 성질/양

1. 상태
1. ③   2. ①   3. ②   4. ③
5. ④   6. ①   7. ④   8. ③

2. 정도
1. ②   2. ④   3. ③   4. ①
5. ④   6. 적당하게   7. 사소한   8. 넘치는

3. 증감
1. ④   2. ③
3. ㉠ 줄고/줄어들고   ㉡ 늘어서/늘어나서
4. 얻고   5. 추가해서   6. 빼려면   7. 없애는
8. 제외한

4. 수량/크기/범위
1. 깊이   2. 길이   3. 높이   4. ④
5. ①   6. ③   7. 군데   8. 번째
9. 가지

04 | 지식/교육

1. 학문   2. 연구/보고서
1. ①   2. ③   3. ④   4. ②
5. ①   6. ㉠ 조사한   ㉡ 발견했다
7. ㉠ 대한   ㉡ 달해

3. 학교생활
1. ③   2. ①   3. ②   4. ②
5. 칭찬해   6. 체험했는데
7. 상담하기로   8. ③   9. ②

4. 수업/시험
1. ②   2. ③   3. ①
4. ㉠ 필기구를   ㉡ 교재는
5. ㉠ 과제는   ㉡ 제출
6. ㉠ 평균   ㉡ 일등을   7. 교육하는
8. 강조하고   9. 합격해서

05 | 의식주

1. 의생활
1. 흰   2. 검은   3. 금, 은   4. 스타일
5. 독특해서   6. 수선해   7. 묻었는데
8. 패션   9. 맞는

2. 식생활
1. 단맛   2. 쓴맛   3. 고소한 맛
4. ㉠ 골고루   ㉡ 종류가
5. ㉠ 채식을   ㉡ 단백질이
6. 상하기   7. 해로우니까   8. 섭취해야

3. 요리 재료   4. 조리 방법
1. 굽다   2. 끓다   3. 데우다
4. 삶다   5. ①   6. ②   7. ④

5. 주거 생활   6. 주거 공간/생활용품
1. ④   2. 천장   3. 벽   4. 바닥
5. 화장품   6. 화분   7. 꽃병
8. 쓰레기통   9. 이어폰   10. 애완동물

7. 집 주위 환경
1. 공간이   2. 센터를   3. 시설이
4. 코너   5. 목욕탕   6. 중국집
7. 부동산   8. 놀이터   9. 소방서

8. 공장이라고   9. 석유

10. 농촌   11. 공짜로

3. 기업/경영 **4.** 금융/재무

1. ②	2. ①	3. ③	4. ③
5. ②	6. ①	7. ①	8. ③

12 | 교통/통신

1. 교통/운송

1. ③	2. ①	3. ②	4. ①
5. ④	6. 수단은	7. ㉠ 속도를 ㉡ 과속	

8. ㉠ 열차가 ㉡ 승객

2. 정보/통신

1. ③	2. ②	3. ①	4. ③
5. ㉠ 검색 ㉡ 다운로드		6. 가입을	

7. 프로그램을   8. 발달은

13 | 예술/문화

1. 예술/종교 **2.** 대중문화/대중 매체
3. 한국 문화/예절

1. 건축가	2. 감독	3. 개그맨	
4. ③	5. ①	6. ②	7. ③

8. 기념하기 9. ㉠ 수상하시게 ㉡ 출연해

14 | 기타

1. 시간 표현

1. 새벽	2. 사흘	3. 재작년	4. 초반
5. ③	6. ②	7. ④	
8. 오랜만에	9. 이미	10. 최근	

2. 부사

1. ④	2. ④	3. ①	4. ④
5. ③	6. ①		

색인 Verzeichnis

ㅈ